# 手把手教你选股与估值

## 像巴菲特一样读财报

喻修建　著

作者投资经验逾**10**年

以**"股票+可转债+指数基金"**的投资组合

持续多年实现稳定盈利

经济管理出版社

ECONOMY & MANAGEMENT PUBLISHING HOUSE

**图书在版编目（CIP）数据**

手把手教你选股与估值：像巴菲特一样读财报 / 喻修建著 .—北京：经济管理
出版社，2022.4
ISBN 978-7-5096-8389-7

Ⅰ . ①手… Ⅱ . ①喻… Ⅲ . ①会计报表—基本知识Ⅳ . ① F231.5

中国版本图书馆 CIP 数据核字（2022） 第 061733 号

组稿编辑：杨国强
责任编辑：杨国强
责任印制：黄章平
责任校对：张晓燕

出版发行：经济管理出版社
　　　　　（北京市海淀区北蜂窝 8 号中雅大厦 A 座 11 层　100038）
网　　址：www.E-mp.com.cn
电　　话：（010）51915602
印　　刷：唐山昊达印刷有限公司
经　　销：新华书店
开　　本：710 mm × 1000 mm/16
印　　张：20.5
字　　数：437 千字
版　　次：2022 年 9 月第 1 版　2022 年 9 月第 1 次印刷
书　　号：ISBN 978-7-5096-8389-7
定　　价：88 .00 元

# 选股，是每个投资者的必修课

　　股市像一个布满了黄金、砂砾和垃圾的矿场，信心爆棚的淘金人不顾一切地冲进去，但最后真正能够淘到黄金的人却少之又少，这就是所谓的"一赚二平七亏损"，绝大多数人成了被无情割掉的"韭菜"。

　　在某种意义上，投资天生就是一个"成者为王，败者为寇"的行业，如果把时间拉长来看，成败输赢很难判断。究竟是选择投机，还是投资？是随波逐流地追涨杀跌，还是专注财报数据的基本面分析？这在很大程度上已经超越了逻辑上的严密推理，进而成为一种价值取向。很多投资者的潜在假设是自己总比别人聪明，因为只有这样才能在这个零和博弈的游戏中赚钱。

　　单纯从投资金额上讲，股票投资是一种门槛很低的投资方式，可以让我们用很少的钱参与由4300多家上市公司构成的A股市场的股票交易，但这么多的上市公司股票，我们不可能全部投资。而且，投资的最终目的是赚钱，每个人都希望能够实现收益最大化，这就需要用方法（或系统）从琳琅满目的"货架"上挑选出值得投资的股票。从这个意义上讲，挑选股票就好像淘金，需要在布满砂砾和垃圾的矿场中不停地筛选直至淘到真金。换句话说，挑选出具有竞争优势的优质股票，是每一个投资者的必修课。

　　应该说，迄今为止关于投资的流派、方法等纷繁复杂，见仁见智，没有任何方法是无懈可击的，总有各自不同的"短板"，所以不可能"总是对"，也不一定"马上对"。正如笔者曾经在《简单赚钱》（西南财经大学出版社2020年5月第一版）一书中所说，投资本身是一件复杂的事情，从宏观上的经济周期、行业演变到微观上的投资方法、资产配置，其中涉及众多跨学科的知识体系，有赖于同时对各方面保持密切的关注，若省略了任何一方面，都可能导致不尽如人意的收益结果。

　　那能不能化繁为简，找到一些具有规律性且简单可行的工具和方法，在"砂砾和垃圾"遍布的A股市场中挑选出优质的股票呢？既然投资赚钱有太多复杂的因素难以把握，能不能试着去把握那些能够把握得住的、最简单的因素，把那些不能把握的复杂因素留给运气和概率？

　　在10余年的跌跌撞撞与摸爬滚打中，笔者曾经走过很多茫然的弯路，也在不同阶段尝试过各种投资方法：从盲人摸象、打听消息到定量投资、程序化交易；从追涨杀跌的热点炒作到看 K 线图的技术分析……笔者在实践中深刻地体会到，对大多数人来说，只有以财务报表为基础逻辑出发的价值投资才是真正可学、可用、可掌握且行之有效的，因此它成为笔者在多年的投资过程中一直坚持使用的投资方法。

这是"华尔街教父"——"股神"巴菲特的老师本杰明·格雷厄姆所提出的价值投资理念的一种投资策略，从上市公司披露的财务报表中的众多数据归类、解读和分析的逻辑出发，去挑选出具有长期持续竞争优势的公司股票，也是最适合普通投资者的方法，用这种价值投资理念挑选适合投资的股票最好不过。

笔者所接触到的很多投资者认为，投资最重要的是选择股票买入和卖出的时间点，比如在价格最低时买入，在价格最高时卖出，做一个完美的"波段"（真正持续赚钱的人似乎不多？）。但从更长周期看，从琳琅满目的上市公司中挑选出值得长期持有的优质股票，才是获得良好回报的关键。

在目前拥有 4300 多家上市公司的 A 股市场上，从长期来看，有些股票在上市以后的一二十年时间内上涨了成百上千倍，比如万科 A、伊利牛奶、海天味业、长春高新、贵州茅台等，投资者赚得盆满钵满；有些股票却在十数年内跌幅高达 80% 以上，甚至被 ST 或者勒令强制退市，让众多投资者损失惨重，比如 ST 康美、ST 圣莱、长生生物、康得新等。

面对跌宕起伏甚至暗藏"地雷"的众多上市公司，如何挑选出优质的好股票，无疑是众多投资者进入股市后必须面临的一个亟待解答的问题。甚至可以这样说，选股是投资最终能否赚钱的关键要素和必要条件。

选股并非简单地凭着感觉或者听小道消息去选择股票，而要在正确的时间（时机）选择正确的股票（标的）。股票价格的涨跌，固然会受到政治环境、经济周期以及人的主观情绪影响，但本质上，股票最终肯定会回归其内在价值，这也就是格雷厄姆所说的"市场短期是投票机，长期是称重器"。

价值估算得越准，投资赚钱的概率越高。但这里所说的准，并不具体到某个精确的数字。巴菲特说："我们只是对于估计一小部分股票的内在价值还有点自信，但这也只限于一个价值区间，而绝非那些貌似精确实为谬误的数字。"

如何判断一家公司的股票价值呢？别无他法，唯一的路径是阅读和分析财务报表。按照监管规定，上市公司每季度、每年都要按时向股东公布上一期的财务报表（告），所有的财务数据都反映在财务报表中，涉及公司的运营状况、生意特征、商业模式等，都可以在财报中找到蛛丝马迹和内在逻辑，然后据此进行解读与分析。

因此，进行价值投资的第一技能是识别优秀的具有长期竞争力和"护城河"的公司，而这正是以价值投资为目标的财报分析的关键。可以说，财报分析是价值投资的起点。投资者买入那些优秀的公司，长期持有，与它们共同成长，从而获得持续、稳定的良好投资收益，通过复利来"滚雪球"实现财富的长期增长。

巴菲特认为，分析上市公司的财务报表是挑选股票和进行价值评估的基本功：

你必须了解财务会计，并且要懂得其微妙之处。它是公司与外界交流的语言，一种完美无瑕的语言。除非你愿意花时间去学习它——学习如何分析财务报表，你才能够独立地选择投资目标。

他还强调说："当管理层想要向你解释清楚公司的实际情况时，可以通过财务报表的规定进行。但不幸的是，当他们弄虚作假时，起码在一些行业，同样也能通过财务报表的规定来进行。如果你不能辨别出其中的区别，你就不必在金融投资行业待下去了。"

通过对财务报表的解读与分析，我们可以挖掘出具有持久竞争优势的优质股票。公司的财务报表可以反映出，这是一个平庸公司，还是一个拥有持久竞争优势、赚钱的公司。

很多投资者都知道分析财务报表对选择股票的重要性，但都认为解读财务报表需要专业知识，而自己根本不懂财务会计，要学会肯定太难了。实际上，正如投资人刘建位所说：分析财务报表很简单，它只需要小学算术，只需要看几个关键指标，只需要分析那些业务相当简单、报表也相当简单的公司。

本书共九章，第一至第三章主要讲述价值投资的理念和策略，以及在此基础上初步认识与建立财务报表的大体轮廓；第四至第七章分别教你如何阅读利润表、资产负债表、现金流量表和所有者权益变动表，一步步教会你通过一些简单有效的财务指标，解读出具有持续竞争优势的好公司；第八章则"借你一双慧眼"，教你从一些蛛丝马迹中去寻找和识别财务造假的手段与伎俩，小心谨防"踩雷"；第九章是本书的重要内容，主要通过生动的公司案例分析，手把手教你如何选择股票，以及如何对股票进行内在价值估算，最后根据估值结果决定买入和卖出的时机。

真的非常简单。

不管怎样，在股市最终能够淘到"真金"赚得盆满钵满的，必定是那些勤奋、智慧与勇气并存的人。

本书的最终完成要特别感谢大家的支持和帮助：感谢投资人刘建位、唐朝、老罗、会飞的鱼，以及张新民、郭永清、肖星、续芹等资深教授和专家。他们的悉心指导和分享的很多观点给笔者很大启发，受益匪浅，本书中有不少地方借鉴和引用了他们的部分观点与投资方法。

感谢家人一直以来的支持、理解和信任，每当遇到困难与挫折的时候，是他们毫无怨言地默默陪伴着我度过了那些充满焦虑的困顿时光。

相信读完本书的朋友们将会对上市公司和股票投资有更深入的了解，也能找到适合自己的投资方法。由于本书是以个人极其有限的投资实践经验和教训为主，一些判断和评论都带有鲜明的个性特点及时间烙印，疏漏在所难免，不足之处请朋友们批评指正、相互学习、共同进步。

愿大家享有幸福、快乐与安康的生活。

谢谢大家！

# 目　录

# 第一章　价值投资，从读懂财报开始

*所有的财报都是不同的。如果你要找个男人的话，什么样的吸引你，是有体育才能的，是帅的，还是聪明的？同样，看企业也有不同的方法，一个企业到另外一个企业，我看的是不同的东西。根本上说，我是看企业的价值。*

——沃伦·巴菲特

从11岁买入人生的第一只股票，或者从19岁第一次读到格雷厄姆的投资巨著《聪明的投资者》，并从此"茅塞顿开"计算起，沃伦·巴菲特用了至少70多年的时间，为我们演绎了一个可以让每个投资者叹为观止、望尘莫及的财富神话。

巴菲特连续多年占据《福布斯》富豪排行榜前三甲的位置。2006年，巴菲特将全部财富的85%捐给了慈善基金会，此后数年又相继捐助了数十亿美元，2018年在《福布斯》财富榜中以840亿美元的身价雄踞第三位。

毫无疑问，巴菲特是迄今为止最杰出的投资家之一，几乎不会有人对此持有争议。他赢得的卓著声望，既来自40多年里持之以恒地以价值投资系统为股东创造的超额回报，也来自他对投资行业驾轻就熟的超凡掌控能力，以及他的坦率、谦逊和幽默。

最让人敬重的是，1956~1969年，在运营有限合伙公司期间，以及从1977年担任伯克希尔·哈撒韦公司的董事长起，巴菲特每年都会撰写致股东信。在致股东的信中，他会报告这一年中所做的重要选择，而且更有持久意义和价值的是，信中会有说明指导其行动的投资哲学，让无数投资者获益匪浅。

1996年1月24日，《上海证券报》发表了《证券投资巨擘——华伦·布费》（注：华伦·布费是当时对沃伦·巴菲特的译名）一文，正式将巴菲特的投资思想介绍入国内。迄今20多年过去了，巴菲特的投资理念已经在国内生根发芽、开花结果，并且涌现出无数的追随者。比如，以张磊、段永平、董宝珍、邱国鹭、但斌等为代表的一大批巴菲特"铁粉"，已经通过践行价值投资和长期主义理念，收获了丰厚的投资成果。

尽管如此，巴菲特的价值投资理念直到今天仍为投资者们争论不休，有人奉为信仰，有人弃之如敝屣。甚至有人认为，巴菲特的价值投资主张只适合美国，不适合中国的国情，因为A股市场环境和制度不同。

2007年，巴菲特应邀访问韩国，针对有人提出"韩国股市的结构不适合进行巴菲特式价值投资，对此您有何看法"的问题，他反问道："如果不是价值投资，难道要进行无价值投资吗？"并强调说："没有其他的代替方案。"

这个回应实际上隐藏着两个问题：一是关于价值投资的普适性，只要没有硬化的土壤都可以生根发芽，中国股市也不例外；二是之所以要进行价值投资，理由在于巴菲特所说的——"价格是你支付的，价值是你所得到的"。任何投资都讲求物有所值，比如去超市买西红柿，或许你会为几毛钱讨价还价，可对自己几万元、几十万元甚至数百万元的股票投资，却不知道这家公司是做什么业务的，闭着眼睛下注，其风险有多大可想而知。

任何成功的投资都需要有正确的投资思想引领和指导。价值投资理念具有普适性，但理念只能定性不能量化，否则就具有局限性，所以在运用执行的过程中，需要用量化指标落实，这就是知行合一。

# 第一节　聪明的投资者

投资不是你的选择，而是时代对你的要求。

在零利率、负利率等长期预期之下，尤其最近几年，全球经济集体疲软，2020年新冠肺炎疫情的暴发，更让全世界经济雪上加霜。为了阻挡经济下滑的势头，全球主要经济体都不约而同地实施了货币大放水，避免资产贬值成为全球性挑战。

在这样的背景下，中国不可能独善其身。于是，我们不得不开始新一轮与通货膨胀的赛跑。从历史上看，房地产通常是最佳的资产保值工具，但对众多普通老百姓，尤其是工作不久的年轻人来说，投资房产对资金的要求太高，流动性极差。

在"房住不炒"的严厉调控之下，不仅炒房的难度大幅提升，而且通过房产获取暴利的空间比以前小了很多。这一届年轻人，买房的兴趣明显不及"70后""80后"，在通胀压力面前，他们对抗通胀的首选已经不是房产。

除了楼市之外，股市是门槛更低的投资渠道，越来越多的投资者开始入市炒基（金）、炒股（票）等。数据显示，2020年1月1日至2021年2月28日，我国证券市场共新增投资者2172.63万个。截至2021年2月底，全市场投资者数量为18147.87万个，首次突破1.8亿个。

随着越来越多的人开始借助于资本实现财富增值，权益类投资尤其是股票市场正在日渐兴旺。以A股为例，经过近两年的快速扩容，目前已达4300多家上市公司。但是，到底有多少人真正了解投资呢？

一个不争的事实是，A股的投资者结构以散户为主，即使在牛市行情下，大多也是赚了指数赔了钱。从投资过程看，众多投资者追涨杀跌频繁交易，能够体会到更多大起大落的快感，但从投资结果看，最终能够赚钱的为数不多，大部分投资者在A股市场都逃不过被"割韭菜"的命运，也就是俗称的"一赚二平七亏损"。

经过了前几代投资者的深刻教训之后，新一代投资者的眼界和格局更开阔，变得越来越理性和成熟。明智理性的投资决策既是一门科学，更是一门艺术，它是价值投资的核心宗旨，但它也没有那么高深莫测。事实上，它只需要我们认识一些最基本的常识和原则，而这些原则是任何一个人都能掌握的。

用巴菲特的话说，"投资并非智力竞赛，智商高的人未必能击败智商低的人"。他同时强调说："我从来没有发现高等数学在投资中有什么作用，只要懂小学算术就足够了。"

20世纪30年代初期，价值投资就已经作为一种投资理念被提出。从1928年开始，巴菲特的师傅本杰明·格雷厄姆就在他的母校哥伦比亚大学教授证券分析课程，后来与戴维·多德合作撰写了《证券分析》一书，第一次系统阐述了价值投资的基本原则，这是最早也是迄今为止最深刻、最出色的投资专著。

格雷厄姆和多德最初是基于金融市场的三个关键特征来定义价值投资的。

（1）金融证券的价值会受到重大且反复无常的波动的影响。格雷厄姆将在任何时候决定证券价格的非个人因素称为"市场先生"。他每天都会出面买进和卖出任何金融资产。他是一个奇怪的家伙，容易受到各种无法预测的情绪波动的影响，这些情绪波动影响着他愿意以什么样的价格做生意。

（2）尽管金融资产的市场价格会有剧烈波动，但其中许多金融资产具有相对稳定的基础经济价值，勤奋且自律的投资者能够合理准确地衡量这些经济价值。换句话说，证券的内在价值是一回事，而它当前的交易价格则是另一回事。尽管价格和价值在某一天可能是相同的，但它们常常不一样。

（3）在证券的市场价格显著低于计算所得的内在价值时买进这些证券，后期将获得丰厚的回报。格雷厄姆将价值与价格之间的价差称为"安全边际"；理想情况下，这个差额应当达到基本价值的1/2，并且不低于1/3。他想花50美分的价格购买价值1美元的证券，最终的收获将很大，更重要的是很安全。

如果按照这个逻辑来推论，至少表面看起来，价值投资并不复杂且简单易懂。具体流程分为三步：第一，投资者评估一种股票的基础价值；第二，将价值与市场提供的当前价格进行比较；第三，如果价格低于价值，并有足够的安全边际，投资者就会买进该股票。

再简单点讲，价值投资的策略核心是，只买股价相对于根据盈利或者资产估算的内在价值明显低估、安全边际相当大的便宜货，然后持有到上涨50%后卖出，如果持有两年未上涨50%也会卖出。

考虑到估算内在价值容易出错且股市波动幅度非常大，为了避免出错，应该总是分散投资数十种的股票，类似于以"对冲"的形式降低风险。从1925年到

1956年退休，格雷厄姆的投资业绩非常好，年复合收益率高达20%以上，远远战胜了市场。

在格雷厄姆和多德之后，哥伦比亚大学的这门课程由不同的人讲授，最后传到了罗杰·默里手里，他是《证券分析》第五版的作者之一。1978年，也就是格雷厄姆逝世后的第2年，默里正式退休，这门课程和这一传统从哥伦比亚大学正式的学术课程中消失了。

所幸的是，在大学校门之外，价值投资的精神在实践型投资者中仍然活跃而有效，这主要归功于巴菲特。在阅读了《聪明的投资者》一书后，巴菲特于1950年学习了格雷厄姆最初的课程。

他在度蜜月的时候偶然阅读了第一版《证券分析》，如获至宝，茅塞顿开，开启了巴菲特此后持续数十年的价值投资之旅。自此，巴菲特与格雷厄姆的其他学生一起，创造了持续投资成功的纪录，吸引了人们对价值投资的持续关注。

因此，价值投资并不是什么新鲜概念。相反，它只是一个再传统不过的投资理念。这种投资方法容易理解，而且可以为一般人所接受，更重要的是，它曾经让无数投资者赚得盆满钵满。

事实胜于一切雄辩。

# 第二节　价值投资进化之道

价值投资并不是刻板严厉的清规戒律，而是一系列构成投资理念的原则。它为我们指明了哪些股票具有投资价值，同样重要的是，它告诉我们应该远离哪些股票，避免踩"雷"。

众所周知，巴菲特继承了格雷厄姆关于价值投资理念的衣钵，是价值投资的信仰者和坚定执行者。换句话说，价值投资是巴菲特成功的秘籍。大量事实都证明，价值投资能为我们创造一种长期超越市场基准收益率的投资回报。

事实上，要做到这一点并不难。但投资者为什么对价值投资的魅力视而不见呢？为什么很少有投资者接受这些原则，坚持巴菲特秉持的价值投资理念呢？

对此，巴菲特自己是这样阐述的，他说：50年前格雷厄姆和多德出版《证券分析》一书时，关于价值投资策略就公之于众了，但我实践价值投资长达40年，却很少发现有人转向价值投资的趋势。

同样让我们感到困惑的是，知道巴菲特的人很多，但追随他的人却很少。他和搭档查理·芒格在每年的股东大会上都无私地介绍价值投资原理，并把它们写入年度报告和致股东的信中。

"它们很容易学，也不难运用。但每一个人都只想知道，'今天你买了什么股票？'像格雷厄姆一样，我们被广泛地认可，但绝少有人追随。"查理·芒格多次在公开场合如此说。

正如格雷厄姆所说："在华尔街获得成功有两个要求：首先，你必须正确思考；其次，你必须独立思考。"坚持寻找更好的投资方法，确保资金安全和追求投资回报，就需要不停思考。

1976年，华尔街教父、巴菲特的导师格雷厄姆逝世。巴菲特在格雷厄姆的价值投资理论基础上，开始在策略和方式上进化，尤其是在买入美国运通等优秀企业股票的过程中，开始对格雷厄姆的"捡烟蒂"投资策略进行了反思。

便宜或者廉价，几乎是格雷厄姆买入股票的决定性因素，他从来不会将同行业中具有长期竞争优势的公司与其他平庸公司区别对待。他更不会将公司股票持有10年甚至20年的时间，只要手中的股票两年内没有起色，或者上涨达到50%以上，他都会毅然抛掉。当然，格雷厄姆也没有错过任何赚钱的机会，只是没能够把收益最大化。

与他的导师不同，巴菲特发现，具有长期相对竞争优势的公司才是最终创造财富的巨大原动力，持有这些优秀公司股票的时间越长，收益越高。格雷厄姆也许会认为这些超级优秀的公司股价过高，但巴菲特认为根本没有必要等到"大减价"的时候才进场，只要支付相对合理的价格，他同样可以从那些优秀公司身上赚得盆满钵满。

多年以后，当巴菲特被问及为何抛弃格雷厄姆的某些投资原则时，他这样回答："我们目前运作的是较大数目的资金，仅仅停留在过去那种较少资金的运作方式已经不可能了。它要求我们更多地学习如何在未来赢得可以稳定增长的现金流。"

实际上，巴菲特早在1989年年报中就开始对"雪茄烟蒂"式投资进行反思：我所犯下的第一个错误，就是买下伯克希尔公司的控制权，虽然我很清楚公司的纺织业务没什么发展前景，但却因为价格实在太便宜了，让我无法抵挡买入的诱惑。

"在大街上见到一只雪茄烟蒂，短得只能再抽一口，也许冒不出多少烟，但'买便宜货'的方式却要从那仅剩的一口中发掘出所有的利润，如同一个瘾君子想要从那短得只能抽一口的烟蒂中得到天堂般的享受。"

认识到格雷厄姆价值投资策略的局限性后，巴菲特逐渐抛弃了"雪茄烟蒂"式的投资。在他的搭档查理·芒格的影响下，吸收了费雪投资优秀企业的思想，逐步深刻地认识到：以一般的价格买入一家非同一般的好公司（基于持续竞争优势的价值投资策略），要比用非同一般的好价格买下一家一般的公司（格雷厄姆的捡烟蒂价值投资策略）要好得多。

巴菲特与强调有形资产的格雷厄姆不同，他更关注公司的无形资产。1985年，巴菲特谈及自己投资策略的变化时说："我现在要比20年前更愿意为好的行业和好的管理多支付一些钱。格雷厄姆倾向于单独地看统计数据。而我越来越看重的，是那些无形的东西。"可见此时的巴菲特，相较于其导师的理论，已经有了明显的进化。

作为格雷厄姆最优秀的学生，巴菲特在导师的价值投资理论基础上，形成了自己的一套更简单有效的价值投资策略。这些年来，巴菲特的选股方法好像基本上没有变化，但进化后的价值投资理念已经是一个非常严密的系统，且日趋完善。

**要素一：将股票视为生意的一部分**

这是第一个重要的概念。

格雷厄姆之所以把股票看作生意的一部分是一个"最佳视角"，是因为他相信当人们试图通过股票的短期买卖去赚取超过企业经营性收益的投资回报时，由于股票价值与价格之间的复杂关系，会让自己处在一个相对来说并不有利的冒险中。于是他说："把股票当作一项生意去投资是最聪明的投资。"

巴菲特将格雷厄姆这一重要投资思想成功实践了数十年后，在2004年致股东的信中说："看过伯克希尔公司股票组合的人或许以为这些股票是根据线性图、经纪人的建议或是公司近期的获利预估来进行买和卖的。其实查理和我从来都不曾理会这些，而是从企业所有权人的角度看问题。这是一个非常大的区别。事实上，这正是我几十年来投资行为的精髓所在。"

股票不仅仅是市场上可以买卖的证券，实际上代表的是对公司所有权的证书，是对公司的部分所有权。这个概念为什么重要呢？把市场上的股票投资当作做实业来投资，公司随着整体经济持续增长的时候，价值本身也会被不断创造。

那么，在创造价值的过程中，作为部分所有权的拥有者（或股东），我们持有部分的价值也是随着公司价值的增长而增长的。我们以股东形式来投资，支持了这个公司，我们在公司价值创造和增长的过程中分享我们应得的利益。

**要素二：正确理解市场和股票价格波动**

这是一件说起来容易、做起来异常艰难的事情。尽管不容易做到，但巴菲特认为它或许是"对于投资者赚钱最有帮助的"。

格雷厄姆把市场价格的波动形象地比喻成一位情绪不定但又很执着的"市场先生"，他不管公司经营情况稳定与否，都会按照自己的情绪好坏向投资者报出一个高低不定且起伏颇大的价格。格雷厄姆说："这些信号给投资者误导的次数不比有用的次数少。从根本上讲，价格波动对投资者只有一个重要的意义：当价格大幅下跌后，提供给投资者买入的机会；当价格大幅上涨后，提供给投资者出售的机会。"

1987年，巴菲特在致股东的信中说："'市场先生'是来给你服务的，千万不要受他的诱惑而被它牵着鼻子走。你要利用的是他饱饱的口袋，而不是草包般的脑袋。如果他有一天突然傻傻地出现在你的面前，你可以选择视而不见或好好地加以利用。要是你占不到他的便宜反而被他愚蠢的想法所吸引，则你的下场可能会很凄惨。"

现在，交易渠道和支付方式很便捷，可以随时随地买卖股票，但这个市场从来不会告诉你，真正的价值是什么。它告诉你的永远只是价格为多少，所以你只能把它当作一个可以利用的工具。这是第二个重要的理念，但这个理念和80%以上投资者的理解正好相反。

### 要素三：永不过时的安全边际

投资的本质是对公司未来进行预测，但凡预测的结果都不可能具有100%的确定性，所以当我们做分析和判断时，必须预留很大空间，这叫作安全边际。

如果对未来的预测是错误的，我们至少不会亏损太多；即使预测是正确的，比如说有80%、90%的把握，当那10%、20%的可能性出现时，结果也会对内在价值产生不利影响，但只要有足够的安全边际就不会损失太大。

格雷厄姆说："根据古老的传说，一个聪明的人将世间的事情压缩成一句话——这很快将会过去。面临着相同的挑战，我大胆地将成功投资的秘密提炼成四个字的座右铭——安全边际。"

关于安全边际在自己投资体系中的重要地位，巴菲特分别在1992年和1997年致股东的信中强调："这是投资成功的关键所在""这是智能型投资的基石所在"。

与此同时，虽然巴菲特追随着格雷厄姆，但他对"安全边际"与资产进行了独立研究，以评估出真实价值。他还开始关注盈利能力、管理层能力以及类似于品牌等其他具备比较优势的无形资产。这些研究方法，代表了用发展的眼光看待公司价值，以及其在未来保持价值和成长的能力。

归纳起来，安全边际至少可以在三方面为投资者提供重要帮助：一是为公司估值时可能出现的高估提供缓冲地带；二是以较低价格买入将提供更高的投资回报收益；三是当公司的实际增长高于预期时，投资者会同时在盈利和估值两个方面获得收益，也就是通常所说的"戴维斯双击"。

### 要素四：确定能力圈的边界

经过50多年的投资实践，巴菲特在格雷厄姆价值投资理论基础上增加了一个概念：能力圈。每个人的知识、经验和能力是不一样的，真正懂的东西非常有限，它的大小和边界构成能力圈。

1986年，巴菲特在伯克希尔年报中首次提出了投资最重要的原则——能力圈。他说："投资者真正需要具备的是正确评估所选择企业的能力。请注意'选择'一词。你不需要精通许多公司，你只需要能够评估在你的能力圈范围之内的几家公司就足够了。在你所选择的公司的名字周围画一个圈，然后去掉没有内在价值、没有好的管理和没有经受考验的不合格的公司。"

他后来再次强调："最重要的不是能力圈的大小，而是你能够确定能力圈的边界。如果你知道了能力圈的边界所在，你将比那些能力圈虽然比你大5倍却不知道边界所在的人要富有得多。"

能力圈概念最重要的是边界，没有边界的能力就不是真的能力。对于大多数投资者而言，重要的不是他知道什么，而是他明白自己不知道什么，只要能够尽量避免犯重大错误，投资者只需要做很少几件正确的事情就足以成功了。

但知易行难，投资者往往有强烈的好奇心，容易被各种各样的情况所迷惑。巴菲特的搭档查理·芒格说："每个人都必须找出你的长处，然后必须发挥你的优势，如果你试图在最差的方面获得成功，我敢肯定，你的事业将是一团糟！"

投资市场本身是所有人的集合，市场存在的目的是发现人性的弱点。如果你不明白自己正在做什么，那么这个市场一定会在某一个时刻把你打倒，而且结局将非常凄惨。

只有在这个意义上，投资是具有无法规避或者分散的巨大风险，这不是股票价格的起伏波动，而是资本金永久性丧失。这个风险是否存在，取决于你是否具有这个能力圈。而且这个能力圈不要太宽泛，要把它的每一块边界都定义得清清楚楚，只有在这个看似狭小的边界里面才有可能通过持续长期的努力真正建立起对未来的预期。

以上四个要素集合起来就构成了价值投资全部含义和最根本理念，不仅简单清晰，而且无数的事实佐证它长期有效，是一条通往财富自由之路的阳光大道。

如果接受这四个基本理念，投资者就可以以足够低的价格买入自己能力圈范围内的公司股票长期持有，通过公司本身内在价值的增长以及价格对价值的回归取得长期、稳定的超额收益。

# 第三节　巴菲特的选股秘诀

20世纪50年代，当巴菲特在哥伦比亚大学商学院读书时，就开始追随格雷厄姆学习价值投资，后进入格雷厄姆在华尔街的"纽约投资"公司，担任分析师职务。在这里，巴菲特在著名的价值投资者沃尔特·施洛斯身边工作，每天耳濡目染，阅读成千上万份公司财务报表。1956年5月，格雷厄姆退休之后，年轻的巴菲特回到家乡奥马哈，开始创业，成立了一家投资合伙公司。他把7个亲戚朋友组织起来，筹集了105000美元，巴菲特作为总合伙人，象征性地投入了100美元。

还有一个小插曲。坊间传言，格雷厄姆曾经提出把手中持有的基金移交给巴菲特，但巴菲特的妻子却想回内布拉斯加州的奥马哈市。这样，巴菲特不得不从头做起。

实际上，这个所谓的合伙人公司类似今天的私募基金。为了筹集资金，巴菲特早出晚归，像一直旋转不停的陀螺，到处招揽投资客户，凭借自己出色的口才，说服了诸多愿意出资尝试的人。

值得一提的是，巴菲特作为一个初次创业者，其商业运作突破了许多旧的框架束缚，创新变革后非常富有特色：他要求能够自由运用客户的资金，具有绝对控制权。他态度坚决地表示，不希望任何人干涉他所做的投资决策，不披露资金的投资去向，也不透露股票的品种，拒绝跟任何人谈论股票。

根据规定，合伙人公司将在每年的最后一天发表年度成果总结，正式对外展示业绩，巴菲特将在这一天对外办公，合伙人可以在这一天决定增加或者减少甚至赎回资金。他还设定了一些规则，比如每个合伙人可以赚到公司利润中不高于4%的所有部分，余下的利润由巴菲特和合伙人分成：75%归合伙人，25%归巴菲特。假设巴菲特的投资业绩平凡或者很差，那么他将一无所获。

天道酬勤。这一年末，巴菲特已经创设和经营着5家合伙人公司，总资本50

万美元。也就是这一年，巴菲特的投资盈利达到10%，战胜了下跌8%的道琼斯工业指数，可谓首战告捷。正是因为巴菲特的投资业绩出色，合伙人公司在随后的1958年盈利41%，高于道琼斯指数39%的升幅。至1959年末，合伙人公司的原始资金已经翻了一倍。

巴菲特趁热打铁，依然在继续招募筹集新的资金，他亲自驾车到处宣传他的资金管理生意，与委托的投资者签约，但这时客户投资的门槛已经提高到5万美元了。1962年，巴菲特合伙人公司的资本由最初的10.5万美元陡然上升到高达720万美元，巴菲特自己投资了100万美元。

巴菲特掘得第一桶金，仅仅花了不到6年时间。1957~1969年，巴菲特取得了1503倍的惊人业绩，平均复合收益率高达30%！

这个阶段的巴菲特，基本上完全复制了导师格雷厄姆寻找便宜货的价值投资策略，主要战术体现为三点。

## 一、"烟蒂股"投资

所谓烟蒂股，是对于实际价值高于市场估计价值的上市公司股票的一种代称。这种股票的最大特点是由于特定环境下的市场作用，其市场估值表现较低，股价十分低廉，花很少的钱就可以买到，但这是一种非常具有升值潜力的股票。

用格雷厄姆的定义简单理解，就是永远只买股价低于净有形资产2/3的公司股票，甚至只买股价低于净营运资产2/3的公司股票。一旦某个公司股票"打折"便宜了，立即重拳出击买入。

美国国民火灾保险公司的股票，最早在20世纪20年代末就被分销给内布拉斯加的农场主们，但随着年深日久，后来几乎被公众忘掉了。当时银行家阿曼森出价50美元/股回购股票。由于该股票已经停止上市，原股票持有者逐渐卖出。

嗅觉灵敏的巴菲特，意识到它目前的交易价格太过廉价，于是发动他的朋友驾车在整个内布拉斯加州寻找股票，每看到一个人就向他提出以100美元/股的价格收购。颇费了一番波折后，巴菲特及其合伙人获得了美国国民火灾保险公司10%的股票，最后盈利超过10万美元。

## 二、内在价值

在格雷厄姆刚入市的时候，市场中不存在价值理念，没有定价体系，而且在有限的披露条件下，无法充分进行财务报表分析，为"烟蒂股"投资创造了土壤。实际上，与其说是价格低于每股净资产的错误定价，还不如说是大量的净资产没有被充分挖掘，或者不存在现在我们所说的"正确定价"。

再进一步解释，格雷厄姆早期进行财务报表挖掘时，其目的是探究一家公司的"内在价值"，但当时市场上因为缺少理念支持的纯粹投机赌博行为所报出的价格，与其所挖掘出的价值完全不具备任何关联性。

格雷厄姆说："股市不是一个精确的计量仪器，不会对证券的内在价值做分毫不差的记录。相反，我们说市场是一个投票机，其中包含了无数的个人选择，这些选择有些出于理性，有些则出于感性。"而聪明投资者所需要做的，就是当市场的感性投票结果距离证券的内在价值偏差足够大时，应立刻与市场发生交易。

巴菲特根据"内在价值"原理，在当时持续买入了不少此类公司。比如桑伯恩地图公司，该公司一度利润丰厚，后来日趋没落。但该公司还拥有一个投资企业，其股票价格约为65美元/股，而桑伯恩自己公司的股票仅以45美元/股的价格在市场上进行交易。

于是，在1958~1959年，巴菲特都在持续不断地买入桑伯恩公司的股票，因为它深信格雷厄姆所说的"内在价值"，"股票迟早会上升回归到自己的原本价值"。1960年，巴菲特卖出桑伯恩公司股票后从中赚取了约50%的利润。

## 三、分散投资

格雷厄姆认为，投资组合应该采取多元分散原则，"安全边际概念与多样化原则之间有紧密的逻辑关系，一个与另一个互为关联。即使股价具有投资者喜欢的安全边际，仅仅投资一只股票也可能让业绩很差，因为安全边际只能保证获利的机会比损失的机会多，但不能保证损失不会发生。随着买入股票只数的增多，利润总和超过损失总和的投资结果是肯定的"。

分散投资是格雷厄姆构建"安全边际"概念的三大基础理论之一。格雷厄姆的烟蒂式投资之所以要求分散，在某种程度上也是因为他们的工作方式，由巴菲特和大师兄施洛斯两人"闭门造车"，不停地翻阅《穆迪手册》《标普手册》，以挖掘出被"打折出售"的股票。

虽然现在的巴菲特投资持股非常集中，但早期他在投资上却是跟随格雷厄姆主张投资组合多元化的，通过分散投资来降低投资风险。在致基金合伙人的信中，他详细阐述了合伙基金的三类投资方法，分别是低估类投资、套利类投资和控股类投资。

关于低估类投资，5~6只持股仓位较高，占合伙人基金资产的5%~10%，其余的1~15只证券建立相对较小的仓位；关于套利类投资，持有7~15只股票；关于控股类投资，尽管巴菲特并没有说持有多少只股票，但即使是前两类投资，持股数量也有30只左右了，而那时候管理的资产规模尚不足1000万美元。

1993年，巴菲特在致股东的信中，关于股票投资是分散还是集中的问题，他这样说道："有些投资策略，例如我们从事多年的套利活动，就必须将风险分散。若是单一交易的风险过高，就必须将资源分散到几个各自独立的个案之上，如此一来，虽然每个个案都有可能导致损失或伤害，但只要你确信每个独立的个案经过概率的加权平均能够让你获得满意的报酬就行了。"

20世纪70年代初，持续多年的价值投资实践，勤于思考的巴菲特发现了格雷厄姆投资法存在的一些局限。比如，并不是所有"格雷厄姆式"的低估值公司都会实现价值重估上涨，某些公司甚至会以破产告终，亏损的部分也可能超过所有的盈利。

最让人费解的是，他发现自己买入的股票按照格雷厄姆的"50%收益法则"卖出后，其中很多股票在随后几年内还继续保持着蓬勃上涨的势头，这些公司的股票价格攀升到远远高于抛售时的价位。打个比喻，就像原本费力挤上了一辆高速列车，但在列车到达站点之前就提前下车了，因为他不知道列车最终将驶向何方。

巴菲特遂开始对这些"超级明星股"进行深入的探究和分析，希望能够破解它们的股价上涨之谜。于是，他开始夜以继日地研究这些公司的财务报表，探索这些公司具有如此美妙的长期投资价值的内在逻辑，以此作为选择股票与估值的出发点。

巴菲特发现，几乎所有"超级明星股"都得益于某种竞争优势，也就是后来他再三强调的"商业护城河"和竞争壁垒。这些优势能够为公司带来类似于垄断的竞争地位，使其产品能供不应求或者不断提价。自然地，它们也比竞争对手赚取更多的利润。

如果一家公司的竞争优势在未来较长的一段时间内持续不变，也就是竞争优势具有持续稳定性，那么公司价值必然也会随之保持增长。巴菲特认为，既然公司价值能够实现持续增长，那么如果尽可能长期持有这些投资，则使其有更大的概率和机会从这些优秀公司的竞争优势中获取财富⋯⋯

在搭档查理·芒格的影响下，巴菲特慢慢抛弃了原来只关注便宜货的投资策略，开始尝试长期投资于优秀公司的策略。他深知，只要投资了一家具有持续竞争优势的公司，他最终会成为一个坐拥亿万美元资产的超级富豪。

1973年，巴菲特投资1062万美元给华盛顿邮报公司——一家具有持续竞争优势的报业公司。在长达35年的时间里，他一直持有这项投资。1985年赚了50倍，把1062万美元变成了5亿多美元；2008年，这笔投资的价值涨到了天文数字14亿美元。多么痛的领悟！

1976年，巴菲特投资1940万美元买入了曾经让格雷厄姆赚了大钱的GEICO公司股票，至1980年底持续累计投资4714万美元，到1989年底已经上涨了22倍。

1988年，巴菲特买入了可能是他一生赚钱最多的一只股票：可口可乐。1988~1989年，他累计买入可口可乐10亿美元，结果赚钱的速度和数额让他大为吃惊。1991年，巴菲特在致股东的信中说："三年前当我们大笔买入可口可乐股票的时候，伯克希尔公司的净值大约是34亿美元，但是现在仅仅是我们持有可口可乐的股票市值就超过了这个数字。"事实上，直至1998年底，巴菲特在可口可乐一只股票上就赚取了120亿美元。

巴菲特的投资神话，或者说让他成为世界超级富豪的长期价值投资之道，可以归纳总结为："我们始终寻找那些业务清晰易懂、业绩持续优异，由能力非凡并且为股东着想的管理层来经营管理的公司。这种目标公司并不能充分保证我们投资盈利：我们不仅要在合理的价格上买入，而且我们买入的公司的未来业绩还要与我们的估计大致符合。总之，这种价值投资方法——寻找超级明星——给我们提供了走向真正成功的唯一机会。"

简单地说，巴菲特选股的成功秘诀在于两大关键点：如何辨别出一家公司是否具有持久竞争优势的优质企业？ 如何估算这家具有持久竞争优势的优秀公司值多少钱？

要回答这两个价值投资决策的关键问题，唯一的办法是阅读与分析财务报表，以此作为选股与估值的出发点，在那些数据的背后挖掘出赚钱的逻辑。

按照规定，上市公司必须要向所有股东公布每季度、半年和全年的财务报告。而在最重要的年报中，公司向股东汇报上一年的经营情况，其中最重要的是财务报表，几乎所有涉及公司的财务数据都反映在财务报表之中了。

巴菲特无数次在致股东的信中说，自己阅读最多的就是企业的年度财务报告：

"有些人喜欢看《花花公子》，而我喜欢看公司年报。"

"必须阅读无数家公司的年度报告和财务报表。"

"我阅读我所关注的公司年报，同时我也阅读它的竞争对手的年报，这些是我最主要的阅读材料。"

巴菲特认为分析企业财务报表是进行价值投资选股与估值的基本功底：

你必须了解财务会计，并且要懂得其微妙之处。它是企业与外界交流的语言，一种完美无瑕的语言。除非你愿意花时间去学习它——学习如何分析财务报表，你才能够独立地选择投资目标（选股）。你在股市赚钱的多少，跟你对投资对象的了解程度成正比。即使有公司想弄虚作假，起码在一些行业，同样也能通过财务报表的各种数据进行辨别。

也许，包括众多新手在内的投资者都知道研读财务报表，以此作为选股与估值的依据，但可能被那些枯燥的数字和图表吓着了，同时担心分析财务报表需要很多专业知识，要学会太难了。

其实，研读财务报表很简单：

第一，只需要小学算术。

第二，只需要抓住几个核心指标。

第三，只需要分析那些业务简单、财报也简单的公司。

接下来，我们将以巴菲特改良和进化后的价值投资理念作为依据与参考，告诉大家如何通过研读和分析公司财务报表来挑选优秀公司股票。

让我们一起来尝试吧！

# 第二章　读懂财报，轻松找到赚钱的好股票

当公司管理者想解释清楚经营的实际情况时，可以在财务会计规则的规范下做到合规地实话实说。但不幸的是，当他们想要弄虚作假时，同样也可以是在财务会计规则的规范下做到合规地谎话连篇。如果你不能看明白同样合规的报表究竟说的是真是假，你就不必在投资这个行业做下去了。

——沃伦·巴菲特

据说，巴菲特10岁时就读完了奥马哈市公共图书馆里所有书名中有"金融"字样的书。从此以后，他每年都要阅读成千上万份上市公司的年报。他说："我读年报就像其他人看报纸一样，每年都读成千上万份，我不知道我读了多少。"

几乎可以这样说，财报就是公司的体检报告，是股票的投资说明书，也是挑选股票与估值的最重要的依据。

股市投资很重要的一项功课，或者叫作技能，就是阅读公司的财务报表。投资者通过阅读财报，可以分析和判断公司的经营情况，并通过评估公司的投资价值来选股与估值，透过财报这个"现象"来看到企业的"真相"，从而做出正确的投资决策。

巴菲特曾经说过："你必须了解会计学，并且要懂得其微妙之处。它是企业与外界交流的语言，一种完美无瑕的语言。如果你愿意花时间去学习它——学习如何分析财务报表，你就能够独立地选择投资目标。你在股市里赚钱的多少，与你对投资对象的了解程度成正比。"

学会读懂和熟练运用财务报表，是所有投资者在市场中生存不可缺少的能力，它将决定你所挑选的股票到底是否具有持续竞争优势以及投资回报的丰厚程度。所以，从某种意义上讲，读懂和运用财报只是手段，而选股与估值，以及赚取超额收益才是最终目的。

财报看似复杂，其实有一些简单的基础逻辑，尤其是上市公司的财报，编制

时不仅要遵守这些基础逻辑，而且必须遵守固定的格式，上有证监会和证券交易所监管，下有会计师事务所审核。打个比方，就像生产一枚螺丝钉，必须按照标准规范的流程进行。

只要清楚了其中的基础逻辑和固定格式，并形成自己的一套阅读方式，你就会在阅读财报的过程中逐渐发现，会计是这个世界上最简洁、最优美、最能实事求是反映问题（包括好与坏两种情况）的一种语言。

必须要说明的是，学会读懂财报，不能纯粹解读为读懂财务报表，完整的表述应该是读懂财务报告。因为在一份完整的财务报告里，财务报表仅仅是其中一部分很重要的内容，但远不是全部。

需要特别提醒的是，为了方便阅读和理解，除非有特殊说明，本书所提及的"财报"均为财务报表。

# 第一节　财报里的"造假"乱象

踩雷，这是投资中最大的"坑"。

在A股市场，由于业绩造假的成本很低，以及个股信息披露不充分，财务造假的行为屡禁不止，这就使得个股爆雷的风险非常大。如果是重仓股票发生爆雷，对投资者来说无疑是灭顶之灾。

从2021年伊始至3月20日，被称为A股"史上最严"的退市新规落地两月有余，相继已有ST成城、ST宜生、ST金钰、ST天夏、ST刚泰、ST长城共计6家上市公司股票遭遇了"面值退市"。

此外，ST康得则因财务造假，导致更正后的2015~2018年财务报表显示连续4年净利润为负，触及重大违法强制退市情形（即扣除处罚认定的造假金额后，相关财务指标触及终止上市标准），被证监会和交易所启动了退市程序。

如果按照修改后的证券法实施要求，财务造假需要退市的话，投资者的损失还将无限放大。因此，任何一个A股的投资者都必须掌握财务造假扫雷的方法。

我们先来看一看A股历史上两个财务造假案例。

## 一、獐子岛：薛定谔的扇贝

獐子岛原本是一个距离大连市120千米远的不知名小岛，这里盛产海参、鲍鱼、虾夷、扇贝等高端海鲜。20世纪60年代，獐子岛就有"海上大寨"的美誉。

2000年，当时的大连市领导到獐子岛视察后，称獐子岛为"海底银行"，提出獐子岛应到资本市场借力。从此，獐子岛渔业集团开始了股份制改造。

2006年9月28日，獐子岛正式登陆A股中小板，股票代码为002069.SZ，并成为行业的龙头企业，是国内农业上市公司中的第一个百元股，名噪一时。

獐子岛上市后，业绩连续增长，股价迭创新高。但从2012年开始，獐子岛的业绩便开始大幅下滑。2012年，獐子岛归母净利润仅为1.05亿元，降幅近80%。

2013年，归母净利润继续下滑至0.96亿元。

2014年10月，獐子岛发布公告说他们养的价值10亿元的扇贝，因为一种叫"冷水团"的海洋现象而全部跑路了，导致公司出现巨额亏损。

2015年6月，獐子岛宣告称扇贝抽测调查显示，公司的扇贝"不存在减值的风险"。众多投资者开始质疑：那些被"冷水团"逼走的扇贝自己游回来了？

2018年1月，獐子岛又亏损了。这次给出的解释是，由于海洋牧场遭遇了灾害，导致扇贝都被饿死了。2019年第一季度，獐子岛又说扇贝跑了，公司因此亏损4500多万元。

2019年11月11日，獐子岛再次发布公告称"扇贝死亡"。当晚，深交所下发关注函询问情况，要求解释扇贝为什么突然就死了。

后来证监会的调查结果显示，獐子岛这场财务造假活动从2016年就已经开始了。

獐子岛在2016年年报中以虚减营业成本、虚减营业外支出的方式，虚增利润1.3亿元，虚增的利润占其当期披露利润总额的158.2%。獐子岛披露的2016年财报中净利润为7571万元，实际上其当年的真实利润总额为-4822.23万元，净利润为-5543.31万元。

獐子岛在2014年、2015年净利润均为负数，如果2016年、2017年净利润继续为负，按照深交所的规定，连续亏损三年将被暂停上市，连续亏损四年将被终止上市。然而，2016年的净利润并没有追溯调整，依然为正数，2018年的净利润也为正数，就此避开了净利润连续三年为负将被暂停上市的规则，把众多投资者糊弄得团团转。

獐子岛为什么一而再、再而三地施展这种拙劣的造假手段，却可以在众目睽睽之下大获成功？这与其养殖方法有关。据介绍，獐子岛养殖扇贝主要采用的是深水贝类底播增殖技术，也就是通过撒播的方式将贝苗放在适宜养殖的海域，让贝苗在海底自然生长，待长到大小合适时再进行打捞。

但在会计存货科目的盘点中，生物资产由于其自身的特殊性，一直处于游弋运动过程中，存货盘点的难度非常大。而且，从审计的角度，会计师也很难深入到海底进行扇贝的监督清点，加上扇贝大小不一，导致定价不同，也会存在着巨大的会计估计，容易被上市公司用来操纵利润。

我们再来看看獐子岛2014~2021年的股价走势（见图2-1），从2014年的每股20余元一路下滑到2021年3月19日的每股3.83元，跌幅高达81%！让不少投资者遭受了惨重的损失，而且看来翻身遥遥无期。

事实上，如果投资者能够懂一些相关的财务报表知识，在买入股票之前阅读一下獐子岛的财务报表，将利润表、资产负债表中的几个数据进行汇总分析后，就会发现诸多反常现象，而事出反常必有妖，也许就会避开这颗"地雷"了，不至于最后被炸得"血肉横飞"。

我们先看一下獐子岛2015~2019年利润表的相关数据摘录，如表2-1所示。

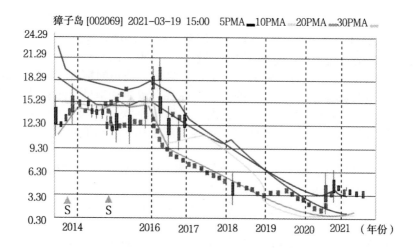

图 2-1　獐子岛 2014~2021 年股价走势

表 2-1　獐子岛 2015~2019 年经营情况

单位：亿元

| 报告期 | 2019-12-31 | 2018-12-31 | 2017-12-31 | 2016-12-31 | 2015-12-31 |
|---|---|---|---|---|---|
|  | 年报 | 年报 | 年报 | 年报 | 年报 |
| 营业收入 | 27.29 | 27.98 | 32.06 | 30.52 | 27.27 |
| 净利润 | -3.85 | 0.34 | -7.26 | 0.76 | -2.45 |

资料来源：根据獐子岛2015~2019年财报中数据整理编制。

　　在利润表中，獐子岛的营业收入在27亿~32亿元波动，且稳定得很有节奏感，完全不像一个"靠天吃饭"的行业和公司的正常表现。再看净利润，起伏波动非常大，头一年大额亏损，次年则小幅盈利，不断重复上演同样的剧情，规律性强得令人匪夷所思。

　　我们再看一看獐子岛2015~2019年资产负债表的相关数据摘录，如表2-2所示。

表 2-2　獐子岛 2015~2019 年资产负债情况

单位：亿元

| 报告期 | 2019-12-31 | 2018-12-31 | 2017-12-31 | 2016-12-31 | 2015-12-31 |
|---|---|---|---|---|---|
|  | 年报 | 年报 | 年报 | 年报 | 年报 |
| 有息负债 | 24.99 | 26.76 | 29.62 | 28.99 | 32.08 |
| 归属于母公司股东权益 | 0.0167 | 3.86 | 3.5 | 10.73 | 8.86 |
| 有息负债/归属于母公司股东权益（%） | 1470 | 693 | 846 | 270 | 362 |

资料来源：根据獐子岛2015~2019年财报中数据整理编制。

一般情况下，短期借款、一年内到期的非流动负债、长期借款和应付债券等都是有息负债，也就是在公司负债当中需要支付利息的债务。从表2-2中可以看出，獐子岛每年的有息负债数额巨大，有息负债与股东权益之比最高达到1470%！

进一步深入分析，原本就饱一顿、饥一顿的獐子岛不仅负债率过高，仍靠股东输血或者贷款等方式维持公司的资本支出等日常营运所需资金，而且每年所赚的钱必须拿出绝大部分偿付利息，没有任何盈余积累，一旦遭遇抽贷或者筹资活动停止，公司很可能"无米下锅"而导致"停摆"。

类似上述种种问题，都是一些违反常识的反常情况，而事出反常必有妖，这就值得我们投资者保持高度警惕了。

## 二、ST圣莱：灯下黑

任何一家公司的财务造假行为，不管采用什么样的手段和方式，至少有一点是共通的，那就是造假的时候都尽量藏着掖着，生怕曝光。但我们接下来要看的另一个案例，ST圣莱却反其道而行之。

ST圣莱的前身叫圣莱达，股票代码为002473.SZ，主营业务是加热类生活电器，也曾经是小家电细分行业的龙头企业。

2011~2013年，圣莱达的业绩大幅下滑，成长股转眼间就陷入了困境，股价紧随着基本面走弱持续走低。2013~2015年，圣莱达突然受到追捧，股价持续拉升，从每股15元上涨到每股35元左右，让广大投资者似乎看到了希望，如图2-2所示。

事实上，这一段时间内的股价拉升，是圣莱达进行财务舞弊、。2017年，证监会开始正式调查ST圣莱的财务舞弊等行为，其股价立即应声下跌。财务造假营造出来的辉煌终究只是昙花一现，很快就现出了原形。

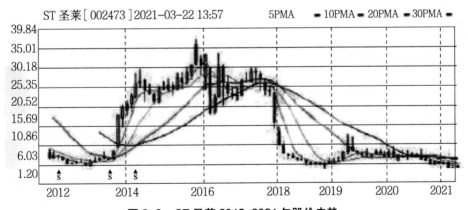

图2-2　ST圣莱2012~2021年股价走势

那么，圣莱达是如何进行财务造假的呢？

圣莱达2014年财报经审计的净利润为负值，预计其2015年净利润也将为负值，连续两年为负值会被冠之ST。为防止公司股票被ST，圣莱达铤而走险，自2015年走上了财务造假之路。具体做法主要是：在主营业务亏损的情况下，寻求增加营业外收入，使公司的利润表数据扭亏为盈。

### （一）虚构影视版权转让业务，虚增营业外收入1000万元

2015年11月10日，圣莱达与华视友邦签订影片版权转让协议书，约定华视友邦将某影片全部版权作价3000万元转让给圣莱达，华视友邦应于2015年12月10日前取得该影片的《电影公映许可证》，否则须向圣莱达支付违约金1000万元。当月，圣莱达向华视友邦支付了转让费3000万元。

2015年12月21日，圣莱达向北京市朝阳区人民法院提起民事诉讼，认为华视友邦未按照协议约定取得该影片的《电影公映许可证》，请求法院判决华视友邦返还本金并赔偿违约金。2015年12月29日，圣莱达与华视友邦签订调解协议书，约定华视友邦于2016年2月29日前向圣莱达支付4000万元，其中包含1000万元违约金。

次日，法院裁定该调解协议书合法有效。2016年1月29日至2月29日，圣莱达分三笔收到华视友邦转入的4000万元。圣莱达将华视友邦支付的1000万元违约金确认为2015年的营业收入。

至于资金具体是通过什么样的方式和渠道流转的，对于我们投资者来说其实意义不大，因为在案发前根本没有办法从公开渠道获悉。当然，如果感兴趣的话可以去搜索一下证监会（2018）33号处罚决定书，上面写得清清楚楚。

从签署合作协议到法院起诉，前后不过40多天，起诉不到10天对方痛快签订了调解书，"自愿"赔偿1000万元，这钱来得好像太容易了。不过站在当时看，一个经过法院司法程序的案件，谁敢信誓旦旦地说造假呢？

### （二）虚构政府财政补助，虚增收入1000万元

如果说第一种闪电"打官司"增收方式还让人有所疑惑的话，那么这第二种找政府要钱"续命"的方式，可就真让人毫无戒心了。

2015年12月31日，圣莱达发布《关于收到政府补助的公告》，称收到宁波市江北区慈城镇经济发展局和宁波市江北区慈城镇财政局联合发文，公司获得极速咖啡机研发项目财政综合补助1000万元，确认为公司2015年本期收入。

后经调查得知，圣莱达董事长胡宜东请求宁波市江北区慈城镇政府（以下简称"慈城镇政府"）帮助，形成以获得政府补助的形式虚增利润的方案：慈城镇政府不用实际出资，由控股股东的关联公司宁波金阳光电热科技有限公司先以税收保证金的名义向慈城镇政府转账1000万元，然后再由慈城镇政府以财政补助的名义将钱划入圣莱达账户。

2015年12月29日，宁波金阳光电热科技有限公司向慈城镇政府会计核算中心

转款1000万元。2015年12月30日，慈城镇政府会计核算中心转给圣莱达1000万元。

站在当时的时点，别说是一个处于信息劣势的外部投资者，恐怕就是会计师事务所这样专业的中介机构也没法审计出来，毕竟所有手续、流水等都一应俱全。即使你打电话调研，发函到政府部门，对方照样可以盖章回复你，调查银行流水，妥妥的一分不少。

圣莱达利用"司法途径""政府公信"等来配合造假的行为，简直就是"灯下黑"。

面对这种情况，财务报表的解读与分析是否就失去意义了呢？事实上，如果我们仔细观察，仍然可以从一些财务数据上发现端倪。

我们先来看一看ST圣莱2015~2019年利润表的相关数据摘录，如表2-3所示。

表 2-3　ST 圣莱 2015~2019 年经营情况

单位：亿元

| | 2019-12-31 | 2018-12-31 | 2017-12-31 | 2016-12-31 | 2015-12-31 |
|---|---|---|---|---|---|
| 营业总收入 | 0.948 | 1.474 | 1.173 | 0.952 | 1.052 |
| 营业利润 | −0.913 | 0.340 | −0.570 | −0.374 | −0.184 |
| 净利润 | −1.325 | 0.115 | −0.578 | −0.351 | −0.141 |

资料来源：根据ST圣莱2015~2019年财报中数据整理编制。

在表2-3中，你是否已经发现了端倪？是的，我们仅仅只是从这些简单的数字中，就能生发出诸多疑问。

比如，作为一家上市公司，其营业收入的绝对数额太小了；再比如，ST圣莱的营业利润和净利润，持续多年保持了齐头并进，在5个年度财报中竟然有4个年度利润均为负数，也就是耗费了这么多钱和精力，不仅不赚钱，而且还得倒贴弥补亏空的"窟窿"！

我们再来看一看ST圣莱2015~2019年现金流量表的相关数据摘录，如表2-4所示。

表 2-4　ST 圣莱 2015~2019 年收现比情况

单位：亿元

| | 2019-12-31 | 2018-12-31 | 2017-12-31 | 2016-12-31 | 2015-12-31 |
|---|---|---|---|---|---|
| 销售商品、提供劳务收到的现金 | 0.765 | 0.791 | 1.062 | 0.848 | 1.022 |
| 经营活动产生的现金流量净额 | −0.896 | −0.958 | 0.008 | 0.271 | −0.187 |
| 净现比（%） | — | — | — | — | — |

资料来源：根据ST圣莱2015~2019年财报中数据整理编制。

几乎与利润表所透露出来的问题一致，公司主营业务的绝对数额太小，且经营活动产生的现金流量净额大多数年度为负值，也就是即使把产品销售出去了，也均是以赊销为主的欠账方式，没有收到正向的现金，累积到最后有可能形成一大堆坏账。

另一个佐证是，根据"经营活动现金流量净额÷净利润=净现比"的公式，一般情况下净现比至少应该约等于1。经营活动现金流量净额与净利润两者都为正，且比值大于1，表明公司创造的净利润全部可以以现金形式实现；若小于1，则表明有部分净利润以欠款的债权形式实现。而ST圣莱的净利润和经营活动现金流量净额大多数年度均为负值，别说现金流质量较差，而且大多数时候根本无法计算。

实际上，ST圣莱在投资活动、筹资活动等财报数据方面早就暴露出了诸多问题。这些问题，都值得投资者早早深挖，也就不会被深埋的"地雷"炸得鲜血淋漓了。

对于二级市场的投资者来说，我们最大的自由在于，不必非要像做实业那样"以身相许"，在某一只股票上"陪伴到老"，即使A股目前也有4300多家公司可供选择，何必为了一棵树而放弃整片森林呢？

# 第二节　财报阅读入门基础

按照规定，任何一家上市公司每年都要向股东公布上一年的年度财务报告，简称年报。在年报中，公司向股东汇报过去一年的经营情况，其中最重要的是财务报表，几乎所有的财务数据都反映在财务报表中了。

百度百科的定义：财务报表是反映企业或预算单位一定时期资金、利润状况的会计报表。国内财务报表的种类、格式、编报要求，均由统一的会计制度做出规定，要求企业定期编报。一份完整的财务报表需要包括资产负债表、利润表（损益表）、现金流量表或财务状况变动表、附表和附注等，但不包括董事会报告、经营管理分析及财务情况说明书等列入财务报告或年度报告的资料。

简单点说，财务报表通常指公司的三张会计报表，即上述的利润表、资产负债表和现金流量表。利润表反映公司在一定会计期间的经营成果，比如收入、成本和利润等；资产负债表反映公司在一定时期（通常为各会计期末）的财务状况，比如资产、负债和股东权益状况等；现金流量表反映公司在一定会计期间现金流入和流出的情况。

归纳起来就是，资产负债表反映公司有多少资产，利润表反映公司赚了多少利润，现金流量表反映公司有多少现金。

## 一、财报是怎么做出来的

财报是会计人员做出来的，但肯定不是会计人员臆想猜测做出来的，而是根据统一的会计制度和公司在经营活动中发生的各项业务数据汇总编制而成的。

业务决定财务，财务反映业务。会计账户处理的一般程序是这样的：

经营活动→原始凭证→（分录）会计凭证→（过账）会计账簿→（编表）会计报表。

实际上，可以更简洁地描述为三个流程：经营活动→会计系统→财务报表。

对于投资新手来讲，估计阅读起来仍然会感到吃力。不着急，这里只需要清楚大概脉络即可，不必对各个项目细究。接下来，我们举例说明：

经营活动（1）：通过股东募集资金100万元，向银行借入长期贷款100万元，原始凭证应该分别是公司注册时的验资报告和借款合同。这个经营活动，一方面导致公司账户上的现金存款增加200万元，另一方面导致所有者权益和长期借款均增加100万元。

经营活动（2）：用账户上的现金采购50万元原材料（或商品），原始凭证应该主要是购买材料的发票，这个业务，一方面导致公司在银行的现金存款减少50万元，另一方面使库存相应增加了50万元。

经营活动（3）：生产出商品后销售了60万元，原始凭证应该是订购合同、销售发票等，这个经营活动，一方面导致银行现金存款增加60万元，另一方面使公司营业收入增加60万元，成本增加50万元（结转商品成本）。

如果X公司成立以来，只发生了上述三次经营活动，那么它所对应的资产负债表、利润表和现金流量表如表2-5所示。

**表 2-5　X公司财务报表情况**

单位：万元

| 资产负债表 | | 利润表 | | 现金流量表 | |
|---|---|---|---|---|---|
| 项目 | 期末余额 | 项目 | 本期发生额 | 项目 | 本期发生额 |
| 货币资金 | 200（1）-50（2）+60（3） | 收入 | 60（3） | 经营现金 | 60（3）-50（2） |
| 负债 | 100（1） | 成本 | 50（3） | 投资活动 | — |
| 权益 | 100+100（3） | 利润 | 10 | 筹资活动 | 100（1）+100（1） |

## 二、从哪里获得财报

在"连接一切"的网络时代，财务报表的获取已经变得非常简单和便捷。除了上海证券交易所（以下简称"上交所"）、深圳证券交易所（以下简称"深交所"）、巨潮资讯网三大官方网站外，其他第三方平台如雪球、东方财富网等，也可以免费下载上市公司的财务报告。

上海证券交易所网址：http://www.sse.com.cn/；

深圳证券交易所网址：http://www.szse.cn/；

巨潮资讯网网址：http://www.cninfo.com.cn/。

上交所和深交所的官网上，可以查询和下载分别在该所上市的公司财报和公告。相较而言，像巨潮资讯、东方财富、雪球等商业网站，则是在原始财报的基础上做了初步的"原材料"加工，计算好了后面财务分析需要的一些基础财务比率，相当于为投资者提供了一份免费的福利待遇。

在上述这些网站的首页，均可以找到"查公告"或者"公告速查"等的搜索框，输入你想查询的股票代码或者简称即可查询，以巨潮资讯网为例，如图2-3所示。

图 2-3　通过股票代码查询年报

选择要查询资料的类别，比如说季度报、半年报、年报或其他公告等，为确保精准，还可以在第二排搜索框内输入"2019年报"的关键词，即可迅速找到所需要的信息。然后，通过设置时间段，就可以找到对应时间包括年报在内的所有公告了，如图2-4所示。

| 公告 | 摘要 | 调研 | 持续督导 |
| --- | --- | --- | --- |
| 代码 ⇕ | 简称 | | 公告标题 |
| 600315 | 上海家化 | | 2019年年度报告摘要 【上市公司】 |
| 600315 | 上海家化 | | 2019年年度报告 【上市公司】 |

图 2-4　查询对应时间段内的年报

按照证监会的监管要求，上市公司的年报必须要在次年4月30日前披露完毕。如果公司无法按时披露年报，会被交易所暂时停牌处理。一般来说，出现无法按时披露年报的情况，往往都是预警信号，若非非常特殊的情况，则建议远离。

## 三、财报的时间和范围

这是关于财务报表的两个基础性知识，也是我们阅读和解析财报的起点。

### （一）关于时间

在一部分国家或地区，财报的发布时间相对比较灵活，公司可以根据自己或所处行业的经营特点设定从事经营活动年度的起止日。举例来说，在美国和中国香港两地上市的阿里巴巴（BABA.US、09988.HK），它的财报年度是从当年的4月1日至第二年的3月31日，以此类推。

A股就简单多了，统一按照自然年度为经营活动的年度，也就是从每年的1月1日至12月31日，并按季度披露一季报、半年报（或叫"中报"）、三季报和年报，向股东汇报对应时间段内的企业经营情况。具体披露时间如表2-6所示。

表 2-6　各财报披露时间

| 报表 | 时间范围 | 公布时间 | 公布时间时长 |
|---|---|---|---|
| 一季报 | 1月1日至3月31日 | 4月1日至4月30日 | 1个月 |
| 中报 | 1月1日至6月30日 | 7月1日至8月31日 | 2个月 |
| 三季报 | 1月1日至9月30日 | 10月1日至10月31日 | 1个月 |
| 年报 | 1月1日至12月31日 | 次年1月1日至4月30日 | 4个月 |

按规定，我国上市公司需要在一个年度结束后4个月内披露年报；在第一季度结束后1个月内披露一季报，但一季报披露时间不得早于年报；在8月31日之前披露半年报；在10月31日前披露三季报。

其中，年报必须经过会计师事务所审计并出具审计意见。所以，公司的年报准备时间最充分，信息披露最详细，可信度最高，通常被认为是具有最高分析价值的财务报表。其次是半年报（或称"中报"），然后是一季报和三季报。

尽管季度报相对简单，其提供的数据仅供投资者参考，但也并非漠然视之。比如，有些公司经营活动的均衡性很强，10亿元的营业额几乎可以平均到4个季度。但有些公司则饱一顿、饥一顿的，经营活动呈现出剧烈起伏不定的状况，"三年不开张，开张吃三年"，第一季度可能就赚了10亿元，后面就没有盈利了。对这种公司当然需要重点留意季报，要分析赚钱的那个季度业绩怎么样。

在法定的季报、中报和年报发布之前，某些情况下，上市公司还要按照各自交易所的要求，提前向公众发布业绩预告或者业绩快报。

上海证券交易所规定，凡是在该所上市的公司，若预计全年可能出现以下三种情况之一的，应当在1月31日前披露业绩预告：①亏损；②扭亏为盈；③实现盈利，且净利润同比增长或下降50%。对于半年报和季度业绩预告，上交所鼓励公司自愿披露。

深圳证券交易所规定，上市公司在季报、中报和年报前，如果预计将出现以下五种情况之一的，应当披露业绩预告：①亏损；②扭亏为盈；③实现盈利，且净利润同比上升或下降50%以上；④期末净资产为负值；⑤年度营业收入低于1000万元。

在深交所上市公司披露业绩预告的时间要求为：①年度业绩预告应不晚于次年的1月31日；②第一季度业绩预告应不晚于4月15日；③中报业绩预告应不晚于7月15日；④前三季度业绩预告应不晚于10月15日。

创业板原本要求到了时间就强制性进行披露，因为其公司的经营波动大，盈利不稳定，曾经的中小板也经常会提前预告，但后来都陆续取消并采取自愿披露的原则了。

## （二）关于范围

通过前面的了解学习，我们知道了无论是年报还是季度报，都要按照统一的标准发布三张报表，即利润表、资产负债表和现金流量表。但很多上市公司的经营活动并不完全是自己一家公司在开展，而是投资或控股了一系列关联公司，"大兵团作战"，协同开展多种经营活动等。

鉴于上市公司的经营活动，多由上市公司本部主体和它通过投资或协议控制的子公司构成，所以，每张报表又被要求提供母公司报表和合并报表。

按照规定，母公司报表主要记录上市公司本部主体的资产负债及经营活动情况。在母公司报表里，对于所控制的子公司，只记录股权投资成本，以及子公司所做的现金分红，不记录子公司的资产、负债、收入和费用等。

因为子公司也是上市公司的经营载体，一方面，子公司为上市公司的经营业绩做过贡献；另一方面，上市公司进行过真金白银的资本投入，如果只是记录上市公司本部主体的经营情况，显然不能完整地体现出所有经营活动的真实状况，合并报表的概念由此应运而生。作为投资者，我们重点关注合并报表数据。

实际上，合并报表记录和反映的并不是一个真实存在的实体，而是将上市公司主体和所有子公司汇总，假设为一个完整的"集团公司"制作报表。当然，会计人员仍然按照统一的会计政策，将上市公司主体和所有子公司的全部资产、负债、营收和费用加总，并减去"集团公司"内部各公司之间的相互投资、交易及债权债务，最终反映这个"集团公司"与其他单位或个人之间的投资、交易及债权债务关系。

是不是感觉有点绕？不要紧，绝大多数情况下我们只需要重点研读合并报表即可。

# 第三节　重要提示与财报结构

对于投资者来说，财报中隐藏着很多有价值的信息，读懂财报才能挑选出好股票，从而提高投资的胜率。但坦率地说，面对目前A股4300多家上市公司，每一家公司的财报都是数百页，怎么才能从这些巨量的资料和数据中挖掘出有价值的信息呢？

在某种意义上，财务报表就是一家公司的体检报告，可以看出这家公司运行是否良好，现金流量等涉及经营活动的相关状况是否健康，是否具备未来的竞争优势等。

## 一、重要提示

我们以食品饮料行业的上市公司海天味业为例，在巨潮资讯网下载海天味业2019年财报，首先看到的是粗黑体大写的《重要提示》。既然是"重要"的提示，想必一定有值得细读的内容。

投资大师唐朝曾经对此有过比较详细的阐述，我们就沿着他的思路来往下进行逐一梳理。

> 一、本公司董事会、监事会及董事、监事、高级管理人员保证年度报告内容的真实、准确、完整，不存在虚假记载、误导性陈述或重大遗漏，并承担个别和连带的法律责任。
>
> 四、公司负责人庞康、主管会计工作负责人张永乐及会计机构负责人（会计主管人员）张永乐声明：保证年度报告中财务报告的真实、准确、完整。

如果把上述负责人更换成另一个上市公司的相关负责人，这个陈述仍然是成立的。一方面，因为所有的财报都遵奉同样的格式；另一方面，这种格式化表述出来的就难免是套话，甚至是假话了。

在前些年持续不断"爆雷"的上市公司中，几乎都无一例外地涉及造假，但没见过任何人在这个《重要提示》中表达自己弄虚作假的意图。而且，因为不真实、不准确、不完整的年报，最终被重罚或承担法律责任的高管却很少见。

作为投资者，我们拿出真金白银进行投资，必须对那些未经证实的事情持有怀疑之心。比如，前些年大行其道的P2P，高达30%、50%的年利率回报，让多少贪婪的投资者前赴后继地上当受骗，最后血本无归。

尽管投资不是探案，但做到疑罪从有则是一个保守的投资者的出发点。

> 三、毕马威华振会计师事务所（特殊普通合伙）为本公司出具了标准无保留意见的审计报告。

在绝大多数上市公司的财务年报里，几乎都能看到这句话。看起来风轻云淡，但却非常重要。为什么呢？

我们知道，会计师事务所给上市公司出具这份经过核查审计后的报告，并不是免费的午餐，而是需要上市公司支付不菲的劳务费，免不了拿人手短、吃人嘴软。康美药业、尔康制药、三安光电等曾经的"白马股"，相继因为财务造假被"爆雷"，导致无数投资者深陷其中被坑害。这个过程中，有多少会计师及其事务所难逃干系！

说起来，会计师事务所也算是拥有垄断性质的商业模式，因为其获取证券业务许可牌照非常难。截至2019年12月底，全国共有7862家会计师事务所，拥有证券牌照的只有53家。53家有资质做全国4300多家且还在持续增加的上市公司业务，自然收入丰厚，财源滚滚来。

一般来说，会计师事务所也不愿意用牌照冒险，配合上市公司管理层做一些太过分的"勾当"。他们至少要考虑，万一将来"露馅"后能否撇得清责任。尤其在2020年3月1日新《证券法》正式实施之后，"造假"涉及的个人和公司均将受到重罚及严惩，比如追究刑事责任等。

试想一下，如果收了上市公司钱的会计师都不愿意出具"标准无保留意见"的审计书，我们完全有理由认为这家公司的财务报表造假做得太过分了。因此，我们一定要注意会计师发出的信号。

换句话说，只要参考会计师的意见（见表2-7），就可以帮助我们省下很多的时间——只有获得"标准无保留意见"的财务报表，才值得我们花时间继续研究下去。

表2-7  会计师出具的5种意见及真实意思

| 会计师出具的意见 | 会计师的真实意思 |
| --- | --- |
| 标准无保留意见 | 毫无保留，心中坦荡 |
| 附带说明的无保留意见 | 有瑕疵，有人背锅 |
| 保留意见 | 有些问题，但不好讲 |
| 无法表示意见 | 表示看不懂 |
| 否定意见 | 表示稀烂，完全不及格 |

在海天味业2019年财报中，毕马威华振会计师事务所为其出具的"标准无保留意见"的审计报告，分别出现在年报的第2页《重要提示》和第67页"第十一节 财务报告"中。

第十一节 财务报告

一、审计意见

我们审计了后附的佛山市海天调味食品股份有限公司（以下简称"海天公司"）财务报表，包括2019年12月31日的合并及母公司资产负债表，2019年度的合并及母公司利润表、合并及母公司现金流量表，合并及母公司股东权益变动表以及相关财务报表附注。

我们认为，后附的财务报表在所有重大方面按照中华人民共和国财政部颁布的企业会计准则（以下简称"企业会计准则"）的规定编制，公允反映了海天公司2019年12月31日的合并及母公司财务状况以及2019年度的合并及母公司经营成果和现金流量。

毕马威华振会计师事务所　　　　　中国注册会计师：

（特殊普通合伙人）　　　　　　　中国注册会计师：

中国·北京　　　　　　　　　　二零二零年三月二十五日

在"审计意见"的第二段中出现了"我们认为……公允反映了……"基本上就相当于代表了"标准无保留意见"，这是必须要有的。

接下来，我们看另一句重要的表述。

五、经董事会审议的报告期利润分配预案或公积金转增股本预案

拟以公司2019年末股本总数2,700,369,340股为基数，向全体股东每10股派10.8元（含税），共分配现金股利2,916,398,887.20元。

拟以公司2019年末股本总数2,700,369,340股为基数，以资本公积金转增股份方式，向全体股东按每10股转增2股，共转出资本公积金540,073,868.00元。

该预案须提交公司2019年度股东大会审议后实施。

这是众多投资者比较关心的分红和转增股本的数据。

前面讲过，由于合并报表体现的并不是一个法律意义上的公司实体，而分红行为却只能由具有法律意义的公司实体对股东实施。因此，分红主体是佛山市海天调味食品股份有限公司，资本公积金也是在反映佛山市海天调味食品股份有限公司本部数据的"所有者权益"中提取。

公司实施分红的金额上限，是母公司资产负债表的未分配利润数。在必要的情况下，由于母公司对整个合并报表范围的子公司具有支配权利，母公司可以安排子公司分红来调度利润。

海天味业2019年拟定的分红方案是：10股转增2股，并派发现金10.8元。按

照当时公司总股本约27亿股计算，分掉的现金约29.164亿元。

以资本公积金转增股本，通俗地讲是公司将资本公积转化为股本，相当于用资本公积金向股东转送股票。资本公积金主要来源于股票发行的溢价收入、接受的赠予、资产增值，因合并而接受其他公司资产净额等。其中，股票发行溢价是上市公司最常见也是最主要的资本公积金的来源。

转增股本没有改变股东的权益，但却增加了股本规模，因而客观结果与送红股相似。更重要的是，转增看上去和用未分配利润或盈余公积送股一样，账户上都是收到额外的股票，但转增有一个特别的好处是不用缴税。

了解上述概念后，我们继续按照财报的顺序往下看。

---

六、前瞻性陈述的风险声明

本报告中所涉及未来计划、发展战略等前瞻性陈述，不构成公司对投资者的实质承诺，敬请投资者注意投资风险。

七、是否存在被控股股东及其关联方非经营性占用资金情况？

否。

八、是否存在违反规定决策程序对外提供担保的情况？

否。

九、重大风险提示

公司已在本报告中详细描述可能存在的相关风险，敬请查阅董事会报告中董事会关于公司未来发展的讨论与分析中可能面对的风险部分的内容。

---

第六条告诉投资者，本财报提及的关于公司未来的经营、发展等计划性的内容，只是代表管理层的战略方向，其中涉及的风险请自行评估。随后的第七、第八条，意思很清楚了。至于第九条"重大风险提示"，接下来在财报的结构分析中我们将进一步解读。

## 二、财报的结构

按照财报的顺序，重要提示之后是财报正文的目录部分，它展示的是财报的基本结构。海天味业2019年财报目录显示，全文共分12节，如图2-5所示。

目　录

**图 2-5　财报目录**

需要重点阅读的内容如下：

A股的财务报表一般有12节，但最重要的内容其实只有4节，分别是第二节"公司简介和主要财务指标"、第三节"公司业务概要"、第四节"经营情况讨论与分析"、第十一节"财务报告"。其中，财务报告中的三张表和附注是最重要的内容。

次要内容主要有两节：第六节"普通股股份变动及股东情况"、第八节"董事、监事、高级管理人员和员工情况"。

A股目前已有4300多家上市公司，一家家地"翻石头"研读它们的财务报表几乎是不可能完成的任务。按照笔者近10年来形成的习惯，就是要学会抓大放小和坚守能力圈的原则。比如说，在阅读财报时抓住两条主线：财务线和业务线。

财务线主要集中在财报的第二节和第十一节，业务线主要集中在第三节和第四节。依据个人的经验与习惯，先财务后业务，如果财务数据不达标，即使业务增长再快，也不会继续往下看，直接丢进垃圾桶。

员工情况可以帮助我们了解高管和核心员工的履历、薪酬以及人员结构，其中，高管和核心员工履历有助于了解公司核心竞争力。而通过员工结构和增减信息，可以先于经营业绩变化看到公司扩张与收缩的意图。 其中，涉及公司高管人员的频繁更换，应格外引起重视。尤其是关键岗位高管人员的频繁离职，比如财务总监、独立董事经常更换，会计师事务所也频繁更换，都是一些应该引起重视的危险信号。

如果你是第一次看一家公司的财务报表，可以按照顺序全部仔细阅读一遍。如果你此前已经看过这家公司某一年的财务报表，或者已经比较熟悉这家公司了，那么可以只挑选出自己想要了解的动态性的内容。

# 第三章　初识财报：听数字说话

第一，要掌握会计学，就像读书要先学语言一样；第二，相信买入的是公司，而不要沉迷于股价走势图。投资时，良好的心态比技术性的技巧更重要。

——沃伦·巴菲特

本章主要是为对公司的日常运营情况、流程不够了解，以及平时没有接触过财务报表或者看财报比较少、财报基础知识稍差的投资新手准备的，各个小节的设置上按照由浅入深的方式展开，让大家能够更好地理解这部分内容。

尽管如此，投资新手仍然可能会在财报概述中因读到一些专业词语而颇感费解，如果遇到这种情况，不用着急，大家只需要根据自己的理解记录即可，后面的章节将更加详细地逐一进行深度解读。

当然，如果此前大家已经对财务报表的格式和轮廓有所了解，则可以跳过这一章直接阅读后面的内容。不过，建议有时间的话，还应仔细地阅读本章，一方面温故而知新，另一方面可能看到原本没有了解到的新东西。

我们先从了解一家公司的创设与日常营运开始，因为对于众多投资新手来说，先应清楚财务报表的产生和架构，建立一个初级的财务思维，再慢慢学习和研读财务报表，便水到渠成了。

实际上，一家公司的经营活动过程就是公司创造价值的过程，是这家公司根据所处的商业环境制定公司战略规划并付诸实施，最终形成财务报表结果的过程。

# 第一节　财务报表的诞生

## 一、公司开门三件事

每一家公司都在从事着生产或服务等各种经营活动，每天都会发生各种交易，看起来纷繁复杂，但这些经营业务在财务人员看来，归根结底无非三件事：经营、投资和融资。

从抽象的角度看，一家公司几乎所有的经济活动，都是在不断地重复着一个"从现金到现金"周而复始的循环过程。

举例来说：

经过详细筹划，张三准备开办一家公司，在市场监管局核名注册后正式开业。公司一旦开始营运，第一件大事就是钱，首先需要股东投入启动资金，这是一个筹（融）资活动。张三投入这笔钱之后，自然在公司享受权益，这笔钱被归入股东权益中。

资金到位后，接下来便是购置固定资产了。于是，张三拿着所有股东投入的这笔钱（或部分）修建厂房、买生产设备以及办公家具等，这是一个投资活动。公司因此多了一些固定资产，但其资产总量并没有发生变化。

目前，公司的资金已经到位，并且完成了自身的基础设施建设，接下来要进行生产。于是，张三开始招聘员工、采购原材料、生产产品、销售产品、回收货款，最后又收回了钱。这些都属于经营活动。如果赊销欠款过多，回收的现金就会变得很少，相应地，应收账款会增加。

这是公司营运的整个过程，从现金开始以现金结束，不断地循环往复，涉及经营、投资和融资三类活动，始终交替进行。但经营、投资和融资，其目的不是为了循环，而是为了赚更多的钱，保证股东的投入不受到损失。

当然，一家公司在市场上真正的经营过程中，其流程复杂得多，包括很多不同的业务，比如与招聘相关的薪酬业务，再比如采购、生产、销售、回款等。

## 二、从现金到现金的循环

虽然投资和融资活动，尤其是对外部展开的投融资活动也是一个从现金到现金的过程，但它们大多数时候需要相当长的回报周期，循环的时间比较长，且过程纷繁复杂。而任何一家公司最核心的赚钱活动，几乎都依赖于自己的主营业务，持续而稳定地产生自由现金流，且从现金到现金的循环可以描述公司的经营状况。如图3-1所示。

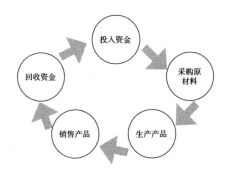

**图 3-1　公司的日常经营活动**

（1）公司在进行原材料采购时，可能是预先支付货款，也可能是先拿货，再付款，还可能是一手交钱、一手交货，但不管哪种采购方式的付款条件，都会通过财务报表中的预付账款、应付账款、现金的数额表现。

（2）一般情况下，公司在买入原材料后，都不会立即开始投入生产，而是先存放在仓库里。原材料在库房的存放时间，在一定程度上体现出一家公司的采购规划和管理能力，后文会进行详细解读。

（3）将原材料投入生产，制造出产品。在这个过程中，资金是以产品形式存在的，而存在时间的长短，也体现出公司的生产管理水平。

（4）产品生产出来后，通常不会直接从生产线上运到各地销售，而会被存放在仓库里，也就是所说的"产成品"。产成品在库房里存放的时间长短，取决于公司的销售能力。

（5）产品卖出去之后，大多数时候会变成应收账款或应收票据，隔一段时间后公司才能收回货款，拿到真金白银。当然，也有像贵州茅台、海天味业等公司的紧俏产品，供不应求，会要求客户预先支付货款再发货，这就是财务报表中形成的预收账款（现在改称为合同负债），以一种经营负债的形式出现。

以上整个过程，在财务报表的相关科目中都有详细记录。

一定程度上，财务报表不仅可以反映公司运营的全部面貌，而且可以具体到每一个环节的业务，以及公司中任何一个部门的运营状况及效率，这些都可以从财务报表各个科目的数据中找到踪迹。

# 第二节　轻松读懂财报三张表

我们在面对各种数据填充的三张报表时，仍然会充满疑惑：第一，不知道从何下手，到底应该看什么；第二，不清楚这些数据之间有什么关系；第三，财务报表里的概念彼此间有何关联。

首先认识一下公司几张基本的财务报表，混个"脸熟"，通过报表和业务之间的关系，了解和梳理财务报表的相关基础知识。在后面的章节中，我们将对三张报表逐一展开深入解读。

一般认为，财务报表是指用货币形式表现公司一定时期经营成果、财务状况和现金流量的"体检报告"，通常包括利润表、资产负债表、现金流量表和所有者（股东）权益变动等。从范围说，还包括合并财务报表和母公司财务报表。鉴于本书对上市公司的整体情况进行分析和判断，除特别标注外，均以合并财务报表为分析对象。

为了便于理解，本书主要介绍前三张财务报表，只要大家真正读懂了前三张财务报表及其关联关系，就完全可以看懂股东权益变动表了。

"利润表是面子，资产负债表是底子，现金流量表是日子。"一般情况下，投资者最关注的是公司的盈利情况，因为良好的业绩是股价的根本和持久的支撑，但实际上，作为"家底"的资产负债表更为重要，利润和现金流等价值都是在资产的基础上创造出来的。

需要特别说明的是，按照由浅入深、先易后难的研读方式，本书将以利润表、资产负债表和现金流量表的顺序进行分析讲解，可能与常规的财报书籍有点区别，但不会对解读造成任何影响。顺便说一句，巴菲特也是从损益表（利润表）开始读财报的。

**第一张报表：利润表**

利润表是反映上市公司在某一个时间段内经营成果的财务报表，它会注明"××年××月××日—××年××月××日"，反映了公司在这一段时期内的经营成果。

一般来说，在每个会计期间，财务人员都会为股东编制季度、半年和年度利润表。通过阅读和分析利润表，巴菲特能够对公司传递出的相关财务信息进行判断，例如利润率、每股收益、营业收入的稳定性和发展趋势等。

在判断一个公司是否得益于持续竞争优势时，所有利润表上的关键因素都是不可或缺的。

本书以收录的安徽海螺水泥股份有限公司（以下简称"海螺水泥"）2020年三张财务报表，即利润表、资产负债表和现金流量表为例。先看第一张报表——利润表。

海螺水泥2020年合并利润表如表3-1所示。

表 3-1　海螺水泥 2020 年合并利润表

2020 年 1~12 月

单位：元

| 项目 | 附注 | 2020 年 | 2019 年 |
|---|---|---|---|
| 一、营业收入 | 五、37 | 176,242,682,223 | 157,030,328,135 |
| 减：营业成本 | 五、37 | 124,847,626,626 | 104,760,090,086 |

续表

| 项目 | 附注 | 2020 年 | 2019 年 |
|---|---|---|---|
| 税金及附加 | 五、38 | 1,288,638,282 | 1,403,049,015 |
| 销售费用 | 五、39 | 4,123,286,864 | 4,416,574,602 |
| 管理费用 | 五、40 | 4,207,237,072 | 4,741,154,188 |
| 研发费用 | 五、41 | 646,582,340 | 187,198,737 |
| 财务费用（收益以"−"号填列） | 五、42 | −1,514,771,659 | −1,338,169,232 |
| 其中：信息费用 | | 446,778,344 | 446,007,016 |
| 信息收入 | | −2,224,616,848 | −1,588,831,946 |
| 加：其他收益 | 五、43 | 1,083,034,383 | 870,484,774 |
| 投资收益 | 五、44 | 1,549,968,236 | 1,209,080,928 |
| 其中：对联营企业和合营企业的投资收益 | | 804,486,512 | 853,622,685 |
| 公允价值变动收益 | 五、45 | 100,501,289 | 257,596,877 |
| 信用减值损失（损失以"−"号填列） | 五、46 | 4,908,290 | −6,260,519 |
| 资产减值损失（损失以"−"号填列） | 五、47 | — | −1,164,209,774 |
| 资产处置收益 | 五、48 | 888,275,939 | 30,214,686 |
| 二、营业利润 | | 46,270,770,835 | 44,057,337,621 |
| 加：营业外收入 | 五、49 | 959,325,529 | 648,126,672 |
| 减：营业外支出 | 五、49 | 122,179,517 | 148,619,034 |
| 三、利润总额 | | 47,107,916,847 | 44,556,845,259 |
| 减：所得税费用 | 五、50 | 10,737,737,618 | 10,204,838,573 |
| 四、净利润 | | 36,370,179,229 | 34,352,006,686 |
| （一）按持续经营分类 | | | |
| 1.持续经营净利润 | | 36,370,179,229 | 34,352,006,686 |
| 2.终止经营净利润 | | | |
| （二）按所有权归属分类 | | | |
| 1.归属于母公司股东的净利润 | | 35,129,690,970 | 33,592,755,201 |
| 2.少数股东损益 | | 1,240,488,259 | 759,251,485 |
| 五、其他综合收益的税后净额 | 五、34 | −95,393,296 | 38,559,949 |
| 归属于母公司股东的其他综合收益的税后净额 | | −66,984,204 | 33,260,287 |
| （一）不能重分类进损益的其他综合收益 | | 110,949,058 | −3,269,826 |
| 1.其他权益工具投资公允价值变动 | | 110,949,058 | −3,269,826 |
| （二）将重分类进损益的其他综合收益 | | −177,933,262 | 36,530,113 |
| 1.权益法下可转损益的其他综合收益 | | 7,282,610 | 10,013,536 |
| 2.外币财务报表折算差额 | | −185,215,872 | 26,516,577 |
| 归属于少数股东的其他综合收益的税后净额 | | −28,409,092 | 5,299,662 |
| 六、综合收益总额 | | 36,274,785,933 | 34,390,566,35 |
| 归属于母公司股东的综合收益 | | 35,062,706,766 | 33,626,015,488 |
| 归属于少数股东的综合收益总额 | | 1,212,079,167 | 764,551,147 |

续表

| 项目 | 附注 | 2020 年 | 2019 年 |
|---|---|---|---|
| 七、每股收益 | | | |
| （一）基本每股收益 | 五、51 | 6.63 | 6.34 |
| （二）稀释每股收益 | 五、51 | 6.63 | 6.34 |

资料来源：海螺水泥 2020 年报。

巴菲特在挑选股票和分析公司是否具有持续竞争优势时，总是先从公司的利润表入手，看看该公司运转一个周期后到底是盈利还是亏损。

利润表是反映公司在某个时间段内盈亏状况的报表，也是投资者最喜欢看的表。财务报表的摘要或者简报里大部分是利润表，因为资本市场是逐利的，投资者也最关心钱的问题，所以利润表就是上市公司的"成绩单"。

乍看之下，表里 40 多行内容比较复杂，有些专业词语也很生涩，但简单归纳起来就是一个公式：收入－费用＝利润。这其实也是利润表上众多数字之间的关系。进一步解读，我们把所有能够增加利润的项目都叫作"收入"，把所有导致利润减少的项目都称为"费用"。

这样梳理下来就更加简单易懂了。比如，在利润表里，营业收入、营业外收入、投资收益、公允价值变动收益等，这些增加利润的项目都统统认为是收入；与之对应地，营业成本、营业税金及附加、销售费用、管理费用、财务费用、研发费用、资产减值损失，以及所得税、营业外支出等都看作是费用。

上市公司的利润表根据"利润＝收入－费用"的公式分三步编制，不同步骤下的数据反映了利润的不同来源：

第一步，以营业收入为基础，减去营业成本、税金及附加、销售费用、管理费用、财务费用、资产减值损失，加上公允价值变动收益和投资收益，计算出营业利润；

第二步，以营业利润为基础，加上营业外收入，减去营业外支出，计算出利润总额；

第三步，以利润总额为基础，减去所得税费用，计算出净利润。

利润表的重点是收入、费用，加加减减之后得到了利润。从表象上看，利润表是告诉你公司的经营情况怎么样，有没有赚到钱。但深层次揭示的问题，其实是公司战略如何，资产负债表的结构怎么样。

通常情况下，通过分析公司的利润表，能够看出公司是否创造利润，而且在未来是否具有持续竞争力。公司盈利只是一个方面，还应该分析公司获得利润的方式，它是否需要靠大量研发以保持竞争力，是否需要通过财务杠杆以获取利润。

通过从利润表里挖掘出的这些信息，基本上可以判断出公司的经济增长原动力。对于众多投资者来说，利润的来源比利润本身更有价值和意义。

关于利润表的各种构成因素，本书后面章节有深度解读。

**第二张报表：资产负债表**

在某种意义上，资产负债表也称为公司的经营战略表。

那什么是资产呢？用专业的定义讲比较拗口：公司拥有或者控制，由过去的交易引起，能够用货币计量且能够为公司带来未来经济利益流入的经济资源。简单点说，资产是能够用货币表现的经济资源，也是公司一切经营活动的起点，收入、利润、现金流等都是在资产这个基础上发生的。

资产负债表遵循"资产=负债+股东权益"这一恒等式，把上市公司在特定时间点所拥有的资产和所承担的负债及属于股东的权益分类反映出来。

资产负债表不像利润表那样有固定的报表周期，不存在一个年度或一个季度的资产负债表的说法。财务部门一般会在每个会计期的最后一天编制资产负债表，我们把它看作在那个特定时刻公司财务状况的一张"快照"。

海螺水泥2020年合并资产负债表如表3-2所示。

**表 3-2 海螺水泥合并资产负债表**

2020 年 12 月 31 日

单位：元

| 项目 | 附注 | 2020 年 12 月 31 日 | 2019 年 12 月 31 日 |
|---|---|---|---|
| 流动资产 | | | |
| 货币资金 | 五、1 | 62,177,167,697 | 54,977,077,591 |
| 交易性金融资产 | 五、2 | 26,882,713,726 | 16,782,737,071 |
| 应收票据 | 五、3 | 6,601,199,514 | 8,375,401,956 |
| 应收账款 | 五、4 | 1,204,534,848 | 1,273,619,922 |
| 应收款项融资 | 五、5 | 3,085,315,740 | 3,350,585,849 |
| 预付款项 | 五、6 | 3,464,420,875 | 2,692,415,606 |
| 其他应收款 | 五、7 | 1,935,462,850 | 3,623,379,951 |
| 存货 | 五、8 | 7,001,615,145 | 5,571,522,957 |
| 持有待售资产 | 五、9 | — | 9,810,993 |
| 一年内到期的非流动资产 | 五、10 | — | 27,960,000 |
| 其他流动资产 | 五、11 | 627,390,758 | 425,091,810 |
| 流动资产合计 | | 112,979,821,153 | 97,109,603,706 |
| 非流动资产 | | | |
| 长期股权投资 | 五、12 | 4,223,040,013 | 3,820,612,569 |
| 其他权益工具投资 | 五、13 | 391,241,472 | 326,095,800 |
| 投资性房地产 | 五、14 | 84,159,239 | 85,734,294 |
| 固定资产 | 五、15 | 62,720,183,990 | 58,858,416,078 |
| 在建工程 | 五、16 | 4,675,075,662 | 6,237,843,096 |
| 使用权资产 | 五、56 | 78,423,585 | 54,245,329 |
| 无形资产 | 五、17 | 13,710,238,862 | 9,978,706,283 |
| 商誉 | 五、18 | 576,041,746 | 514,398,098 |
| 递延所得税资产 | 五、19 | 851,776,662 | 1,099,391,022 |
| 其他非流动资产 | 五、20 | 682,755,627 | 692,135,262 |
| 非流动资产合计 | | 87,992,936,858 | 81,667,577,830 |

续表

| 项目 | 附注 | 2020 年 12 月 31 日 | 2019 年 12 月 31 日 |
|---|---|---|---|
| 资产总计 | | 200,972,758,011 | 178,777,181,536 |
| 流动负债 | | | |
| 短期借款 | 五、21 | 1,982,276,038 | 2,941,698,150 |
| 应付账款 | 五、22 | 4,785,770,849 | 7,303,645,233 |
| 合同负债 | 五、23 | 4,244,633,168 | 3,493,690,637 |
| 应付职工薪酬 | 五、24 | 1,360,261,568 | 1,480,291,712 |
| 应交税费 | 五、25 | 5,977,995,700 | 6,703,915,585 |
| 其他应付款 | 五、26 | 4,208,661,702 | 4,064,198,334 |
| 一年内到期的非流动负债 | 五、27 | 1,663,519,069 | 1,433,749,770 |
| 流动负债合计 | | 24,223,118,094 | 27,421,189,421 |
| 非流动负债 | | | |
| 长期借款 | 五、28 | 3,309,680,477 | 3,871,291,872 |
| 应付债券 | 五、29 | 3,498,370,273 | 3,498,053,867 |
| 其中：优先股 | | | |
| 永续债 | | | |
| 租赁负债 | 五、56 | 23,323,110 | 34,832,884 |
| 长期应付款 | 五、30 | 397,439,494 | 458,132,294 |
| 递延收益 | 五、31 | 532,438,963 | 449,458,832 |
| 递延所得税负债 | 五、19 | 771,567,042 | 723,773,386 |
| 非流动负债合计 | | 8,532,819,359 | 9,035,543,135 |
| 负债合计 | | 32,755,937,453 | 36,456,732,556 |
| 股东权益 | | | |
| 股本 | 五、32 | 5,299,302,579 | 5,299,302,579 |
| 资本公积 | 五、33 | 10,583,764,998 | 10,583,764,998 |
| 其他综合收益 | 五、34 | 19,226,990 | 143,509,977 |
| 盈余公积 | 五、35 | 2,649,651,290 | 2,649,651,290 |
| 未分配利润 | 五、36 | 143,270,282,580 | 118,681,897,985 |
| 归属于母公司股东权益合计 | | 161,822,228,437 | 137,361,682,179 |
| 少数股东权益 | | 6,394,592,121 | 4,958,766,801 |
| 股东权益合计 | | 168,216,820,558 | 142,320,448,980 |
| 负债和股东权益总计 | | 200,972,758,011 | 178,777,181,536 |

资料来源：海螺水泥 2020 年报。

巴菲特在判断一家公司是否具有持续竞争优势时，他会去查看公司拥有多少资产（包括现金和财产），承担多少债务（包括对供应商的应付款、银行贷款以及债券等）。而要了解这些信息，则必须查看公司的资产负债表。

资产负债表包括两个部分：第一部分列出所有的资产，其中包括有生产、经营和投资等类型的资产项目，比如现金、存货、房产、机械设备等；第二部分是负债和所有者权益，负债又分为流动负债和长期负债两种。

不管怎样，"资产=负债+股东权益"这一等式永远成立，因为公司的资产要么属于债权人，要么属于股东，或者说债权人和股东投入公司的资源都是公司的资产。比如，在表3-2中有关资产总计的年末金额为200,972,758,011元。

我们看一下，资产总计在这张报表的上部（也可以在左边），负债和所有者权益总计在下部（也可以在右边），年末金额也是200,972,758,011元。所以，我们关注的重点不是资产总计的具体数字，而是两者之间的关系。

需要强调的是，资产负债表里的资产，实际上仅仅是公司全部资源的一部分，也就是可以用货币形式表现的资源，也许还有更值钱并能创造价值的资产隐藏在水面下，比如人力资源、品牌价值等，大多数无形资产由于会计的特殊性而不记入资产负债表。

**第三张报表：现金流量表**

在日常生活中，我们经常会被问道："这家公司赚钱吗？"提问者真正想问的是这家公司的盈利情况。表面上看，这是涉及利润报表的事情，但实际上并非如此，因为"赚钱"不是"利润"，利润并不是钱。

这就是权责发生制与收付实现制的不同。所谓权责发生制是指产品一旦发货，就会被记录到销售收入科目，不管购买者何时支付货款。但在收付实现制下，公司要收到货款现金之后才能计入账目。

一般情况下，几乎所有的公司都会给它们的客户提供各种信用，它们发现使用权责发生制更具有灵活性和优越性，因为这种方法允许它们将赊销作为收入记录在利润表上，同时在资产负债表也增加应收账款。

所以，既然权责发生制允许赊销作为收入记账，那么对公司来说，就有必要将实际发生的现金流入与流出单独列出。这就是现金流量表发明并被极度重视的缘由。

上市公司按规定披露的三张财务报表中，只有现金流量表是采用收付实现制编制而成的，也就是说它收到的才是"真金白银"。净利润可以从一家公司的利润表上找到，但到底是否赚钱则需要关注现金流量表中这家公司的经营活动现金流量（主营业务上的赚钱能力）。

如果一家公司有利润同时又赚钱，这是最好的状态；如果一家公司有利润却不赚钱，那么需要想办法赚钱，不然日子很难过；如果一家公司没有利润但赚钱，虽然可以暂时过日子，但如果不想办法增加利润，则最终仍会解散；如果一家公司没有利润也不赚钱，结局大家都可以猜测到了。

我们先来看一下海螺水泥2020年的合并现金流量表，如表3-3所示。

**表3-3  海螺水泥合并现金流量表**

2020年度

单位：元

| 项目 | 附注 | 2020年 | 2019年 |
| --- | --- | --- | --- |
| 一、经营活动产生的现金流量 | | | |
| 销售商品、提供劳务收到的现金 | | 212,989,423,004 | 196,051,253,945 |
| 收到的税费返还 | | 49,323,446 | 82,777,339 |
| 收到其他与经营活动有关的现金 | 五、52（1） | 2,177,141,156 | 1,522,333,797 |
| 经营活动现金流入小计 | | 215,215,887,606 | 197,656,365,081 |

| 项目 | 附注 | 2020 年 | 2019 年 |
|---|---|---|---|
| 购买商品、接受劳务支付的现金 | | 150,319,331,023 | 127,098,898,137 |
| 支付给职工以及为职工支付的现金 | | 7,741,920,598 | 7,213,615,240 |
| 支付的各项税费 | | 20,028,572,244 | 20,645,543,213 |
| 支付其他与经营活动有关的现金 | 五、52（2） | 2,328,851,197 | 1,960,103,506 |
| 经营活动现金流出小计 | | 180,418,675,062 | 156,918,160,096 |
| 经营活动产生的现金流量净额 | 五、53（1）（a） | 34,797,212,544 | 40,738,204,985 |
| 二、投资活动产生的现金流量 | | | |
| 收回投资收到的现金 | | 44,643,484,185 | 57,503,257,497 |
| 取得投资收益收到的现金 | | 1,105,066,601 | 568,721,921 |
| 处置固定资产和无形资产及持有待售资产收回的现金净额 | | 889,694,966 | 223,360,450 |
| 处置子公司及其他营业单位收到的现金净额 | 五、53（2） | — | 46,950,797 |
| 收到其他与投资活动有关的现金 | 五、52（2） | 2,229,085,047 | 1,324,611,250 |
| 投资活动现金流入小计 | | 48,867,330,799 | 59,666,801,915 |
| 购建固定资产、无形资产和其他长期资产支付的现金 | | 9,970,186,599 | 8,874,118,891 |
| 投资支付的现金 | | 64,957,305,856 | 71,003,257,497 |
| 取得子公司及营业单位支付的现金净额 | 五、53（2） | 592,513,488 | 153,131,057 |
| 支付其他与投资活动有关的现金 | 五、52（4） | 120,203,742 | 325,142,000 |
| 投资活动现金流出小计 | | 75,640,209,685 | 80,355,649,445 |
| 投资活动产生的现金流量净额 | | −26,772,878,886 | −20,688,847,530 |
| 三、筹资活动产生的现金流量 | | | |
| 吸收投资收到的现金 | | 342,200,000 | 758,113,245 |
| 其中：子公司吸收少数股东投资收到的现金 | | 342,200,000 | 758,113,245 |
| 取得借款收到的现金 | | 4,829,438,357 | 5,697,238,046 |
| 筹资活动现金流入小计 | | 5,171,638,357 | 6,455,351,291 |
| 偿还债务支付的现金 | | 6,193,573,846 | 4,665,131,874 |
| 分配股利或偿付利息支付的现金 | | 11,379,027,275 | 9,674,862,299 |
| 其中：子公司支付给少数股东的利润 | | 374,762,846 | 292,855,248 |
| 购买少数股东权益支付的现金净额 | 七、2（2） | 35,328,400 | |
| 支付其他与筹资活动有关的现金 | 五、52（5） | 825,730,309 | 27,252,277 |
| 筹资活动现金流出小计 | | 18,433,659,830 | 14,367,246,450 |
| 筹资活动产生的现金流量净额 | | −13,262,021,473 | −7,911,895,159 |
| 四、汇率变动对现金及现金等价物的影响 | | −100,072,913 | 19,010,708 |
| 五、现金及现金等价物净值增加额（减少以 "−" 号填列） | 五、53（1）（b） | −5,337,760,728 | 12,156,473,004 |
| 加：年初现金及现金等价物余额 | | 22,014,144,787 | 9,857,671,783 |
| 六、年末现金及现金等价物余额 | 五、53（3） | 16,676,384,059 | 22,014,144,787 |

资料来源：海螺水泥 2020 年报。

当我们判断公司是否得益于某种持续竞争优势时，现金流量表所提供的信息非常有效。因为，从现金流量表可以看出一家上市公司现金变动的原因和构成情况，帮助我们判断现金流入和流出的连续性和稳定性，现金来源的质量和风险，以及这家公司在行业和市场中所处的竞争地位。

现金流量表是以现金和现金等价物为基础编制而成的。现金不用解释了，现金等价物是指公司持有的期限短、变现能力强，易于转换为现金和价值变动风险小的投资，比如银行理财产品、短期国债投资和持有股票等，因此现金等价物几乎可以等同于现金。

现金流量表同利润表一样，反映的是某一段时间的情况。公司财务部门每个季度和每个会计年度都会编制一份现金流量表。

现金流量表可分为三个部分：经营活动现金流量、投资活动现金流量和筹资活动现金流量。通过三类活动的现金流入和流出情况，可以进一步帮助我们了解和评估公司获取现金的能力。

# 第三节 三张报表之间的关系

在读过前面海螺水泥2020年度财务报告之后，平常对财务报表接触不多的朋友也许会感到疑惑：一家公司不就是生产商品，然后把它卖出去吗？哪需要这么多纷繁复杂的报表？细数起来有利润表、资产负债表、现金流量表，还有股东权益变动表等。

实际上，利润表、资产负债表、现金流量表是最基本的三张财务报表，现在按要求增加编制了一张补充报表——股东权益变动表。本书在后面单独列出股东权益变动表和附注进行解读，以更加全面地分析和判断一家公司的经营情况。

## 一、为什么需要三张报表

任何一家公司存在的价值，就是"投入现金，收回更多的现金"。那么，这个经营活动的过程如何反映到公司的财务报表上呢？

我们仍然从利润表入手，因为它主要是被用来描述一家公司的经营活动。张三创立公司开业运营的过程中，最早与利润表发生关系的是销售产品，然后是支付的销售、管理等各种费用、所得税以及研发支出等。

在经营活动中发生交易后，也会存在应收账款、应付账款等项目，它们会被列在资产负债表里。资产负债表就像一个"大箩筐"，还装入了很多其他项目，比如固定资产、长期投资、银行贷款、短期借款、所有者权益等，它们都属于投资或融资行为。所以，资产负债表虽然与经营活动有点"沾亲带故"的关系，但跟投资、融资才算是真正的"血亲"。

通过利润表和资产负债表，已经让我们基本上清楚了公司的经营、投资和融资等经济活动，那为什么还需要第三张报表呢？因为我们有些时候看到的并不是事实的真相，这跟权责发生制和收付实现制的财报制度有关。

这种情况下，现金流量表就闪亮登场了。它既涵盖了经营活动的现金流，也包括了投资和融资活动的现金流。换句话说，它把公司的整个经济活动又重新描述了一遍。这不是多此一举吗？答案是：否。

一方面，现金流量表梳理的大量数据，是对公司的经营活动和业绩做出了证实；另一方面，与利润表和资产负债表不同的是，现金流量表更多是站在风险的视角揭示公司持续经营和风险状况的能力。

所以，三张报表站在两个不同的视角。第一个视角，现金流量表描述了一家公司能否活下去，即站在风险的视角；第二个视角，利润表和资产负债表揭示了这家公司活下来后它将来可能发展成什么样子，有多少家产，又能产生多少收益，也就是站在收益的视角。

要了解一家公司，这两个维度是不可或缺的，因为它们共同构成了一个有机的整体，完整地描述了公司包括竞争力等在内的所有经济活动的综合状况。这也是每家公司都需要三张报表，而且一定是这三张报表的原因。

作为一个散户投资者，我们没有任何资信优势，在做出买入或者卖出股票决策时，会侧重从不同的财务报表获取信息。

## 二、三张报表的简单概括

从某种意义上理解，三张报表分别相当于"个人照"，合起来就是一张"全家福"：利润表展示的是一家公司在某个特定时期的经营业绩情况，也可以说是累积利润在某个年度的主要变化；资产负债表展示的是公司整体的财务状况，包括公司的资源结构和权益归属等；现金流量表展示了公司的钱是怎么来的、怎么花的，也就是公司货币资金在该年度的主要变化。

财务报表分析领域的张新民教授，曾经用"能力、实力与活力"六个字，对这三张报表进行了简单概括，形象生动且异常准确。

他说，利润表可以概括为"能力"。一家公司不管拥有的是有形资源还是无形资产，以及这些资源的价值多少，关键在于是否能在公司的经营活动中发挥出效能，创造价值最终产生利润。因为，任何公司都是以盈利为目的的经济组织，必须具有相应的盈利能力。

资产负债表可以概括为"实力"。这个比较容易判断，一家公司有没有实力，它的流动资产、固定资产等都在资产负债表上"躺着"，用资产减去负债就计算出了有多少净资产。需要强调的是，它也仅仅只是一个可以用货币表现的实力而已。

现金流量表可以概括为"活力"。口袋里有钱，自然就有活力。前文说过，看一家公司是否赚钱，以及钱的来路与去处，这些都在现金流量表上一一呈现。现金流量表既可以展示企业的盈利活动产生现金流量的能力，也可以展示公司的筹资活动和投资活动所引起的现金流转情况。

实际上，张新民教授对此还做过进一步的延展。他把利润表概括为"面子"，即公司有没有面子看利润表；把资产负债表概括为"底子"，即公司的家底；把现金流量表概括为"日子"，即公司过得怎么样要看现金流量表。

这种提法其实很有意思，而且形象生动。一家公司的盈利能力、周转能力等基础是其资源，也即是家底，这是潜伏在水面下不易为外人知晓的东西，但公司的老板大都更加注重自己的脸面和形象。由此推论，财务造假的主战场一定是在利润表上。

## 三、三张报表的内在关系

对于每个财务人员来说，最熟悉的是三张报表：利润表、资产负债表和现金流量表。

在三张报表中，利润表主要反映一段时间内公司的盈利状况，赚多少钱，亏多少钱，这张表最重要的一个勾稽关系是"收入-成本费用=利润"；资产负债表是一家公司整体财务状况在某一个特定日期的综合反映，这张表最重要的一个勾稽关系是"资产=负债+所有者权益"；现金流量表反映一定时期公司流入了多少钱，流出了多少钱，还剩下多少钱在银行里，这张表最重要的一个勾稽关系是"现金流入-现金流出=现金余额"。

三张报表之间的内在逻辑关系可以高度概括为：一个中心，两个基本点。一个中心，就是资产负债表。两个基本点，就是利润表反映资产负债表中未分配利润的增减变化，以及现金流量表反映资产负债表中货币资金的增减变化。如图3-2所示。

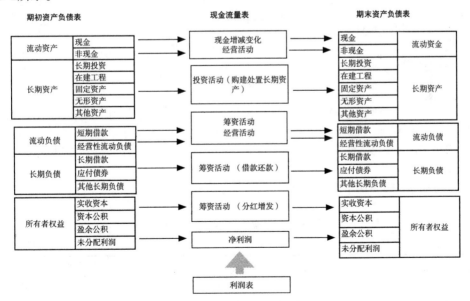

图 3-2　三张报表的逻辑关系

换句话说，财务报表中唯一的主表就是资产负债表，利润表、现金流量表都是资产负债表的附表。为什么呢？

第一，如果没有利润表，可以通过资产负债表中的净资产期末数与期初数进行比较，计算出当年的利润数额；第二，要是没有现金流量表，可以通过货币资金的期初期末余额增减变化，计算出当年现金及现金等价物净增加额。但是，这两张报表的各项数据更为清晰和详细，一目了然。

## 四、利润表与资产负债表

利润表和资产负债表有什么关系呢？利润表的未分配利润项=资产负债表中未分配利润的期末数–期初数。未分配利润是公司取得收入，支付成本费用，减去税金，付完利息，将利润分给股东之后，最后剩余下来的钱。因此，利润表是股东权益中的盈余公积和未分配利润的基础。

海螺水泥2020年资产负债表部分内容如表3-4所示。

**表 3-4　海螺水泥 2020 年资产负债表**

单位：元

| 项目 | 附注 | 2020 年 | 2019 年 |
|---|---|---|---|
| 股东权益 | | | |
| 股本 | 五、32 | 5,299,302,579 | 5,299,302,579 |
| 资本公积 | 五、33 | 10,583,764,998 | 10,583,764,998 |
| 其他综合收益 | 五、34 | 19,226,990 | 143,509,977 |
| 盈余公积 | 五、35 | 2,649,651,290 | 2,649,651,290 |
| 未分配利润 | 五、36 | 143,270,282,580 | 118,681,897,985 |
| 归属于母公司股东权益合计 | | 161,822,228,437 | 137,361,682,179 |
| 少数股东权益 | | 6,394,592,121 | 4,958,766,801 |
| 股东权益合计 | | 168,216,820,558 | 142,320,448,980 |
| 负债和股东权益总计 | | 200,972,758,011 | 178,777,181,836 |

截至2019年底，海螺水泥的资产负债表中"盈余公积"和"未分配利润"之和约为1213亿元。截至2020年底，这两个项目之和约为1459亿元，即2020年比2019年多出了约246亿元。那这246亿元是怎么来的呢？为什么突然之间就多了这么多钱？

海螺水泥2020年的净利润部分内容如表3-5所示。

**表 3-5　海螺水泥 2020 年净利润**

单位：元

| | 2020 年 | 2019 年 |
|---|---|---|
| 四、净利润 | 36,370,179,229 | 34,352,006,686 |
| （一）按持续经营分类 | | |

续表

| | 2020 年 | 2019 年 |
|---|---|---|
| 1. 持续经营净利润 | 36,370,179,229 | 34,352,006,686 |
| 2. 终止经营净利润 | | |
| （二）按所有权归属分类 | | |
| 1. 归属于母公司股东的净利润 | 35,129,690,970 | 33,592,755,201 |

海螺水泥 2020 年归母净利润约为 351.29 亿元。海螺水泥 2020 年偿还债务支付的现金和现金分红金额如表 3-6 所示。

表 3-6　海螺水泥 2020 年偿还债务和分配股利的金额

单位：元

| | 2020 年 | 2019 年 |
|---|---|---|
| 偿还债务支付的现金 | 6,193,573,846 | 4,665,131,874 |
| 分配股利或偿还利息支付的现金 | 11,379,027,275 | 9,674,862,299 |

2020 年，海螺水泥分配了约 113.79 亿元的现金分红。

2020 年的归母净利润 351.29 亿元减去 2020 年分掉的 113.79 亿元现金分红，约等于 237.5 亿元。这个金额与资产负债表中"盈余公积"和"未分配利润"的增加金额基本一致，这也说明了利润表与资产负债表之间的联系。

净利润 =（期末盈余公积 + 期末未分配利润）+ 本期实施的分红 −（期初盈余公积 + 期初未分配利润）

如果公司赚钱了，必然会增加股东权益；如果公司亏损了，会因此减少股东权益。因此，资产负债表的恒等式也可以表述为：

资产 = 负债 + 所有者权益 + 收入 − 费用

这个动态表达式还有一个重要的作用，就是揭示了财务造假的思路。比如，一家公司要虚增利润，那么它必然要虚减负债或虚增资产。虚减负债是很困难的，因为需要债权人的配合，造假成本比较高。因此，大部分造假就会选择虚增资产，也可以说，虚增利润就会虚增资产。

## 五、现金流量表与资产负债表

现金流量表和资产负债表有什么关系呢？我们已经知道，现金流量表是公司货币资金在某一个年度内收支变化情况的反映。一般来说，现金流量表是对资产负债表第一行"货币资金"项目的全部或者主体年度内变化情况的说明，用一个公式表述就是：期末资产负债表中的现金=期初资产负债表中的现金+现金流量表中的现金净增加额。

海螺水泥 2020 年底的货币资金如表 3-7 所示。

表 3-7 海螺水泥 2020 年货币资金

单位：元

| 项目 | 附注 | 2020 年 | 2019 年 |
|---|---|---|---|
| 流动资产 | | | |
| 货币资金 | 五、1 | 62,177,167,697 | 54,977,077,591 |

资料来源：海螺水泥 2020 年财报。

海螺水泥2020年比2019年的货币资金增加了约72亿元，这72亿元是怎么来的呢？其现金及现金等价物净增加额和年末现金及现金等价物余额如表3-8所示。

表 3-8 海螺水泥 2020 年现金及现金等价物净增加额及年末余额

单位：元

| 项目 | 附注 | 2020 年 | 2019 年 |
|---|---|---|---|
| 五、现金及现金等价物净增加额（减少以 "-" 号填列） | 五、53（1）（b） | −5,337,760,728 | 12,156,473,004 |
| 加：年初现金及现金等价物余额 | | 22,014,144,787 | 9,857,671,783 |
| 六、年末现金及现金等价物余额 | 五 53（3） | 16,676,384,059 | 22,014,144,787 |

资料来源：海螺水泥 2020 年财报。

现金流量表具体反映了增加的72亿元中所有现金及现金等价物的变化情况。如表3-8所示，海螺水泥2020年初现金及现金等价物余额比上一年增加了约121.6亿元，但2020年现金及现金等价物净增加额却约为-53.4亿元，两者相减约等于68亿元，与72亿元有差别，主要可能是有一小部分资金使用受到限制等。

## 六、利润表与现金流量表

利润表和现金流量表之间的内在关系比较复杂，要通过很多数据计算才能说明情况。它们之间的相同点是，都是一个时期的报表，反映一段时间内的经营活动情况。不同点在于，它们的编制基础不同，利润表是权责发生制，而现金流量表是收付实现制。

海螺水泥 2020 年的营业收入和净利润如表 3-9 所示。

表 3-9 海螺水泥 2020 年营业收入和净利润

单位：元

| 项目 | 附注 | 2020 年 | 2019 年 |
|---|---|---|---|
| 一、营业收入 | 五、37 | 176,242,682,223 | 157,030,328,135 |
| 四、净利润 | | 36,370,179,229 | 34,352,006,686 |

资料来源：海螺水泥 2020 年财报。

海螺水泥2020年的营业收入约为1762.43亿元，净利润约为363.70亿元。海螺水泥2020年销售商品、提供劳务收到的现金和经营活动产生的现金流量净额如表3-10所示。

表 3-10  海螺水泥 2020 年收到的现金流量净额

单位：元

| 项目 | 附注 | 2020 年 | 2019 年 |
|---|---|---|---|
| 一、经营活动产生的现金流量 | | | |
| 销售商品、提供劳务收到的现金 | | 212,989,423,004 | 196,051,253,945 |
| 经营活动产生的现金流量净额 | 五、53（1）（b） | 34,797,212,544 | 40,738,204,985 |

资料来源：海螺水泥 2020 年财报。

从表3-10可以看出，海螺水泥2020年销售商品、提供劳务收到的现金约为2129.89亿元，经营活动产生的现金流量净额约为347.97亿元。

利润表和资产负债表上的这两组数据之间有什么关系呢？营业收入与销售商品或劳务收到的现金、净利润与经营活动产生的现金流量净额所计算出的比值，在研读和分析财报以及寻找具有持续竞争优势的优质公司时价值非常大。但这里只需要了解一下即可，后面的章节会有详细的计算和解读。

不管怎样，正如前文所说，利润表、现金流量表和股东权益变动表以及其他各种报表，在本质上都是对资产负债表某一个项目或某一组项目的展开说明。我们只要明白，现金流量表与利润表和资产负债表之间有紧密的内在关系，因此读财报时，需要三张报表结合起来分析。

# 第四章　看懂利润表，知道公司赚多少

我们购买了几家盈利但从 1999 年或 2000 年的开拓下降的股票公司。考虑到预计所有我们的公司不时地沉浮，这种下降对我们来说毫无差别。只有在投资银行家的销售演出中，盈利才会永远上升。我们不关心颠簸，要紧的是全面的结局。

——沃伦·巴菲特

我们知道，大多数公司都是在满足市场需要的情况下，合法地赚取利润。因此，绝大多数公司是以盈利为目的的经济组织，这也是我们挑选股票和估值的一个前提条件。

前面章节已经说过，任何一家公司的经营活动，实际上都是在进行一个从现金开始又回到现金的循环往复过程。乍看之下，这个循环过程好像并不复杂，不过就是"采购原材料→生产产品→销售产品→收回现金"，但事实上并非如此简单。

为了赚钱，公司必须先付出一系列代价，比如租赁场地、购置设备、采购原料、招聘员工，以及支付各种各样的开支，也就是费用。在扣除了这么多费用之后，公司到底有没有赚到钱呢？所以，我们需要一张利润表。

利润表的学名叫作"损益表"，从字面上解读，损益表等于损失和收益的一张表，它的基本观念很简单，就是让股东看出一家公司在这段时间内是赚钱或者亏钱了（损失或收益）。换句话说，任何会计科目，凡是与赚钱或亏钱有关的科目，把它全部放在利润表就对了。

利润表是资本市场最喜欢看的报表，也被称为资本市场表。而在上市公司发布的年度财务报告中，摘要或是简报里大部分数据内容都来自利润表，因为投资者最关心钱的问题，所以利润表也是上市公司的"成绩单"。

套用一句流行语：一切不以赚钱为目的的公司，都是耍流氓。

巴菲特在分析公司持久竞争优势时，总是先从利润表着手，他通过分析公司的利润表，能够看出这家公司是否创造利润，是否具有持久竞争力。

在早期的股票分析中，格雷厄姆单纯地关注一家公司是否赚钱，很少甚至根本没有分析这家公司是否有长期创造价值的能力。实际上，他也不在乎这家公司是否具有强劲的经济动力，是否是一家出类拔萃的优质公司，或者是否拥有成千上万普通公司梦寐以求的发展态势，只要股票的价格足够便宜，就会毫不犹豫地买入。

但巴菲特后来在费雪、芒格等的影响下，认为世界上的公司可以分为两大类：一是相对竞争对手而言拥有持久竞争优势的公司，如果投资者以便宜或者合理的价格购买它的股票并长期持有（成长股），他将会腰缠万贯；二是那些在竞争市场上艰难打拼，但仍无所建树的平庸公司，投资者若长期持有它的股票，他的财富将会日益萎缩，有点"估值陷阱"的意思。

巴菲特发现，通过分析公司的利润表能够看出这家公司是否创造利润，是否具有持续竞争力。但公司能够赚钱盈利仅仅只是一个方面，还应该分析该公司获得利润的方式，它是否需要靠大量研发、持续更新厂房和设施等资本支出以保持竞争力，是否需要借助于高风险的财务杠杆以提高收入。

通过对利润表中一串串的数字挖掘出众多有效信息，可以判断这家公司在行业上下游链条和市场竞争中所处的位置以及增长原动力。对于投资者来说，利润的来源及持续优势比利润本身重要得多，且更有价值。

为了便于阅读，下面展示上海家化2020年的利润表信息（略有删减），如表4-1所示。

表4-1　上海家化 2020 年利润表
2020 年 1~12 月

单位：元

| 项目 | 附注 | 2020 年 | 2019 年 |
|---|---|---|---|
| 一、营业总收入 | | 7,032,385,622.18 | 7,596,951,822.91 |
| 其中：营业收入 | 七（61） | 7,032,385,622.18 | 7,596,951,822.91 |
| 利息收入 | | | |
| 二、营业总成本 | | 6,705,574,850.69 | 7,299,744,332.78 |
| 其中：营业成本 | 七（61） | 2,816,160,810.51 | 2,896,002,829.01 |
| 利息支出 | | | |
| 税金及附加 | 七（62） | 56,898,737.49 | 53,581,956.34 |
| 销售费用 | 七（63） | 2,924,330,482.92 | 3,204,126,278.65 |
| 管理费用 | 七（64） | 720,609,081.09 | 941,785,257.09 |
| 研发费用 | 七（65） | 144,274,796.69 | 172,829,946.38 |
| 财务费用 | 七（66） | 43,300,941.99 | 31,418,065.31 |
| 其中：利息费用 | | 63,855,234.98 | 61,869,160.64 |
| 利息收入 | | 16,612,154.49 | 17,560,953.03 |
| 加：其他收益 | 七（67） | 94,194,079.08 | 99,990,271.79 |
| 投资收益（损失以"-"号填列） | 七（68） | 171,204,306.42 | 153,990,706.17 |

续表

| 项目 | 附注 | 2020 年 | 2019 年 |
|---|---|---|---|
| 其中：对联营企业和合营企业的投资收益 | | 84,149,597.99 | 115,186,414.46 |
| 公允价值变动收益（损失以"-"号填列） | 七（70） | 28,086,283.41 | 84,280,752.66 |
| 信用减值损失（损失以"-"号填列） | 七（71） | −17,019,840.06 | −68,516,256.90 |
| 资产减值损失（损失以"-"号填列） | 七（72） | −68,756,981.89 | −5,002,434.17 |
| 资产处置收益（损失以"-"号填列） | 七（73） | −768,336.18 | 138,264,610.15 |
| 三、营业利润(亏损以"-"号填列） | | 533,750,282.27 | 700,215,139.83 |
| 加：营业外收入 | | 4,436,656.23 | 2,748,261.74 |
| 减：营业外支出 | | 4,208,441.41 | 969,095.42 |
| 四、利润总额（亏损以"-"号填列） | | 533,978,497.09 | 701,994,306.15 |
| 减：所得税费用 | 七（76） | 103,776,840.25 | 144,903,163.69 |
| 五、净利润（净亏损以"-"号填列） | | 430,201,656.84 | 557,091,142.46 |

资料来源：上海家化 2020 年报。

利润表是反映公司在一定时期经营盈亏状况的会计报表。看一看，快速浏览到表4-1的最后一行，即第五大项"净利润"，反映了这个时期公司的收益，也就是辛苦一年之后所取得的经营成果。

前面讲过，利润表上的基本逻辑关系可以简单表述为：

净利润＝收入－成本费用

简单的理解就是，收入是那些能够增加公司净利润的项目，比如营业收入、投资收益、利息收入、其他收益、营业外收入等；成本费用就是那些使公司净利润减少的项目，也是公司为获得利润必须发生的损耗，比如营业成本、税金及附加、三大费用、利息支出、资产减值损失、营业外支出等。

结合上海家化2020年利润表看，上海家化2020年全年实现营业总收入超过70亿元，2019年约为75.97亿元。上海家化的营业收入金额等于营业总收入金额，说明其主营业务突出，没有多元化盲目发展，全部由销售商品实现的营业收入构成。

接着往下看，营业总成本约为67.06亿元，营业总成本中的直接营业成本约为28.16亿元，税金及附加约0.57亿元，销售费用约为29.24亿元，管理费用约为7.21亿元，研发费用约1.44亿元，财务费用约0.43亿元。把财务费用拆开，我们可以看到，利息费用不少，支出约为0.64亿元，远超约为0.17亿元的利息收入。

包括投资收益在内的其他收益项目，加加减减之后的总额约为0.94亿元，其中资产减值损失约为-0.69亿元，对联营公司和合营公司等的投资在投资收益中占比接近50%，加总之后的所有收益在净利润中的占比不小，已经超过22%。这可能跟家化行业属性有关，比如多家控股子公司旗下的细分品牌。

营业利润约为5.34亿元，加上营业外收入减营业外支出，最后得出利润总额仍约为5.34亿元，再减去所得税费用后净利润约为4.30亿元。

在了解了利润表的逻辑主线，以及针对主要科目简单解读之后，接下来继续讨论利润报表中的各种构成项目。如此，能够进一步强化我们对利润表的深度认知与解读。

# 第一节　利润表的基本架构

按照最新版的财务报表的基本结构，我们接下来以利润表自上而下的顺序进行拆解式分析。

## 一、营业总收入

上海家化 2020 年营业总收入如表 4-2 所示。

表 4-2　上海家化 2020 年营业总收入

单位：元

| 项目 | 附注 | 2020 年 | 2019 年 |
|---|---|---|---|
| 一、营业总收入 | | 7,032,385,622.18 | 7,596,951,822.91 |
| 其中：营业收入 | 七（61） | 7,032,385,622.18 | 7,596,951,822.91 |
| 利息收入 | | | |

营业收入指公司在某个会计期间所获得的营业额，会计期间一般为一个季度或者一年。它也是一家公司销售商品或提供劳务实现的收入，比如上海家化的营业收入是销售面膜、洁面乳等美妆、母婴、个人护理产品实现的收入。

有的公司除了主营业务之外，还发展出其他多元化业务，收入来源也复杂多样。这时，这家公司的营业总收入就会有更细的分类。比如，李四开了一家教育培训机构，除了语数外等文化课辅导外，培训机构里还在卖书、卖咖啡，还向自动售卖机的商家出租场地。这时候，李四公司的营业总收入，除了主营的课程辅导收入外，还有卖书、卖咖啡和场地出租等收入。

在某种意义上，营业收入体现出一家公司的经营状况和发展趋势。作为投资者，一家公司的营业收入连续多年来保持UP增长、UP、UP，甚至在接下来的五年、十年时间内也将继续保持增长，这种公司当仁不让地会成为"抢手货"。

一般来说，如果不考虑外延式收购兼并的增长，公司收入的内生性增长主要有三种途径，即产品潜在需求增长、市场份额扩大和产品价格提升。不同的增长路径的可靠性不同，这需要我们从商业模式和所处市场阶段进行定性分析。

实际上，营业收入是复杂的财务数据，即使一家公司有着很高的营业额，也并不意味着就赚取了利润，因为收入有很大预估性。比如说，大型建筑工程的竣工周期比较长，往往需要数年时间，是按照工程进度结算，还是提前预估式的结算？这种时候的收入确认方法非常重要。

所以，收入环节很容易造假，艺术性比较强，尤其对于经营业务复杂的公司，或者业绩不好的公司，某一个时间段内突然业绩大增，不一定是健康良性的。这需要我们找出各种不同的数据，仔细分析后做出判断。

巴菲特判断一家公司是否盈利，他会从总收入中扣除成本费用。总收入减去销售成本等于毛利润。总收入这个数字本身并不能说明什么，除非我们把成本费用从总收入中扣除，才能得到有价值的财务信息——毛利润。这是很重要的一个指标，它的高低表明这家公司在市场中的受欢迎程度和行业地位。

所以，当巴菲特浏览了一家公司的总收入之后，他就会立即花费大量的时间研读各种成本费用，考量它们的合理性。巴菲特认为，发财致富的秘诀之一，就是尽量减少不必要的开支，个人、家庭和机构皆是如此。

他强调说，一家优秀公司营业收入的持续增长是最基本的表现，并且要和行业本身的增速相匹配，不能单纯地埋头拉车，也要和同行业的其他竞争对手进行横向比较，真正优秀的公司应该是可以超越同行和行业增速的。

## 二、营业总成本

继续看利润表中的营业总成本项目。营业总成本是公司为了获得营业收入而消耗的各种资源，它包括若干细分项，如营业成本、销售费用、管理费用、研发费用和利息费用等。如表4-3所示。

### 表4-3　上海家化2020年营业总成本

单位：元

| 项目 | 附注 | 2020 年 | 2019 年 |
|---|---|---|---|
| 二、营业总成本 | | 6,705,574,850.69 | 7,299,744,332.78 |
| 其中：营业成本 | 七（61） | 2,816,160,810.51 | 2,896,002,829.01 |
| 利息支出 | | | |
| 税金及附加 | 七（62） | 56,898,737.49 | 53,581,956.34 |
| 销售费用 | 七（63） | 2,924,330,482.92 | 3,204,126,278.65 |
| 管理费用 | 七（64） | 720,609,081.09 | 941,785,257.09 |
| 研发费用 | 七（65） | 144,274,796.69 | 172,829,946.38 |
| 财务费用 | 七（66） | 43,300,941.99 | 31,418,065.31 |
| 其中：利息费用 | | 63,855,234.98 | 61,869,160.64 |
| 利息收入 | | 16,612,154.49 | 17,560,953.03 |
| 加：其他收益 | 七（67） | 94,194,079.08 | 99,990,271.79 |

以书店为例，其营业总成本中的营业成本，也就是书的进价成本或者自行印

制书籍的生产成本。除此之外，书店的营业总成本还包括管理费用、销售费用等，缴纳的税金等也属于营业总成本。

## 三、营业成本

简单点说，营业成本是公司销售商品的直接代价，代表公司销售商品、提供劳务发生的费用。比如说，一本书的售价是100元，在生产过程中会用掉50元的纸张、油墨等原材料，还要付给印刷工人工资5元，设备和厂房等折旧费10元，那么这本书的营业成本就会变成65元。

在会计上，产品的生产成本包括料、工、费三项，也就是构成产品的原材料成本、生产过程中的人工成本，以及生产过程中的机器设备和厂房等的损耗费用。容易让人混淆的是，有些费用与产品生产没有直接关系，比如销售部门的营销费用以及融资发生的利息费用等，是不计入产品成本的，而在营业总成本项下的销售费用、利息费用等科目展示。

任何一项生意都会产生成本，原材料、人工、加工、运输、销售等，每个环节都需要成本，一家好公司的基本素质是能合理控制好这些成本。在一定程度上，成本的控制就是公司运营能力的体现，也是公司优秀管理层的价值所在，尤其是在买方市场上那些利润不高的行业，比如超市、水果店、百货公司等，最后比拼的就是成本控制力。

在投资中，所谓的要找具有优秀管理层的公司，就是寻找可以把成本控制到完美但不伤害利润和营收的公司，但这是一件非常艰难的事情。大多数人认为，一家公司能够生存下来，是依靠公司能赚取高利润，实际上在如今一片红海的市场竞争中，大家比拼的更多的是成本管控，让产品可以在价格上获得主动权，性价比高的好产品才是最大的竞争力。

尽管营业成本本身并不能告诉我们，这家公司是否具有持续竞争优势，但它却可以告诉我们公司的毛利润大小。而毛利润指标非常关键，它能帮助投资者判断公司在市场竞争中所处的地位，以及未来是否能够建立高深宽广的"护城河"。上海家化2020年营业收入和营业成本情况如表4-4所示。

表 4-4　上海家化 2020 年营业收入和营业成本情况

单位：元

| 项目 | 本期发生额 | | 上期发生额 | |
|---|---|---|---|---|
| | 收入 | 成本 | 收入 | 成本 |
| 主营业务 | 7,028,242,907.03 | 2,813,533,256.90 | 7,590,859,891.50 | 2,894,651,101.74 |
| 其他业务 | 4,142,715.15 | 2,627,553.61 | 6,091,931.41 | 1,351,727.27 |
| 合计 | 7,032,385,622.18 | 2,816,160,810.51 | 7,596,951,822.91 | 2,896,002,829.01 |

资料来源：上海家化 2020 年财报。

## 四、税金及附加

上海家化2020年税金及附加情况如表4-5所示。

表4-5　上海家化 2020 年税金及附加情况

单位：元

| 项目 | 附注 | 2020 年 | 2019 年 |
|---|---|---|---|
| 税金及附加 | 七（62） | 56,898,737.49 | 53,581,956.34 |

资料来源：上海家化2020年财报。

税金及附加是指公司在经营活动中应负担的相关税费，包括消费税、营业税、城市维护建设税和教育费附加等。公司通过"营业税金及附加"科目，核算公司经营活动相关税费的发生和结转情况。

这是税，但并不是所得税，因为要赚到了钱才需要缴纳所得税，流转税则不管你是否赚到钱，只要是有经营活动发生就得缴纳。常见的流转税有营业税和增值税，这两者又有不同，营业税是一种价内税，已经包含在商品价值或价格之内，而增值税是价外税，即税款不包含在商品价格内的税。

打个比方，你去一家杂货铺买零食，一共付给了老板100元。但事实上，如果杂货铺的营业税率是5%，那么老板虽然从你这里获得了100元，但实际只收入了95元，其余5元是税收。也就是说，营业税是由经营者承担的一种税收成本。

再比如说，我们在华为专卖店买一部价值8000元的手机，除了需要支付这8000元以外，还需要支付17%的增值税，也就是1360元。我们为了获得某种商品必须额外支付增值税，所以增值税是由消费者承担的税费。

正因如此，在所有公司的利润表中，只能出现营业税税收成本，而不会出现增值税税收成本。具体来说，营业税金及附加通常只包含营业税和营业税的附加税费，以及增值税的附加税费，比如说城市维护建设税、教育费附加等。

我们来看看上海家化2020年财报中的税金及附加具体情况，如表4-6所示。

表4-6　上海家化 2020 年税金及附加情况

单位：元

| 项目 | 期末余额 | 期初余额 |
|---|---|---|
| 增值税 | 73,992,311.23 | 89,869,777.87 |
| 消费税 | 6.856.04 | 16,486.72 |
| 营业税 | 0.00 | 0.00 |
| 企业所得税 | 90,012,088.24 | 99,309,139.56 |
| 个人所得税 | 8,059,459.76 | 8,398,979.40 |
| 城市维护建设税 | 4,955,463.51 | 5,736,135.66 |
| 教育费附加 | 3,868,222.39 | 4,410,610.02 |
| 其他 | 4,843,126.60 | 5,228,497.76 |

续表

| 项目 | 期末余额 | 期初余额 |
|---|---|---|
| 总计 | 185,737,527.77 | 212,969,626.99 |

资料来源：上海家化2020年财报。

在财报中搜索"税率"，如表4-7所示。

表 4-7　上海家化 2020 年相关税率

| 税种 | 计税依据 | 税率 |
|---|---|---|
| 增值税 | 应纳税增值额（应纳税额按应纳税销售额乘以适用税率扣除当期允许抵扣的进项税后的余额计算） | 5%~20% |
| 消费税 | 应纳税销售额 | 15% |
| 营业税 | | |
| 城市维护建设税 | 缴纳的增值税及消费税税额 | 1%、5%、7% |
| 企业所得税 | 应纳税所得额 | 0%~30% |

资料来源：上海家化 2020 年财报。

上海家化主要缴纳的是增值税及附加税、企业所得税，营业税从2016年5月1日正式取消，改为增值税。

## 五、销售费用

销售费用是指公司在销售商品和材料、提供劳务的过程中发生的费用，也就是为了促销和推广产生的费用，比如说把货物从仓库运输到销售场所的运费、仓储费、广告费以及其他为了促销而支出的费用、销售人员的工资、门店的租金等。

总之，一切与销售有关的费用，都归纳入销售费用科目之中，其通常随着营业收入的变化而变化。表4-8是上海家化2020年销售费用情况。

表 4-8　上海家化 2020 年销售费用情况

单位：元

| 项目 | 本期发生额 | 上期发生额 |
|---|---|---|
| 营销类费用 | 2,036,277,986.77 | 2,400,547,305.08 |
| 工资福利类费用 | 464,428,046.26 | 444,741,928.79 |
| 劳务费 | 42,051,020.09 | 46,189,578.30 |
| 租金 | 158,790,507.71 | 169,083,801.56 |
| 折旧和摊销费用 | 68,217,751.43 | 32,746,404.39 |
| 差旅费 | 34,904,621.07 | 51,631,377.16 |
| 股份支付费用 | 4,555,526.91 | 0.00 |

| 项目 | 本期发生额 | 上期发生额 |
| --- | --- | --- |
| 其他 | 115,105,022.68 | 59,185,833.37 |
| 合计 | 2,924,330,482.92 | 3,204,126,278.65 |

资料来源：上海家化 2020 年财报。

销售费用过大的公司会影响利润，因为公司的销售需要依靠大量地"烧钱"来堆砌，而不是靠产品自身的竞争力来销售，这样的公司很难赚钱，或者只能赚取"辛苦钱"。同时要注意，销售费用大幅增加而营业收入开始减少的公司，往往意味着产品滞销。

另外，销售收入大幅增加，但成本却下降，这背后的问题也值得审视，因为收入的提高一定会带来费用的提升，不可能空手套白狼，如果出现这种情况，是违背基本常识的。

那些处在高度竞争行业从而缺乏持续竞争优势的公司，销售费用占毛利润占营业收入的比例通常都显示出巨大的不同，比如传统汽车制造业等。需要强调的是，有些公司的销售业绩不好，收入呈下降趋势，但该公司的销售费用却居高不下，吞噬更多的毛利润，这种公司往往需要警惕或者退避三舍。

在寻找具有持续竞争优势的公司的过程中，公司的销售费用越少越好。从现在的情况看，如果一家公司能将销售费用占营业收入的比例保持在30%以下，足以令人惊喜。但是，虽然有些公司维持着低水平或者中等水平的销售费用，但它们却因为维护日常营运的资本开支过大，从而破坏了其良好的长期经营发展前景。

"一定要远离那些总是受困于高额销售费用的公司。"巴菲特说，无论股票价格如何，他都会对这类公司敬而远之，因为他知道，它们的长期内在经济实力如此脆弱，即使股价较低，也很难为投资者创造财富。

## 六、管理费用

管理费用是指公司在销售商品和材料、提供劳务的过程中发生的费用，简单地说，也就是为了管理公司所发生的各种费用。比如说管理部门各种人员的工资，行政开支、办公楼的折旧等，都是管理费用。

一方面，不同类型工作人员的工资属于不同的项目，比如管理人员的工资属于管理费用，而销售人员的工资属于销售费用；另一方面，不同类型的固定资产折旧也属于不同的项目，比如商店的折旧属于营业费用，厂房的折旧属于生产成本，办公楼的折旧属于管理费用。

一般来说，管理费用包括由公司统一承担的管理人员的薪酬、差旅费、办公费、劳动保险费、职工待业保险费、业务招待费、工会经费、咨询费、诉讼费、技术转让费、修理费、房产税、城镇土地使用税、印花税、审计费以及其他管理费用等。

这个项目有点像"大杂烩"，只要不属于"销售"和"财务"的费用，都可以往这个"箩筐"里装。管理费用应该是比较稳定的，如果突然增长幅度比较大，很可能是坏账损失增加或者公司经费增加造成的，这些都可能是背后管理出现了问题。

巴菲特认为管理费用越少越好，最好控制在营业收入的8%~15%，这是公司营运能力的体现之一。表4-9是上海家化2020年管理费用情况。

**表 4-9　上海家化 2020 年管理费用情况**

单位：元

| 项目 | 本期发生额 | 上期发生额 |
|---|---|---|
| 工资福利类费用 | 370,378,073.66 | 470,213,710.00 |
| 办公费 | 107,854,466.61 | 117,302,365.50 |
| 差旅费 | 10,389,076.38 | 20,131,289.00 |
| 存货损失及报废费用 | 83,201,498.44 | 64,634,358.81 |
| 折旧和摊销费用 | 52,699,565.21 | 81,948,053.45 |
| 审计咨询类费用 | 35,218,543.63 | 35,615,704.32 |
| 劳务费 | 8,260,894.85 | 7,716,696.38 |
| 会务费 | 5,043,123.60 | 5,983,008.99 |
| 股份支付费用 | 29,758,841.75 | 69,700,257.13 |
| 其他 | 17,804,996.96 | 68,539,812.91 |
| 合计 | 720,609,081.09 | 941,785,257.09 |

资料来源：上海家化 2020 年财报。

## 七、研发费用

研发费用是指公司为了未来发展，投入在新技术、新专利或新产品上的研究和开发而产生的各种费用，计入了利润表的相关资源消耗，包括研发部门的人员工资、研发过程中投入的各项费用、与研发有关的固定资产折旧费和无形资产摊销费以及新产品设计费等。

上海家化 2020 年财报中的研发费用如表 4-10 所示。

**表 4-10　上海家化 2020 年财报中的研发费用情况**

单位：元

| 项目 | 本期发生额 | 上期发生额 |
|---|---|---|
| 工资福利类费用 | 72,144,394.55 | 80,926,043.59 |
| 办公费 | 1,555,993.89 | 1,317,642.84 |
| 差旅费 | 2,126,069.36 | 2,316,693.77 |
| 折旧和摊销费用 | 23,980,769.79 | 29,529,841.49 |
| 耗用的原材料和低值易耗品等 | 11,339,625.29 | 16,928,451.81 |
| 科研项目费用 | 28,670,342.66 | 37,582,556.34 |
| 审计咨询类费用 | 1,282,558.97 | 1,189,270.05 |

续表

| 项目 | 本期发生额 | 上期发生额 |
|------|------------|------------|
| 股份支付费用 | 961,183.26 | 0.00 |
| 其他 | 2,213,858.92 | 3,039,446.49 |
| 合计 | 144,274,796.69 | 172,829,946.38 |

资料来源：上海家化 2020 年财报。

按照目前的会计准则规定，公司为开展研发活动产生的支出，在会计记录上有两种处理方法：一是将这些支出全部作为研发费用计入利润表中，叫作"费用化"；二是将这些支出全部或者部分作为无形资产列入资产负债表中，叫作"资本化"。

研发"费用化"会在利润表上形成成本，直接影响公司当年的利润收入，而"资本化"短期内不会造成影响，但随着无形资产的逐年摊销，这部分"资本化"的研发支出会变成费用，温水煮青蛙式地吞噬每年的利润。作为投资者，更喜欢将研发支出"费用化"的、奉行财务谨慎性处理原则的公司。

一家公司如果具有长期竞争优势，常常是拥有专利权或者技术上的领先地位赋予公司在市场竞争中的相对优势。如果公司的竞争优势是专利权带来的，例如那些制药类公司，专利期一过优势就会消失。

高新科技类公司的竞争优势是某种技术革新的结果，几乎没有哪一家不搞研发，甚至为此每年投入数十亿、上百亿元，目的是努力保持自己的技术领先性，保证产品永远是最高科技的，这样生意才不被其他虎视眈眈的对手抢走，像苹果、京东方、三安光电等电子科技类公司，其每年的研发费用在营业收入或者净利润中所占比例较大。

今天的竞争优势很可能在明天就变为被淘汰的技术。这些公司除了在研发上耗费巨资，而且必须持续不断地进行产品创新，不断地重新设计和生产，在营销策略上不断地变换套路……所有这些动作，都意味着管理和销售等费用上耗费巨大。

在巴菲特看来，研发就像是一柄双刃剑。高研发证明公司在不断地增加新技术，但研发会吞噬公司短期的利润和现金，而且没有人能保证一定都成功，每一项成功研发技术的背后都是无数的失败和碎了一地的金钱。更重要的是，即使研发出了新产品，也很难保证一定会在市场上受到消费者的追捧。

可口可乐是巴菲特长期投资的最爱。可口可乐公司像他债券评级公司穆迪一样，没有研究开发费用，虽然它必须每年投放巨额广告，但销售费用及一般管理费用占营业收入的比例仍然只有50%左右。持有穆迪公司和可口可乐公司的股票，巴菲特不会因为担心某项药物专利过期，或者他持有股票的公司在下一轮技术突破竞争中失败而夜不能寐。

这是巴菲特的一个原则：那些必须花费巨额研发开支的公司都有竞争优势方面的缺陷，这将使它们的长期经营前景被置于风险中，并不太保险。而如果不是一项比较保险的投资，巴菲特不会对其产生兴趣。

我们应该理性地看待公司的研发，纵然不能完全靠研发新产品和新技术来发展，这样更新换代太快的公司很容易被替代，但如果公司靠研发变得更好，不断地筑高自己的竞争壁垒，研发成功就是锦上添花，即使失败了也无伤大雅。

实际上，对于一些行业或者公司来说，研发是必须持续不断地进行的，因为正是这些大量的研发活动和成功产品给它们带来了核心竞争力，从而成就了它们在行业里遥遥领先的主导地位，比如说医药行业的恒瑞医药、百济神州、汉森制药等，表4-11列出了恒瑞医药与行业内几家公司研发投入的情况。

表4-11 恒瑞医药与同行公司研发投入对比情况

单位：万元，%

| 公司 | 研发投入金额 | 研发占营收比例 | 研发占净资产比例 |
|------|------------|------------|----------------|
| 上海医药 | 83,606.26 | 5.58 | 4.28 |
| 华北制药 | 17,414.36 | 2.26 | 3.28 |
| 复星医药 | 152,929.17 | 8.25 | 6.04 |
| 恒瑞医药 | 267,048.06 | 15.33 | 13.49 |
| 长春高新 | 34,875.65 | 8.50 | 8.38 |

资料来源：根据各公司年度报告中数据整理编制。

## 八、财务费用

财务费用，是指公司在生产经营过程中为筹集资金而发生的各项费用，包括生产经营期间发生的利息支出、汇兑净损失、金融机构手续费、汇票贴现费用，以及筹资发生的其他财务费用，如债券印刷费、国外借款担保费等。

简单点说，就是公司为向别人借钱需要付出一定的利息作为代价，也会因为在银行存款而获得一些利息，这些利息都记录在这个项目里。换句话说，利润表上的财务费用，是借款利息减去存款利息的净额。这导致财务费用既可能是一个正数，也可能是一个负数。

例如，张三的公司筹集了很多资金，这些资金目前还都存放在银行账户里，因此公司会获得利息收入。另外，如果这笔资金不是通过借贷，而是通过股权融资获得的，公司不仅不会支付利息，而且财务费用变成了一个负数，负的"财务费用"就是财务净收益，它实际上是帮助公司增加利润的。

上海家化2020年财务费用如表4-12所示。

表4-12 上海家化2020年财报中的财务费用

单位：元

| 项目 | 本期发生额 | 上期发生额 |
|------|----------|----------|
| 利息费用 | 63,855,234.98 | 61,869,160.64 |
| 利息收入 | −16,612,154.49 | −17,560,953.03 |
| 汇兑收益-净额 | −5,571,640.36 | −14,514,355.35 |

续表

| 项目 | 本期发生额 | 上期发生额 |
|------|------------|------------|
| 其他 | 1,629,501.86 | 1,624,213.05 |
| 合计 | 43,300,941.99 | 31,418,065.31 |

并不是每一家公司都需要财务费用，因为有些公司是没有有息负债的，并且还有利息收入。这样的公司当然不缺钱，一般现金流状况都比较好，尤其是行业里成熟的龙头公司。相对而言，只有那些比较艰难的公司和缺钱的公司才会需要借钱维持运营。

如果利息支出占营业利润的比重较高，公司很可能属于以下两种类型：一是处于竞争激烈的红海领域的公司，要在行业里继续保持竞争地位，必须要承担高额的资本开支；二是具有良好的经济发展前景，但在杠杆式收购中承担了大量债务的公司。

巴菲特指出，利息支出不宜占比太高。那些具有持续竞争优势的公司几乎不需要支付利息，相反还能获得不少利息收入，比如在消费品领域，巴菲特所钟爱的那些优质公司，像可口可乐、喜诗糖果等，其利息支出占营业利润的比例均小于12%。

这是一条极其简单的规律：在任何一个行业里，那些利息支出占营业利润比例最低的公司，往往是最具有竞争优势的。用巴菲特的话来说，就是"投资于那些具有持续竞争优势的公司，是确保我们能够获取长期财富的唯一途径"。

比较一下同样身处调味品行业的海天味业和莲花健康这两家公司，2016~2020年利息支出情况，如表4-13所示。

**表4-13　海天味业和莲花健康利息支出比较情况**

单位：万元

| 年份 | 海天味业 | | 莲花健康 | |
|------|----------|----------|----------|----------|
| | 财务费用 | 营业利润 | 财务费用 | 营业利润 |
| 2016 | -4,568 | 340,200 | 4,136 | -27,290 |
| 2017 | -8,200 | 421,100 | 4,522 | -14,900 |
| 2018 | -15,260 | 524,100 | 3,798 | -38,700 |
| 2019 | -29,270 | 637,900 | 3,431 | 3,749 |
| 2020 | -39,220 | 764,400 | 1,900 | 10,390 |

资料来源：海天味业和莲花健康 2016~2020 年财报。

# 九、资产减值损失

资产减值损失是指因资产的账面价值高于其可回收金额而造成的损失。会计准则规定资产价值范围主要是固定资产、无形资产以及除特别规定外的其他资产减值的处理。这是利润表中一个很有意思的项目，也是一个容易被操纵造假的事故多发地。

当有"证据"表明公司的资产在报告期末的市场价值显著低于账面价值时，就会发生减值。具体来讲，可能发生资产减值损失的对应科目，主要是固定资产、无形资产、商誉、存货、应收账款、可供出售金融资产、持有至到期投资等。

比如说，应收账款会发生减值，要计提坏账准备；存货会发生减值，要计提存货跌价准备；商誉会发生减值，要计提商誉减值准备。其他如固定资产、无形资产、长期股权投资等资产都会发生减值，都要计提相应的减值准备。

平常对财务报表接触不多的投资新手，恐怕对这个词语感觉好复杂，不用太烧脑，你只需要记住这个项目说明的是公司资产贬值所带来的损失就可以了。大额资产减值损失，往往还意味着公司管理层的自我打脸，因为它表示管理层承认以前投资或经营决策失误。

例如，老喻杂货铺进了一批价格为20元一个的杯子，原本打算按照40元一个的价格卖出去，结果这批货并没有按照预期计划销售出去。在年底结算的时候，还有10个没有卖出去，如果想要售出，每个只能打折卖到15元。而这批货又是预付账款不能退货，只能低价出售了。如此，在年底的时候，每个杯子实际上已经发生了减值损失5元，10个就是50元。所以，老喻杂货铺利润表上的资产减值损失就是50元。

根据现行会计准则，除了应收账款、存货、债权类资产计提的减值损失可以转回以外，其他如商誉、无形资产等一旦计提资产减值损失则不能转回。因此，尽管上市公司通过计提而后转回调控利润的空间减小了，但前述三个科目仍然被一些公司想方设法地操纵。

一般情况下，资产减值损失计提造假的主要方法有：不提或少量计提，可以让利润虚胖；多提，减少当期利润，以后转回来增加后期利润，也就是以前计提的东西都收回来了，营造公司经营向好的迹象；超额计提减值损失，降低资产账面价值，减少后期折旧和摊销，增加后期利润，或通过后期出售资产提升利润增速等。

资产减值损失项目的数字一般为正数，代表有一笔资产减值损失发生了，偶尔也会有为负数的，代表一笔已经计提减值损失的存货、坏账或债权，又被收回来了。正常情况下，这个项目数字应该很小才对，如果经常出现或正或负的大额数字，很有可能是公司在操纵利润。

上海家化2020年财报中的资产减值损失如表4-14所示。

表4-14　上海家化2020年财报中的资产减值损失

单位：元

| 项目 | 本期发生额 | 上期发生额 |
|---|---|---|
| 一、坏账损失 | | |
| 二、存货跌价损失及合同履约成本减值损失 | −56,958,173.05 | −5,002,434.17 |
| 三、长期股权投资减值损失 | | |

续表

| 项目 | 本期发生额 | 上期发生额 |
|------|-----------|-----------|
| 四、投资性房地产减值损失 | | |
| 五、固定资产减值损失 | −4,923,083.22 | |
| 六、工程物资减值损失 | | |
| 七、在建工程减值损失 | | |
| 八、生产性生物资产减值损失 | | |
| 九、油气资产减值损失 | | |
| 十、无形资产减值损失 | 6,875,725.62 | |
| 十一、商誉减值损失 | | |
| 十二、其他 | | |
| 合计 | −68,756,981.89 | −5,002,434.17 |

资料来源：上海家化 2020 年财报，下同。

## 十、其他收益

简单地说，其他收益就是政府补贴。

按照新版的会计准则规定，上市公司从2017年开始，将原本属于公司营业外收入的部分政府补贴收入归入"其他收益"项目，并"升格"为营业内，作为营业利润的重要支柱进行披露。计入其他收益的政府补助是指那些与企业日常活动相关，但不宜确认收入或冲减成本费用的政府补助。

上海家化 2020 年财报中的其他收益如表 4-15 所示。

表 4-15　上海家化 2020 年财报中的其他收益

单位：元

| 项目 | 本期发生额 | 上期发生额 |
|------|-----------|-----------|
| 地方财政产业发展扶持资金 | 49,800,037.57 | 32,137,053.06 |
| 地方政府企业技术改造扶持资金 | 4,087,335.60 | 3,392,297.20 |
| 拆迁补偿 | 34,691,931.28 | 41,827,515.37 |
| 财政奖励等 | 5,614,714.63 | 3,203,391.16 |
| 合计 | 94,194,079.08 | 99,990,271.79 |

## 十一、投资收益

所谓投资收益，是指公司对外投资所取得的收益减去发生的损失后的净额，也就是公司利用自身的资金、资源等优势，进行各种投入获得的利润、股利、利息、租金等，以及处置公允价值模式计量，且其变动计入当期损益的金融资产或金融负债、可供出售金融资产、投资性房地产实现的收益。

实际上，除了主营业务之外，公司获得投资收益的途径很多，比如，将公司账户里暂时不动的钱进行投资理财，赚取一定的收入，这就是投资收益。其他像买卖股票赚的利润、分的红利等，也属于投资收益。

上海家化 2020 年财报中的投资收益如表 4-16 所示。

表 4-16　上海家化 2020 年财报中的投资收益

单位：元

| 项目 | 本期发生额 | 上期发生额 |
| --- | --- | --- |
| 权益法核算的长期股权投资收益 | 84,149,597.99 | 115,186,414.46 |
| 处置长期股权投资产生的投资收益 | | |
| 交易性金融资产在持有期间的投资收益 | 85,104,747.43 | 37,428,665.46 |
| 其他权益工具投资在持有期间取得的股利收入 | | |
| 债权投资在持有期间取得的利息收入 | | |
| 其他债权投资在持有期间取得的利息收入 | | |
| 处置交易性金融资产取得的投资收益 | | |
| 处置债权投资取得的投资收益 | | |
| 处置其他债权投资取得的投资收益 | | |
| 处置其他非流动金融资产取得的投资收益 | 0.00 | 653.75 |
| 权益工具股利收益 | 1,949,961.00 | 1,374,972.50 |
| 合计 | 171,204,306.42 | 153,990,706.17 |

上海家化 2020 年的投资收益，主要来自两个方面：一是对包括子公司、合营公司和联营公司等在内的其他公司的股权投资收益；二是利用自有资金进行债券、基金和股票的投资所获得的收益。

## 十二、公允价值变动收益

公允价值变动收益是指以公允价值计量且变动计入当期损益的金融资产、投资性房地产等项目的公允价值变动所形成的计入当期损益的利得（或损失）。

简单点说，就是公司拥有的金融类资产和投资性质的房地产等，是按照公允价值计价的，如果某一项资产现在这个时候的账面价值比上年同期增长了 100元，那么这 100 元便是该项资产一年来的收益。如果这项资产在这一年的时间里，不仅没有获得收益，反而贬值了 100 元，那么这家公司便发生了 100 元的损失。这种收益或者损失，就被称作为"公允价值变动收益"。

上海家化 2020 年财报中的公允价值变动收益如表 4-17 所示。

表 4-17　上海家化 2020 年财报中的公允价值变动收益

单位：元

| 产生公允价值变动收益的来源 | 本期发生额 | 上期发生额 |
| --- | --- | --- |
| 交易性金融资产 | −1,770,425.37 | 34,092,643.84 |
| 其中：衍生金融工具产生的公允价值变动收益 | | |
| 交易性金融负债 | | |

续表

| 产生公允价值变动收益的来源 | 本期发生额 | 上期发生额 |
|---|---|---|
| 按公允价值计量的投资性房地产 | | |
| 以现金结算的股份支付可行权日后负债公允价值变动 | 0.00 | 120,817.81 |
| 基金投资 | 34,656,612.78 | 34,217,850.01 |
| 权益工具投资 | −4,799,904.00 | 15,849,441.00 |
| 合计 | 28,086,283.41 | 84,280,752.66 |

## 十三、资产处置收益

这个比较容易理解了，就是公司把原有的固定资产或者无形资产变卖掉，从而获得的利润。比如说，前几年有一家上市公司，由于持续亏损，为了避免被ST，无奈之下将数套公司名下的学区房进行变卖，卖学区房所赚的利润体现在利润表项目中，就是资产处置收益。

按照新版的会计准则，上市公司从2017年开始，将原本属于公司营业外收入的资产处置（非流动资产处置）利得归入"资产处置收益"项目，并"升格"为营业内，作为营业利润的重要支柱进行披露。

上海家化2020年财报中的资产处置收益如表4-18所示。

表4-18　上海家化2020年财报中的资产处置收益

单位：元

| 项目 | 本期发生额 | 上期发生额 |
|---|---|---|
| 固定资产处置收益（损失以"−"号填列） | −831,442.98 | 26,060,279.54 |
| 无形资产处置收益（损失以"−"号填列） | 63,106.80 | 112,204,330.61 |
| 合计 | −768,336.18 | 138,264,610.15 |

## 十四、营业外收入

营业外收入是指公司获取的与其日常生产经营活动没有直接关系的各种收入，主要包括非货币性资产交换利得、债务重组利得、公司合并损益、因债权人原因确实无法支付的应付款项、教育附加返还款、罚款收入、捐赠利得等。

举个例子，比如老喻杂货铺卖掉了一台闲置的冰柜，由此获得的收益即视为营业外收入。这是因为老喻杂货铺经营的目的是通过销售产品赚钱，而不是通过出售自己的固定资产赚钱，所以出售冰柜的收益不属于营业利润，而是营业外收入。

鉴于上海家化2020年财报中没有单列出营业外收入和支出，我们以中炬高新

2020年财报中的相关数据进行替代，如表4-19所示。

表 4-19　中炬高新 2020 年财报中的营业外收入

单位：元

| 项目 | 本期发生额 | 上期发生额 | 计入当前非经常性损益的金额 |
|---|---|---|---|
| 非流动资产处置利得合计 | 142,422.68 | 56,520.41 | 142,422.68 |
| 其中：固定资产处置利得 | 142,422.68 | 56,520.41 | 142,422.68 |
| 无形资产处置利得 | | | |
| 债务重组利得 | | | |
| 非货币性资产交换利得 | | | |
| 接受捐赠 | | | |
| 政府补助 | | | |
| 罚款收入 | 1,286,436.20 | 833,742.35 | 1,286,436.20 |
| 其他 | 185,977.63 | 371,835.91 | 185,977.63 |
| 合计 | 1,614,836.51 | 1,262,098.67 | 1,614,836.51 |

资料来源：中炬高新 2020 年财报。

## 十五、营业外支出

营业外支出是指公司发生的与日常生产经营活动没有直接关系的各种损失，主要包括盘亏损失、非常损失、非流动资产处置损失、非货币性资产交换损失、债务重组损失、罚款支出、公益性捐赠支出等。

中炬高新 2020 年财报中的营业外支出如表 4-20 所示。

表 4-20　中炬高新 2020 年财报中的营业外支出

单位：元

| 项目 | 本期发生额 | 上期发生额 | 计入当前非经常性损益的金额 |
|---|---|---|---|
| 非流动资产处置损失合计 | 37,684,114.14 | 2,580,505.06 | 37,684,114.14 |
| 其中：固定资产处置损失 | 37,684,114.14 | 2,580,505.06 | 37,684,114.14 |
| 无形资产处置损失 | | | |
| 债务重组损失 | | | |
| 非货币性资产交换损失 | | | |
| 对外捐赠 | 1,990,683.74 | 430,000.00 | 1,990,683.74 |
| 非常损失 | | 483,226.65 | |
| 赞助支出 | 244,788.00 | 124,832.00 | 244,788.00 |
| 其他 | 383,193.27 | 566,872.99 | 383,193.27 |
| 合计 | 40,302,779.15 | 4,185,436.70 | 40,302,779.15 |

资料来源：中炬高新 2020 年财报。

中炬高新2020年的营业外支出项目中，主要是非流动资产处置造成的损失，高达约3768.41万元，与上年约258.05万元的差距达3500多万元，其他如对外捐赠、赞助支出的数额都比较小，不必太在意。

营业外收入和营业外支出有一个共同点，就是它们都跟经营活动没有关系，最重要的是它们都由偶然性的因素造成，没有办法形成常态化延续下去。所以，营业外收入通常都不太靠谱，而且如果数额过大，投资者需要提高警惕。

举个例子：老喻和老张杂货铺去年都赚了100万元，大家在查看了两家杂货铺的利润表之后，发现老喻杂货铺所赚的100万元利润中，有90万元来自营业利润，10万元来自营业外收入。而老张杂货铺的收入中只有10万元来自营业收入，其余90万元都来自营业外收入。鉴于老张杂货铺的盈利都来自一些不可持续的项目，确定性差，所以大家觉得老喻杂货铺在明年的利润会更好，具有更高的投资价值。

一般情况下，如果一家公司利润的主要部分长期来自营业外收入，基本可以肯定这是公司在给自己的财务报表化妆，其背后或许隐藏着不可告人的勾当，做假账的概率非常大。目前A股有4300多家上市公司可供选择，我们何必非要投资这种具有强烈嫌疑的公司呢？

## 十六、所得税费用

所得税费用是指公司根据会计准则确认的应从利润总额中扣除的费用项目，它用经过调整的本期利润总额乘以公司适用的税率计算得到，比如所得税税率一般是25%，高新技术企业是15%，还有些地方有各种优惠政策。税前利润减去"所得税费用"，就是税后净利润了。

这个所得税费用比较复杂，不需要大家学会计算，只要了解熟悉其中的一些逻辑关系就可以了，每家公司的财务人员都会按照相关的准则计算好，不用投资者操心。

所得税费用涉及两个专业术语：一是应纳税所得，就是收入扣除成本、费用等之后的纯收益，纳税人取得任何一项所得，都有相应的消耗和支出，应予以扣除。只有公司取得的所得扣除为取得这些所得而发生的成本费用支出后的余额，才是公司所得税的应税所得。二是应税利润，根据税法规定所确认的收入总额与准予扣除项目金额（即可扣除的费用）的差额，又称为应纳税所得额，是公司应纳所得税的计税依据。

注意：利润总额是以会计准则为基础计算出来的，而应税所得是以税法为基础计算出来的，税法和会计准则虽然有很多相似的地方，但二者之间差异较大。

打个比方，老喻杂货铺刚开业时，需要让附近的居民知晓，于是需要做广告推广。在利润表上，这笔广告支出应该被纳入营业费用。但税法却规定，公司的广告支出不能超过营业收入的15%，超过部分不能在税前列支。比如说，老喻杂货铺今年盈利100万元，广告费用只能计算15万元列入营业费用支出，即使老喻杂货铺实际花费了30万元的广告费，剩下的15万元尽管也支出了，但却只能跟利润总额一起变成缴纳税款的基数。换句话说，老喻杂货铺的应税所得要比利润总额多出15万元，这15万元也要按照25%的所得税率缴纳所得税。

上海家化2020年财报中的所得税费用如表4-21所示。

表 4-21　上海家化 2020 年财报中的所得税费用

单位：元

| 项目 | 本期发生额 | 上期发生额 |
|---|---|---|
| 当期所得税费用 | 114,137,089.43 | 124,148,951.24 |
| 递延所得税费用 | −10,360,249.18 | 20,754,212.45 |
| 合计 | 103,776,840.25 | 144,903,163.69 |

巴菲特说，从应缴所得税可以知道谁在说真话，因为应缴所得税项目反映了公司的真实税前利润。一些公司喜欢夸大其词，宣称它们赚了很多钱，实际上并非如此。怎么核实呢？查出它们的所得税支付情况，将其报告的税前营业利润扣除25%，如果余额与公司对外宣称的税后利润不符合，建议投资者最好做进一步了解。

数十年以来，巴菲特发现那些千方百计歪曲事实以欺骗税务部门的公司，同样会绞尽脑汁地想出各种方法欺骗它们的股东。真正具有长期竞争优势的优质公司，其利润本来都很不错，完全没有必要靠耍花招来误导他人。

## 十七、其他综合收益的税后净额和综合收益总额

其他综合收益的税后净额，是指公司没有在利润表中确认的各项账面盈亏扣除所得税影响后的净额。有的公司有一些资产，如"可供出售金融资产"和"投资性房地产"等，因公允价值变动或其他原因导致这些资产发生账面盈亏，是不计入净利润的，但要计入资产负债表股东权益的"其他综合收益"项目。

值得注意的是，利润表中的"其他综合收益的税后净额"与将解读的资产负债表中的"其他综合收益"相对应，资产负债表中的"其他综合收益"反映的是余额，利润表中的"其他综合收益的税后净额"反映的是发生额。

所以，资产负债表中的"其他综合收益"期初数+利润表中的"其他综合收益的税后净额"中归属母公司的部分=资产负债表中的"其他综合收益"期末数。

综合收益总额只是一个提示作用，把一些资产账面价值反映出来，没有太多实际意义，了解即可。

# 第二节　基本的利润概念解读

总体上来讲，利润表中跟利润有关的概念有两种：一是浮在水面上的，大家都能看得见的利润概念；二是潜藏在水面下的，需要经过计算后才能获取的数据。

# 一、营业利润

营业利润是利润表上能够看见的第一个利润概念，是指公司在从事生产经营活动中所取得的利润，是公司最基本的经济成果，也是公司一定时期获得利润中最主要、最稳定的来源。

巴菲特认为，逐年增长的营业利润是一家公司蒸蒸日上的表现，以及持续提高的营业利润率（营业利润/营业收入），都展现出这家公司整体的竞争力在不断提高，如果未来能够继续保持这种状态，那么会迅速成为具有竞争优势的龙头企业。

上海家化 2020 年财报中的营业利润如表 4-22 所示。

表 4-22　上海家化 2020 年财报中的营业利润

单位：元

| 项目 | 本期发生额 | 上期发生额 |
|---|---|---|
| 三、营业利润（亏损以 "–" 号填列） | 533,750,282.27 | 700,215,139.83 |

营业利润等于主营业务利润加上其他业务利润，减去营业费用、管理费用和财务费用等各种成本、费用和损失之后，最后计算得出的金额。这里需要特别注意的是，营业外收入和营业外支出是不能计算进去的。

营业外收支是那些跟公司在经营和投资活动中不相关的收入和支出，这个项目在本章前文有专门讲述。

在公司的日常经营活动中，有一种情况需要特别重视，就是在某些时候，如果公司与经营活动无关的活动非常活跃，比如短期投资活动（炒股等）、非流动资产处置活动（变卖家产等）等，虽然公司在由主营业务收入产生的核心利润上没有什么能力，谈不上未来的竞争优势，但它的营业利润仍有可能看起来非常不错。换句话说，营业利润并不一定与营业有关，兼职收入成了获取利润的"中流砥柱"。

举个例子：在老喻杂货铺中，可以这样设想：这个杂货铺一年营业收入100000元，与销售商品有关的进价是60000元。在这个过程中，相继发生了如下费用和成本：税金及附加2000元、销售费用10000元、管理费用20000元、库存商品发生减值损失1600元；杂货铺投资了旁边的水果店，一年分红（属于投资收益）6000元、存款利息收入2000元；杂货铺还收到了员工违规罚款（属于营业外收入）1000元、对社区内的幼儿园捐赠（属于营业外支出）2000元；杂货铺所得税支出1800元。

看起来挺复杂，其实梳理后很简单。在老喻杂货铺营业利润的计算中，除了不能包括的营业外收入（员工违规罚款1000元）、营业外支出（对幼儿园捐赠2000元）和所得税以外的项目都要进行加减计算，其计算公式是这样的：

营业利润＝营业收入－营业成本－税金及附加－销售费用－管理费用－资

产减值损失＋投资收益＋利息收入

=100000−60000−2000−10000−20000−1600+6000+2000

=14400元

如上所述，这其中发生的员工违规罚款1000元，属于营业外收入；对社区内的幼儿园捐赠2000元，属于营业外支出。我们在计算营业利润的时候，两个项目是不能计算进去的。

与营业利润相对应的是营业利润率。这个比率表明公司通过生产经营获得利润的能力，该比率越高说明公司的盈利能力越强，后面有章节专门讲述，这里不再深入探讨。

在一定意义上，营业利润永远是商业经济活动中的行为目标，一个公司没有足够的利润将无法继续生存下去，而没有足够的利润，公司无法继续扩大生展，这是一个马太效应式的循环。

现实生活中，不少公司都位于激烈竞争的红海市场里，面对超低利润的产品销售局面，一筹莫展。残酷的是，如果不降价，产品就卖不出去，无法产生利润，公司难以生存；一旦价格降下来了，产品销量看起来越来越大，可是利润却呈现出越来越小的状况，甚至亏本。

面对这种情况，我们要仔细看一看利润表中营业利润和营业利润率的变化轨迹及趋势，并与同行业的其他公司进行比对。然后，把其中涉及的科目一项一项地进行拆解，寻找出是什么因素导致的，是暂时性影响还是公司原本的竞争力正在下降。

## 二、利润总额

在营业利润的基础上，就可以计算利润总额了。

利润总额是公司在一定时期内，通过各种生产经营活动所实现的利润总和，它所对应的是"亏损总额"。利润总额的计算公式是：

利润总额＝营业利润＋营业外收入－营业外支出

大家可能已经注意到了，利润总额与营业利润的差别，其实就在于营业外收入与营业外支出两个项目。在前面老喻杂货铺的例子中，利润总额＝14400元+1000元−2000元＝13400元。

上海家化2020年财报中的利润总额如表4-23所示。

表4-23　上海家化2020年财报中的利润总额

单位：元

| 项目 | 本期发生额 | 上期发生额 |
| --- | --- | --- |
| 加：营业外收入 | 4,436,656.23 | 2,748,261.74 |
| 减：营业外支出 | 4,208,441.41 | 969,095.42 |
| 四、利润总额（亏损总额以"−"号填列） | 533,978,497.09 | 701,994,306.15 |

当利润总额为负数时，意味着公司一年经营下来，其收入抵消不了成本开支及应缴的营业税，也就是说，公司发生亏损；当利润总额为零时，公司一年的收入正好与支出相等，公司经营活动不赚不亏，这就是盈亏平衡；当利润总额大于零时，公司一年的收入大于支出，这就是通常所说的公司盈利，赚钱了。

利润总额是衡量公司经营业绩的一项十分重要的经济指标，也是巴菲特在决定是否购买一家公司的股票时，计算投资回报率常用的一个指标。

"将免税的投资排除在外，所有的投资回报率都是以税前收入为基准的。并且，因为所有的投资都在相互竞争，所以如果能在相同的前提条件下衡量它们，事情就会变得更加简单容易。"

巴菲特多次在公开场合谈到税前条件下的公司利润总额，这使他能在同等条件下将一家公司的投资与另一项投资进行比较。同时，这也是巴菲特价值投资理论的基石：持有一家具有持续竞争优势的公司，实际上是投资于一种息票利率逐渐增长的"权益债券"。

## 三、净利润

净利润是一家公司在一定时期内所获得的可用于股东分配的利润净额，反映了公司特定期间获得的最终利润，也就是大家通常所说的"纯利润"。净利润的计算公式是：

净利润=利润总额–所得税

其实，如果跟营业利润、利润总额联系在一起，计算公式就可以演变为：

净利润 = 营业利润 + 营业外收入 – 营业外支出

= 营业收入 – 营业成本 – 税金及附加 – 销售费用 – 管理费用 –
研发费用 – 利息费用 – 资产减值损失 – 信用减值损失 + 其他收益 +
投资收益 + 公允价值变动收益 + 资产处置收益 + 营业外收入 – 营业
外支出 – 得税费用

再简单一点，净利润的产生还可以概括为这样：营业利润加上营业外收支净额，缴纳所得税后，剩下的就是净利润了。上海家化 2020 年财报中的净利润如表 4-24 所示。

表 4-24　上海家化 2020 年财报中的净利润

单位：元

| 项目 | 附注 | 本期发生额 | 上期发生额 |
|---|---|---|---|
| 三、营业利润（亏损以"–"号填列） | | 533，750，282.27 | 700，215，139.83 |
| 加：营业外收入 | | 4，436，656.23 | 2，748，261.74 |
| 减：营业外支出 | | 4，208，441.41 | 969，095.42 |
| 四、利润总额（亏损以"–"号填列） | | 533，978，497.09 | 701，994，306.15 |
| 减：所得税费用 | 七（76） | 103，776，840.25 | 144，903，163.69 |
| 五、净利润（净亏损以"–"号填列） | | 430，201，656.84 | 557，091，142.46 |

净利润是利润表的最终结果，细心的读者在读财报时可能还注意到，在利润表的净利润下还有两个项目，一个是归属于母公司所有者的净利润，另一个是少数股东损益。

这个情况在大多数上市公司的财报中普遍存在，因为在合并报表的过程中，我们把被投资公司中不属于母公司的利润也包括进去了，所以在利润表里要做一个划分，分成属于母公司的利润和属于少数股东的利润。

需要特别强调的是，净利润不等于挣到的钱，两者间有很大的差别。这主要是因为收入的确认依据的是权责发生制，它以收入和费用应不应该计入本期为标准，确定收入和费用的配合关系，而不考虑收入是否收到或费用是否支付。

净利润是以权责发生制为基础计算出来的，由于不管是否收到现金，赊账、欠款，都可以做大利润，成为"纸上富贵"，因此净利润可能存在很大水分。事实上，利润表也是三张报表中造假事故的"高发地"，其中很多项目都存在可资利用的"漏洞"。

一般情况下净利润都会和现金流量表中的"经营现金流净额"对照着看，投资者可以直接用"经营现金流净额/净利润"的比值来衡量净利润的含金量，从而佐证公司是否具有较强的盈利能力。如果该比值大于1，找到"印钞机"的概率就大；反之，该比值小于1，则需要投资者谨慎并寻找更多的证据仔细分析判断。我们在后面章节会有更详细的讲解。

如果仅仅依靠利润表上看得见的这几个利润概念分析公司的利润表显然远远不够。为了能够更加充分全面地对公司展开剖析，穿过利润表的迷雾，结合张新民等众多专家学者和投资者比较一致的看法，可以补充两个关于利润的概念：毛利润与核心利润。

这两个概念在利润表上看不见，所以称为"潜伏在水面下的同志"，它们对分析和判断一家公司真正的盈利能力至关重要。

## 四、毛利润

如上所说，现在的利润表上，毛利润没有单独罗列出来，需要我们经过简单的计算。

毛利润是一个在商业、公司中根深蒂固、约定俗成的概念，也是一个可以自定义的概念，在利润区间的划分上没有统一、清晰的定义。

但毛利润是一个非常重要的概念，它体现出公司的初始盈利能力，简单点说，毛利润是营业收入与营业成本之间的差价。在老喻杂货铺的例子中，营业收入是100元，营业成本是70元，那么毛利就是30元。毛利润的计算公式是：毛利润=营业收入-营业成本。

营业收入是公司销售产品或提供服务所获得的收入，而营业成本主要包括原材料和直接生产产品的人工成本等。所以，毛利润=营业收入-原材料-生产相关的人工成本。我们来回顾一下净利润的公式：净利润=毛利润-费用-所得税，净利润像不像减肥之后的毛利润？

实际上，我们通过毛利润至少可以从三个方面，对一家公司的市场地位和竞争优势进行分析和判断：

（1）毛利润是净利润的基础和出发点，一家公司毛利水平的高低直接决定了它的净利润。所以说，一家没有足够高的毛利润的公司，通常意义上是没有投资价值的。当然，如今互联网等轻资产公司在前期尽管亏损巨大，但从未来看，也是具有很好的增长潜力的，比如亚马逊、京东等。

（2）不同行业的毛利润差别较大。比如像白酒行业的贵州茅台、五粮液、泸州老窖等，生物医药行业的恒瑞医药、百济神州、长春高新等，其毛利高得吓人，因为一瓶酒、一粒药本身的成本相对它们的售价来说非常低。但像钢铁、煤炭、水泥这种重资产投入的公司来说，每天的机器折旧、运营成本都要产生损耗，固定成本非常高。这就是毛利的差别，也可以看出公司是"生而不同"的。

（3）影响毛利润的因素很多。除了上面说的因行业而异外，还有其他一些因素如非经常性损益，它跟公司经营业务无直接关系，是偶然性发生的盈利或亏损。此外，有些公司想在低毛利的水平上拉高净利润，往往会在非经常性损益或"三费"上动手脚，比如多计算股票投资收益、出售高估值的不动产拉抬非经常性收益等。

与毛利对应的还有一个重要的比率，即毛利率，就是用毛利润除以营业收入。比如，卖一本书的毛利为30元，除以营业收入100元，那么卖出一本书的毛利率就是30%。

实际上，我们在对利润表进行分析时，涉及具体的数字计算，往往都会以毛利率替代毛利。比如，我们在说毛利的时候一般会说30%、40%或者75%等，这里说的都是毛利率，很少会说真正的毛利，比如60元、1800元。因为这样的金额缺乏表达的真实意图，而且没有参照物。毛利润500元的企业就比毛利润200元的好吗？不一定。

## 五、核心利润

所谓核心利润，即是反映公司自身经营活动所带来的利润，它最初是由张新民和钱爱民提出来的一个利润的概念，后被大家广泛采用。本书将以他们的理念为基础来展开探讨。

在前面讲述营业利润计算时，既包括了与营业收入有关的收入和成本费用，也包括了与营业收入并没有直接关系的项目，比如炒股的短期投资收益、利用账户上的现金理财和产生利息收入等。

如果我们多去阅读一下上市公司的财务报表，在目前A股的4300多家公司中，不少的中小市值公司本身的盈利能力比较差，隔三差五地就出现亏损，常年徘徊在为避免ST或者保壳的路上。仔细分析后发现，它们在投资收益或者政府补贴等非主营业务方面的收入比较多，这可能夸大了营业收入的真实性。

以现在被热捧的新能源汽车为例，一些汽车公司在设计研发、关键技术等方面严重缺乏，每年推出的新车型乏善可陈，而且销售情况极其糟糕，一年都卖不出去几百辆车。也就是说，这些汽车公司设计研发、生产制造的业务能力太弱，主营业务不仅不赚钱而且常年亏损。

但是，这些披着新能源汽车外衣的公司，不在业务上投入精力、财力深挖，而是把心思放在针对政府补贴政策上，每年依靠政府不菲的补助过着滋润的日子。这种公司，如果单纯通过利润表计算出来的营业利润可能还很高，但这种"虚胖"与其自身的主营业务毫无关系，夸大了其真实的盈利能力和竞争优势，具有极强的误导性。

把营业利润拆解掰开看，很容易明白问题的症结出在哪里。我们知道，营业利润既与营业收入以及公司的经营活动有关，也与投资活动、政府补贴等有关，已经形成了一个"大箩筐"，凡是有钱的内容都往里面装。

基于此，张新民、钱爱民就开创性地提出了一个新的利润概念：核心利润。一方面，丰富了利润表的内容，更加真实地反映出公司的盈利能力；另一方面，投资者可以借助这个概念进一步深入剖析公司，炼就一双孙悟空式的"火眼金睛"，穿过迷雾和深不可测的陷阱。

核心利润的计算公式为：

核心利润 = 营业收入 − 营业成本 − 税金及附加 − 销售费用 − 管理费用 −
　　　　研发费用 − 利息费用

用张教授的原话来说，就是"1收入减1成本5费用"，"1收入"——营业收入；"1成本"——营业成本；"5费用"——税金及附加、销售、管理、研发和利息费用。

事实的确如此，这个"1收入减1成本5费用"都与公司的营业收入密切相关，真实性自然可靠得多。所以，核心利润可以用来衡量公司营业收入的盈利能力。在这个概念的引导下，投资者就可以"顺藤摸瓜"，沿着这个逻辑对利润表进行更为深入的分析研判。

值得商榷的是，有些公司可能因为行业特殊性的要求，自身产品涉及众多零部件，需要在产业链条的上下游公司中进行投资，比如对联营公司和合营公司等的投资。按照核心利润的计算方法，这些公司所产生的投资收益是不计入核心利润的，但它确实是其盈利能力的重要体现。

我们看一看上汽集团2020年财报中的投资收益，如表4-25所示。

表4-25　上汽集团2020年财报中的投资收益

单位：元

| 项目 | 本期发生额 | 上期发生额 |
| --- | --- | --- |
| 加：其他收益 | — | — |
| 投资收益（损失以"−"号填列） | 21,009,860,637.81 | 24,900,817,939.77 |
| 其中：对联营企业和合营企业的投资收益 | 14,319,864,677.22 | 23,016,568,257.62 |

从表4-25可以看出，上汽集团2020年投资收益约为210亿元，2019年高达249亿元，在其庞大的营业总收入中所占比例分别约为2.83%、3%，看起来并不高。但对于一个每年营收七八千亿元，而净利润率仅为4%左右的汽车制造公司来说，投资收益已经几乎等同于其净利润了。

笔者最大的困惑在于：针对像汽车行业这种上下游链条比较长的公司而言，如果剔除掉其对联营公司和合营公司的投资收益，会不会导致计算出的数据失真，从而不能体现出公司真正的盈利能力？

尽管如此，在笔者的投资实践过程中，仍会采用核心利润及其计算公式，加上同时运用其他的方法，以对目标公司的财报进行分析和解读，主要运用于一些轻资产行业且投资收益额度不大的传统型公司，事实证明的确实用有效。

了解了基本的利润概念后，再简单梳理一下它们各自有什么作用，能够为我们在投资过程中提供哪些参考和帮助。

## （一）毛利

毛利是公司营业收入初始盈利能力的体现，也是一个公司经营活动利润的根本来源。毛利是只从成本的角度分析销售盈利情况，它对于制造型公司来说是生产对盈利的影响，对于商业流通型公司来说是采购对盈利的影响。

毛利的高低基本可以看出一个行业一个公司的价值链竞争优势，一般来说，高毛利的形成主要有三个原因：售价高、成本低、工人工资低。每一个因素对应的是公司在整个产业链条里的竞争优势，反之亦然。

具体来讲，高毛利往往意味着公司的产品附加值高，受到消费者的追捧，价格上涨的空间比较大，在市场竞争中可以有弹性地运用价格策略，而且高毛利能为公司管理成本提供空间，可以很好地消化和弥补与营业收入关联度较高的各种成本费用。

投资者要清楚毛利的意义在于可以反映公司是否呈现好的发展趋势，但并非毛利越高越好，因为毛利高表示缴纳的增值税也高。比如，在电脑组装行业，毛利率在10%左右合适，在食品销售行业约为9%合适，商业流通在10%~30%合适，当然具体多少还是要看自己所处的行业情况。

## （二）核心利润

正如张新民所说，之所以提出核心利润这个概念，就是要试图解决衡量公司营业收入的盈利能力问题。通过对这个利润的拆解和分析，可以更好地观察它是否能够为公司的营业收入真正带来利润。

把核心利润与营业收入进行比较，就可以得出核心利润率，计算公式是这样的：

核心利润率＝核心利润／营业收入 ×100%

总体来说，核心利润率越高，说明公司营业收入的盈利能力越强，盈利质量越高。这才是一个公司长治久安、不断持续发展壮大的真正秘密。

### （三）营业利润

营业利润可以用来衡量一个公司包括管理和销售活动在内的整个经营活动的获利能力大小，它反映的是未扣除利息支出的息税前利润水平，在一定程度上对公司盈利能力的考察更趋全面。

但是，从其项目内容的构成看，营业利润已经成了一个"大杂烩"，什么都可以装入里面，所以这个利润反映了公司在一段时间内的综合盈利能力，也只能作为一个参考指标而已，不能夸大其效用。

### （四）利润总额

利润总额比营业利润的利润范围扩大了一些，把营业外收入和营业外支出计算在内。在笔者看来，它最重要的是其绝对数额，直接反映公司的"赚钱能力"，这一点和"每股收益EPS"同样重要。

打个比方，我们投资的一家上市公司每年只赚几百万元的利润，还不如好一点赛道里的个体户赚得多，何必劳神费力呢？以笔者的投资实践来说，公司每年的利润总额不应少于5亿元，比如招商银行、海螺水泥这些公司每年能赚几百亿元，和那些"干吆喝不赚钱"的公司根本不在一个级别上，它们才是值得选择或者投资的好公司，用时下的流行语说就是买"核心资产"。

通过这个指标，笔者所选择的重仓股往往都是从利润总额绝对数大的公司中进行挑选。

### （五）净利润

一方面，净利润是公司可以支配、向股东分红的利润基础；另一方面，净利润也是一个公司经营的最终成果，反映公司盈利状况的变化，综合反映一个公司或一个行业的经营效率。净利润多，公司的经营效益就好；净利润少，公司的经营效益就差。

对于投资者来说，净利润是获得投资回报大小的基本因素，对于管理层而言，净利润是进行经营管理决策的基础。同时，净利润也是评价公司盈利能力、管理绩效以及偿债能力等的基本工具，是一个反映和分析公司多方面情况的综合指标。

最为重要的是，在公司进行价值评估的过程中，无论是采用价值评估法，还是未来自由现金流贴现值的DCF模型，净利润都是作为公司估值的基础。

## 第三节　与利润表有关的比率分析

本章前文介绍了利润表构成的主要项目及其内涵，比如营业收入、营业成本、销售费用、管理费用、投资收益等，以及张新民所总结的利润表里5个关于利润的概念，比如毛利、营业利润、核心利润、利润总额和净利润等。

接下来，继续就利润表中所涉及的一些重要的财务指标进行深入分析和解读，以衡量一家公司的盈利质量是否具有持续性，这就是与利润表有关的财务比率分析。

什么是比率分析？很多情况下，原始的财务报表数据并不能充分描述公司状况的时候，投资者需要在这些原始的财务数据间做一些加减乘除的计算，计算出来的新数据就是所谓的"比率"。它是财务分析最基本的工具之一，用以分析和评价公司财务状况及经营成果。

每一个比率所针对和使用的项目不同，反映出来的公司财务状况的问题也各不相同。财务比率可以评估公司各年度间财务状况和经营成果的变化，也可以在某一个时点比较某一个行业中的不同公司。

需要特别提醒的是，投资者在对公司进行综合分析时，单个比率只是针对公司的某一个特定方面，不能客观全面地说明问题。也就是说，单个财务比率的高低，只能反映被评价方面的状态。所以，对潜在目标公司整体财务状况的系统分析，需要站在更高的角度，结合更多的财务比率，借助更多的分析方法。

有哪些常用的比率呢？本部分先从大家最关心的利润入手。

举个例子：一家成立刚满一年的公司，利润表上呈现出来的毛利润和净利润分别是500万元和100万元。这个数字看起来很清晰，但它究竟意味着什么呢？也许老板的心里充满了困惑：自己的公司到底算赚得多还是赚得少呢？投资者的疑问在于：这个数字说明公司的盈利能力到底怎么样呢？

如果我们不借助更多的数据，进行多角度的分析比较，简单的数字罗列基本上没有任何意义。所以，在运用比率进行盈利能力与质量分析的过程中，要先把数据演算成比率，比如说将毛利润转化为毛利率、将净利润转化为净利润率。细心而谨慎的投资者还会把多年以来的各种比率进行统计、分析和比较，然后做出初步的定量判断。

与利润表有关的财务比率主要包括毛利率、销售费用率、管理费用率、研发费用率、利息费用率、核心利润率、营业利润率、销售净利率等。本书逐一进行介绍，挖掘出它们有什么价值。

## （一）毛利率

营业收入减去营业成本是毛利润，它是公司利润的源头。毛利率的计算公式为：

毛利率 = 毛利润 / 营业收入 ×100%

该指标表示每一元销售收入扣除销售成本后，还剩下多少钱可以用于各项期间费用和形成盈利。这个比率可以用来计量公司根据产品成本进行产品定价的能力，也就是产品还有多大的降价空间。

毛利率是公司净利率的基础，没有足够高的销售毛利率便无法形成盈利。对于公司管理层来说，可以按期分析销售毛利率，据此对公司销售收入、销售成本的发生及配比情况做出判断与调整。

作为投资者，应该把视角投向毛利率反映了公司的持续竞争优势之上。如果公司具有持续的竞争优势，其毛利率会处在一个较高的水平，公司可以对其产品或服务自由定价，让售价远高于成本而形成溢价。反之，如果公司缺乏持续竞争优势，其毛利率必然处于较低的水平，公司就只能根据产品成本或竞争烈度定价，赚取微薄的利润，甚至随时可能亏损。

中炬高新2019~2020年的毛利率如表4-26所示。

表4-26　中炬高新2019~2020年毛利率比较

单位：亿元，%

| 科目 | 2020年 | 2019年 | 变动值 | 变动率 |
| --- | --- | --- | --- | --- |
| 营业收入 | 51.23 | 46.75 | 4.48 | 9.58 |
| 营业成本 | 29.94 | 28.26 | 1.68 | 5.94 |
| 毛利润 | 21.29 | 18.49 | 2.8 | 15.14 |
| 毛利率 | 41.56 | 39.55 | 0.02 | 6.1 |

资料来源：中炬高新2019~2020年财报。

由此可见，中炬高新的毛利率从2019年的39.55%增长至2020年的41.56%，这是公司收入增长的原因。为什么毛利率会增长？因为中炬高新营业收入的增长幅度高于营业成本的增长幅度，也就是收入大于成本，毛利润的变动率为15.14%。

这些数据和比率说明中炬高新在2020年的经营活动和业绩，并没有受到新冠肺炎疫情的影响，相反，无论是营业收入还是毛利润，不仅没有下滑，而且都获得了一定幅度的增长，毛利率还提升了约2%，继续强化了中炬高新在调味品行业中的持续竞争优势。

高毛利率意味着公司的产品或服务具有很强的竞争优势，不会轻易被对手的产品替代。而低毛利率往往意味着公司产品或服务存在着大量替代品，市场竞争激烈，产品价格的微小变动，都可能对客户的购买意愿造成障碍。

巴菲特说："我并不试图超过七英尺的栏杆，我到处寻找的是我能够跨过的一英尺高的栏杆。"总体上来说，笔者建议投资者尽量选择高毛利率的公司，比如像白酒行业的贵州茅台、五粮液，生物医药行业的恒瑞医药、百济神州等。

毛利率能长期保持在40%以上的公司，通常其产品具有某种竞争优势。毛利率低于20%的公司，基本上不会被纳入笔者的"股票池"，笔者会将其直接放弃。

（二）销售费用率

销售费用率是指公司的销售费用与营业收入的比率，计算公式为：

销售费用率 = 销售费用 / 营业收入 ×100%

销售费用包括推销员的工资、广告费、促销费、市场调查费等，它体现了公司为取得单位收入所花费的单位销售成本，或者销售费用占据了营业收入的多大比例。

在销售额一定的情况下，营销费用越低，公司的效益越好。销售费用率用来计量公司发生的销售费用与营业收入相比的有效性，分析目的是监督营销费用的支出情况，确保其不超过年度计划的指标。

上海家化2017~2020年的销售费用率变化情况如表4-27所示。

表 4-27 上海家化 2017~2020 年的销售费用率变化情况

单位：亿元，%

| 科目 | 2020 年 | 2019 年 | 2018 年 | 2017 年 |
|---|---|---|---|---|
| 营业收入 | 70.32 | 75.97 | 71.38 | 64.88 |
| 销售费用 | 29.24 | 32.04 | 29.01 | 27.78 |
| 销售费用率 | 41.58 | 42.17 | 40.64 | 42.82 |

资料来源：上海家化 2017~2020 年财报。

连续4年，上海家化的销售费用率基本上都稳定地保持在40%左右，与此对应的是其营业收入也几乎总是维持在70亿元左右停滞不前，一直没能有效地突破瓶颈，各项数据都波澜不惊地处于"静默"状态。

实际上，在这些数据和比率背后，透露出的信息量非常大。上海家化自2001年上市以来，一直是国内化妆品行业的龙头老大，肩负着振兴民族品牌的重任，但其被中国平安收购以后，公司"内斗"不止，高管"走马灯式"地更换，致使业绩显著下滑，股价也随之一再跌落"深渊"，市值被营收小得多的丸美股份、珀莱雅等超越。

### （三）管理费用率

管理费用率是指管理费用与主营业务收入的百分比，其计算公式为：

管理费用率 = 管理费用 / 营业收入 ×100%

这个比率用来计量公司发生的管理费用与营业收入相比的有效性。管理费用是指公司行政部门为组织和管理生产经营活动而发生的各项费用，主要包括公司经费、业务招待费、工会经费、董事会会费、咨询费、诉讼费、房产税、车船使用税、土地使用税、印花税、技术转让费以及其他管理费用等科目。

管理费用是影响公司盈利能力的重要因素考量，反映了公司经营管理层的水平和素质。如果管理费用率高，说明公司的利润被组织、管理性的费用消耗得太多，必须加强管理费用的控制才能提高盈利水平。

在进行管理费用率分析时，有两点需要注意：

一是因为管理费用中绝大部分变动较小，所以，随着营业收入的增长，管理费用率应该呈现逐步下降的趋势。

二是管理费用率会因为行业不同而存在较大差异。比如，零售行业的管理费用率普遍较低，而金融行业一般较高。在计算管理费用率时，零售行业的销售行为包含成本的销售总额，而金融行业的营业收入并非营业收入总额，而用营业收入总额减去利息支出。所以，不同行业的管理费用率不具有可比性。

上海家化、丸美股份、珀莱雅、御家汇是同处于化妆品行业的公司，它们2019年管理费用率的比较情况如表4-28所示。

表4-28　上海家化、丸美股份、珀莱雅、御家汇的管理费用率比较（2019年）

单位：亿元，%

| 科目 | 上海家化 | 丸美股份 | 珀莱雅 | 御家汇 |
|---|---|---|---|---|
| 营业收入 | 75.97 | 18.01 | 31.24 | 24.12 |
| 管理费用 | 9.418 | 0.91 | 1.953 | 1.03 |
| 管理费用率 | 12.4 | 5.1 | 6.25 | 4.27 |

资料来源：上海家化、丸美股份、珀莱雅、御家汇的2019年财报。

从表4-28可以看出，上海家化的营业收入绝对额最大，差不多是其他三家公司营收之和，但作为国内化妆品行业的龙头公司，也许是综合各方面的负担较重，其管理费用高达约9.42亿元，是其他三家公司管理费用之和的2.42倍，且管理费用率占比也是最高的（12.4%）。

在此基础上，如果再结合其他财务报表中的数据和比率，经比对后发现，无论是净利润率，还是营收和净利增速等方面，都被三家"后浪"远远地抛在后面。除了营收规模之外，上海家化在管理效率、内生增长和盈利能力等方面都需要"手术式"的变革，也许才能不至于被拍在"沙滩上"。

（四）研发费用率

前文讲过，研发费用是指公司为了未来发展，开发新技术、新产品、新工艺而产生的相关费用，包括研发部门的人员工资、研发过程中投入的各项费用、与研发有关的固定资产折旧费和无形资产摊销费以及新产品设计费等。

研发费用率用来计量公司发生的研发费用与营业收入相比的有效性，它的计算公式为：

研发费用率 = 研发费用 / 营业收入 ×100%

很长一段时间以来，研发费用一直计入管理费用中核算，不仅导致了研发费用的模糊，也歪曲了管理费用的实质。后来在利润表中单独列示，一方面重视研发的公司将得到更多尊重与认可，另一方面意味着能够承担高研发费用的公司，是具有长远发展规划的公司，未来可能具有长期的持续竞争优势。

按照目前的会计准则规定，公司为开展研发活动产生的支出，在会计记录上可以有两种处理方法：一是将这些支出全部作为研发费用计入利润表中，叫作"费用化"；二是将这些支出全部或部分作为无形资产列入资产负债表中，叫作"资本化"。

在某种意义上，研发费用资本化是给利润"粉饰"开的一个口子。把研发行为硬生生截为研究和开发两个阶段并不科学，因为不到最后一刻没人敢说研发成功，即使研发成功了，研发成果就一定有市场价值吗？

所以，按照会计谨慎原则，投资者更喜欢将研发费用全部"费用化"的公司。值得警惕的是，如果会计账面上资本化的研发费用率持续高企，基本上可以断定公司在滥用此项目粉饰报表。

上海家化2017~2020年研发费用率变化情况如表4-29所示。

**表 4-29　上海家化 2017~2020 年研发费用率变化情况**

单位：亿元，%

| 科目 | 2020 年 | 2019 年 | 2018 年 | 2017 年 |
|------|---------|---------|---------|---------|
| 营业收入 | 70.32 | 75.97 | 71.38 | 64.88 |
| 研发费用 | 1.443 | 1.728 | 1.495 | 1.529 |
| 研发费用率 | 2.05 | 2.27 | 2.09 | 2.36 |

资料来源：上海家化 2017~2020 年财报。

恒瑞医药2016~2019年研发费用率变化情况如表4-30所示。

**表 4-30　恒瑞医药 2016~2019 年研发费用率变化情况**

单位：亿元，%

| 科目 | 2019 年 | 2018 年 | 2017 年 | 2016 年 |
|------|---------|---------|---------|---------|
| 营业收入 | 232.9 | 174.2 | 138.4 | 110.9 |
| 研发费用 | 38.96 | 26.7 | 17.59 | — |
| 研发费用率 | 16.73 | 15.33 | 12.71 | — |

资料来源：恒瑞医药 2016~2019 年财报。

经过简单比较后可以发现，上海家化的研发费用率"稳定"地保持在2%左右，远远低于恒瑞医药平均14%以上的研发费用率。这至少透露出三个方面的信息：

一是它们所处的行业不同，研发费用投入的需求存在差异，比如说身处化妆品行业的上海家化，护理、母婴等主营产品的升级变化比较慢。生物医药行业里的恒瑞医药，药品的升级换代比较快，而且原创药从临床到药品生产的各个环节都需要巨额资金投入。

二是公司管理层的素质和抱负，以及对未来发展规划的认知差异，都将决定公司在研发费用上的投入状况及其在营收中的占比。一个优秀的管理团队，不仅着眼于当下的业绩提升，更要抬头看路，谋划未来的战略。

三是研发费用率的巨大差异，事实上也正是这两家公司最近几年来在市场中各自表现的真实写照。比如上海家化持续多年来原地踏步，而恒瑞医药则攻城拔寨，营收、净利等方面的增速较快，成为国内生物医药行业的龙头公司，逐渐建筑起了自己高深宽广的"护城河"。

（五）利息费用率

所谓利息，即是为了从别人那里借钱而需要支付的费用，这个"别人"可能是个体也可能是金融机构等。而利息费用率，则指公司贷款所支付的利息在营业收入中所占用的比例，它的计算公式是：

利息费用率 = 利息费用 / 营业收入 × 100%

这个比率用来计量公司发生的利息费用与营业收入相比的有效性。注意，利息费用率与利息率是两个截然不同的概念，千万不要混淆，后者是我们平常所说的"利率"，指一定期限内利息额与存款本金或贷款本金的比率。

一家公司的利息费用率长期高企不下，一方面，说明这家公司对外贷款金额较大，债务负担比较沉重，当然支付的利息也不少，眼睁睁地看着好不容易赚来的利润被活生生地"切割"走了一块；另一方面，说明这家公司的营业收入不高，至少绝对数额比较小，分母不够大导致比率较高。

一旦投资者发现潜在目标公司的利息费用率长期较高，一定要仔细分析各个项目数据的来源和构成，如果公司的融资手段比较单一，单纯依靠贷款的债务负担重，则必须想办法拓展筹资渠道，比如不用支付利息的股权融资、股票增发等。否则，离破产清算的日子就不远了。

房地产行业的嘉凯城2017~2020年利息费用率的变化情况如表4-31所示。

表 4-31　嘉凯城 2017~2020 年利息费用率变化情况

单位：亿元，%

| 科目 | 2020 年 | 2019 年 | 2018 年 | 2017 年 |
|---|---|---|---|---|
| 营业收入 | 9.999 | 16.52 | 16.94 | 12.59 |
| 利息费用 | 7.757 | 7.842 | 6.849 | 11.07 |
| 利息费用率 | 77.58 | 47.47 | 40.43 | 87.93 |

资料来源：嘉凯城 2017~2020 年财报。

从表4-31中可以发现，嘉凯城在2017~2020年，营业收入剧烈动荡起伏不定，像坐过山车一样，而其每年支付的贷款利息平均高达约8.38亿元，在营业收入中的占比最低为40.43%，最高竟然达到87.93%。

也就是说，嘉凯城在该年度支出的仅仅是贷款利息，就与公司的营业收入几乎持平，姑且不说房企每年都需要抱着巨资去土地市场买"面粉"，否则以后会无"面包"可售，即使像销售费用、管理费用、营业税金及附加等刚性支出形成的亏空，也只能依靠继续贷款或者股东融资"输血"来弥补。

有一种情况可能会发生，那就是一家公司在主营业务之外的投资收益上获利不菲，远远大于该年度公司的所有成本费用等支出。但是，这种非主营业务的投资收益往往难以为继，且充满了太多的不确定性，长此以往，距离破产的日子也就不远了。

（六）核心利润率

前文已讲过，核心利润和核心利润率是张新民和钱爱民创立并提倡使用的一个指标，它的计算公式为：

核心利润率＝核心利润／营业收入 ×100%

因为利润表中涉及的科目比较多，而且营业收入与形成营业利润的其他收益、公允价值变动收益、投资收益以及资产处置收益等没有直接关系，不是公司通过经营活动产生的经济结果。因此，将核心利润与营业收入相比较，才能相对更加客观公平地评价管理层的经营绩效和管理能力等。

先来回顾一下核心利润的计算公式：

核心利润＝营业收入－营业成本－税金及附加－销售费用－管理费用－
　　　　 研发费用－利息费用

结合核心利润率的公式，可以计算出中炬高新2017~2020年核心利润率的变化情况，如表4-32所示。

表 4-32　中炬高新 2017~2020 年核心利润率变化情况

单位：亿元，%

| 科目 | 2020 年 | 2019 年 | 2018 年 | 2017 年 |
|---|---|---|---|---|
| 营业收入 | 51.23 | 46.75 | 41.66 | 36.09 |
| 核心利润 | 10.59 | 8.39 | 6.74 | 5.32 |
| 核心利润率 | 20.67 | 17.95 | 16.18 | 14.74 |

资料来源：中炬高新 2017~2020 年财报。

海天味业2017~2020年核心利润率变化情况如表4-33所示。

表 4-33　海天味业 2017~2020 年核心利润率变化情况

单位：亿元，%

| 科目 | 2020 年 | 2019 年 | 2018 年 | 2017 年 |
|---|---|---|---|---|
| 营业收入 | 227.9 | 198.0 | 170.3 | 145.8 |
| 核心利润 | 69.64 | 57.57 | 47.46 | 39.38 |
| 核心利润率 | 30.56 | 29.08 | 27.87 | 27 |

资料来源：海天味业 2017~2020 年财报。

坦率地说，海天味业和中炬高新都是质地不错的公司，所处的调味品行业赛道也很好，几乎不会受到经济周期的影响，最重要的是两家公司的管理团队都比较优秀，这些都可以从它们各自的营业收入、核心利润和核心利润率，当然也包括资产负债表和现金流量表上的各种数据综合分析上得到证实。

但是，如果我们将这两家公司单独进行比较的话，海天味业的营业收入绝对数额几乎是中炬高新的5倍，核心利润为其7倍，核心利润率也是其约1.4倍。显然，海天味业的盈利质量和管理层的管理能力更胜一筹。

（七）核心利润获现率

在核心利润的基础上，张、钱两位教授还延展出了核心利润获现率这个新概念，它的计算公式为：

核心利润获现率 = 经营活动现金流净额 / 核心利润 × 100%

两位教授认为，衡量一家公司经营活动的盈利能力，不仅要从数量上考察盈利的绝对规模（核心利润）和相对规模（核心利润率），还应该从质量上考察公司盈利的含金量和可持续性。其中，核心利润的含金量可以通过核心利润获现率考察。

大家可能已经从公式中看出一些端倪了，这个比率涉及后面要讲解的现金流量表，但考虑到它毕竟是核心利润和核心利润率的"血亲"，加上现金流量表中可以直接获取"经营活动现金流净额"这个数据，所以就集中在一起讲解。

由于经营活动产生的现金流量净额与核心利润的计算口径并非完全一致，因此在计算时往往需要进行一些调整。投资实践中，一般认为持续具有较高核心利润获现率的公司质量更好、更优秀。

仍以核心利润率中的"中炬高新"和"海天味业"两家公司为例，看它们的核心利润获现率的变化情况。中炬高新2017~2020年核心利润获现率的变化情况如表4-34所示。

表 4-34　中炬高新 2017~2020 年核心利润获现率变化情况

单位：亿元，%

| 科目 | 2020 年 | 2019 年 | 2018 年 | 2017 年 |
|---|---|---|---|---|
| 核心利润 | 10.59 | 8.39 | 6.74 | 5.32 |
| 经营活动现金流净额 | 10.01 | 10.59 | 7.24 | 6.51 |
| 核心利润获现率 | 94.52 | 126 | 107 | 122 |

资料来源：中炬高新 2017~2020 年财报。

海天味业2017~2020年核心利润获现率的变化情况如表4-35所示。

表 4-35　海天味业 2017~2020 年核心利润获现率变化情况

单位：亿元，%

| 科目 | 2020 年 | 2019 年 | 2018 年 | 2017 年 |
|---|---|---|---|---|
| 核心利润 | 69.64 | 57.57 | 47.46 | 39.38 |
| 经营活动现金流净额 | 69.50 | 65.68 | 59.96 | 47.21 |
| 核心利润获现率 | 99.8 | 114 | 126 | 120 |

资料来源：海天味业 2017~2020 年财报。

凡是不以数据作为评判标准的一切投资行为，都是找感觉。从表4-34和表4-35中可以看出，这两个公司的核心利润获现率几乎都远远超过了100%，盈利能力和盈利质量非常高。但初露端倪的是，海天味业和中炬高新的核心利润获现率从2017年左右开始，正在呈现缓慢下滑的趋势，是否说明了调味品市场竞争激烈，参与者都在想方设法抢占市场份额，甚至不惜从竞争对手那里"虎口夺食"？

（八）营业利润率

这个财务比率容易理解，它的计算公式为：

营业利润率＝营业利润／营业收入×100%

在公司的其他收益、公允价值变动收益、投资收益和资产处置收益等与营业收入关联不大且项目数额较小或者为零时，这个比率基本上与核心利润率一致。反之，如果上述收益占比过大，则这个比率基本上没有价值。

营业利润率是分析公司的核心指标之一，它在营业收入中的占比基本上可以完整地体现出公司的盈利能力，营业利润率越大越好。总体来说，营业利润率比较适合像白酒、美容、生物医药（医疗）等高毛利率的行业和公司，成本和费用占比变化不大，营业利润率会因此伴随着营业收入的高速增长而飙升，比如爱美客的营业利润率高达71%左右。

贵州茅台2001~2013年营业利润率走势如图4-1所示。

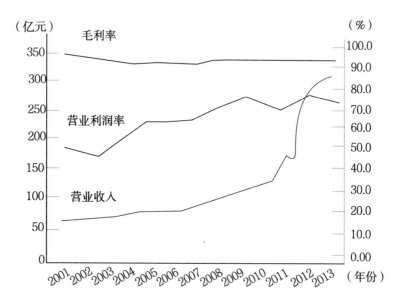

**图4-1　贵州茅台2001~2013年营业利润率走势**

资料来源：贵州茅台历年财报。

贵州茅台自上市以来，其营业收入总和的构成分割如图4-2所示。

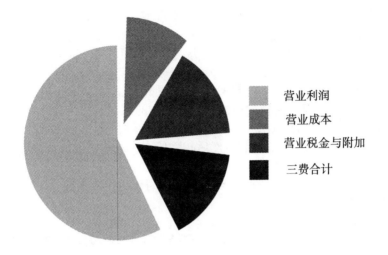

图例：
- 营业利润
- 营业成本
- 营业税金与附加
- 三费合计

**图 4-2 贵州茅台上市以来营业收入总和构成**

资料来源：贵州茅台历年财报。

实际上，投资者在面对营业利润率数据时，不仅要看数字的大小，也要比对历史走势和轨迹。营业利润率上升了，为什么？是成本下降、费用控制好了，还是因为售价得到提升？数字背后的逻辑更为重要。

沿着这个思考方向深入下去，进一步探讨的内容是：成本下降是全行业使然，还是自己"竭泽而渔"，是一次性影响还是持续作用；费用管控会不会挫伤团队的积极性，是一次性费用减少还是永久性减少；售价提升会不会导致市场份额下降，竞争对手是否迎头赶上；等等。

### （九）期间费用率

利润表中的收入、成本和费用等都是在一个时间段内发生的，也就是在某一会计期间的所有经营活动的展示。其中，有一些不能直接或间接纳入营业成本，也不形成公司资产的经济业务，这个过程中产生的费用，我们统一称为"期间费用"。

在财务报表中，实际上并没有期间费用的项目，它是几类费用的合称。相对而言，笔者更习惯将期间费用叫作"三费"，即销售费用、管理费用、财务费用。期间费用率，即三个费用与营业收入的比率，它的计算公式为：

期间费用率 =（销售费用 + 管理费用 + 财务费用）/ 营业收入 ×100%

笔者非常赞同唐朝所说的"财报是用来排除公司的"。他在看期间费用率时，会选择先读财务费用，如果是正数（利息收支相抵后，是净支出），就把它和销售费用、管理费用相加，除以营业收入；如果是负数（利息收支相抵后，是净收入），就不加上财务费用，只用销售费用和管理费用之和除以营业收入。

　　期间费用率也可以用其与毛利润的占比观察，这个方法删除了生产成本的影响。一般来说，如果公司费用能够控制在毛利润的30%以内，应该是比较优秀的；30%~70%的，仍然具有一定竞争优势；如果超过70%，则基本上没有关注价值了，可以直接放弃。

　　把期间费用率和毛利率结合起来就会排除那些低净利率的公司，比如一个公司有40%的毛利率，符合投资的条件之一，但它的期间费用率高达80%，意味着这家公司卖出100万元的产品，产生了40万元毛利润，但其中有32万元的期间费用，也就是只有8万元的营业利润，然后扣除所得税25%之后剩下6万元，净利润所占营收的比例只有6%。

　　以调味品行业为例，比较海天味业、中炬高新、恒顺醋业、千禾味业这4家上市公司的期间费用率，如表4-36所示。

表4-36　海天味业、中炬高新、恒顺醋业2020年和千禾味业2019年的期间费用率比较

单位：亿元，%

| 科目 | 海天味业 | 中炬高新 | 恒顺醋业 | 千禾味业 |
| --- | --- | --- | --- | --- |
| 营业收入 | 227.9 | 51.23 | 20.14 | 13.55 |
| 期间费用 | 17.28 | 8.61 | 3.92 | 3.64 |
| 期间费用率 | 7.58 | 16.81 | 19.46 | 26.86 |

　　资料来源：海天味业、中炬高新、恒顺醋业2020年财报，千禾味业2019年财报。

　　一个有意思的现象是，表4-36中的4家上市公司均是调味品行业的龙头企业，营业收入和期间费用都是按照从高到低的顺序排列的，但期间费用率却形成了反差，呈现出了由低到高的排列。

　　实际上，表4-36中的顺序排列，恰好也是目前这4家公司在市场中的市值、行业地位和竞争优势的排位，前三家公司均为"前浪企业"，作为"后浪"的千禾味业正在快速向前冲，在渠道建设、研发设计、人才招募等方面耗费巨大，所以我们才会看到其期间费用及其期间费用率占比较高。

　　（十）销售净利率

　　销售净利率是指净利润占营业收入的百分比，其计算公式为：

　　销售净利率 = 净利润 / 营业收入 ×100%

　　这个比率反映了每1元营业收入带来多少净利润，表示营业收入的收益水平，用来衡量公司营业收入最终给公司带来盈利的能力。这个比率比较低，说明公司经营管理层没能创造出足够多的营业收入或者没有成功地控制成本与费用。

　　销售净利率与净利润成正比，与营业收入成反比。也就是说，公司在增加营业收入额的同时，必须相应地获得更多的净利润，才能使销售净利率保持不变或者提升。

　　一般来说，这个比率越大，说明公司销售的盈利能力越强。一个公司如果能保持良好的持续增长的销售净利率，应该说公司的财务状况是向好的，但也并不

能绝对地讲，销售净利率越大越好，还必须观察公司的营业增长情况和净利润的变动情况。比如，在公司的净利润中，投资收益、公允价值变动收益等与营业收入无关的项目金额太大，则这个指标会失去意义。

从巴菲特过去60多年致股东的信来看，他非常关注投资公司的销售净利率，有时会分别用税前利润和税后净利润计算销售净利率，但多数情况下是用税后净利润。

不同行业公司的销售净利率差异较大。巴菲特在1965年收购伯克希尔纺织厂后，发现纺织业务销售净利率非常低。但他收购报纸公司后，发现报纸行业的销售净利率明显高得多："虽然规模相当的报纸的高新闻成本与低新闻成本占营业收入的比率差异约为3个百分点，但这些报纸的税前销售净利率往往是这种差异的10倍以上。"

提高销售净利率，按照其驱动因素看，主要有4种方法：提高营收、提高价格、降低成本、降低费用。

我们分别选择零售业的永辉超市、新材料行业的金发科技、调味品行业的海天味业和白酒行业的贵州茅台，就它们的销售净利率进行比较，这4家公司在所在行业里均是数一数二的头部企业，非常具有代表性，如表4-37所示。

表4-37　永辉超市、金发科技、海天味业、贵州茅台的销售净利率比较（2019年）

单位：亿元，%

| 科目 | 永辉超市 | 金发科技 | 海天味业 | 贵州茅台 |
|---|---|---|---|---|
| 营业收入 | 848.8 | 292.9 | 198 | 888.5 |
| 净利润 | 14.53 | 12.64 | 53.56 | 439.7 |
| 销售净利率 | 1.71 | 4.32 | 27.05 | 49.49 |

资料来源：永辉超市、金发科技、海天味业、贵州茅台2019年财报。

一目了然，这4家公司的销售净利率简直是天壤之别！从永辉超市几乎低到尘埃里的1.71%到销售净利率约50%的贵州茅台，命运就这样开始分岔了，二者在营业收入上几乎等同，但净利润却相差了30.3倍！需要注意的是，销售净利率只是综合比较分析的指标之一，最重要的是先看这家公司在自身行业里所处的竞争优势地位。

但不管怎么样，你不得不承认，不同行业的赚钱能力是有很大差别的，有的行业天生就容易赚钱，有的行业即使使出吃奶的力气，也只能赚点辛苦钱。所以，对于我们投资者来说，这就像参与一场赛马比赛，最重要的是选择赛道（行业），其次是选择马（商业模式），最后才是挑骑手（管理者）。

那么，在投资过程中会有哪些行业可供选择呢？以笔者个人有限的实践经验，更愿意选择消费、医药、金融、地产等与生活紧密相连的行业。

以医药行业为例，每个人都需要一日三餐，还都不可避免地要面临生老病死。人对医药的基本需求不会因为经济好坏、政局动荡、时尚娱乐等发生改变，反而会因为环境恶化、疫情突发等而产生更多需求。尤其是我国即将进入老龄化社会，还会进一步带动对医药医疗的需求。

持续、稳定的需求，是行业能够长盛不衰的基石。投资亦然。

### （十一）关于比率分析的应用

财务比率分析，也叫作"财务指标分析"，它是根据同一时期财务报表中两个或多个项目之间的关系计算其比率，以评估公司的财务状况与经营成果。大家通常把这种相关比率对比称为"比率分析"。

比率分析可以评估某一项投资在各个年度之间收益情况的变化，也可以在某一个时点比较某一个行业的不同公司。比率分析还可以消除规模的影响，用以比较不同公司的收益与风险，从而帮助投资者做出理智的决策。

以金发科技2020年的利润数据（见表4-38）为基础，采用上面介绍的财务比率进行分析。为了便于分析，笔者对一些基础数据进行了计算，且本例中只涉及了利润表里的相关指标。

### 表 4-38　金发科技 2020 年利润

单位：亿元，%

| 科目 | 2020 年 | 2019 年 |
|---|---|---|
| 营业总收入 | 350.6 | 292.9 |
| 营业收入 | 350.6 | 292.9 |
| 营业总成本 | 300.1 | 280.5 |
| 营业成本 | 260.2 | 245.9 |
| 毛利 | 90.40 | 47.00 |
| 毛利率 | 25.78 | 16.05 |
| 税金及附加 | 2.107 | 1.564 |
| 销售费用 | 6.368 | 6.850 |
| 销售费用率 | 1.82 | 2.34 |
| 管理费用 | 11.24 | 8.053 |
| 管理费用率 | 3.21 | 2.75 |
| 研发费用 | 14.39 | 11.71 |
| 研发费用率 | 4.10 | 4.00 |
| 财务费用 | 5.757 | 6.440 |
| 其中：利息费用 | 5.408 | 5.824 |
| 利息费用率 | 1.54 | 2.00 |
| 核心利润（核心利润＝毛利－税金及附加－销售费用－管理费用－研发费用－利息费用） | 50.887 | 12.999 |
| 核心利润率 | 14.51 | 4.44 |
| 利息收入 | 0.275 | 0.214 |
| 资产减值损失 | −0.210 | −0.646 |
| 加：其他收益 | 2.442 | 1.962 |
| 投资收益 | 0.318 | 0.543 |
| 公允价值变动收益 | −0.077 | −0.032 |

续表

| 科目 | 2020 年 | 2019 年 |
|---|---|---|
| 资产处置收益 | −0.025 | −0.015 |
| 汇兑收益 | — | — |
| 营业利润 | 52.61 | 14.10 |
| 加：营业外收入 | 0.166 | 0.315 |
| 减：营业外支出 | 0.741 | 0.410 |
| 利润总额 | 52.04 | 14.01 |
| 减：所得税费用 | 5.941 | 1.366 |
| 净利润 | 46.09 | 12.64 |

对于表4-38，需要强调说明的是，这个比率计算仅仅集中在核心利润以上的各个项目上。

根据以上计算，我们可以对金发科技的盈利状况做出如下分析：

第一，金发科技的核心利润由2019年的12.999亿元，坐火箭式地迅速蹿升至2020年的50.887亿元，增长幅度达到近4倍！严格来讲，这种增长速度是值得让人警惕的，最重要的考量是它的持续性问题。

出现这种爆炸式的增长，要么是偶然事件的促使，要么是掌握的核心技术获得了市场的超强热捧。分析发现，金发科技所处的是化工新材料行业，2020年初新冠肺炎疫情暴发，其所涉及的医疗健康产品中的口罩和熔喷布（熔喷布是口罩最核心的材料）因市场严重紧缺而供不应求，利润率高得惊人，直接拉升了金发科技的营业收入和核心利润。

第二，金发科技的毛利额出现显著上升，毛利率也出现大幅提升。2019年，金发科技的毛利额和毛利率分别是47亿元、16.05%，2020年则直接蹿升至90.4亿元、25.78%，增长幅度分别为92.34%和60.62%。

再看金发科技营业收入的情况，在2019年的基础上，2020年的营业收入达到350.6亿元，增长幅度为19.7%。显然，其营业收入的增长幅度远远低于92.34%的毛利额和60.62%的毛利率的增长速度，说明公司产品的市场竞争力出现了显著提升，或者说公司所在的市场出现竞争力方面的重大结构性变化：公司研发或者购买的某项核心科技成果，在市场中的转化获得了超级热捧，从而获得了极强的溢价能力。

一般来说，一家公司毛利率下降要予以高度关注，这往往意味着公司的竞争力在下降、市场地位在下降，也可能意味着公司面临的市场竞争更加激烈。但不管什么原因，公司经营活动的未来和盈利前景充满了忧虑。而毛利率不断地获得改善和提升，既可能是公司竞争力持续改善的体现，也可能是某种偶然性事件的结果。

第三，作为影响核心利润的主要费用项目，金发科技2020年的管理费用和研发费用相较于2019年没有多大变化，几乎可以忽略不计。这说明，金发科技的营业收入和核心利润的增长，与其公司内生型的增长没有多大关系，而是外部市场因素的突变所致。

金发科技的销售费用也是主要的费用项目之一。2019年其销售费用率为2.34%，控制得非常好。2020年，随着营业收入和毛利的大幅提升，金发科技销售费用不仅没有水涨船高，反而下降至1.82%，降幅高达51.1%。

按照常识理解，营业收入和毛利的大幅提升，必然会导致营业成本、管理费用和销售费用等更多费用产生，但在本例中却不增反降。再结合前面的分析，这一项目的反常现象，也恰恰证实了金发科技营收和利润的大幅增长，主要原因是受到外部市场突变因素的利好所致。

所以，对于金发科技的盈利能力和质量，需要花费更大的功夫仔细观察和分析，这种爆发式的增长究竟是什么原因产生的，核心竞争力的改善是否受偶然性的事件因素影响，是否具有长期可持续性，等等。

在财务分析中，比率分析用途最广，但也有自己的局限性。所以，在运用比率分析时，有几点需要注意：一是比较口径的一致性，即比率的分子项与分母项必须在时间、范围等方面保持一致；二是将各种比率有机联系起来进行全面分析，不可单独地看某种或各种比率，否则难以准确地判断公司的整体情况；三是要注意差额分析，这样才能对公司的历史、现状和未来有一个详尽的了解、判断，达到财务分析的真正目的。

# 第四节　利润表的分析方法

打个比喻，利润表有点像一个"漏斗"，凡是跟收入和费用相关联的东西，全都一股脑儿地装进来了。比如说，今年装进来的收入有5000万元，加加减减之后只剩下300万元，在这个过程中，公司会损耗掉很多资源。

我们都知道，一家公司的营业收入要减去很多成本、各种费用以及诸多名目的税，最后才是净利润。所以，利润表有一个基本的逻辑：收入扣除所有的成本费用之后，就得到了最终的净利润。

除此之外，这张项目繁多的利润表还透露出哪些信息呢？

## 一、利润表传递出的信息

作为一个投资者，如果你打算买入一家公司的股票，总不至于盲目下叉，那你最想知道这家公司的什么情况呢？会不会产生这些问题：这家公司是做什么的？规模有多大？收入情况好不好？

比较而言，投资者恐怕更关注如下这些问题：这家公司到底赚不赚钱？如果现在还不能赚钱，那什么时候能够赚钱？未来赚钱的空间有多大？

上述这些问题需要看哪一张报表呢？你可能已经知道了，就是利润表。

利润表是一家公司能否创造价值的最直接表现。公司经营情况如何、未来有没有发展空间，利润表都会做出如实回答。当你真正读懂利润表时，就可以最快的速度了解这家公司的盈利能力了。

利润表一个最基本的功能就是告诉投资者它是否赚钱了，以及从哪里赚到的。从利润表的各个项目构成中，可以将具有可持续性的营业利润与不可持续的营业外收支和政府补贴收入分别拆解，帮助你分析和推断出公司在未来一段时间内的收益。

实际上，利润表可以至少传递出两个信息：一是它不仅可以告诉投资者，这家公司现在赚了多少钱，这些钱是从哪里赚到的；二是投资者透过历史轨迹，可以在一定程度上了解和推测公司未来的盈利状况。

在解读利润表时，投资者要特别注意：利润≠赚钱。简单点说，就是利润不是钱：有收入不等于收到了现金，收到了钱却可能没有收入，有费用也不等于要付出现金，付出了现金不一定会产生费用。

绕口令？有点烧脑。其实并不难，梳理一下就清楚了。

"有收入不等于收到了现金"，意思是说，公司尽管销售出了不少产品或提供了服务，但很多都变成了应收账款，一时半会儿还没有收回钱。

"收到了钱却可能没有收入"，意思是说，公司预先收取了下游客户的货款，却还没有把货发出去，这笔预收款就不能算是自己的。它叫作"经营性负债"，往往意味着公司的产品很紧俏，供不应求。

"有费用也不等于付出现金"，意思是说，虽然固定资产在不断损耗，但却不用付钱出去，这种情况往往在一些前期需要重资产投入的行业比较明显，比如水力发电、风力发电等。

"付出了现金不一定会产生费用"，意思是说，公司预缴了下一年的房租，换回了这所房子在下一年的使用权，得到了一项资产，却没有产生任何费用。

把收入减去所有的成本和费用之后就等于利润，而收到的所有现金减去支付出去的所有现金就是"现金流"。所以，上述四种情况整合在一起分析，就能帮助投资者推断出一条亘古不变的真理：利润不等于现金流。

实际上，这个逻辑背后真正的根源，是由于权责发生制和收付实现制的立足点不同而导致的。

## 二、利润表分析的关键点

我们沿着这个思路对利润表进行深入的分析和解读，找出公司利润表的关键点，顺藤摸瓜一撸到底。

需要特别说明的是，这里的利润表分析方法，是在张新民的五步分析法基础上进行延展性解读与分析。按照利润表的项目构成，我们自上而下逐一解读。

第一，映入眼帘的第一行就是营业收入。大致快速地浏览一下，当期营业收入的变化情况是增长了，还是下降了。这需要把视野打开，查看一下公司整体的经营情况如何变化。

比如，身处同一个行业的两家公司，一个公司最近几年的营业收入都呈现出快速增长的状态，而另一家公司的营业收入却增速缓慢，甚至有些年度还出现下降。对于这种情况，你的第一印象是什么？是不是第一家公司比第二家公司更好一些？看营业收入数据的变化，是一个重要的分析切入角度。

第二，考察毛利的变化及其走势。前文已经介绍了，跟随着毛利伴生而来的，还有一个毛利率的数据，看看它发生了什么变化，透露出哪些可供参考的信息。

通过毛利和毛利率两个数据，投资者基本上可以判断出一家公司的初始盈利能力。换句话说，就是在营业收入大致相同的情况下，毛利率高的公司必然会有更高的毛利规模；在毛利率大致相同的情况下，营业收入高的公司自然会有更高的毛利规模。

第三，考察营业利润的变化及其走势。这个比较简单，如果营业利润持续增加了，一般说明这家公司处于利润增长的态势。

第四，考察核心利润的变化及其走势。我们都知道，营业利润主要由主营业务的核心利润，以及主营业务以外的投资收益和其他收益三部分构成。其中，核心利润是一家公司日常经营活动赚到的利润，也是公司核心竞争力的体现，具有较高的持续稳定性；投资收益是公司运用自己的资源投资于股权、债券等赚到的利润；其他收益主要是政府补贴。

举例来说，老喻杂货铺一年营业收入100000元，与销售商品有关的进价是60000元。在这个过程中，相继发生了如下这些费用和成本等：税金及附加2000元、销售费用10000元、管理费用20000元、库存商品发生减值损失1600元；杂货铺投资了旁边的水果店，这一年分红（属于投资收益）6000元、存款利息收入2000元；杂货铺还收到了员工违规罚款（属于营业外收入）1000元、对社区内的幼儿园捐赠（属于营业外支出）2000元；杂货铺所得税支出1800元。

当时营业利润的计算是这样的：

营业利润 = 营业收入 – 营业成本 – 税金及附加 – 销售费用 – 管理费用 –
资产减值损失 + 投资收益 + 利息收入
=100000元–60000元–2000元–10000元–20000元–1600元+6000元+2000元
=14400元

梳理一下，看看核心利润、投资收益和其他收益在营业利润中做出了哪些贡献？

核心利润 = 营业收入 – 营业成本 – 税金及附加 – 销售费用 – 管理费用 –
研发费用 – 利息费用
=100000元–60000元–2000元–10000元–20000元–0元–0元
=8000元

投资收益为6000元，其他收益为0元。

这个计算数据表明，公司营业利润的主体是与经营活动密切相关的核心利润，为8000元；投资收益的贡献也不可小觑，竟然高达6000元。

如果核心利润在公司营业利润中占据了主导地位，说明公司的产品不仅能够产生利润，而且在市场中具有较强的竞争能力；如果公司的投资收益在营业利润中所占比例过高，说明公司对外部的投资质量较高；如果代表公司获得政府补贴的其他收入在营业利润中占据了主导地位，说明公司的产品经营符合国家或地方的产业扶持政策。

第五，考察公司盈利的质量。主要从三方面切入：

一是重点观察在公司的营业利润中，如果核心利润所占比例过低，往往意味着其利润质量不高。

二是营业收入、毛利规模都呈现同步下降的公司，意味着其营业利润质量不高。

三是不能带来充分经营活动产生的现金流量的核心利润质量不高。

利润表展示的是公司的盈利能力，现金流量表体现的是公司的赚钱能力，相对于前者浓妆艳抹的"面子"，后者过的才是精打细算实实在在的"日子"。在这个过程中，一家良性发展的公司，应该是既有较高的核心利润，也有较强的获得经营活动现金流的能力，如此才能保持核心竞争力，健康持续地长期发展。

## 三、利润表案例分析

学习的根本目的是学以致用，否则即使学富五车，最终也不能转化为生产力，没有多大实际价值。我们按照介绍的上述方法，对一家上市公司进行拆解分析。

金杯汽车的利润表如表4-39所示。

表 4-39　金杯汽车 2019~2020 年利润

单位：亿元，%

| 项目 | 2020 年 | 2019 年 |
|---|---|---|
| 营业总收入 | 54.57 | 56.00 |
| 营业收入 | 54.57 | 56.00 |
| 营业总成本 | 51.39 | 53.28 |
| 营业成本 | 46.27 | 48.81 |
| 毛利 | 8.3 | 7.16 |
| 毛利率 | 17.94 | 14.67 |
| 税金及附加 | 0.249 | 0.293 |
| 销售费用 | 0.381 | 0.354 |
| 管理费用 | 2.197 | 2.149 |
| 研发费用 | 1.835 | 0.581 |
| 财务费用 | 0.457 | 1.09 |
| 其中：利息费用 | 0.665 | 1.403 |
| 利息收入 | 0.207 | 0.297 |
| 资产减值损失 | −0.376 | −0.059 |
| 加：投资收益 | 0.251 | 0.527 |
| 其他收益 | 0.177 | 0.169 |

| 项目 | 2020 年 | 2019 年 |
|---|---|---|
| 资产处置收益 | 0.083 | 0.026 |
| 营业利润 | 2.667 | 3.363 |
| 加：营业外收入 | 0.019 | 0.083 |
| 减：营业外支出 | 4.89 | 0.015 |
| 利润总额 | −2.205 | 3.431 |
| 减：所得税 | 0.632 | 1.028 |
| 净利润 | −2.836 | 2.402 |

第一，考察营业收入的变化情况。2019年，金杯汽车的营业收入是56亿元，2020年的营业收入是54.57亿元。显然，营业收入是下降的。鉴于2020年初新冠肺炎疫情的暴发，一方面说明金杯汽车的经营活动受到影响，另一方面说明市场竞争非常激烈。

第二，考察毛利及其走势的变化情况，是增加了，还是减少了；毛利率是提升了，还是下降了。金杯汽车2019年的毛利是7.16亿元，毛利率是14.67%，2020年的毛利是8.3亿元，毛利率是17.94%。

看出什么问题了吗？让人感到费解的是，随着金杯汽车公司营业收入的小幅下降，其毛利规模却没有跟着下降，而毛利率也从14.67%提高到17.94%。两个财务指标逆势增长，对公司来说是利好消息。但因为幅度较小，在大的市场冲击下，公司毛利率的提高对公司盈利能力的改善不会有实质性的贡献。

第三，考察营业利润及其走势的变化情况，是增加了，还是减少了。2019年，公司的营业利润是3.363亿元，2020年的营业利润是2.667亿元，下降幅度高达26.1%。回过头去看金杯汽车营业利润的变化轨迹，几乎都是起起伏伏呈现出震荡的曲线，稳定性和持续性较差。

第四，考察核心利润及其走势的变化情况，其中核心利润、投资收益和其他收益各自在营业利润中有什么支撑作用？

先看一下2019年，金杯汽车的营业利润为3.363亿元，投资收益是0.527亿元，其他收益也就是政府补贴约为0.169亿元，两者合计在营业利润中所占比例约为21%。也就是说，金杯汽车的主营业务收入还是靠销售汽车，从56亿元的营业收入中产生了核心利润，而不是依靠其他的收入方式。

2020年跟2019年的情况差不多，在金杯汽车的营业利润中，主要还是以核心利润作为支撑，投资收益和其他收益所占比重并不大。

值得警惕的是，金杯汽车在2020年有一笔营业外支出，高达4.89亿元，比营业利润还多出了2.223亿元，直接导致金杯汽车2020年亏损，净利润为−2.836亿元。经过仔细查证，发现其有一笔对外担保金额高达约4.66亿元，计入了当期非经常性损益。

不管背后还有什么逻辑，这种与公司经营业务没有直接关系的巨额资金损失，似乎都在提醒管理层应该掌控得力，而不是听之任之。

我们来分析一下金杯汽车的盈利质量。

我们已经看到，金杯汽车这两年的营业利润总体还是不错的，核心利润对公司营业利润构成了主要的支撑，其他投资收益和政府补贴较少，公司坚守自己的主营业务，没有盲目地为了追求规模而多元化。在公司的营业利润中，因为核心利润占据了主导地位，所以利润比较实在。

另外，我们看到金杯汽车2020年与2019年相比，虽然营业收入下降，但毛利规模和毛利率却并没有随之下降，而是逆势增长，维持了公司的核心利润，阻止了公司在大的市场冲击下受到严重影响。

就金杯汽车的核心利润带来现金流量的能力问题，坦率地说，其不能完全带来充分经营活动产生的现金流量。经过计算，金杯汽车2020年核心利润的获现率只有0.65，远低于传统制造企业1.2~1.5的区间。

一句话，核心利润获现率不高的公司，其利润的质量往往不高。为什么会出现这种情况呢？我们在介绍现金流量表时会做出详细阐述。

总而言之，如果按照百分制给金杯汽车的利润表所表现出来的公司利润打分，笔者所能给予的最高分值是刚好及格的60分。不多不少。

# 第五章　资产负债表：健康体检报告

价格波动对于真正的投资者来说，只有一种有意义的内涵。波动为他提供了这样一种机会……如果他能够忘掉股市而把注意力转移到公司的运营结果上，那么他就会做得更好。

——沃伦·巴菲特

任何一家公司，无论处于什么样的行业，无论从事什么样的业务，也不管它处在哪一个发展阶段，都可以把它的日常经济活动概括成一个过程：从现金开始，转了一圈后又回到现金的过程。

这个过程周而复始、循环往复，只要这家公司没有破产倒闭，它就会像一部"永动机"那样转个不停。在这整个过程中，经营、投资、融资三项活动始终在不断地交替进行。当然，赚钱才是这家公司所有经营活动的根本目的，只有在这个循环过程中不断地赚钱，公司才能进一步发展壮大。

赚钱固然是公司的基本动作，但除此之外，经营公司还有一个最基本的要求，就是保证股东们投入的本金不会遭到任何损失。而且，股东或投资者们随时都能知道，原来投入的本金现在都变成了什么，它们现在价值几何，是增值了还是贬值了……因此，需要有一张能够描述和解释这些问题的财务报表，这就是资产负债表诞生的意义。

前文讲过，利润表是收入减去支出之后得到利润的过程，直观地反映"钱"的问题，大家都喜欢。但资产负债表却不同，它所涉及的项目众多，不够直观，还有很多比较拗口的专业词语，阅读和分析起来很烧脑，容易让人犯迷糊。

实际上，笔者非常赞同一些投资人将公司资产按照日常经营活动的三个阶段，即生产、销售以及对生产和销售所得的分配，分为生产类资产、经营类资产和投资类资产三个大类，这种分类法十分科学。

但出于对投资新手和正在由初级向中高级进阶的投资者的认知考虑，且更清晰地方便他们——对照阅读和分析，笔者仍然按照资产负债表从上到下、从前至后的科目顺序，差不多也是按照会计准则的规范逐一展开解读。

# 第一节　资产负债表的基本关系

毫不夸张地说，资产负债表是这三张财务报表中最核心和最重要的报表，它反映出公司的财务状况，揭示公司在某一个特定日期所拥有或者控制的经济资源、所承担的现时义务和所有者享有的剩余权益。

在日常生活中，我们看到张三住着豪宅开着豪车，就会说"这个人很有钱"，那他是不是真的拥有很多现金呢？答案是不一定。当大家说张三有钱的时候，所指的往往是他的整体财富，也就是所有资产加总起来的金额。

作为投资者，我们在股市里经常会听说某家上市公司的老板由于他的公司股票上涨，一夜之间财富增加了多少，就是指他的股票市值上涨了多少。比如，随着农夫山泉在港交所上市，老板钟睒睒原本控制的万泰生物在A股上市，其身价一夜暴涨530亿元。

截至2020年12月30日，根据福布斯实时富豪榜，农夫山泉创始人钟睒睒身价达到了795亿美元，稳坐中国首富的位置，远超位列第二588亿美元身家的马云，在全球富豪榜上排名第十一，成为亚洲新晋首富。

## 一、资产负债表的结构

对于任何人和公司来说，你要说他有钱，一定是既要看他的资产规模，也要看他的资产结构。同时，还要看这些资产以什么方式获得、到底是属于谁的。这其实也就形成了资产负债表。

好像挺简单的样子，似乎也没有那么复杂。

当巴菲特试图判断一家公司是否具有持续竞争优势时，他首先去查看公司拥有多少资产（包括现金和财产），承担多少债务（包括应付账款、银行贷款以及债券等）。而要了解这些信息，他必须查看公司的资产负债表。

资产负债表不是像利润表那样有固定的报表周期，不存在一个年度或一个季度的资产负债表的说法。我们能够在一年中任何一天创建一张资产负债表，但它一般只在某些特定的日子才会派上用场。公司的财务部门和会计师事务所一般会在每个会计期间的最后一天编制资产负债表，我们可以把它看作在那个特定时刻公司财务状况的一张"快照"。

为了便于阅读和大家了解，我们以贵州茅台2020年资产负债表（略有删节）为例进行展示，如表5-1所示。

### 表 5-1 贵州茅台资产负债表

2020 年 12 月 31 日

单位：元

| 项目 | 附注 | 2020 年 | 2019 年 |
|---|---|---|---|
| 流动资产 | | | |
| 货币资金 | 1 | 36,091,090,060.90 | 13,251,817,237.85 |
| 结算备付金 | | | |
| 拆出资金 | 2 | 118,199,586,541.06 | 117,377,810,563.27 |
| 交易性金融资产 | | | |
| 衍生金融资产 | | | |
| 应收票据 | 3 | 1,532,728,979.67 | 1,463,000,645.08 |
| 应收账款 | 4 | | |
| 应收款项融资 | | | |
| 预付款项 | 5 | 898,436,259.15 | 1,549,477,339.41 |
| 其他应收款 | 6 | 34,488,582.19 | 76,540,490.99 |
| 其中：应收利息 | | | |
| 应收股利 | | | |
| 存货 | 7 | 28,869,087,678.06 | 25,284,920,806.33 |
| 合同资产 | | | |
| 持有待售资产 | | | |
| 一年内到期的非流动性资产 | | | |
| 其他流动资产 | 8 | 26,736,855.91 | 20,904,926.15 |
| 流动资产合计 | | 185,652,154,956.94 | 159,024,472,009.08 |
| 非流动资产 | | | |
| 发放贷款和垫款 | 9 | 2,953,036,834.80 | 48,750,000.00 |
| 债权投资 | 10 | 20,143,397.78 | |
| 其他债权投资 | | | |
| 长期应收款 | | | |
| 长期股权投资 | | | |
| 其他非流动金融资产 | 11 | 9,830,052.91 | 319,770,404.05 |
| 投资性房地产 | | | |
| 固定资产 | 12 | 16,225,082,847.29 | 15,144,182,726.19 |
| 在建工程 | 13 | 2,447,444,843.03 | 2,518,938,271.72 |
| 生产性生物资产 | | | |
| 油气资产 | | | |
| 使用权资产 | | | |
| 无形资产 | 14 | 4,817,170,981.91 | 4,728,027,345.70 |
| 开发支出 | | | |
| 商誉 | | | |
| 长期待摊费用 | 15 | 147,721,526.43 | 158,284,338.19 |
| 递延所得税资产 | 16 | 1,123,225,086.37 | 1,099,946,947.57 |
| 其他非流动资产 | | | |
| 非流动资产合计 | | 27,743,655,570.52 | 24,017,900,033.42 |
| 资产总计 | | 213,395,810,527.46 | 183,042,372,042.50 |

续表

| 项目 | 附注 | 2020 年 | 2019 年 |
|---|---|---|---|
| 流动负债 | | | |
| 短期借款 | | | |
| 应付票据 | | | |
| 应付账款 | 17 | 1,342,267,668.12 | 1,513,676,611.44 |
| 预收款项 | | | |
| 合同负债 | 18 | 13,321,549,147.69 | |
| 卖出回购金融资产款 | | | |
| 吸收存款及同业存放 | 19 | 14,241,859,949.77 | 11,048,756,010.02 |
| 应付职工薪酬 | 20 | 2,981,125,503.86 | 2,445,071,026.57 |
| 应交税费 | 21 | 8,919,821,015.58 | 8,755,949,266.98 |
| 其他应付款 | 22 | 3,257,245,259.42 | 3,589,516,599.01 |
| 其中：应付利息 | | | 11,081.87 |
| 应付股利 | | | 446,880,000.00 |
| 一年内到期的非流动性负债 | | | |
| 其他流动负债 | 23 | 1,609,801,368.51 | |
| 流动负债合计 | | 45,673,669,912.95 | 41,093,299,212.84 |
| 非流动负债 | | | |
| 长期借款 | | | |
| 应付债券 | | | |
| 递延所得税负债 | 16 | 1,457,513.23 | 72,692,601.01 |
| 其他非流动负债 | | | |
| 非流动负债合计 | | 1,457,513.23 | 72,692,601.01 |
| 负债合计 | | 45,675,127,426.18 | 41,165,991,813.85 |
| 所有者权益（或股东权益） | | | |
| 实收资本（或股本） | 24 | 1,256,197,800.00 | 1,256,197,800.00 |
| 其他权益工具 | | | |
| 其中：优先股 | | | |
| 资本公积 | 25 | 1,374,964,415.72 | 1,374,964,415.72 |
| 减：库存股 | | | |
| 其他综合收益 | 26 | −5,331,367.75 | −7,198,721.79 |
| 盈余公积 | 27 | 20,174,922,608.93 | 16,595,699,037.02 |
| 一般风险准备 | 28 | 927,577,822.67 | 898,349,936.77 |
| 未分配利润 | 29 | 137,594,403,807.56 | 115,892,337,407.39 |
| 归属于母公司所有者权益（或股东权益）合计 | | 161,322,735,087.56 | 136,010,349,875.11 |
| 少数股东权益 | | 6,397,948,013.72 | 5,866,030,353.54 |
| 所有者权益（或股东权益）合计 | | 167,720,683,101.28 | 141,876,380,228.65 |
| 负债和所有者权益（或股东权益）合计 | | 213,395,810,527.46 | 183,042,372,042.50 |

资料来源：贵州茅台 2020 年财报。

## 二、资产负债表的关系

资产负债表是以一个基本等式为基础而展开的，这个等式是一种平衡关系：

资产 = 负债 + 股东权益（或所有者权益）

从这个等式可以知道，资产负债表包括三个部分：

第一部分列出了所有的资产，它占资产负债表的整整一半，其中有很多不同类型的资产项目，包括现金、应收账款、存货、房产、厂房和生产设备等。有人说，资产是能够用货币表现的资源，当然包括花钱买来的或自己拥有的，都应该算是资产。按照以前的定义，这些理解好像都没有错。比如，我们拥有的现金、存款、汽车、房子，以及家里的所有家具等，都属于资产。如果我们还投资了股票、债券、基金等，这些投出去的钱也应算是资产。如果换作是公司，那么公司拥有的资产种类会更多：一是看得见的资产，比如银行账户上躺着的"真金白银"，仓库里存放的原材料、在产品或者产成品，以及生产厂房和机械设备等。

第二部分是有一些虽然看不见但同样发挥重要作用的权利和技术，像专利权、商标权等，比如贵州茅台的品牌价值、片仔癀和云南白药的国家级保密配方等，在某种程度上建立起了宽广高深的"护城河"。

第三部分是公司对外的投资，也是资产。

2006年颁布的《企业会计准则——基本准则》中，将"资产"定义为："企业过去的交易或者事项形成的、由企业拥有或者控制的、预期会给企业带来经济利益的资源。"这个定义强调两个要素：拥有或者控制以及未来经济利益。换句话说就是：资产是你所拥有的，并且未来能够给你赚钱的东西。

拥有的东西不一定是资产，拥有的能够赚钱的东西才是资产。日本管理大师稻盛和夫认为，资产的标准只有一个：未来能给公司带来收益。只有那些未来能给公司创造利益的经济资源，才是资产。

在不少情况下，一家公司实际拥有的资源，可能远远大于其资产负债表中记录的资产。如果投资者不知道公司还有许多值钱的"表外"资产，就会严重低估这家公司的价值。

资产负债表的第二部分是负债和所有者权益。

负债好理解，就是欠别人的钱。任何一家公司，都会有各种不同类型的债权人，比如作为公司的员工也是债权人，因为工资一般都是先劳动后付钱的，在员工工作后还没有拿到工资之前，公司就欠员工的钱；比如采购原材料时，先拿货后付钱，供应商就是公司的债权人。

负债分为两种不同类别的项目：流动负债和长期负债。流动负债指一年内到期需要偿还的借款，包括应付账款、预提费用、短期债务、到期长期负债以及其他流动负债。

长期负债是指一年以后或更长时间到期的负债，包括公司所欠供应商的货款、未向国家缴纳的税金、银行贷款和应付债券等。

所有者权益，就是公司的所有者对公司资产拥有的处置和要求的权利。举个例子，老喻杂货铺是由三个朋友一起创立的，每个人最初都向杂货铺入资了10万元，作为出资人，这三个朋友都是杂货铺的所有者，也叫作股东。与股东有关的所有者权益，就在所有者权益的各个项目里。

公司在运营一段时间后，可能会形成利润积累下来，包括未分配利润、资本公积金等项目，也都属于所有者权益。

举个例子用来说明资产负债表里的各种关系。张三家里有很多资产，平时都是住豪宅开豪车，包括他家里的家具、画作、装饰品等都是资产。但这些资产都是张三的吗？看起来好像是哦，但答案却是不一定。

为什么？比如，张三买了一套房，总价格是500万元，这套房子是张三的没错。但是，他只支付了150万元的首付，还欠着银行按揭款350万元。也就是说，张三的资产是500万元，但是他的500万元资产里有350万元是欠人家的，只有150万元是自己的。这种情况体现在张三的个人资产负债表上，张三的资产就是500万元，但有350万元是欠款，只有首付的150万元才是自己的。我们可以把属于张三的150万元叫作所有者权益，因为这套房子的所有者是张三，350万元欠款就是负债。

张三的资产负债表就是这样的：资产500万元；负债350万元；所有者权益150万元（见表5-2）。资产等于负债加所有者权益。

表 5-2　资产负债表关系

单位：万元

| 资产 | | 负债和所有者权益 | |
|---|---|---|---|
| 房子（固定资产） | 500 | 应付购房款 | 350 |
| 资产总计 | 500 | 所有者权益 | 150 |
| | | 负债与所有者权益 | 500 |

如果我们用所有的资产减去所有的负债，将得到公司的净资产，它与公司所有者权益是相等的。举例说明：A公司有价值100万元的资产和25万元的负债，那么A公司的净资产或者所有者权益为75万元。但如果A公司的资产价值为100万元，而负债为175万元的话，A公司的净资产或所有者权益为-75万元。

# 第二节　资产的基本架构

如果公司花出去的钱换来了对以后有用的东西，这个东西就是资产；如果钱花完后没有给未来留下什么，那就是费用。所以，正如前文所讲，资产是用钱换来的，即在运营过程中把投入公司的资金花掉，其中有些对未来有用的东西就形成了资产。

正如：所有的公司都可以抽象成一个不断重复的从现金到现金的过程。资产都是用钱换来的，大部分资产最终又会变回钱。不同资产变成钱的速度不一样，比如应收账款的变现速度一定比原材料、在产品快，因为原材料和在产品首先需要生产为产品，然后出售，最后才能通过回款变成钱。

我们把那些在一年以内或者在一个现金循环周期中就变成钱的资产称为流动资产。流动资产有很多种存在形式，比如货币资金、应收账款、存货和各种债权，以及用于经常性交易的股票和债券投资等。

在循环往复的过程中，有些资产需要通过若干个循环才能把自己变成钱，比如机器设备，每一次的生产过程就把自己的一部分价值转移到产品身上（折旧），然后随着产品的销售和回款，把这一部分价值转换成钱，但这个过程很漫长。

我们将那些需要若干个循环才能变成钱的资产，称为非流动资产。非流动资产是那些公司可以长期利用或消耗的资产，比如固定资产、无形资产，如果公司有回收周期比较长的投资，也应属于非流动资产。

这两大类资产合计起来构成了一家公司的总资产。不管是以单独形式还是以合计形式出现，通过观察它们的数量和质量，投资者都可以从中挖掘出很多关于公司经济运营状况的信息，并以此分析判断这家公司能否获得丰厚回报且是否具有持续竞争优势。

我们要在后文中分别讨论各类资产，并分析巴菲特如何运用这些指标去判断公司是否具有持续竞争优势。接下来，我们将详细阐述这些资产类别，通过单独分析和汇总分析，探讨如何通过它们识别优质公司。

## 一、流动资产

流动资产最重要的功能在于，如果公司的经营状况一旦开始恶化，其他日常运营资本也开始蒸发锐减时，它们能够快速转变为现金，以应付随之而来的种种严峻情况。

在资产负债表中，资产按照变成现金的速度快慢排列。比如，货币资金排在第一行，因为它本来就是现金；应收账款紧跟着排在货币资金后面，因为它只需要完成收款这一个业务步骤就能变成钱……以此类推。

接下来，我们就按照这个会计科目的性质排列组合顺序，一一进行解读。

## 二、货币资金

资产负债表的第一项是货币资金，就是我们平常所说的钱或现金。不管是存放在银行里的现金，还是存放在公司保险柜里的现金，都属于公司的货币资金。银行承兑汇票及其保证金，对外拆借资金所产生的存放在央行的法定存款保证金等，都属于货币资金的范畴。

一家公司如果持有数额比较大的现金或者现金等价物，巴菲特判断这家公司可能存在以下两种情况之一：一是公司具有某种竞争优势，并能不断地产生大量现金，一直保持着运营收益的现金流入大于运营成本的现金流出；二是公司刚刚出售了一部分业务或资产，以及可能向公众发行出售新的债券或股票，所融得的资金形成大量的库存现金。

当巴菲特纳入"股票池"的公司在短期内面临经营问题时，他会查看这家公司累积的现金和现金等价物，由此判断这家公司是否具有足够的资金实力去解决当前的经营困境。一般来说，想要搞清楚一家公司所有现金的来源，我们需要查看其过去数年间的资产负债表。

贵州茅台2020年资产负债表中关于"货币资金"的情况如表5-3所示。

#### 表5-3　贵州茅台资产负债表中"货币资金"

单位：元

| 项目 | 附注 | 2020 年 12 月 31 日 | 2019 年 12 月 31 日 |
|---|---|---|---|
| 流动资产 | | | |
| 货币资金 | 1 | 36,091,090,060.90 | 13,251,817,237.85 |

截至2019年12月31日，贵州茅台的货币资金是132.52亿元，2020年12月31日为360.91亿元，一年时间净增加了228.39亿元的现金。这些现金主要类型构成如表5-4所示。

#### 表5-4　贵州茅台资产负债表中"货币资金"

单位：元

| 项目 | 期末余额 | 期初余额 |
|---|---|---|
| 库存现金 | 9,554.00 | 206,105.10 |
| 银行存款 | 36,091,080,506.90 | 13,251,611,132.75 |
| 其中：存放中央银行法定存款准备金 | 6,821,915,239.53 | 6,728,321,922.09 |
| 存放中央银行超额存款准备金 | 1,054,398,626.03 | 192,833,313.34 |
| 其他货币资金 | | |
| 合计 | 36,091,090,060.90 | 13,251,817,237.85 |
| 其中：存放在境外的款项总额 | 17,011,338.58 | 10,660,367.79 |

贵州茅台的货币资金主要由库存现金、银行存款两大类组成，其中银行存款360.91亿元，几乎占据全部，其中有0.17亿元境外存款。贵州茅台因为对外拆借资金，中央银行还存放有68.22亿元的法定存款保证金。

货币资金是怎么从2019年的132.52亿元变成2020年的360.91亿元的呢？现金流量是对资产负债表中"货币资金"科目的"现金及现金等价物"变化情况的具体说明。由表5-4已知，贵州茅台的现金及现金等价物，主要是银行存款。"存放中央银行法定存款准备金"由于受到限制，不属于"现金及现金等价物"（见表5-5）。

表5-5　使用受到限制的"货币资金"

单位：元

| 项目 | 期末数 | 期初数 |
| --- | --- | --- |
| | 金额 | 金额 |
| 存放中央银行法定存款准备金 | 6,821,915,239.53 | 6,728,321,922.09 |

贵州茅台的货币资金占总资产的比例，2019年和2020年分别为7.24%、16.91%，跟前几年相比似乎下降得很快，但如果把贵州茅台在这两年分别拆出资金加总计算的话，所占比例就有天壤之别了，分别高达71.37%、72.30%。说明该公司资金充足。

贵州茅台的货币资金占总资产的比例一直很高。事实上，其在2001年上市之后，就再也没有从股市中圈钱，当时融资近20亿元，截至2020年已累计分红超过了500亿元。只有货币资金高的公司，分红才有可能高。

货币资金也不是越多越好，过多会造成大量资金闲置，降低总资产的收益率。合适的货币资金规模，应与短期债务规模和经营所需要的资金规模相匹配。

## 三、应收账款和应收票据

在销售产品的时候，经常会有产品卖出去了却收不到钱的情况发生。原因非常多，比如卖方不想失去这个客户，所以愿意承担风险，让客户延迟付款；也有可能是同类产品竞争激烈，为了和对手竞争，卖方必须向客户承诺一些优惠条件。

应收账款、应收票据都是在销售业务中产生的，在先发货、后付款情况下，这是两种不同的结算模式，前者是客户口头承诺付款，后者是买方通过企业承兑或者银行承兑的票据手段承诺未来付款。

应收账款最大的问题在于，难免会有少数客户可能赖账不付或者因公司经营不善而破产倒闭，所以必须要估算出一定数额的坏账，并从总应收账款中扣除，计算出一个应收账款净值。从这个指标上，我们可以获得很多信息。

严格来说，单独的应收账款净值指标并没有多大的意义，它需要跟同行业的竞争公司进行比对，才能获得相对准确的判断。如果一家公司持续显示出比其他竞争对手更低的应收账款占总销售额的比率，那么它可能具有某种相对竞争优势。

贵州茅台酒属于"抢手货"，供不应求，所以没有一分钱的应收账款，即使是长期合作的经销商这种伙伴关系，几乎等同于现金的银行承兑票据也仅仅只有15.33亿元，如表5-6所示。

表 5-6　贵州茅台资产负债表中"应收票据"

单位：元

| 项目 | 期末余额 | 期初余额 |
|---|---|---|
| 银行承兑票据 | 1,532,728,979.67 | 1,463,000,645.08 |
| 合计 | 1,532,728,979.67 | 1,463,000,645.08 |

提醒一下，银行承兑汇票是银行承诺兑现的，到了约定的时间就可以拿到现金的票据，而商业承兑汇票是公司开出来的，肯定没有银行的可信度高，具体也要看这家公司的诚信度和财务状况。不过大多数情况下，这些票据大部分是有一定信誉度的，银行就不用说了，基本上就是现金。

在应收账款这个科目里，以下5种现象需要高度注意和警惕：

（1）货币资金少，应收账款多；

（2）没有明显竞争优势，应收账款却极少；

（3）应收账款占营业收入的比例大幅度提高；

（4）一年期以上的应收账款额度占比超过30%；

（5）应收账款计提坏账准备的政策突然改变。

## 四、预付款项

在销售商品的时候，客户不能马上支付货款，就产生了应收账款。但有些情况下，比如说产品相当紧俏，卖方可能会要求买方预付一笔定金，甚至要求对方预付所有的款项，而买方也想抢占先机把东西握在手上，心甘情愿地提前把钱付给卖方。这样就产生了预付账款，它们就变为公司的资产，记录到流动资产下面的预付账款项目里。比如，为下一年事先预付的保险费就是预付账款的典型例子。

简单地说，预付账款是由先付款再拿货的这种采购业务产生的，是供应商欠公司的货款。这项债权与应收账款和应收票据的不同之处在于，预付款项换来的不是货币资金，而是存货等非货币资产。

与其庞大的营收规模比较而言，贵州茅台的预付款项在2020年仅有8.98亿元，且绝大部分是预付给习水县和仁怀市政府的土地挂牌出让保证金，如表5-7所示。

表 5-7　贵州茅台资产负债表中"预付款项"

单位：元

| 账龄 | 期末余额 | | 期初余额 | |
|---|---|---|---|---|
| | 金额 | 比例（%） | 金额 | 比例（%） |
| 1年以内 | 136,773,510.50 | 15.22 | 1,126,329,696.23 | 72.69 |
| 1~2年 | 609,099,761.73 | 67.79 | 261,576,355.76 | 16.88 |
| 2~3年 | 122,235,839.95 | 13.61 | 18,209,138.80 | 1.18 |
| 3年以上 | 30,327,146.97 | 3.38 | 143,362,148.62 | 9.25 |
| 合计 | 898,436,259.15 | 100.00 | 1,549,477,339.41 | 100.00 |

一般情况下，如果预付款项太大，说明这家公司在行业上下游产业链条里的地位不高，卖家要先收你的钱才能给你发货，或者说卖家是刻意先收钱，不怕你不合作，这是一种竞争力的体现。能够先收钱的都是竞争力强的公司，只能先付钱的可能是没有地位的公司。

值得警惕的是，这个项目里也可能暗藏猫腻，预付款不能太多，而且时间不能太长。如果预付款增长值特别大，而且不是货款，是一些诸如专利、工程款等名目，很可能涉嫌财务造假，是在动用财务技术做账。这样的公司质地不好，投资者尽量退避三舍。

## 五、其他应收款

这是一种比较特殊的应收款项。比如说，张三好朋友李四的公司最近资金周转不开，李四就向张三借了1000万元，并承诺30天期限内把钱还回来。这笔钱显然不是一笔投资，也不是一项对外的贷款，因为张三没有向李四收取任何利息。但张三必须在30天内收回向李四的借款，所以这笔钱也是一笔应收款。

这种类型的应收款跟一般的应收款不一样，它不是销售产品所得，所以叫作"其他应收款"。还有一种情况，比如员工出差时向公司借的备用金，在报销之前的公司账面上也是记录为其他应收款。

看起来，这好像是一个无关痛痒的项目，因为备用金无论如何也不可能达到几十亿元。但在现实中，这个项目却是财务造假的"重灾区"，确实有一些公司的其他应收款高达数亿元、数十亿元。这是因为公司的控股股东或者关联方，把这些资金"借"走了，其实是被占用了，而被"占用"的钱就体现在其他应收款之中。

贵州茅台2020年的其他应收款项目情况如表5-8所示。

表5-8　贵州茅台资产负债表中"其他应收款"

单位：元

| 款项性质 | 期末账面余额 | 期初账面余额 |
|---|---|---|
| 备用金 | 10,399,194.10 | 44,145,804.06 |
| 往来款项 | 29,458,352.01 | 40,824,310.30 |
| 合计 | 39,857,546.11 | 84,970,114.36 |

贵州茅台2020年的其他应收款为0.399亿元，营业收入为979.93亿元，所占比例可以忽略不计。

任何一家优秀的公司，其他应收账款金额都不多，甚至是没有的。如果金额很大，至少可以认为其经营活动不规范。投资者应注意两种情况：一是货币资金少，其他应收账款却很多；二是其他应收款在营业收入中所占比例较大。前者是口袋里没钱，还允许别人欠自己很多钱；后者是占比越少越好，金额过大需要找出合理解释，否则判断有问题。

## 六、应收利息和应收股利

这两个项目不常见，可能感觉比较陌生，但仅从字面上即可理解，应收利息自然与公司的利息收入有关。比如，公司在银行有存款，就应该获得相应的利息收入，但银行暂时还没有结算和发放利息，就记录为应收利息。

应收股利与公司对外的股权投资有关。被投资公司向公司分红，公司根据持股比例的不同记录在不同的项目中。其实，分红是一个很复杂的过程，我们不必刻意去计算，只要知道有这项收入就行；另外，只要被投资方制定出了利润分配方案，确定了分红以及分红的金额，公司就可以进行会计处理了，等拿到钱时再把应收股利转成现金。

# 七、存货

存货是指公司在日常活动中持有以备出售的产成品或商品、处在生产过程中的在产品、在生产过程或提供劳务过程中耗用的材料和物料等。它主要指生产需要的原材料，或者生产出的成品、半成品。

一般来说，存货越少越好，因为存货越多说明公司产品销售不畅，缺少市场竞争力，而且存货所占用的资金不能产生价值。当然，正常的存货必须要有，这应根据一年的销售额确定，也需要看行业的平均水平是多少。这个项目非常考验公司管理层的综合管理能力。

巴菲特认为，很多公司都存在存货过时废弃的风险。而具有持续竞争优势的公司，其销售产品有不变的优势，因此，其产品不会有减值贬值的风险，比如白酒产品储存时间越长越值钱。这也是巴菲特想寻找的一种优势。

当我们在分析判断一家公司是否具有某种持续竞争优势时，需要特别注意查看其存货和净利润是否相应增长。如果答案肯定，则意味着这家公司找到了切入市场的产品"阀门"，从而增加销售，这必然会导致存货相应增加，以满足源源不断的订单。

存货在不断地增加，而销售却没有随之增长，背后很可能是公司经营出现了大问题，如产品淘汰或者市场份额急剧萎缩等。如果没办法止住下滑的趋势，后续很可能给公司带来巨大压力，一旦不赚钱了就会被迫去贷款维持运转，增加负债，进一步形成恶性循环。这种情况跟很多"月光族"类似。

如果存货总是销售不出去，必然会跌价、贬值。尤其是储存时间比较短，容易引起过期变质的产品，比如新鲜食品等，有些公司迫于原本就不赚钱，只能不做跌价准备，不做减值计提，实际上这是在变相造假。

正如本书开头所举例讲到的獐子岛扇贝，这种存货造假的方法是让你搞不清楚到底有多少存货，在农林牧渔行业十分突出，会计师审核的时候也不可能真的下水去一个一个数虾蟹吧？所以突然就跑了，突然就生病了，突然就死了，这些存货可以瞬间消失。更出奇的是，说不准明年它又"游回来"了，重新计入存货这个科目。

实际上，像软件行业、生物科技行业等，存货的价格波动非常大，普通投资者哪里搞得懂到底值多少钱？微生物怎么计价？一头雾水。所以，面对这种行业和公司的存货，需要仔细查看分析。

贵州茅台2020年资产负债表中"存货分类"如表5-9所示。

表 5-9　贵州茅台资产负债表中"存货分类"

单位：元

| 项目 | 期末余额 | | | 期初余额 | | |
|---|---|---|---|---|---|---|
| | 账面余额 | 存货跌价准备/合同履约成本减值准备 | 账面价值 | 账面余额 | 存货跌价准备/合同履约成本减值准备 | 账面价值 |
| 原材料 | 3,485,831,193.61 | | 3,485,831,193.61 | 1,897,811,805.29 | | 1,897,811,805.29 |
| 在产品 | 11,943,066,479.64 | 1,283,984.83 | 11,939,782,494.81 | 11,366,875,129.10 | 1,283,984.83 | 11,365,591,144.27 |
| 库存商品 | 1,047,225,896.31 | | 1,047,225,896.31 | 1,394,096,692.02 | | 1,394,096,692.02 |
| 自制半成品 | 12,396,248,09.38 | | 12,396,248,093.33 | 10,627,421,164.75 | | 10,627,421,164.75 |
| 合计 | 28,870,371,662.89 | 1,283,984.83 | 28,869,087,678.06 | 25,286,204,791.16 | 1,283,984.83 | 25,284,920,806.33 |

对于贵州茅台酒来讲，几乎不存在存货贬值的风险，因为白酒都是窖存越久越值钱，尤其是酱香型白酒更需要年份来累积与储藏。这其中需要注意的是，贵州茅台的存货中有一类是自制半成品。与其他半成品或在产品不同，这个自制半成品完全可以单独出售或使用。

## 八、其他流动资产

有的公司把投资理财放在这里，有的公司把对外采购存货所付出的增值税放在这里，但其他流动资产是一个不太重要的项目，大家不用花费太多心思。从规模看，该项目一般也不大。

就贵州茅台个例而言，它的这个项目主要包括到期还没有抵扣完的那些增值税的进项税，因为这些进项税可以在未来期间继续抵扣，减少未来税金的现金流出，相当于已经预先支付的资产。如表5-10所示。

表 5-10　贵州茅台资产负债表中"其他流动资产"

单位：元

| 项目 | 期末余额 | 期初余额 |
|---|---|---|
| 期末未抵扣增值税 | 22,218,754.41 | 17,351,711.91 |

续表

| 项目 | 期末余额 | 期初余额 |
|---|---|---|
| 预缴所得税 | 4,518,101.50 | 3,553,214.24 |
| 合计 | 26,736,855.91 | 20,904,926.15 |

## 九、非流动资产

从流动资产往下看就是非流动资产了，它与流动资产是相对应的。在会计学上，一般把一年以上可以转化为现金的资产或者准备长期利用的资产叫作非流动资产。

非流动资产细数起来，所涉及的科目不可谓不多，比如可供出售金融资产、长期应收款、固定资产、无形资产、长期股权投资、持有至到期投资，等等。把它简化一下，非流动资产主要分成三项：长期投资类、固定资产类、无形资产类。

长期投资包括可供出售金融资产、持有至到期投资、长期股权投资。比如，张三参股了其他公司，持有股权；组建一家子公司，张三持有这家子公司的股权；或者持有债券……只要是长期持有的股权和债券，都算是张三的长期投资。

第二项是固定资产类，包括固定资产、在建工程、生产设备、投资性房地产等。注意：在使用过程中，固定资产会逐渐损耗，其价值也会随着损耗逐渐降低，在会计账目上叫作"固定资产折旧"，它是指一定时期内为弥补固定资产损耗按照规定的固定资产折旧率提取的固定资产折旧。

无形资产是专利权、专有技术、版权、商标权、商誉等。值得注意的是，在中国，公司还可能拥有另一项无形资产，那就是土地使用权。与世界上很多国家不同，中国的公司和个人都不能拥有土地所有权，只能拥有使用权，所以土地使用权就变成了一项无形资产。

## 十、发放贷款和垫款

这个项目在很多公司的财报中都没有，但在贵州茅台财报中却长期存在。这是因为贵州茅台有对外拆借资金的行为，而这些拆借出去的资金一部分因为回收时间短计入了流动资产中，还有一部分因为回收时间比较长计入了非流动资产中。这就是说，它对外拆借的资金，既有短期的，也有长期的。如表5-11所示。

表5-11 贵州茅台资产负债表中"发放贷款和垫款"

单位：元

| 项目 | 期末余额 | 期初余额 |
|---|---|---|
| 发放贷款及垫款 | 2,953,036,834.80 | 48,750,000.00 |
| 贷款 | 3,028,755,728.00 | 50,000,000.00 |

续表

| 项目 | 期末余额 | 期初余额 |
|---|---|---|
| 贷款及垫款总额 | 3,028,755,728.00 | 50,000,000.00 |
| 减：贷款减值准备 | 75,718,893.20 | 1,250,000.00 |
| 其中：单项计提数 | 75,718,893.20 | 1,250,000.00 |
| 发放贷款及垫款账面价值 | 2,953,036,834.80 | 48,750,000.00 |

## 十一、债权投资

这个项目在很多公司的财报中很少见。

所谓债权投资，是指为了取得债权所进行的投资，比如购买公司债券、购买国库券，都属于债权性投资。一般来说，公司进行这种投资的目的，不是为了获得其他公司的剩余资产，而是为了获取高于银行存款利率的利息，并保证能够按期收回本息。

贵州茅台2020年债权投资主要是贵阳贵银金融租赁有限责任公司，经过该年度减值准备之后，账面价值为0.214亿元，在总资产中所占比例几乎可以忽略不计。如表5-12所示。

**表5-12　贵州茅台资产负债表中"债权投资"**

单位：元

| 项目 | 期末余额 | | | 期初余额 | | |
|---|---|---|---|---|---|---|
| | 账面余额 | 减值准备 | 账面价值 | 账面余额 | 减值准备 | 账面价值 |
| 贵阳贵银金融租赁有限责任公司 | 20,155,277.78 | 11,880.00 | 20,143,397.78 | | | |
| 合计 | 20,155,277.78 | 11,880.00 | 20,143,397.78 | | | |

## 十二、长期应收款

在贵州茅台的非流动资产中，长期应收款、长期股权投资、投资性房地产这几个项目都没有。

长期应收款是指公司将自有资产通过融资租赁的方式出租出去，然后产生的应收款项和采取递延方式分期收款，实质上是具有融资性质的销售商品和提供劳务等经营活动产生的应收账款。

一般来说，只有单品价值很高的公司，才有"长期应收款"。比如中联重科的"长期应收款"，主要由"应收设备款"构成，通过融资租赁的方式产生。举个例子，A公司想购买中联重科的大型设备，价格为1000万元，但现在A公司资金周转紧张，一下子拿不出来1000万元，于是就与中联重科签订了一份融资租赁协议：

A公司每月支付中联重科20万元租金，三年后中联重科以400万元的价格将设备卖给A公司。A公司为此总付款1120万元，设备原价为1000万元，多支付的120万元就是三年的利息，这就是"融资租赁"。

## 十三、长期股权投资

由于前面列举的贵州茅台2020年资产负债表是合并报表，所以报表中没有包括贵州茅台投资控股的那些长期股权投资。

如果能够在这个科目里出现，说明持有其他公司等于或大于20%的股份比例，可对其持股公司经营产生重大影响或绝对影响的股权投资。如果持股比例小于20%，一般会被放进"可供出售金融资产"这一科目里。

长期股权投资也是一个容易藏污纳垢的地方，如果投资量很大，所投资对象众多且复杂，与自己本身的主营业务没有任何关系，这是一件非常不好的事情，一是盲目多元化，二是涉及转移资产，占用上市公司的资金等。

所以，查看这个项目的时候，投资者一定要搞清楚公司的长期股权投资到底都投了一些什么？附注里都会写得清清楚楚。

## 十四、投资性房地产

投资性房地产是指公司持有但不会自用的房地产和土地，是为了赚取租金或者资本增值。这些房地产是以公允价值计量的，而其他大多数资产都是按历史成本计价的。

按照公允价值计算不需要计提折旧，但需要按照当期的公允价值变动计算，这可能会影响当期利润，但其实是没有现金流出或流入的，只是因为房价涨了导致估值提升，房子又没有卖出去变成钱。

举例来说，老喻杂货铺买了一块价值1亿元的地皮，不需要折旧，但这块地皮不管是升值还是贬值都会影响财务报表。2年后，假如这块地皮变成了10亿元的估值，中间9亿元的差额就变成了老喻杂货铺的利润，但老喻杂货铺没有卖出这一块地皮，也就是并没有真正拿到这一笔钱，但财务报表已经显示了，相当于虚胖了利润。

贵州茅台的资产负债表中没有投资性房地产这个项目，我们以中炬高新2020年资产负债表为例，来看一看它的情况。以酱油等调味品为主营业务的中炬高新的投资性房地产为5.45亿元，占总资产比例为8.18%。占比不算小，这是因为中炬高新另外还有一块业务，就是园区和房地产开发运营。

一般来说，除了专门从事房地产投资的公司，投资性房地产这个项目金额不应该太大。

## 十五、固定资产

从概念上说，固定资产是公司超过一年使用的各项资产，包括房子、建筑物、机器设备、运输车辆、生产线和办公设备等。任何一家公司，尤其是重资产的制造型公司，其技术装备水平主要体现在固定资产上。

一般来说，固定资产规模占资产总额比重较大的公司，我们称为重资产公司，比如大型机械设备制造公司、自建宾馆酒店等；固定资产规模占资产总额比重比较小的公司，我们称为轻资产公司，比如商标注册公司、招聘公司等以提供劳务为主的服务型公司。

固定资产以其初始购置成本减去累计折旧后的价值进行记录，折旧是在厂房、设备这些固定资产不断损耗的过程中累积产生的。每一年，部分消耗的价值必须从厂房和设备中计提出来，作为公司当期经营的费用从利润表里扣除，除了折旧以外，还要每年进行减值测试，只要是损坏、跌价、长期不用的，都要计提减值准备，也要从利润表里扣除的。

巴菲特说，那些不具备长期竞争优势的公司可能时刻面临着竞争，这意味着它们往往不得不在其生产设备报废之前不断地进行更新，以保持其竞争力。这个过程中必然会产生一种持续的资本开支，使公司资产负债表上的厂房和设备等固定资产的价值数额一直增长。

但是，固定资产增长太慢也不一定是好事情，它必须随着公司规模的扩大而不断增长，这样公司才有竞争力，如果一家公司固定资产长期不增长或者缓慢增长，那么基本可以判断这家公司已经触及天花板，或者在走下坡路了。

巴菲特认为，生产那些不需要经常更新设备和厂房的"持续性产品"能赚取持续的利润。所谓"持续性产品"是指无须为保持竞争力而耗费巨额资金去更新换代固定资产的产品，这样就能节约出大量的资金用于其他赚钱的投资。

有一种方式能让你赚更多的钱，那就是经营那些无须花费大量资金用于产品更新的生意。同时，要注意那些已经很长时间业绩不增长的公司，只是依靠变卖固定资产来维持运转，这就非常危险了。

贵州茅台2020年的固定资产情况如表5-13所示。

**表5-13 贵州茅台资产负债表中"固定资产"**

单位：元

| 项目 | 房屋及建筑物 | 机器设备 | 运输工具 | 电子设备及其他 | 合计 |
|---|---|---|---|---|---|
| 一、账面原值 | | | | | |
| 1. 期初余额 | 20, 030, 691, 547.20 | 1, 899, 545, 541.17 | 245, 168, 348.60 | 735, 322, 444.81 | 22, 910, 727, 881.78 |
| 2. 本期增加金额 | 2, 101, 533, 373.24 | 100, 083, 571.81 | 32, 257, 853.27 | 43, 591, 749.97 | 2, 277, 466, 548.29 |
| （1）购置 | 689, 155.60 | 7, 787.61 | 762.80 | 5, 094, 461.66 | 5, 792, 167.67 |
| （2）在建工程转入 | 2, 099, 019, 480.36 | 100, 075, 784.20 | 32, 257, 090.47 | 38, 496, 872.60 | 2, 269, 849, 227.63 |
| （3）企业合并增加 | | | | | |
| （4）外币报表折算 | 1, 824, 737.28 | | | 415.71 | 1, 825, 152.99 |
| 3. 本期减少金额 | | | 832, 733.56 | 1, 119, 702.42 | 1, 952, 435.98 |
| （1）处置或报废 | | | 832, 733.56 | 1, 119, 702.42 | 1, 952, 435.98 |
| （2）外币报表折算 | | | | | |
| 4. 期末余额 | 22, 112, 224, 920.44 | 1, 999, 629, 112.98 | 276, 593, 468.31 | 777, 794, 492.36 | 25, 186, 241, 994.09 |
| 二、累计折旧 | | | | | |
| 1. 期初余额 | 5, 903, 132, 439.63 | 1, 124, 938, 961.58 | 191, 881, 024.42 | 545, 525, 513.14 | 7, 765, 477, 938.79 |
| 2. 本期增加金额 | 990, 703, 415.43 | 136, 547, 319.54 | 13, 494, 917.23 | 55, 210, 816.40 | 1, 195, 956, 468.60 |
| （1）计提 | 990, 431, 376.30 | 136, 547, 319.54 | 13, 494, 917.23 | 55, 209, 923.39 | 1, 195, 683, 536.46 |

续表

| 项目 | 房屋及建筑物 | 机器设备 | 运输工具 | 电子设备及其他 | 合计 |
|---|---|---|---|---|---|
| （2）外币报表折算 | 272,039.13 | | | 893.01 | 272,932.14 |
| 3.本期减少金额 | | | 794,064.13 | 548,413.26 | 1,342,477.39 |
| （1）处置或报废 | | | 794,064.13 | 548,413.26 | 1,342,477.39 |
| （2）外币报表折算 | | | | | |
| 4.期末余额 | 6,893,835,855.08 | 1,261,486,281.12 | 204,581,877.52 | 600,187,916.28 | 8,960,091,930.00 |
| 三、减值准备 | | | | | |
| 1.期初余额 | | 1,060,865.02 | | 6,351.78 | 1,067,216.80 |
| 2.本期增加金额 | | | | | |
| （1）计提 | | | | | |
| 3.本期减少金额 | | | | | |
| （1）处置或报废 | | | | | |
| 4.期末余额 | | 1,060,865.02 | | 6,351.78 | 1,067,216.80 |
| 四、账面价值 | | | | | |
| 1.期末账面价值 | 15,238,389,065.36 | 737,081,966.84 | 72,011,590.79 | 177,600,224.30 | 16,225,082,847.29 |
| 2.期初账面价值 | 14,127,559,107.55 | 773,545,714.59 | 53,287,324.18 | 189,790,579.89 | 15,144,182,726.19 |

　　截至2020年12月31日，贵州茅台的固定资产为162.25亿元，占总资产比例为7.6%。无论是相对于总资产，还是营业收入以及净利润，其固定资产的规模都非常小。换句话说，贵州茅台属于典型的轻资产型公司。

　　根据固定资产的分类情况，贵州茅台的房屋及建筑物为152.38亿元，机器设备为7.37亿元，在固定资产总额中占比98.46%。其中，包括了最值钱的数千口窖池，这是难以用钱估值和计算的。

# 十六、在建工程

　　这个容易理解，就是还在建设的工程，包括公司固定资产的新建、改建、扩建或技术改造、设备升级项目等，建设好了就自动转成固定资产科目了。

　　因为在建工程不需要计提折旧，所以，有些公司喜欢钻空子，故意不转或推迟转成固定资产，为的是躲避固定资产的折旧计提。如果一家公司长时间不把在建工程转为固定资产，很有可能是在搞这个猫腻，更过分的还有虚构在建工程，在很多年后再想办法大比例计提，堂而皇之地造假、转移资金。

　　所以，投资者可以从以下两方面对在建工程进行风险识别：一是金额巨大且不转成固定资产，是为了不计提折旧，增加当期利润。还有就是通过"在建工程"，把钱支付给利益关联方，造成"在建工程"长期不计入"固定资产"，实际上根本就没有"在建工程"。二是计提高额减值损失，即"在建工程"某种原因大量损坏，比如输送利益关联方，实际上是转不回来（实际就没有），干脆通过"意外事故"来计提高额减值损失，解决棘手问题。

　　所以，在建工程是一个大箩筐，很多见不得人的东西都往里面装，藏污纳垢，因此而成为财报造假的"重灾区"，尤其需要投资者高度警惕。

　　贵州茅台2020年资产负债表中在建工程的情况如表5-14所示。

表5-14 贵州茅台资产负债表中"在建工程"

单位：元

| 项目名称 | 预算数 | 期初余额 | 本期增加金额 | 本期转入固定资产金额 | 本期其他减少金额 | 期末余额 | 工程累计投入占预算算比例（%） | 工程进度（%） | 利息资本化累计金额 | 其中：本期利息资本化金额 | 本期利息资本化率（%） | 资金来源 |
|---|---|---|---|---|---|---|---|---|---|---|---|---|
| 待摊费用 | | 491,87860.90 | | 294,478,324.45 | | 197,400,282.45 | | | | | | 自筹 |
| 酱香型系列酒制酒技改工程及配套设施项目（6400吨） | 3,454,160,000.00 | 123,730,273.36 | 29,566,791.57 | 114,639,178.12 | | 38,657,886.81 | 52 | 90 | | | | 自筹 |
| 茅台环山酒库区工程项目 | 1,602,000,000.00 | 133,605,346.05 | 5,000,000.00 | 75,000,000.00 | | 63,605,346.05 | 78 | 93 | | | | 自筹 |
| 中华片区第一期茅台酒技改工程及配套设施项目 | 3,797,000,000.00 | 8,487,111.66 | 5,000,000.00 | 5,000,000.00 | | 3,487,111.66 | 104 | 99 | | | | 自筹 |
| "十二五"扩建技改项目中华片区第二期茅台酒制酒工程技改项目 | 2,667,325,000.00 | 161,324,358.22 | 41,484,417.42 | 93,253,195.80 | | 109,555,579.84 | 98 | 99 | | | | 自筹 |
| 7号地块年产4000吨茅台酒制曲生产房及配套设施技改项目 | 289,000,000.00 | | | | | | 93 | 100 | | | | 自筹 |
| 茅台国际大酒店建设项目 | 1,458,790,000.00 | | 145,992,330.23 | 145,992,330.23 | | | 97 | 100 | | | | 自筹 |
| 多功能会议中心 | 488,120,000.00 | | 88,725,683.76 | 88,725,683.76 | | | 93 | 100 | | | | 自筹 |
| 南坳停车场综合项目 | 513,000,000.00 | | 18,399,328.00 | 18,399,328.00 | | | 84 | 100 | | | | 自筹 |
| 中华横一路至横二路制酒片区消坡治理、边坡防护、抗滑支挡工程 | 450,000,000.00 | 108,061,623.74 | | 10,000,000.00 | | 98,061,623.74 | 58 | 70 | | | | 自筹 |
| 中华片区横四路（玩茅快线至中华片区连接道）道路工程 | 356,320,000.00 | 264,738,070.34 | | 72,301,833.94 | | 246,738,070.34 | 69 | 85 | | | | 自筹 |
| "十三五"中华片区第一批酒建设项目工程 | 189,000,000.00 | 72,085,662.69 | 216,171.25 | 72,301,833.94 | | | 41 | 100 | | | | 自筹 |

续表

| 项目名称 | 预算数 | 期初余额 | 本期增加金额 | 本期转入固定资产金额 | 本期其他减少金额 | 期末余额 | 工程累计投入占预算比例（%） | 工程进度（%） | 利息资本化累计金额 | 其中：本期利息资本化金额 | 本期利息资本化率（%） | 资金来源 |
|---|---|---|---|---|---|---|---|---|---|---|---|---|
| 厂区河堤加固改造项目 | 218,210,000.00 | 112,305,407.68 | 1,780,918.05 | 114,086,325.73 | | | 48 | | | | | 自筹 |
| 老厂区清污分流管网升级改造工程 | 199,000,000.00 | 572,232.31 | 572,232.31 | 572,231.31 | | | 63 | | | | | 自筹 |
| 坛厂园区成品库房改造工程 | 111,460,000.00 | | 11,397,526.06 | 11,397,526.06 | | | 82 | | | | | 自筹 |
| 制酒四车间维修改造工程 | 39,590,000.00 | | 84,905.66 | 84,905.66 | | | 40 | | | | | 自筹 |
| 茅台文体中心 | 261,000,000.00 | 120,652,024.55 | 10,891,443.32 | | | 131,543,467.87 | 62 | | | | | 自筹 |
| 七号地块与坛厂快线道路连接通道 | 28,830,000.00 | 10,400,141.51 | 433,962.26 | 10,834,103.77 | | | 40 | 95 | | | | 自筹 |
| "十三五"中华片区茅台酒技改工程及其配套设施项目 | 3,559,000,000.00 | 658,748,594.77 | 689,424,549.50 | 683,080,000.00 | | 665,093,144.27 | 41 | 80 | | | | 自筹 |
| 茅台厂区供水管网改造工程 | 60,100,000.00 | 9,823,840.22 | 19,664,098.97 | | | 29,487,939.19 | 54 | 70 | | | | 自筹 |
| 3万吨酱香系列酒技改及配套设施 | 8,384,000,000.00 | 149,279,742.95 | 824,449,239.53 | 298,891,000.00 | | 674,837,982.48 | 19 | 32 | | | | 自筹 |
| 坛厂片区消防站及其配套设施 | 84,590,000.00 | 14,628,130.07 | 11,215,899.24 | 25,844,029.31 | | | 33 | 100 | | | | 自筹 |
| 制酒车间冷却水循环利用项目 | 430,000,000.00 | | 83,082,357.83 | | | 83,082,357.83 | 19 | 90 | | | | 自筹 |
| 其他 | | 97,189,337.01 | 215,973,943.98 | 207,269,230.49 | | 105,894,050.50 | | | | | | 自筹 |
| 合计 | 28,640,495,000.00 | 2,518,938,271.72 | 2,198,355,798.94 | 2,269,849,227.63 | | 2,447,444,843.03 | — | — | | | — | — |

由表5-14可以一目了然地看到多少"在建工程"转入了"固定资产"。"在建工程"不计提折旧，但已经发生减值的在建工程要计提"减值准备"。

## 十七、无形资产

没有实体的资产就是无形资产，我们无法用身体感受到，它包括专利权、商标权、著作权、特许权、土地使用权等。如果一家公司无形资产太多，投资者需要提高警惕，因为它可能在弄虚作假做大资产总量，至少可以认为这家公司的资产结构很不健康。

另外，我们也看到，像贵州茅台、五粮液、麦当劳、可口可乐这些公司，都受益于其品牌价值或保密配方等带来的持续竞争优势，但是，尽管它们的无形资产价值非常大，却并没有完全反映在其资产负债表上。

如果不善于比较公司过去很多年的财务报表，不深入分析其资产负债表反映的真实价值，投资者永远不知道宝藏在哪里，也不会发现其潜在的增值能力。这也是巴菲特能够在其他人还坐观其变的时候，却大量吃进像可口可乐这类公司股票的原因。

既然叫作资产，那么无形资产也要折旧的，只不过换了一个"艺名"，叫作摊销。在本质上，折旧和摊销的意义一样，只要确定了无形资产的使用年限，然后平均每年摊销就可以了，没法搞清楚使用年限的只能做减值准备。

折旧和摊销不同的地方在于，无形资产只有确定寿命后才能摊销，否则只能做减值测试。而减值损失确定后，后期是不能转回来的。

针对无形资产的造假风险，投资者需要注意两个问题：一是无形资产价格有失公允，以高价卖给关联方，虚增公司利润；二是在发生减值的情况下，故意不计提减值损失，增加当期利润。

贵州茅台2020年无形资产的情况如表5-15所示。

表 5-15 贵州茅台资产负债表中"无形资产"

单位：元

| 项目 | 土地使用权 | 软件开发费 | 合计 |
|---|---|---|---|
| 一、账面原值 | | | |
| 1. 期初余额 | 5,268,770,402.60 | 44,072,246.50 | 5,312,842,649.10 |
| 2. 本期增加金额 | 194,270,500.20 | 5,222,235.01 | 199,492,735.21 |
| （1）购置 | 194,270,500.20 | 5,222,235.01 | 199,492,735.21 |
| （2）内部研发 | | | |
| （3）企业合并增加 | | | |
| 3. 本期减少金额 | | | |
| （1）处置 | | | |
| 4. 期末余额 | 5,463,040,902.80 | 49,294,481.51 | 5,512,335,384.31 |
| 二、累计摊销 | | | |
| 1. 期初余额 | 552,065,832.94 | 32,749,470.46 | 584,815,303.40 |

续表

| 项目 | 土地使用权 | 软件开发费 | 合计 |
|---|---|---|---|
| 2. 本期增加金额 | 107,451,387.60 | 2,897,711.40 | 110,349,099.00 |
| （1）计提 | 107,451,387.60 | 2,897,711.40 | 110,349,099.00 |
| 3. 本期减少金额 | | | |
| （1）处置 | | | |
| 4. 期末余额 | 659,517,220.54 | 35,647,181.86 | 695,164,402.40 |
| 三、减值准备 | | | |
| 1. 期初余额 | | | |
| 2. 本期增加金额 | | | |
| （1）计提 | | | |
| 3. 本期减少金额 | | | |
| （1）处置 | | | |
| 4. 期末余额 | | | |
| 四、账面价值 | | | |
| 1. 期末账面价值 | 4,803,523,682.26 | 13,647,299.65 | 4,817,170,981.91 |
| 2. 期初账面价值 | 4,716,704,569.66 | 11,322,776.04 | 4,728,027,345.70 |

由表5-15可以看出，贵州茅台2020年末无形资产账面价值为48.17亿元，占总资产的比例为2.26%，几乎可以忽略不计。值得注意的是，贵州茅台的无形资产构成项目中，分别是土地使用权、软件开发费用等，而筑起强大竞争壁垒和"护城河"的品牌价值，居然没有计入半毛钱！

仅就品牌价值和影响力而言，笔者一直把贵州茅台比作中国版的可口可乐，包括品牌价值在内的无形资产创造了贵州茅台的持续竞争优势，以及由此产生的长期盈利能力，持续不断地为股东带来财富。

## 十八、开发支出

开发支出项目是反映开发无形资产过程中，能够资本化形成无形资产成本的支出部分，应根据"研发支出"科目中所属的"资本化支出"明细科目期末余额填列。

简单点说，研发，就是研究和开发两个阶段的简称。在我们看来，公司的研发活动差不多就是一回事儿，但会计准则的规定却硬生生地把它切割成了两段：研究阶段的支出全部费用化，计入当期管理费用；开发阶段的支出符合条件的可以计入无形资产（叫作"费用资本化"），不符合资本化条件的计入当期费用。

研究阶段指公司为了获取新技术或知识进行的创新探索行为。对于该探索能否钻研出成果，则充满了不确定性，变数太大，公司无法确定这部分支出能否转化为经济收入，就像很多生物医药公司投入巨资研发原创药经常失败。所以，这个阶段的支出要全部费用化，计入当期的费用。还记得前文利润表的营业总成本中有一个单独列示的"研发费用"项目吗？

开发阶段是指研究成果或知识已经形成，为了将其商业化推向市场，需要进一步投入金钱或者其他资源，比如做市场调研、开发模具、生产测试和产品推广等。应该说，这个时候距离成功已经很近了，形成成果的可能性非常大，投入有很大概率能够为公司带来经济收益。这样的支出可以资本化，计入无形资产。

虽然会计准则做了划分，但在实践操作过程中，由于研发活动的复杂性和多样性，开发和研究阶段的划分仍然充满了主观性，也就给了那些心术不正的上市公司管理层钻空子的机会。

一般情况下，优秀的公司都会把研发支出计入费用，这样可以减少账面利润，达到减少纳税金额的目的，这叫作支出费用化。最近几年，在转型升级的大背景下，国家为了激励公司投入资金搞研发，相继出台了许多优惠扶持政策，比如研发费用加计扣除等。

对于那些经营业绩不太好、利润较差的公司来说，很可能会选择把研发费用支出计入"无形资产"，减少当期费用，达到增加账面利润的目的，让财务报表更好看，这叫作研发支出资本化。对于投资者而言，自然喜欢研发支出全部费用化的公司，其利润数据的可靠性更高一些，而且透露出了公司管理层的坦诚以待。

贵州茅台2020年资产负债表的开发支出一栏中没有任何数据，再翻开其2020年利润表中的研发费用一栏中，列示出的金额为0.504亿元，其中职工薪酬和研发合作费用占比高达80%。如表5-16所示。

**表 5-16 贵州茅台研发费用**

单位：元

| 项目 | 本期发生额 | 上期发生额 |
|---|---|---|
| 职工薪酬费用 | 20,873,377.72 | 17,985,719.51 |
| 耗材 | 3,971,325.60 | 4,285,118.90 |
| 研发合作费 | 19,270,124.21 | 18,799,197.40 |
| 固定资产折旧费用 | 5,122,301.55 | 4,703,307.24 |
| 公司经费 | 318,214.08 | 254,349.18 |
| 其他 | 842,693.17 | 2,661,148.82 |
| 合计 | 50,398,036.33 | 48,688,841.05 |

# 十九、商誉

商誉是公司在并购活动中产生的资产科目。如果一家公司没有收购过其他公司，那么它的资产负债表上的商誉就是空白，没有任何数字。

当A公司收购B公司时，它支付的购买价格超过了B公司的账面价值，这超出的部分差额，即多花的那部分金额，在A公司的资产负债表上就体现为商誉。如果一家公司经常对外采取并购手段快速发展，这样的收购越多，其资产负债表上所体现的商誉数额越大。事实上，最后能否赚回这个钱，往往是一个斯芬克斯之谜。

举例来说，老喻杂货铺打算购买张三水果店80%的股份，双方谈妥的成交价是110万元，但张三水果店经过评估后账面价值是100万元。这就意味着老喻杂货铺为100×80%=80万元的账面价值支付了110万元。在老喻杂货铺本部的资产负债表里（母公司资产负债表），这80%的股权的买入成本就是110万元。当制作合并报表时，张三水果店只有100万元资产可供合并，且属于老喻杂货铺的只有80万元。但购买张三水果店股权实际支付了110万元，与合并进来的制作合并报表的80万元间有30万元的差额，于是以"商誉"的名义安置在了资产负债表里。

商誉虽然是资产，但它不需要进行摊销处理，只需要每年做减值测试。也就是说，不需要和固定资产、无形资产一样每年去计提，但每年都需要减值准备一下，如果商誉的价值下降了就需要减值。

商誉减值是作为费用从当期利润中扣除，而且一旦计提之后，即使未来资产获利能力得到回升，也不允许再转回来了。因此，商誉减值就成了心术不正的公司操控财务报表的事故"高发地"。

大家可能在财经媒体上看到过"商誉爆雷"的新闻标题或者相关报道，大概意思就是：商誉一旦计提减值，公司当期的利润由于突然增加了一笔"巨额费用"，同比会非常难看，呈现出断崖式的下跌，甚至巨额亏损。通常，它往往会伴随着股价的暴跌，让投资者损失惨重而欲哭无泪。

投资人唐朝曾经说过："商誉不用摊销，这个原则对喜欢收购扩张的公司比较有利。收购方可以在收购合同上，或做高可辨认资产成交价，减少商誉价值；或将可辨认资产作价压低，产生更多商誉。"通过这两种不同的价格调整，可以以折旧的方式操纵利润表。

一般情况下，并购方通常都喜欢大幅降低可辨认资产的价值，提高商誉。这样可以堂而皇之地借助商誉无须摊销的特性，降低后期的折旧费用，给公司的当期利润表浓妆艳抹一番，表现得更加靓丽。

只要看到公司的商誉连续多年都在增加，我们就可以断定这家公司在不断地并购扩张。如果公司所并购的企业也具有持续竞争优势的话，那将是锦上添花。但这些得益于某种持续竞争优势的公司，基本上不会以低于其账面价值的价格出售。

因此，巴菲特说："直接和间接的公司分析经验，使我现在特别倾向于那些拥有金额很大的、可持续的经济商誉，却对有形资产需求很少的公司……在通货膨胀时期，经济商誉是一份不断创造丰厚回报的大礼。"

由于贵州茅台2020年资产负债表中没有商誉，我们以中炬高新2020年资产负债表的商誉为例，如表5-17所示。

实际上，中炬高新在2020年发生了一笔并购，即是对中山创新科技发展有限公司的股权进行了收购，这与其从事的调味品的主营业务无关，主要是基于中炬高新另一块业务——园区及房地产开发与运营而产生了商誉，相当于多花了150万元，且年初及年末减值准备为零，说明公司认为经过商誉减值测试后，没有发生减值，不计提减值准备。

表 5-17 中炬高新的商誉

单位：元

| 被投资单位名称或形成商誉的事项 | 期初余额 | 本期增加 | | 本期减少 | | 期末余额 |
|---|---|---|---|---|---|---|
| | | 企业合并形成的 | | 处置 | | |
| 收购中山中炬森莱高技术有限公司少数股权形成 | 792,344.49 | | | | | 792,344.49 |
| 收购中山创新科技发展有限公司股权形成 | 1,500,000.00 | | | | | 1,500,000.00 |
| 合计 | 2,292,344.49 | | | | | 2,292,344.49 |

# 二十、长期待摊费用

长期待摊费用是那些最初作为资产计量，后来随着时间的流逝和公司正常的经营逐渐变成费用的项目，比如公司开办费用、产品模具生产成本、对固定资产的改良费用等。现行会计准则只要求把那些摊销期限一年及以上的待摊费用放在这个科目中。

这是一个很考验良心的科目。比如说，对固定资产的改良费用计入长期待摊费用，属于一种资产，但对于固定资产的修理费用却需要计入当期费用，从利润表里扣除。至于改良和修理之间的区别，主观判断的意识就比较强了，可左可右的尺度把握颇费功力。

有些公司刻意把长期待摊费用冒充资产，假装是一笔资产，把其他一些费用统统装入这个大箩筐里，这样就可以减少费用，增加当期利润。所以，这个科目里有太多长期待摊费用肯定是不好的，还很有可能是别有用心，投资者一定要注意这种财务造假手段。

实际上，虽然长期待摊费用列示在资产项目中，但本质上已经是花掉的费用。它只是账面数字，没有任何变现的价值，这个金额越大，说明公司的资产质量越差。所以，在计算总资产时，继续采用保守做法，把此科目的金额剔除出去。

贵州茅台2020年资产项中长期待摊费用的情况如表5-18所示。

表 5-18 贵州茅台长期待摊费用

单位：元

| 项目 | 期初余额 | 本期增加金额 | 本期摊销金额 | 其他减少金额 | 期末余额 |
|---|---|---|---|---|---|
| 中枢城区到茅台道路改建项目 | 157,500,000.17 | | 9,999,999.96 | | 147,500,000.21 |
| 固定资产大修费 | 784,338.02 | | 562,811.80 | | 221,526.22 |
| 合计 | 158,284,338.19 | | 10,562,811.76 | | 147,721,526.43 |

## 二十一、递延所得税资产

递延所得税资产是指公司当期多缴纳的，后期可以抵扣的那部分税。它是由于税法和会计准则要求不同而导致的会计记账和实际应缴所得税之间的差异，所以需要做调整处理。

为什么会多缴税呢？比如说，税务局对公司多花出去的钱不认可，像招待费、折旧、减值、罚款、捐赠等，还有一些广告费、修理费、坏账准备等，两者产生的差异被先放到递延所得税资产里面，税务局暂时多收的就是暂时放在税务局的资产。

几乎每家公司都会有这个项目，似乎是对税务局的"预付款项"，虽然被放置在资产项里，却没有任何好处，不如"递延所得税负债"的益处。因为"递延所得税负债"，相当于对税务局的"应付账款"，类似税务局向公司提供了"无息贷款"。

以个人的实践经验来说，这个项目在财务报表中并不重要，会计处理还非常复杂，我们只要知道数据和熟悉套路就行，所以本书不详细介绍。

# 第三节 负债和股东权益的基本架构

我们知道，资产负债表是一家公司的总家当，是为过日子（现金流量表）和面子（利润表）做支撑的基础，它有一个极其重要的关系，就是：资产=负债+股东权益。这是一种恒等的关系。

简单地说，如果资产是能够用货币表现的资源，那么负债和股东权益则展示了公司这些资源的来路。比如，负债代表公司从各种债权人（如银行、供应商等）获得的资源规模，股东权益则代表公司从股东获得的资源规模。

其中，股本和资本公积代表了股东对这家公司的投入资金，盈余公积和未分配利润则代表了这家公司在经营活动中的利润积累。总体来说，资产代表了公司所拥有的资源的规模和结构，而负债和股东权益则代表了支撑公司资产的来源结构，像建筑房屋夯实的地基。

## 一、负债

所谓负债，是指由于过去的交易或事项所引起的公司、企业的现有债务，这种债务需要公司在将来以转移资产或提供劳务加以清偿，从而引起未来经济利益的流出。

通俗点说，负债就是欠别人的钱，而且在将来的某个时间点需要偿还。从负债的性质来说，主要有两种状况：一是需要归还的本息总额是确定的，属于"其他金融负债"（也可称之为"以摊余成本计量的金融负债"）；二是需要归还的本金和利息总额是不确定的，属于"交易性金融负债"（也可以叫作"以公允价值计量且变动计入当期损益的金融负债"）。

负债表的重要性不言而喻。相对于利润、资产这些报表而言，负债表中所列示的数据大都比较真实，因为利润造假、伪造资产的方法很多，而伪造负债的方法却很少。并且，虚增利润的目的是为面子，伪造资产的目的是充胖子，大部分公司可不愿意假装虚弱的"病人"。

资产可能恶化，而负债却不会变得更糟。可以这样理解，资产看似美好，但是随着时间流逝会变质，负债看上去就像鲜血淋漓的伤口，但是只要不至于亡命，以后或许可能带来机遇和经验，东山再起。

实际上，负债并不完全是一件坏事，因为负债的目的不是炫耀显摆，而是以后赚钱，借钱是为了经营活动，所以负债只要在合理可控的范围内就是健康的。

与资产端一样，负债在报表上也是以距离到期时间一年为界，分为流动负债和非流动负债。

流动负债就是一年内需要偿还的债务，比如一年之内需要偿还的银行贷款、供应商的货款、给付员工的薪酬和应该缴纳的税金等；非流动负债就是偿还期限在一年以上的债务，包括长期借款、应付债券等。

投资大咖老唐认为，还可以从另外两个角度去看负债：一是依据负债的来源，分为融资性负债、分配性负债和经营性负债；二是依据是否承担利息，分为无息负债和有息负债。从投资者的这种角度去看，其实是化繁为简，能够从一大堆纷繁复杂的负债内容里抓住要点。而且，以我个人的实践经验来说，这种切入方式的确是简单有效的。

作为投资者，对于负债项目最需要关注的，是这家公司的现金及现金等价物能不能覆盖有息负债。也就是说，一旦公司面临暂时性的困难，手里的现金及现金等价物能不能支撑着度过"寒冷的冬天"。另外，要衡量有息负债在总资产中所占的比例，当然这个要因不同的行业而异，大幅高于或者低于同行的公司，都需要投资者去仔细分析与判断。

## 二、短期借款

短期借款是指公司为了维持正常的生产经营所需的资金或为抵偿某项债务而向银行或者其他金融机构等外单位借入的、还款期限在一年以下或者一年的一个经营周期内的各种借款。

这个项目反映了公司所获得的偿还期短于一年的各类贷款，主要是用于弥补公司自有流动资金的不足。在排列顺序上，短期借款列流动负债的第一个，这意味着短期借款的强制偿还性最强。

一般情况下，具有持续竞争优势的公司自身的流动资金比较充足，基本上没有短期借款，即使临时性的借入，所占总资产的比例也较低，通常不会超过5%。

贵州茅台没有任何短期借款，其资产中有60%多是现金，所以这家公司不缺钱，说明它完全依靠自有的资金就能解决日常经营与长期投资所需要的资金。我们以中炬高新为例，看一看中炬高新2020年流动负债中的短期借款科目的情况，如表5-19所示。

表 5-19　中炬高新 2020 年短期借款

单位：元

| 项目 | 期末余额 | 期初余额 |
| --- | --- | --- |
| 质押借款 | | |
| 抵押借款 | 10,000,000.00 | 9,878,000.00 |
| 保证借款 | 50,000,000.00 | 102,800,000.00 |
| 信用借款 | 300,237,800.00 | |
| 合计 | 360,237,800.00 | 112,678,000.00 |

中炬高新也是一家比较优秀的公司，其短期借款为3.6亿元，在总资产中占比5.41%，而其货币资金占总资产的比例为3.63%。与2019年相比，中炬高新的货币资金急剧减少了4.58亿元，下降幅度高达190%。

在现金如此捉襟见肘的情况下，通过短期借款弥补流动资金的不足，也算是情理之中的事情。一方面，中炬高新的短期借款数额不大，且贷款利率较低；另一方面，中炬高新的营业收入、净利润持续多年以来保持稳定增长，更重要的是，其现金流量长期保持了优异的流入，净现比大于1，足以覆盖其有息负债。

## 三、向中央银行借款

对于大多数上市公司来说，其资产负债表中几乎都没有这个项目，因为能够向中央银行借款，是银行和非银行金融机构才拥有的特权。在金融机构的资产负债表中，这个项目极其重要。

金融机构绞尽脑汁吸收的存款，不会放进保险柜里存储起来，而是要向公司、个人等放出贷款，以产生净息差赚钱，所以在理论上存在储户无款可提的可能。中央银行作为所有银行和非银行金融机构的"妈妈"，在金融机构出现短期资金周转不开的时候，自然会提供资金支持。

中央银行掌握货币发行权，理论上可以发行和出借无限数量的货币。

## 四、吸收存款及同业存放

这个项目通常只有金融机构才会存在，而贵州茅台在该项目的金额非常大，高达142.42亿元。

通过查看持续数年的贵州茅台财报，以及从贵州茅台的财报附注中发现，其于2013年成立了一家下属子公司——茅台财务公司。其担负的使命是服务于集团内部，所以它吸收存款也仅仅局限于集团内部各家公司。也就是说，茅台财务公司吸收的存款，是整个茅台集团及其下属子公司、关联公司等在茅台财务公司的存款。这个项目因此而产生。

我们在财报附注里找到了2020年贵州茅台财务公司"吸收存款及同业存放"项目，并且搜索出其构成明细，如表5-20所示。

表 5-20 2020 年贵州茅台吸收存款及同业存放

单位：元

a. 吸收存款及同业存放

| 关联方 | 2020 年 12 月 31 日 |
| --- | --- |
| 贵州习酒销售有限责任公司 | 6,712,436,958.20 |
| 贵州茅台集团营销有限公司 | 2,510,738,390.91 |
| 贵州茅台酒厂集团技术开发公司 | 1,053,210,194.61 |
| 贵州茅台醇营销公司 | 920,842,428.98 |
| 中国贵州茅台酒厂（集团）有限责任公司 | 705,138,050.22 |
| 贵州茅台酒厂（集团）保健酒业销售有限公司 | 300,139,345.18 |
| 贵州茅台酒厂（集团）白金酒销售有限责任公司 | 224,537,066.64 |
| 贵州茅台酒厂（集团）习酒有限责任公司 | 215,328,273.97 |
| 中国贵州茅台酒厂（集团）文化旅游有限责任公司 | 204,287,610.43 |
| 贵州省仁怀市申仁包装印务有限责任公司 | 173,286,572.76 |
| 昌黎茅台葡萄酒经贸有限公司 | 152,585,956.02 |
| 北京茅台贸易有限责任公司 | 150,354,370.95 |
| 天朝上品酒业（贵州）有限公司 | 142,935,451.25 |
| 贵州茅台酒厂（集团）物流有限责任公司 | 108,370,683.60 |
| 贵州茅台酒厂（集团）置业投资发展有限公司 | 100,151,761.05 |
| 贵州茅台集团健康产业有限公司 | 63,850,975.86 |
| 珠海经济特区龙狮瓶盖有限公司 | 61,111,183.48 |
| 贵州茅台生态农业销售有限责任公司 | 58,614,228.79 |
| 上海茅台贸易有限公司 | 53,455,768.17 |
| 贵州茅台酒厂（集团）酒店经营管理有限公司 | 39,622,015.86 |
| 贵州茅台酒厂（集团）保健酒业有限公司 | 39,304,385.43 |
| 贵州茅台酒厂（集团）三亚投资实业有限公司 | 39,163,542.59 |
| 贵州茅台酒厂（集团）循环经济产业投资开发有限公司 | 37,080,922.96 |
| 中山市三润打印耗材有限公司 | 28,305,077.01 |
| 贵州久远物业有限公司 | 25,917,286.51 |
| 上海贵州茅台实业有限公司 | 24,541,545.55 |
| 贵州茅台物流园区粮食收储有限公司 | 18,366,982.68 |
| 贵州茅台酒厂（集团）对外投资合作管理有限责任公司 | 17,661,451.08 |
| 贵州富明行包装有限公司 | 17,141,404.68 |
| 贵州茅台酒厂（集团）昌黎葡萄酒业有限公司 | 7,864,923.85 |
| 贵州茅台（集团）生态农业产业发展有限公司 | 7,080,670.17 |
| 贵州茅台（集团）国际旅行社有限公司 | 6,395,353.49 |
| 贵州尊朋酒业有限公司 | 6,207,766.48 |

续表

| 关联方 | 2020 年 12 月 31 日 |
| --- | --- |
| 贵州遵义茅台机场有限责任公司 | 6,020,201.77 |
| 贵州茅台酒厂（集团）白金酒有限责任公司 | 4,754,545.99 |
| 贵州茅台酒厂（集团）贵阳商务有限责任公司 | 2,364,476.57 |
| 贵州新华羲玻璃有限责任公司 | 1,379,775.63 |
| 茅台建信（贵州）投资基金管理有限公司 | 807,602.96 |
| 贵州遵义茅台机场空港生态园区投资开发有限责任公司 | 486,511.01 |
| 贵州茅台酒厂（集团）贵阳高新置业投资发展有限公司 | 11,964.96 |
| 茅台（上海）融资租赁有限公司 | 5,150.13 |
| 茅台建信（贵州）投资基金（有限合伙） | 840.34 |
| 贵州恒道丹林农业科技开发有限公司 | 281.00 |
| 合计 | 14,241,859,949.77 |

资料来源：贵州茅台 2020 年财报。

还记得贵州茅台的资产部分吗？其中有一个项目是"拆出资金"，2020年高达1181.99亿元！再联想到成立茅台财务公司，就可以理解为贵州茅台因为拥有数额巨大的现金资源，必须将资金进行集中管理的一种方式。

进一步说，通过茅台财务公司，把所有关联公司的富余资金都存入财务公司，形成了关联公司在财务公司的存款，也就有了财务公司对外的负债。当这些关联公司需要资金时，财务公司以贷款的方式满足它们的资金需要，无论是存款还是贷款，财务公司都会支付或者收取相应的利息。

2020年，茅台财务公司为此付出了约1.11亿元的利息（合并利润表—营业总成本——利息支出）。但同时，这些钱自身也在产生利息收入和手续费收入，2020年合并利润表上显示收入为30.78亿元。所以，茅台财务公司吸收存款的钱，尽管要付出利息，但其实类似于原材料采购，与非金融公司付息借债有区别，通常不视为有息负债。

## 五、应付票据、应付账款

应付票据和应付账款都是在采购业务中，由于公司先拿了货，但款项却还没有支付。

应付票据与应收票据相对应，当买方采用赊购方式采购存货并给卖方开具商业汇票时，买方存货增加的同时应付票据也会增加；应付账款与应收账款类似，当买方采用赊购方式采购存货并按照合同约定定期支付货款时，买方存货增加的同时应付账款也会增加。

从性质上看，公司的应付票据和应付账款都是一种负债，是公司欠供应商的货款。不过，应付票据是以商业承兑或者银行承兑的方式承诺付款的，而应付账款完全是一种承诺。一般情况下，应付账款多是一件好事，证明公司在行业产业链条和市场竞争中的地位较高，对方愿意赊账给你，只要能够按时支付，就会形成良性循环。

总体来说，一家公司的应付票据、应付账款，包括马上要讲的预收款项，这三个"负债"的科目资金数额越大，说明其竞争力越强，行业的地位越高。反之，一家公司的应收票据、应收账款和预付款项，这三个"资产"的科目资金越大，说明其竞争力越弱，行业地位越低。

2020年贵州茅台资产负债表上没有应付票据，应付货款为13.42亿元，在2133.96亿元总资产中所占比例极小，几乎可以忽略不计，但同时意味着贵州茅台可以无偿占用供应商13.42亿元的资金。如表5-21所示。

表5-21　贵州茅台2020年应付票据和应付账款

单位：元

| 项目 | 期末余额 | 期初余额 |
|---|---|---|
| 应付货款 | 1,342,267,668.12 | 1,513,676,611.44 |
| 合计 | 1,342,267,668.12 | 1,513,676,611.44 |

## 六、预收款项

预收是公司先收钱，然后发货，一般对下游的经销商；预付是先付钱，供应商再把货发过来，一般对上游公司。

在交易之前预先收取的部分货款，透露出公司的产品竞争力。大家可以想象一下，除非是供不应求的抢手货，要不然谁愿意不计息地无偿提前向卖方预付款呢？所以，预收款项越多越好，证明公司的产品具有独特的稀缺性，而且产品不容易贬值，相反还可能更值钱。

采用预收款项销售时，公司在收到买方支付的款项以后才提供产品或者劳务。因此，公司在收到货款时，就肩负着必须给买家发货的责任，相应地，负债项目中预收款项就会增加。

在贵州茅台2020年资产负债表中，根据新收入准则，从本报告期开始将以前的"预收款项"科目正式改为"合同负债"，但本质上没有任何变化，其金额高达133.22亿元，与2019年相差不多。如表5-22所示。

表5-22　贵州茅台2020年预收款项

单位：元

| 项目 | 期末余额 | 期初余额 |
|---|---|---|
| 预收货款 | 13,321,549,147.69 | 12,256,986,053.84 |
| 合计 | 13,321,549,147.69 | 12,256,986,053.84 |

2020年，贵州茅台的应付货款为13.42亿元（没有应付票据），预收货款为133.22亿元（没有预收票据），而其应收票据仅为15.33亿元（没有应收账款），预付款项为8.98亿元。其中，应收票据均为几乎可以等同于现金的银行承

兑汇票。

由此可见，贵州茅台在整个行业链条中的地位相当强势，其经销商必须要"先款后货"或者"现款现货"，而且其无偿占用上下游公司的资金高达137.66亿元。

需要注意的是，尽管预收货款是作为一笔负债而存在，但由于公司产品的销售价格中一般会有一部分毛利，比如贵州茅台的毛利率高达约90%，这意味着公司预收的是未来提供的产品的价格，而未来提供的是产品的成本。换句话说，从偿还的角度看，预收款项负债只是需要公司付出未来所提供的产品的成本而已。

## 七、应付职工薪酬

应付职工薪酬，一般是指公司应该支付但还没有支付的各种薪酬，包括员工的工资、奖金、津贴、补助、五险一金、福利（货币或非货币）、辞退补偿、职工教育经费等，名目繁多。注意：这其中付给生产一线员工的，计入生产成本；付给公司管理人员的，计入管理费用；付给销售人员的，计入销售费用；付给在建工程相关人员的，计入在建工程等。

员工的工资是一个令人头疼的问题。经济学上有一个词语叫作"工资黏性"，意思就是说，涨工资皆大欢喜，如果降工资，则会大大降低员工的积极性，甚至消极怠工。

2020年贵州茅台应付职工薪酬的情况如表5-23所示。

表 5-23　2020 年贵州茅台应付职工薪酬

单位：元

| 项目 | 期初余额 | 本期增加 | 本期减少 | 期末余额 |
|---|---|---|---|---|
| 一、短期薪酬 | 2,434,957,828.71 | 7,698,932,096.53 | 7,220,562,451.63 | 2,913,327,473.61 |
| 二、离职后福利-设定提存计划 | 10,113,197.86 | 1,017,915,923.26 | 960,275,090.87 | 67,754,030.25 |
| 三、辞退福利 | | 20,143,780.52 | 20,099,780.52 | 44,000.00 |
| 合计 | 2,445,071,026.57 | 8,736,991,800.31 | 8,200,937,323.02 | 2,981,125,503.86 |

大致计算的过程如下，用应付职工薪酬科目2020年的余额，减去上一年度即2019年的余额，两者形成的差额，加上现金流量表中"支付给职工及为职工支付的现金"科目中的金额，即是2020年贵州茅台公司员工的薪酬总额。

2020年贵州茅台员工的总薪酬为29.81亿元-24.45亿元+81.62亿元=86.98亿元，这个金额包括了像社保、个税等所有的涉及员工薪酬的费用，比如一个月薪10000元的员工，公司实际支付14410元，员工拿到手的钱为8600元。

2020年贵州茅台母公司和主要子公司的在职员工数量为29031人，如表5-24所示。

表5-24　2020年贵州茅台在职员工数量

单位：人

| | |
|---|---|
| 母公司在职员工的数量 | 27,765 |
| 主要子公司在职员工的数量 | 1,266 |
| 在职员工的数量合计 | 29,031 |

经过简单的加减乘除，可以计算出贵州茅台在职员工人均薪酬约29.96万元/年，月薪差不多2.5万元/人，看来贵州茅台的人均薪酬收入比较高，或者说福利待遇挺好。相对于2020年贵州省居民人均可支配收入21795元来说，可谓天壤之别。

简单讲，如果一家公司的人均薪酬过高或者过低，以及与其在行业里的地位不相匹配，都是有问题的。比如一家叫作春×股份的上市公司，其2015年的人均薪酬仅为3300元！要知道，这个数字可是包括了五险一金、个税等所有费用在内的，仅这一个项目就让人疑窦丛生。

## 八、应交税费

应交税费和应付职工薪酬类似，公司的生产经营活动需要缴税，但一般都是这个月交上个月的税，所以每月月底做报表时需要确认对税务局的欠款。

所以，这个项目代表公司在特定会计期末由于各类经营活动所引起的应该支付的各种税费，比如增值税、所得税和教育费附加等。

2020年贵州茅台应交税费及明细如表5-25所示。

表5-25　2020年贵州茅台应交税费

单位：元

| 项目 | 期末余额 | 期初余额 |
|---|---|---|
| 增值税 | 1,643,379,279.88 | 1,466,201,922.03 |
| 消费税 | 4,459,274,304.55 | 4,708,000,116.08 |
| 企业所得税 | 2,424,108,672.50 | 2,125,453,045.99 |
| 个人所得税 | 33,289,158.95 | 5,401,411.39 |
| 城市维护建设税 | 215,690,203.31 | 268,961,604.40 |
| 教育费附加 | 80,876,611.91 | 103,467,101.62 |
| 地方教育费附加 | 55,207,436.90 | 70,625,988.09 |
| 印花税 | 6,963,385.30 | 6,744,295.08 |
| 房产税 | 1,018,686.72 | 1,080,887.44 |
| 土地使用税 | 13,275.56 | 12,894.86 |
| 合计 | 8,919,821,015.58 | 8,755,949,266.98 |

## 九、应付利息、应付股利

从字面上即可理解，应付利息是借了别人的钱需要支付利息，由于利息大都是定期结算，而会计部门每个月都需要编制报表，当利息已经发生、钱还未付时，就产生了应付利息。

同理，具有持续竞争优势的公司，在每年赚了钱后都要向股东发放现金股利，也就是所谓的"分红"，但钱还未支付时，就产生了应付股利。公司分红需要先由董事会形成议案，然后通过股东大会的审议才能执行，所以议案的形成和最终股利的发放之间有一个时间差，会计在形成议案时要确认负债，发放股利时再减少这项负债。

## 十、其他应付款

资产部分有一个叫作"其他应收款"的项目，它包括公司之间临时周转拆借的资金。在这种情况下，借出资金的一方记为其他应收款，而借入资金的一方记为其他应付款。

具体来说，其他应付款指公司在商品交易业务之外发生的应付和暂收款项，主要包括：① 应付经营租入固定资产和包装物租金；② 职工未按时领取的工资；③ 存入保证金；④ 应付所属单位款项、暂收所属单位款项、个人的款项；⑤ 其他应付款项、暂收款项。

2020年贵州茅台的其他应付款项如表5-26所示。

表 5-26　2020 年贵州茅台其他应付款

单位：元

| 项目 | 期末余额 | 期初余额 |
| --- | --- | --- |
| 材料质量保证金 | 276,381,894.05 | 104,758,231.68 |
| 工程质量保证金 | 122,107,035.45 | 143,369,932.81 |
| 经销商保证金 | 1,636,956,073.84 | 1,513,965,901.21 |
| 往来款 | 1,221,800,256.08 | 1,380,531,451.44 |
| 合计 | 3,257,245,259.42 | 3,142,625,517.14 |

## 十一、其他流动负债

我们先来看看百科的定义：其他流动负债，是用来归纳债务或应付账款等普通负债项目以外的流动负债的资产负债表项目，一般包括或有负债，即指过去的交易或事项形成的潜在义务，其存在必须通过未来不确定事项的发生或不发生予以证实；或者过去的交易或事项形成的现时义务，履行该义务不是很可能导致经济利益流出公司或该义务的金额不能可靠地计量。

实际上，其他应付款和其他流动负债这两个项目涉及公司不属于前面几项流动负债的相关流动负债，比如说公司预收的某些保证金或承诺款（见其他应付款截图）、公司在期末计提的各种应付未付的费用等，如表5-27所示。

表 5-27　2020 年贵州茅台其他流动负债

单位：元

| 项目 | 期末余额 | 期初余额 |
|---|---|---|
| 待转销项税额 | 1,609,801,368.51 | 1,483,343,644.98 |
| 合计 | 1,609,801,368.51 | 1,483,343,644.98 |

总而言之，其他应付款和其他流动负债就像一个大箩筐，但凡那些不好塞进前面流动负债项目的费用等，都理所当然地装进来了。一般来说，相较于公司的总资产和负债总额而言，其他应付款和其他流动负债的规模都不大，不用特别关注。

实际上，流动负债中与公司的经营活动有关的核心项目主要是应付票据、应付账款和预收款项，它们反映了公司与上下游之间的关系。

# 十二、长期借款

非流动负债的第一个项目是长期借款。这个容易理解，公司从银行或其他金融机构借入的偿还期限在一年以上（不含一年）的各类贷款。在国内普遍融资难的情况下，公司能够获得长期借款的机会并不多。

通常情况下，公司经营周转需要的资金往往以短期借款的方式解决，只有公司因为扩大经营规模而购建固定资产和无形资产的时候，才会选择通过长期借款解决。

具有持续竞争优势的公司，这个项目往往都是空白，它们可以依靠自己的经营收入和现金流来满足公司所需要的一切资金，用以扩大规模或者改造升级等。

作为投资者，需要注意的是，公司的长期借款项目的数额最好少一点，因为需要偿付的利息肯定比短期借贷高得多，能够以短期借款来应急的公司基本上不会去选择长贷的方式。所以，长期借款是真正缺钱，而短期借款可能只是暂时周转不开。

贵州茅台在这个项目里长期为零，我们以上海家化2020年财务报表为例进行介绍，如表5-28所示。

表 5-28　2020 年上海家化长期借款

单位：元

| 项目 | 期末余额 | 期初余额 |
|---|---|---|
| 质押借款 | | |
| 抵押借款 | | 1,137,996,228.77 |
| 保证借款 | 1,062,390,850.00 | |
| 信用借款 | | |
| 合计 | 1,062,390,850.00 | 1,137,996,228.77 |

截至2020年12月31日，上海家化公司本身没有抵押贷款，这一笔约10.62亿

元的长期借款项目，实际上是保证借款，也就是由上海家化公司提供担保，为旗下子公司Success Bidco 2 Limited向中国银行借入，加权平均年利率为2.60%。这笔子公司的贷款，每季度支付一次利息，本金将于2025年3月30日前根据还款计划分期归还。

一家优秀的公司是不需要长期借款的，上海家化列示的这笔长期借款尽管是为子公司提供担保，反过来也印证了其最近数年以来经营状况很不理想，营业收入、净利润和现金流量呈现出同步下滑的趋势。稍感欣慰的是，这笔长期借款的年利率仅为2.6%，以上海家化目前的盈利能力和现金流量可以轻松地偿还利息。

## 十三、应付债券

除了长期借款之外，还有什么样的负债是长期负债呢？公司的应付债券是一种长期负债。

所谓应付债券，是指公司为筹集资金而对外发行的期限在一年以上的长期借款性质的书面证明，约定在一定期限内还本付息的一种书面承诺。实际上，很多公司的应付债券项目都是零。因为在国内，发行公司债券是一种比较少见的情况，只有那些发行了债券的公司的应付债券项目才不会是零。

根据中国《公司法》规定，公司发行债券需要达到如下条件：① 上市公司；② 净资产在15亿元以上；③ 最近三个会计年度实现的年均可分配利润不少于公司债券一年的利息；④ 信用级别良好；⑤ 已经确定将要募集的资金投向；⑥ 需要由金融机构或主要投资主体提供担保。

## 十四、长期应付款

在应付债券下面有一项负债，就是"长期应付款"。它是指公司除了长期借款和应付债券以外的长期负债，包括应付引进设备款、应付融资租入固定资产的租赁费等，也可以简单地理解为公司承诺支付给个人或某个公司的资金。

一般情况下，长期应付款会跟一种交易有关，比如说租赁。在会计看来，租赁分为两种，即融资性租赁和经营性租赁。打个比方，老喻杂货铺签订了一个租赁协议租入一个冰柜，仅仅是获得这个资产的使用权还是所有权，需要根据所签订的这个租赁的具体条款，看其租赁期限、租赁金额以及租期届满时资产归谁所有，以此判断这个租赁在本质上是不是一个购买行为。

进一步说，如果租赁期限长、涉及的金额比较大，这种租赁就属于融资性租赁。在会计看来，进行融资性租赁的公司其实是在用分期付款的方式购买一项资产，因此可以出现在报表上，未来将要支付的租金总额也要在签署租赁协议时计入负债，而这项负债就是长期应付款。

与之相反的是经营性租赁，它是一种表外业务，相应的资产和负债都不出现在报表上，未来要支付的租金只需要在支付时计入相应的费用。

## 十五、递延收益

递延收益是指公司尚待确认的收入或收益，也可以说是暂时未确认的收益，包括尚待确认的劳务收入和未实现融资收益等，它在以后期间内分期确认为收入或收益，带有递延性质，它也是权责发生制在收益确认上的运用。

与国际会计准则相比较，在中国会计准则和《企业会计制度》中，递延收益应用的范围非常有限，它主要是在公司获得与资产相关的政府补助时产生的。所谓与资产相关的政府补助，是指这项补助是政府资助公司购置某项资产的。如果公司获得了这种类型的补助，就减少了在这项资产中的投入，所以应减少资产的成本，或者允许计入递延收益中，递延收益再逐渐分摊计入利润表。

贵州茅台在这个项目里长期为零，我们以上海家化2020年财务报表为例进行介绍，如表5-29所示。

表5-29　2020年上海家化递延收益

单位：元

| 项目 | 期初余额 | 本期增加 | 本期减少 | 期末余额 | 形成原因 |
|---|---|---|---|---|---|
| 政府补助 | 596,842,665.99 | 5,236,251.88 | 43,636,838.27 | 558,442,079.60 | 政府拨付 |
| 合计 | 596,842,665.99 | 5,236,251.88 | 43,636,838.27 | 558,442,079.60 | |

接着，看一看涉及政府补助的项目究竟有哪些，如表5-30所示。

表5-30　2020年上海家化递延收益

单位：元

| 负债项目 | 期初余额 | 本期新增补助金额 | 本期计入营业外收入金额 | 本期计入其他收益金额 | 其他变动 | 期末余额 | 形成原因 |
|---|---|---|---|---|---|---|---|
| 拆迁补偿 | 533,709,575.12 | 3,846,251.88 | | 34,691,931.28 | | 502,863,895.72 | 与资产相关/与收益相关 |
| 地方财政产业发展扶持资金 | 32,019,400.89 | 1,035,000.00 | | 4,823,673.07 | | 28,230,727.82 | 与资产相关/与收益相关 |
| 地方政府企业技术改造扶持资金 | 30,147,588.30 | 355,000.00 | | 4,087,335.60 | | 26,415,262.70 | 与资产相关/与收益相关 |
| 财政奖励等 | 966,101.68 | 0.00 | | 33,898.32 | | 932,203.36 | 与资产相关 |
| 合计 | 596,842,665.99 | 5,236,251.88 | | 43,636,838.27 | | 558,442,079.60 | — |

从表5-30中可以清楚地发现，上海家化的"递延收益"几乎都是来自与资产和收益相关的政府补助。

## 十六、递延所得税负债

递延所得税负债是指，根据应税暂时性差异计算的未来期间应付所得税的金额。因应纳税暂时性差异在转回期间将增加公司的应纳税所得额和应交所得税，导致公司经济利益的流出，在其发生当期，构成了公司应支付税金的义务，所以作为负债予以确认。它是与"递延所得税资产"相对应的。

上海家化2020年财报中的递延所得税负债项目如表5-31所示。

表 5-31 2020 年上海家化递延所得税负债

单位：元

| 项目 | 递延所得税资产和负债期末互抵金额 | 抵销后递延所得税资产或负债期末余额 | 递延所得税资产和负债期初互抵金额 | 抵销后递延所得税资产或负债期初余额 |
|---|---|---|---|---|
| 递延所得税资产 | 67,265,104.67 | 138,293,852.70 | 66,309,249.98 | 120,321,149.59 |
| 递延所得税负债 | 67,265,104.67 | 98,911,288.92 | 66,309,249.98 | 93,307,518.97 |

递延所得税负债的构成和认定标准在会计处理中非常复杂，加上这个项目在报表中并不太重要，我们只需要做一个了解，不详细展开介绍了。

# 十七、所有者权益（股东权益）

所有者权益也叫作"股东权益"，又称为"净资产"，是指公司资产减去总负债后由所有者享有的剩余权益，包括实收资本、资本公积、盈余公积、未分配利润等主要项目。

简单点讲，股东权益是告诉你有多少钱属于股东的，相当于是这家公司的家底，像资本公积、未分配利润等都是可以用来分红、送股的，股东权益随着公司的发展每年都在增加。

股东权益主要的构成项目可分为三大类：一是股东入资，股东投入的钱，包括股份与资本公积；二是利润的积累，是公司在经营活动中所赚到的钱，这些钱都是通过交易产生的，包括公司每年所赚到的利润里没有分给股东的盈余公积和未分配利润，也叫作"留存收益"；三是资产增值，是公司所持有的资产账面变动产生的价值，它不是通过交易增值的，其他综合收益就属于这一类。

看一下2020年贵州茅台财务报表中的所有者权益部分，首先熟悉基本的框架结构，接下来再仔细解读，如表5-32所示。

表 5-32 2020 年贵州茅台所有者权益

单位：元

| 项目 | 附注 | 2020 年 12 月 31 日 | 2019 年 12 月 31 日 |
|---|---|---|---|
| 所有者权益（股东权益） | | | |
| 实收资本（或股本） | 24 | 1,256,197,800.00 | 1,256,197,800.00 |
| 其他权益工具 | | | |
| 其中：优先股 | | | |
| 永续债 | | | |
| 资本公积 | 25 | 1,374,964,415.72 | 1,374,964,415.72 |
| 减：库存股 | | | |

| 项目 | 附注 | 2020 年 12 月 31 日 | 2019 年 12 月 31 日 |
|---|---|---|---|
| 其他综合收益 | 26 | −5,331,367.75 | −7,198,721.79 |
| 专项储备 | | | |
| 盈余公积 | 27 | 20,174,922,608.93 | 16,595,699,037.79 |
| 一般风险准备 | 28 | 927,577,822.67 | 898,349,936.77 |
| 未分配利润 | 29 | 137,594,403,807.99 | 115,892,337,407.39 |
| 归属于母公司所有者权益（或股东权益）合计 | | 161,322,735,087.56 | 136,010,349,875.11 |
| 少数股东权益 | | 6,397,948,013.72 | 5,866,030,353.54 |
| 所有者权益（或股东权益） | | 167,720,683,101.28 | 141,876,380,228.65 |
| 负债和所有者权益（或股东权益）合计 | | 213,395,810,527.46 | 183,042,372,042.50 |

需要注意的是，投资者总习惯于把所有者权益叫作"净资产"，但实际上净资产并不全部属于上市公司股东拥有，而只是所有者权益里"归属于母公司所有者权益合计"项目里的部分，不包括"少数股东权益"。

如果大家感觉有点烧脑，我们举例说明：

老喻杂货铺由老喻和张三两个股东组成，老喻入资80万元现金；张三入资一项从外部花了30万元买来的专利技术。老喻和张三双方商定，张三的入资只能以20万元作为分红的股东入资，剩下的10万元无偿赠送给公司。

老喻杂货铺经过两年多时间的经营活动，赚取了净利润30万元。按照规定，净利润的10%要计提成盈余公积，即3万元，作为杂货铺以后开连锁分店等发展壮大的家底之一。

至此，对股东权益造成的影响如下：关于股东入资，公司的实收资本是参与分红的股东入资，即老喻为80万元，张三为20万元，合计100万元；张三无偿赠送给公司的入资10万元，属于全体股东共享资源，计入了资本公积。

我们都知道，公司通过开展一系列经营活动所赚到的利润，既不属于公司的员工，也不属于任何公司的债权人，而是属于股东。也就是说，公司实现的利润属于所有者权益。

老喻杂货铺按照一定百分比计提的用于长期发展的利润，在股东权益里重新取了一个名字，叫作"盈余公积"。所以，老喻杂货铺的所有者权益里面的盈余公积为3万元。

剩余的利润，在股东权益里也给取了一个新名字，叫作"未分配利润"。因此，老喻杂货铺的所有者权益里的未分配利润为27万元。

老喻杂货铺所有者权益的各个项目如表5-33所示。

表 5-33 老喻杂货铺所有者权益

单位：万元

| 所有者权益（或股东权益） | 金额 |
|---|---|
| 实收资本 | 100 |
| 资本公积 | 10 |
| 盈余公积 | 3 |
| 未分配利润 | 27 |
| 合计 | 140 |

# 十八、实收资本（股本）

实收资本也叫作"股本"，就是股东在公司中所占的权益，一般多指股票。具体来说，就是公司实际收到的，由股东或投资人投入公司的资本金，也是上市公司注册登记的法定资本总额来源。

更准确的定义应该是，实收资本（股本）在股份有限公司叫作"股本"，但在一家有限责任公司则叫作"实收资本"。实收资本表明所有者对上市公司的基本产权关系，既是上市公司永久性的资金来源，也是保证上市公司持续经营和偿还债务的基础。

举例来说，贵州茅台的股票面值为每股1元，截至2020年12月31日，贵州茅台的总股本约为12.56亿元，说明其有12.56亿股股票。但在此之前的2014年底，贵州茅台只有11.42亿股，比2020年少，这可能是因为贵州茅台后来进行了定增、配送股或者公积金转股等，这需要查阅其多年以来的财务报表予以确认。

股本一旦投入公司，就不能再拿出来，也不能分红。把股本拿出公司，在法律上叫作"抽逃注册资本罪"。只有一种方法可以拿出来，那就是进行公司清算，但到底能够拿出来多少则要根据公司最后的净资产而定。

这中间有一个比较大的变化，而按照新的公司法，自2014年3月1日起，公司注册资本实行认缴制，对以前必须按照注册资本出资到位，还要进行验资并提供验资报告的方式做出大调整。新的认缴制，就是在注册公司时，市场监管局只需要登记公司股东认缴的注册资本总额，而不需要登记实收资本，也不需要提供验资报告。所以，实缴的注册资本最初甚至可以为零，在过了很长的时间之后才能认缴到位。也就是说，实收资本是实际认缴到位的资本，而不必等于注册资本。

2020年贵州茅台的股本情况如表5-34所示。

表 5-34 2020 年贵州茅台股本

单位：元

| | 期初余额 | 本次变动增减（+、−） | | | | | 期末余额 |
|---|---|---|---|---|---|---|---|
| | | 发行新股 | 送股 | 公积金转股 | 其他 | 小计 | |
| 股份总数 | 1,256,197,800.00 | | | | | | 1,256,197,800.00 |

从表5-34可以看出，贵州茅台的股本在期初和期末的数字相同，说明公司在2020年内没有发生配股、送股、增发等行为，股本总额没有发生任何变化。

## 十九、资本公积

当股东实际投入的资金比注册资本多时，那么多出来的这一部分出资额，就是所谓的资本公积。具体点说，是投资者的超出其在公司注册资本所得份额，以及直接计入所有者权益的利得和损失等。资本公积包括资本溢价（股本溢价）和直接计入所有者权益的利得和损失等。

在公司注册实行认缴制的情况下，股东不必在公司成立时就将所有的注册资本都认缴到位，超过注册资本的更为少见。也就是说，不是每家公司都一定有资本公积，但投资者重点关注的上市公司却一定有。

比如说，老喻杂货铺后来成了一家上市公司，它打算发行1亿股的股票。如果每股的面值是1元钱，那就意味着老喻杂货铺的这1亿股对应着1亿的股本，如果每股实际成交价为10元钱，那就相当于筹集了10亿元资金。在这10亿元的资金里，只有1亿元属于股本，剩下的9亿元就是资本公积。

以贵州茅台为例来进一步阐述。2001年贵州茅台IPO发行新股6500万股，每股面值1元，发行价格31.39元，总共融资约20.40亿元，公司股本从上市前的1.85亿股，变成上市后的2.5亿股。（31.39元×6500万股）-（1元×6500万股）=19.75亿元，再减去发行费用等上市相关支出，剩余部分是股本溢价，计入公司的资本公积。

如前文所说，贵州茅台2020年财报里的股本约为12.56亿股，是因为公司上市后数次利用资本公积转增股本造成的。资本公积是股东的出资，所以不允许以现金的形式分给股东，但经过股东大会同意后，资本公积可以转成股本，称为"转增"。

这中间有个讲究，虽然同样都是股东获得股票，但如果用未分配利润的方式增加股本（送股），就要被征收利润分配时对应的个人所得税。而利用资本公积里的钱增加股本（转增），却因为是股东投入的本金在不同科目之间的调整，不涉及利润分配，也就不存在纳税问题。

因为贵州茅台2020年的资本公积没有变化，所以选择上海家化2020年资本公积的变化情况进行介绍，如表5-35所示。

表5-35  上海家化 2020 年资本公积

单位：元

| 项目 | 期初余额 | 本期增加 | 本期减少 | 期末余额 |
|---|---|---|---|---|
| 资本溢价（股本溢价） | 841,893,086.40 | 124,808,970.00 | | 969,702,050.40 |
| 其他资本公积 | | | | |
| -股份支付 | 19,236,557.00 | 7,048,088.67 | 19,236,557.00 | 7,048,088.67 |

续表

| 项目 | 期初余额 | 本期增加 | 本期减少 | 期末余额 |
|---|---|---|---|---|
| -其他 | 1,621,356.20 | | | 1,621,356.20 |
| 合计 | 865,750,993.60 | 131,857,058.67 | 19,236,557.00 | 978,371,495.27 |

2020年，上海家化资本公积中股本溢价增加的原因，主要是实施的2020年限制性股票激励计划授予普通股672.1万股，每股价格为人民币19.57元，共计约1.315亿元，其中股本672.1万元（面值），资本公积约为1.248亿元。

另外，2020年上海家化资本公积中其他资本公积减少的原因为：①上海家化实施的2018年股票期权激励计划的股权激励费用约为1924万元，由于业绩条件未达成转回而冲减其他资本公积（2019年计提约937.96万元）；②上海家化已实施的2020年限制性股票激励计划的股权激励费用中704.81万元计入其他资本公积。

## 二十、库存股

库存股是指已公开发行的股票但公司通过购入、赠予或其他方式重新获得可再行出售或注销的股票。库存股股票既不分红，也没有投票权，它在公司的资产负债表上不能列为公司资产，而是以负数形式列为一项股东权益。库存股是权益的备抵科目，跟坏账准备一样，它的增减跟所有者权益相反。

库存股可以注销或转让。注销时，按照注销股票面值总额减少股本。库存股成本超过面值总额的部分，应从资本公积中冲减，资本公积不够的，依次用盈余公积、未分配利润进行冲减。库存股转让时，转让收入高于库存股成本的部分，增加资本公积，低于库存股成本的部分，依次从资本公积、盈余公积、未分配利润中冲减。

2014年5月，财政部发布《关于回购限制性股票的会计处理的复函》后，要求将公司在实施股权激励过程中，尚未达到解锁条件的限制性股票，也计入库存股。2020年上海家化库存股的变化情况如表5-36所示。

**表 5-36 上海家化 2020 年库存股**

单位：元

| 项目 | 期初余额 | 本期增加 | 本期减少 | 期末余额 |
|---|---|---|---|---|
| 库存股 | 0.00 | 131,529,970.00 | | 131,529,970.00 |
| 合计 | 0.00 | 131,529,970.00 | | 131,529,970.00 |

从表5-36可以看出，上海家化本期库存股增加的原因是，公司根据2020年限制性股票激励计划，按照发行限制性股票的数量以及相应的回购价格计算确定的金额，就回购义务确认负债，并确认库存股约1.315亿元。

## 二十一、专项储备、一般风险准备

专项储备是一个权益类会计科目和报表项目，具有典型的中国特色。它主要是针对从事高危行业的公司，按照规定提取的安全生产费以及维持简单再生产费用等具有类似性质的费用。如果公司要使用提取的安全生产费时，属于费用性支出的，直接冲减专项储备。

一般风险准备，是指银行、证券等金融机构为了预防可能发生的亏损而额外准备的一笔钱，按规定从净利润中提取，用于弥补亏损的风险准备。"一般风险准备"属于所有者权益类项目。

这两个项目都是特殊行业为特定用途提取的专用款，所以在很多公司的所有者权益表上长期都是空白。

## 二十二、盈余公积

一家公司经营赚钱以后，并不是可以随意任性地分配其利润，而要遵循一定的流程。比如说，先要把以前的亏损漏洞给弥补上（若有），其次按照当年税后利润的10%计提法定盈余公积，然后通过股东大会决定是否提取及提取多少任意盈余公积，最后决定是否向股东分配。

盈余公积是公司按规定从税后利润中提取的积累资金，其中，法定盈余公积是一个具有中国特色的项目，也就是留下来继续投入扩大再生产的钱，具有政府强制性质，按规定是提取当年税后利润的10%，累积到注册资本的50%以后可不再继续提取。而任意盈余公积，则是股东大会决议自愿留下来扩大再生产的钱，是否提取、提取多少，均由股东们自行决定。

法定盈余公积和任意盈余公积的区别在于，其各自计提的依据不同。前者根据国家的法律或行政规章强制提取，目的是应对经营风险，后者则由公司自行决定提取。需要注意的是，法定盈余公积的提取是以上市公司本部净利润（母公司利润表中的净利润）为基础的。"法定"管理的是法律实体，而合并报表只是会计意义上的机构，不是法律意义上的公司。

公司提取的法定盈余公积和任意盈余公积主要用于以下几个方面：

是弥补亏损。公司此前如果发生亏损，应由公司自行弥补，渠道有三种：以前年一度税后利润；以后年度税后利润；盈余公积金。

二是扩大公司经营规模或者转增资本金。转增资本后，所留下的资本公积金不得少于注册资本的25%。

三是分配股利。原则上公司当年没有利润，是不得分配股利的，但为了维护公司品牌与信誉，可以用盈余公积分配股利，但必须要符合三个条件：① 用盈余公积弥补亏损后，该项公积金仍有结余；② 用盈余公积分配股利时，股票利率不能太高，不得超过股票面值的6%；③ 分配股利时，法定盈余公积不得低于注册资本的25%。

2020年贵州茅台的盈余公积情况如表5-37所示。

表5-37 贵州茅台2020年盈余公积

单位：元

| 项目 | 期初余额 | 本期增加 | 本期减少 | 期末余额 |
|---|---|---|---|---|
| 法定盈余公积 | 16,595,699,037.02 | 3,579,223,571.91 | | 20,174,922,608.93 |
| 任意盈余公积 | | | | |
| 储备基金 | | | | |
| 企业发展基金 | | | | |
| 其他 | | | | |
| 合计 | 16,595,699,037.02 | 3,579,223,571.91 | | 20,174,922,608.93 |

截至2020年12月31日，贵州茅台的法定盈余公积为201.75亿元，本期增加了35.79亿元，也就是从当期税后利润中提取了35.79亿元。贵州茅台股份有限公司的注册资本为12.56亿元，按照规定累积到注册资本50%，即6.28亿元后可不再继续提取留存，但持续多年以来，贵州茅台仍按照母公司每年税后净利润的10%在计提，然后留存在盈余公积中，目前已经是其注册资本的16.06倍了。

2020年上海家化的盈余公积情况如表5-38所示。

表5-38 上海家化2020年盈余公积

单位：元

| 项目 | 期初余额 | 本期增加 | 本期减少 | 期末余额 |
|---|---|---|---|---|
| 法定盈余公积 | 392,410,127.08 | | | 392,410,127.08 |
| 任意盈余公积 | | | | |
| 储备基金 | | | | |
| 企业发展基金 | | | | |
| 其他 | | | | |
| 合计 | 392,410,127.08 | | | 392,410,127.08 |

显然，上海家化在2020年没有提取任何盈余公积，其给出的解释说明是：

根据《中华人民共和国公司法》及本公司章程，本公司按年度净利润的10%提取法定盈余公积金，当法定盈余公积金累计额达到注册资本的50%以上时，可不再提取。法定盈余公积金经批准后可用于弥补亏损，或者增加股本。本公司法定盈余公积金累计额已达到注册资本的50%以上，2020年不再继续提取（2019年：不再继续提取）。

## 二十三、未分配利润

老喻杂货铺2019年赚了100万元，按照《公司法》的规定，至少应该留下10万元计入盈余公积，剩下的90万元股东们可以自由决定是否分配。如果股东大会通过审议决定分掉其中的40万元，留下50万元，那么这50万元就是未分配利润。

假如老喻杂货铺2020年继续盈利了100万元，同样计提10%的盈余公积后，那么剩下的90万元股东们完全可以决定将它全部分掉，同时可以把2019年没有分配的50万元也分掉，前提是公司有足够的现金以维持日常运营开支和费用等。

可以这样理解，股东提取完盈余公积之后剩下的是未分配的利润，这个由股东自己决定怎么用，未分配利润高不一定就证明公司真的有很多现金，因为这一部分钱很有可能早就买固定资产，比如像土地、设备、在建工程等，或者其他投资所用了。甚至，有些公司的所谓净利润，原本就是没有现金流入而创造出来的"纸上富贵"，是无法马上变成现金的未分配利润。

在资金的使用自由度上，未分配利润是最自由的，股东即可决定其用途，比如用来投资、现金分红、送红股等。未分配利润现金分红和送红股的时候需要缴纳个税，税率为20%。

2020年贵州茅台的未分配利润情况如表5-39所示。

表 5-39　贵州茅台 2020 年未分配利润

单位：元

| 项目 | 本期 | 上期 |
| --- | --- | --- |
| 调整前上期末未分配利润 | 115,892,337，407.39 | 95,981,943,953.56 |
| 调整期初未分配利润合计数（调增＋，调减－） | | 206,376,648.54 |
| 调整后期初未分配利润 | 115,892,337,407.39 | 96,188,320,602.10 |
| 加：本期归属于母公司所有者的净利润 | 46,697,285,429.81 | 41,206,471,014.43 |
| 减：提取法定盈余公积 | 3,579,223,571.91 | 3,128,547,101.80 |
| 提取任意盈余公积 | | |
| 提取一般风险准备 | 29,227,885.90 | 110,047,293.14 |
| 应付普通股股利 | 21,386,767,571.40 | 18,263,859,814.20 |
| 转作股本的普通股股利 | | |
| 期末未分配利润 | 137,594,403,807.99 | 115,892,337,407.39 |

贵州茅台财报显示，2020年底拥有未分配利润1375.94亿元，盈余公积约201.75亿元，加上其股本和资本公积后，总计约1604亿元，这是属于上市公司股东所有的净资产，在财务报表上叫作"归属于母公司的所有者权益"。用这个净资产数字除以总股本，就可以计算出每股净资产数据。

从理论上讲，这个净资产是指公司被出售以后，股东最后所能得到的东西。但事实上并非如此，资产负债表中每一项资产的规则、估计和假设，以及在计算过程中忽略掉的无形资产和商誉等都包含在内，所以，公司的市场价值几乎永远不可能与净资产数值相等。对于众多上市公司来说，市场价值是总股本乘以股价，是一个随时都在变动的数字。

归属于上市公司所有者权益，加上少数股东权益，就是合并报表权益的总数。权益的总数加上负债的总数，就是资产的总数。这是我们在学习财务报表时首先知道的会计第一恒等式：资产=负债+所有者权益。

## 二十四、少数股东权益

少数股东权益简称少数股权，是反映母公司以外的其他投资者在子公司中所享有的权益，表示其他投资者在子公司所有权益中拥有的份额。

可以这样理解，母公司控制了很多子公司，但并不都是100%持有，那些但凡不是100%控股的公司就有一部分掌握在少数股东手里。比如，一家子公司60%的股份归上市公司持有，40%归少数股东持有，分配利润的时候要按照40%的比例分给少数股东。

少数股东权益是合并资产负债表的净资产中属于少数股东的部分，少数股东损益是合并利润表中属于少数股东的部分，这两个指标并非上市公司常见的偿债指标或盈利指标，但对于分析上市公司风险却十分重要。

浙商银行的邓永亮、张伟刚等曾经做过一份研究报告指出，可以将少数股东权益/所有者权益合计（少数股东权益占比）大于或等于30%作为风险预警前瞻性指标。其理由是，通过观察2017年整体样本量，对照2019年已经发生的违约样本，发现对于少数股东权益占比小于零或少数股东权益占比大于或等于30%的样本量，其违约概率显著高于其他区间。同时，他们还发现，部分上市公司在新会计准则实施后可能通过"少数股东损益"对净利润进行调节。

在2020年半年报期末，沪深两市3903家上市公司中，少数股东权益占比排名前三的行业分别为房地产行业、通信行业及建筑装饰行业，分别为32%、31%、26%。需要指出的是，房地产行业属于资金密集的杠杆驱动型行业，其融资扩张受自身资产负债表约束，众多房企通过跟投等少数股东引进方式打破这种束缚。

尽管这种方式能够在一定程度上提高公司融资能力，加快公司规模化增长，但如果存在明股实债的情况，当行业周期整体下行时，这种被掩盖的债务风险应引起投资者高度重视。

贵州茅台的少数股东权益一直以来在所有者权益合计中的占比较小，不具代表性。我们看一看房地产上市公司JK的少数股东权益及其占比情况，如表5-40所示。

表 5-40　JK 公司 2020 年少数股东权益

单位：元

| 项目 | 2020 年 | 2019 年 |
|---|---|---|
| 一般风险准备 | | |
| 未分配利润 | 17,816,890,722.22 | 12,985,084,206.91 |
| 归属于母公司所有者权益合计 | 36,922,056,353.50 | 27,367,082,144.28 |
| 少数股东权益 | 36,576,277,842.87 | 24,784,079,458.52 |
| 所有者权益合计 | 73,498,334,196.37 | 52,151,161,602.80 |

| 项目 | 2020 年 | 2019 年 |
|------|---------|---------|
| 负债和所有者权益总计 | 381,157,978,538.14 | 321,605,016,665.41 |

从表5-40中可以看出，JK公司的少数股东权益为365.76亿元，归属于母公司所有者权益为369.22亿元，少数股东权益占比高达约50%！也就是说，归属于母公司所有者的权益与少数股东权益几乎平分秋色，这是极为少见的情况。

有些公司表面上看似乎很赚钱，但利润大部分被少数股东所享有，上市公司没有少数股东拿得多，这种情况及其公司需要投资者提高警惕。当然，如果后期上市公司收购了少数股东的股份，这肯定是一件好事，如果一直不收购，少数股东一直拿走利润的多数，这是很可怕的事情。

如果仅仅通过少数股东权益占比这一指标去识别上市公司风险似乎略显单薄，我们可以通过进一步辅助量化相关指标对少数股东背后隐藏的风险进行拆解。

第一，明股实债使得公司债务风险容易被低估，而少数股东权益则是明股实债问题的重要观察窗口。由于明股实债极具隐蔽性，无论是定量或定性都存在一定的辨别难度，尤其是对表外的项目公司，其判断难度更大。对于合并报表确认少数股东权益的，我们可以通过少数股东权益规模变动、少数股东损益的收益匹配性及相关资金往来等角度识别并还原这种"隐性债务"。

第二，通过少数股东承担亏损，美化上市公司指标使得其真实盈利能力被高估。一般情况下，上市公司承担更多的融资主体的角色，同时，公司盈利能力与成长性又能推动公司市值上升，从而进一步拓宽公司融资的便利和套利空间。而少数股东的引进，可谓"一箭双雕"。一方面，公司可以通过引进少数股东撬动资产杠杆，获取规模效应；另一方面，公司可以将亏损通过少数股东股权安排让亏损"剥离"至体外，换句话说就是，公司获得规模效应的同时，亏损可以让少数股东承担而不影响上市公司盈利的关键指标。

第三，通过少数股东特殊股权安排，将上市公司利益输送到特定相关利益集团。一般来说，从信披角度看，对于少数股东权益明细披露监管硬性没有太高要求，因此，有的上市公司选择披露少数股东明细，而有的公司选择不披露。在这种相对信息不对称的情况下，公司容易产生利益输送的温床。特殊利益集团可能通过少数股东权益安排间接掏空上市公司。

# 第四节　与资产负债有关的比率分析

如前所讲，财务比率分析是通过财务报表上若干重要项目的相关数据进行比较，计算出相关的财务比率，用以分析和评价公司财务状况及经营成果的一种方法。它可以消除规模的影响，比较不同公司的收益与风险，从而帮助投资者、公司管理层等各类信息使用者做出理智的决策。

实际上，如果你了解或者学习过一些基础的财务会计课程，至少应该对其中所涉及的一部分资产负债表内部的财务比率比较熟悉，或者在各种各样与公司财务分析有关的文献里见过这些比率。

# 一、与资产负债表有关的财务比率

在资产负债表内部，有几个非常核心和关键的财务比率，比如流动比率、速动比率、资产负债率、权益乘数等。此外，还有一些与资产负债表有关联的比率，比如净资产收益率、总资产报酬率、存货周转率、流动资产周转率和总资产周转率等，这些看起来只是"沾亲带故"的数据，实际上也是非常重要的考量指标。

从大的方面讲，它主要有以下三大类：

## （一）偿债能力比率

对于任何一家公司来说，通过经营活动赚钱自然是一件皆大欢喜的事情，但"革命不是请客吃饭"，商业活动竞争总是无比残酷的，破产倒闭的公司比比皆是。所以，投资者应该随时保持谨慎，别忘了把偿债能力作为考量一家公司的关键指标。

偿债能力比率是反映公司用现有资产偿还短期债务和长期债务能力的比率，用于分析公司目前是否存在不能偿还债务的风险。一般情况下，反映公司短期偿债能力的指标主要有以下几种：

### 1. 流动比率

流动比率是公司流动资产与流动负债的比率，计算公式为：

流动比率 = 流动资产 / 流动负债 × 100%

流动资产是一年之内可以转化为货币的资产，流动负债是一年之内需要偿还的债务。所以，流动比率充分反映了公司运用其流动资产偿还流动负债的能力，是分析短期偿债能力最主要的指标。

一般来说，流动比率越高，则公司的短期偿债能力或者资产变现能力就越强，财务风险越小。比较低的流动比率，通常表现为公司在偿还短期债务方面可能有问题，存在较大的财务风险。

教科书告诉我们，流动比率保持在2：1左右是比较合适的。但这也只是一个经验值，因为所处行业不同、受到季节性因素影响，或者公司处在不同的发展阶段，这个比率会存在很大的差别。

所以，流动比率并非越高越好，过高的流动比率，或许说明公司在流动资产上占用资金过多，资金利用效率低。而造成流动比率过高的原因主要包括：①公司的资金未能有效利用；②赊账过多，流动资产有大量应收账款；③公司销售不畅，导致在产品、产成品积压，库存商品过多。

在现实中，也存在着不少这样的公司，与流动负债相比，它们的流动资产规模长期偏低，也即公司的流动比率长期不高，比如青岛海尔、格力电器等。究其原因，一方面是其拥有较高的预收款项，另一方面是其拥有较高的应付票据和应付账款等。据此可以这样认为：如果一家公司的流动比率较低并能够长期存在，且流动负债以经营性负债为主，则这家公司可能具有某种显著的竞争优势。

### 2. 速动比率

在所有流动资产中，各个项目在清偿债务时，能够及时、不贬值地全部转变为可以清偿债务的货币资金的能力各不相同，包括存货一时卖不掉、应收账款暂时收不回来等都是极有可能发生的事情。

对于以赊销为主的公司来说，把存货转变成现金是最困难的，因为要先将存货变成应收款，再将应收款收回，存货才是真正变成了现金，然后用于偿债。怎么办呢？会计们选择了更为保守而谨慎的方法：用流动资产减去存货，然后除以流动负债，就得到了速动比率，并用它衡量公司的短期偿债能力。

所以，速动比率是速动资产对流动负债的比率，它是衡量公司流动资产中可以立即变现用于偿还流动负债的能力。速动资产中一般不包括流动资产中的存货、一年内到期的非流动资产及其他流动资产，其计算公式为：

速动比率 = 速动资产 / 流动负债 × 100%

教科书通常认为，一个公司的速动比率为1∶1是比较合适的，因为在这种情况下，即使所有的流动负债要求同时偿还，也有足够的资产维持公司正常的生产经营，不至于现金流断裂而破产倒闭。

以上两个比率是用来衡量一个公司的短期偿债能力的，一般来说比率越高，流动负债的偿还能力越强。但这两个比率也不是越高越好，比如流动资产的流动性越高，其收益性可能越差，或者几乎没有收益。那究竟多少比率为好呢？

清华大学肖星老师曾经说，美国公司的流动比率多在3~4 "标准" 范围，而大多数中国公司都在1~2。其根本原因在于短期借款。她分析认为，中国公司往往不用流动资产变现来偿还短期借款，而用新的借款偿还，借款本身实现了自我循环。除非它所在的整个行业都垮掉，银行突然抽贷，否则它还是能活得好好的。

因此，虽然用所有流动资产除以所有流动负债计算出的流动比率可能较低，但如果换作用流动资产减去短期借款后的数据除以流动负债，得出的流动比率就没有那么低了。实际上，除了以上两个比率之外，还有一个比率可以更为直接地衡量公司的短期偿债能力。

### 3. 现金比率

现金比率是期末现金类资产对流动负债的比率，它是在公司因大量赊销而形成大量应收账款等时，考察公司用以偿债时所运用的指标，其计算公式为：

现金比率 = （货币资金 + 交易性金融资产） / 流动负债 × 100%

现金是指库存现金和银行存款，交易性金融资产是指短期的投资理财资金，比如用于购买股票、短期国库券等的资金。一般情况下，现金比率越高，说明这家公司的变现能力越强，这个比率因此被称为 "变现比率"。

这个指标能够反映公司直接偿付流动负债的能力，是最严格、最稳健的短期偿债指标。现金比率越高，公司可以用于支付债务的现金类资产越多，但如果这一指标过高，则也意味着公司的资金利用率低，不利于盈利水平的提升。

实际上，一家公司可以动用的银行贷款指标、偿债信誉的好坏、准备很快变现的长期资产、担保责任引起的负债等，都会成为影响短期偿债能力的因素。

任何负债的偿还都必然包括两个项目：本金和利息。因此，想要衡量公司的长期偿债能力，就要从这两个维度入手。如何衡量公司偿还长期负债的本金的能力呢？

### 4. 资产负债率

毫无疑问，偿还长期负债的本金是一个漫长的过程，公司一般不会专门准备一笔偿债的资金，衡量公司偿还长期负债本金能力的方式因此扑朔迷离。

一个广为投资者采用的财务比率叫作"资产负债率"，这个指标看起来粗糙，但却比较靠谱，正如巴菲特所说：宁要模糊的正确，也不要精准的错误。

资产负债率是公司负债总额与资产总额的比率，简称为"负债率"，也叫作"财务杠杆"，它表示公司全部资金来源中有多少来自举债获得的。这个指标反映了公司的全部资产中由债权人提供的资产所占比重的大小，反映了债权人向公司提供信贷资金的风险程度，反映了公司举债经营的能力。这个指标是衡量公司财务风险的主要指标之一。

资产负债率 = 负债总额 / 资产总额 ×100%

任何公司可以用来偿还债务的资金除了自身拥有的资产、经营活动过程中赚到的利润，还包括向外部债权人举借债务所获得的资金。在评估一家公司的举债能力的大小时，债权人通常会考虑公司的债务与权益的相对比率。

对于资产负债率指标，没有统一的衡量标准，因为不同行业期望标准差别很大，而且受到公司本身经营状况、盈利能力以及社会经济整体形势等因素的制约。通常情况下，笔者对上市公司的财务杠杆水平的接受度在50%以内，当然，针对特殊的公司可能会有一个相对比较高或者比较低的负债率水平。

比如，一些重资产行业的公司需要钱，但它拥有大量资产可以用来抵押贷款，所以具有很强的借债能力，像钢铁行业的宝钢股份、航空行业的东方航空等，其资产负债率长期高达60%~70%。再比如，流动性强的服务型公司和轻资产的新型公司，由于资金宽裕且前期不需要太多资金投入，资产负债率普遍不高。

### 5. 利息保障倍数

利息保障倍数也称为利息收入倍数，是指公司息税前利润与利息费用之比；又称为已获利息倍数，用以衡量偿付借款利息的能力，它是衡量公司支付负债利息能力的指标。计算公式为：

利息保障倍数 = 息税前利润 / 利息费用 ×100%

我们一般用这个比率衡量公司在扣除利息和所得税之前的盈利足够它偿还几

次利息。显然，利息收入倍数越高，公司偿还利息的能力越强，这个指标一般要求大于1，等于1时说明公司全年的经营成果都要用于清偿债务利息。

实际上，公司偿还利息的能力至少在短时间内，还取决于公司的现金支付能力，而与利息保障倍数关联不大。因此，利息保障倍数的作用仅仅是站在股东的角度评价公司当前的借债政策是否有利，它并不能真正反映公司的偿债能力。

### 6. 权益乘数

权益乘数是资产总额与所有者权益总额的比率，反映公司由于举债而产生财务杠杆效应的程度。它的计算公式为：

权益乘数＝资产总额／所有者权益总额

与资产负债率一样，权益乘数多大合适，通常是没有定论的，其高低除了受行业、经营周期等因素影响外，与公司的举债程度有直接关系，反映出一家公司老板和管理层的经营理念和风险偏好。

一般情况下，具有较高的权益乘数（也就是较高的资产负债率）的公司，其风险相对较大。反之也不一定成立，因为任何公司的财务目的是使股东财富最大化，利用财务杠杆可以获得经营机会，借用债权人的资金为投资者赚取更多的利润。

所以，公司应根据自身的实际情况采取不同的融资策略，这个指标在不同行业的公司之间会有比较大的差异。权益乘数的大小，在一定程度上决定着公司的净资产收益率的高低。

## （二）盈利能力比率

作为投资者，我们在使用财务报表时最关心的通常是公司赚取利润的能力，如果有足够的利润就可以偿还债务、支付股利和进行投资等。评估一家公司盈利能力的指标有很多种，主要有三类：第一，经营活动赚取利润的能力；第二，公司的资产对公司利润的贡献；第三，公司给股东带来的投资回报。关于第一类，我们已经在利润表的章节有过介绍，这里主要就第二类和第三类指标进行讨论。

### 1. 总资产报酬率

总资产报酬率用来反映公司利用所有资产获取收益的能力，这里的所有资产包括了公司自有的资产（所有者权益）和通过借贷获得的资产（负债），而且为了更好地衡量总收益，由剔除了利息支出和公司所得税影响的利润进行计算，从一家公司整体的角度来评估其运营资产获利能力。计算公式为：

总资产报酬率＝息税前利润／平均资产总额 ×100%

注意：公式中的平均资产总额是用资产总额年初余额和年末余额之和除以2得到的。这个比率反映了管理层对所有资产进行管理所产生的效益，即管理层利用公司现有资源创造价值的能力。

总资产报酬率越高，公司运用资产获取收益的能力越强。当总资产报酬率超过了通过市场借贷资金的利率时，也就是说公司借钱做生意，生意的回报大于借钱的成本了。

实际上，总资产报酬率的高低，既取决于公司的盈利规模，也取决于公司的资产规模。在现实中，我们会看到一些公司盲目增发、融资，资产中有大量与盈利能力无关的资产，比如像过高的存货、货币资金，以及大规模的应收账款和固定资产等，最后导致公司的总资产报酬率会受到影响。

通常情况下，如果单独看一家公司某一个年度的总资产报酬率，不会分析出太多有价值的信息。多数时候，应该通过分析这家公司在不同年度的总资产报酬率的变化情况，研读这家公司对拥有的资产资源的利用情况，然后结合同行业其他公司的数据，对一家公司的总资产利用情况做出初步判断。

### 2. 净资产收益率

在众多的财务报表数据中，巴菲特最看重的为数不多的指标就包括净资产收益率，简称ROE，也被称为"股东报酬率"。后面的称谓似乎更贴切，因为我们买一家公司的股票，就是它们的股东了，我们投入的钱到底有多少收益，只需要看一看ROE就行了。其计算公式为：

净资产报酬率 = 净利润 / 平均股东权益 × 100%

注意：首先，公式中的分子是息税后净利润减去支付给优先股股东的股利后，考虑了公司资本结构的影响；其次，分母平均股东权益是用股东权益年初余额和年末余额之和除以2得到的，考虑了普通股股东权益的变化。这个比率是衡量一家公司赚钱能力的重要指标，收益与投资的比率，自然是数值越高，则投资带来的收益越高。

净资产收益率的高低，既取决于公司净利润的规模，也取决于公司股东权益的规模。一家公司，净资产收益率长期能够达到12%以上已经不错了，结合笔者的投资实践，给出如下的指标仅供参考：

（1）长期以来ROE>20%，足以证明这是一家盈利能力非常强的公司，可重点关注并综合判断。根据复利的力量，这个股东收益率几乎可以比肩巴菲特了。如果跟踪的这家公司其他指标都不错的话，可以适度放宽至15%为宜。

（2）长期以来ROE<8%及其以下时，可能就是不值得投资的公司，直接放弃，主要有两方面的原因：一是资金成本通常为5%~8%，ROE无法覆盖；二是机会成本，如果我们投资了低ROE的公司，就必然减少或无法投资高ROE的公司，错失良机。

巴菲特的搭档查理·芒格说，总体看来，ROE是投资者挑选行业或者公司时非常重要的一个指标，长期持有股票的最终收益应该和ROE基本一致。但需要注意的是，ROE反映的只是过去的成绩，不能过度外推，以此判断其未来走势，而是要结合公司的经营状况、现金流回笼、持续竞争优势以及行业赛道的前景等因素综合考量。

### 3. 经营性资产报酬率

经营性资产报酬率的计算公式为：

经营性资产报酬率 = 核心利润 / 平均经营性资产 × 100%

在公式中，平均经营性资产是经营性资产年初余额与年末余额之和除以2得到的。由于公司在自身经营活动过程中利用经营性的资产等资源，创造核心利润，因此该比率在一定程度上可以反映出公司管理层利用经营性资产在经营活动中创造价值的能力，是投资者对公司经营活动获利能力的考察指标之一。

事实上，任何一家公司的资产都可以分为两大类：一是经营性资产；二是投资性资产。投资者可以将它们分门别类地计算出各自的报酬率，分解经营活动和对外投资活动的相对盈利能力，便于公司及时发现存在的问题，并根据战略调整来优化资产结构，提高公司的盈利能力。

### （三）营运能力比率

任何一家公司的投资回报最终决定于效益和效率两个方面，净利润和毛利润这些可以表示效益，而效率则可以通过周转率表现。一般来说，用收入除以某项资产，就能得到该项资产的周转率，比如用收入除以应收账款，就可以得到应收账款的周转率等。

简单来说，营运能力就是管理层的效率，管理层的策略、市场营销的安排等都属于营运能力的范畴。实际上，作为投资者，更重要的是通过存货、总资产、固定资产、应收账款这些周转率的数据，可以大致判断出一家公司管理层的决策如何，对公司的把控能力和资源利用能力怎么样。

通过对营运能力有关财务比率的分析，可以揭示出公司资金运营周转的情况，具体来说，公司资金周转越快，流动性越高，公司的偿债能力越强，资产获取利润的速度越快。

正如前文所讲，任何一家公司的经营活动，都可以归纳为从现金到现金的不断重复循环，也就是"现金—原材料—存货—应收账款—现金"的过程，优秀的公司要打通各个环节，并且高速、高效率地运转起来。

营运能力的最高境界，是让现金在最短的时间内变成更多的现金。

### 1. 存货周转率

存货周转率是指公司在一定时期主营业务成本与平均存货余额的比率。它用于反映存货的周转速度，即存货的流动性及存货资金占用量是否合理，促使公司在保证生产经营连续性的同时，提高资金的使用效率，增强公司的短期偿债能力。其计算公式为：

存货周转率 = 营业成本 / 平均存货 × 100%

在公式中，平均存货可以是月度平均存货、季度平均存货和年度平均存货，对应地，营业成本可以是月度营业成本、季度营业成本和年度营业成本。投资者最常用到的是年营业成本除以年平均存货，年平均存货由年初存货金额加上年末存货金额除以2得到。

存货周转率是反映公司在采购、生产和销售三个环节平衡效率的一种尺度。

一般来说，存货周转率越高，表明公司存货资产变现能力越强，存货及占用在存货上的资金周转速度越快，说明公司生产、销售形势比原来要好。但也不是越高越好，如果存货太少，可能会影响生产及销售，所以适量的库存是公司持续经营的必备条件。

在实践中，我们常用的一个数据是根据存货周转率延伸出来的，它就是存货平均周转天数。实际上，它是存货周转率的另一种表达方式，比存货周转率更直观、更容易理解，其公式为：

存货周转天数 = 平均存货 / 平均日常营业成本 ×100%

或者，还可以表示为：

存货周转天数 =365 / 存货周转率

在这个基础上，还可以计算出一家公司的营业周期：

公司营业周期 = 平均收账期 + 存货周转天数

举例来说，老喻杂货铺一年的营业成本为300万元，存货为50万元，两者相除之后便获得了存货的周转率，为6次/年。这说明，存货在一年之中要周转6次，平均每隔约61天周转一次。也就是说，从采购原材料到卖出产品，这家公司需要约61天的时间。

### 2. 应收账款周转率

应收账款周转率，是指在一定时期内（通常为一年）应收账款转化为现金的平均次数。应收账款周转率是销售收入除以平均应收账款的比值，也就是年度内应收账款转为现金的平均次数，它说明了应收账款流动的速度。其计算公式为：

应收账款周转率 = 赊销净额 / 平均应收账款 ×100%

= 营业收入 / 应收账款的平均余额 ×100%

通常情况下，一家公司的销售活动主要采用两种方式进行：一是现销；二是赊销。显然，应收账款是在赊销的过程中产生的，所以，计算应收账款周转率时应该采用赊销净额，但出于各种错综复杂的原因，投资者很难获得赊销净额这个数据，所以实践操作中用营业收入进行替代而计算这个比率。

应收账款本身没有任何资金效率，如果能够迅速收回应收账款，既可以补充公司资金，也说明公司信用状况良好，不易发生坏账损失。一般情况下，应收账款周转率越低越好，但如果公司应收账款周转率过高，说明公司的信用政策可能太紧，也许会失去一部分客户，不利于开拓和占领市场份额。

投资者在日常实践中常用的数据是平均收账期，也就是用时间表示的应收账款周转速度为应收账款周转天数，它表示公司从获得应收账款的权利到收回款项、变成现金所需要的时间。

平均收账期 = 平均应收账款 / 平均日赊销额

或者，还可以表示为：

平均收款天数 =365/ 应收账款周转率

张新民曾经说，在计算应收账款周转率、平均收账期等指标时，应注意以下两点：第一，该公式是在假设公司应收票据规模不大的前提条件下，在应收票据规模较大的时候，应该采用商业债权周转率；第二，在实施增值税的情况下，销售额的项目还应乘以（1+增值税税率），这是因为债权中包括销项增值税。

举例来说，老喻杂货铺一年的营业收入为400万元，应收账款为70万元，两者相除之后就获得了应收账款的周转率，即5.7次/年。一年周转了5.7次，应收账款周转一次的时间大约是64天，也就是差不多2个月。这就意味着，从公司卖出产品，再到收回所有货款，一共需要64天。

### 3. 商业债权周转率

如上所述，一家公司在预收款和现销方式销售不多、赊销较多的情况下，通过计算商业债权周转率来衡量这家公司赊销债权的回收状况，似乎更为准确。其计算公式为：

商业债权周转率 = 营业收入 / （平均应收账款 + 平均应收票据）×100%

这个指标看起来挺复杂的。实际上，如果我们用一种更简单的方式考察公司商业债权回收状况，尽管感觉上有些粗糙且不精准，但可能会事半功倍，这种方法是：比较期末商业债权与期初商业债权的规模差异，判断商业债权是增加了还是减少了。

由此可以推断出三种情况：一是公司期末商业债权的规模大于期初，那么则意味着增加的商业债权就是公司当期赊销债权少回收的部分；二是公司期末商业债权的规模小于期初，减少的商业债权就是公司当期赊销债权全部回收以后，还把以前的赊销债权回收了一部分；三是公司期末商业债权的规模与期初相当，表明公司当期赊销款全部回收。

这个比率在实践中比较少用，大家只要了解即可，不必过多纠结于其计算方法。

### 4. 流动资产周转率

流动资产周转率，又称流动资产周转次数，是指一定时期内营业收入与流动资产平均余额的比率，反映了流动资产周转速度和流动资产利用效果。其计算公式为：

流动资产周转率 = 营业收入 / 平均流动资产 ×100%

其中，平均流动资产=（期初流动资产+期末流动资产）/2，而营业收入通常指主营业务收入。流动资产周转率反映了公司流动资产的周转速度，是从公司全部资产中流动性最强的流动资产角度对公司资产的利用效率进行分析的财务指标。

一般来说，流动资产周转率越高，说明公司流动资产周转速度越快，资源利用越好。在较快的周转速度下，流动资产会相对节约，一定程度上增强了公司的盈利能力；而周转速度慢，则需要补充流动资金参加周转，会导致资金浪费，降低公司的盈利能力。

如果公司的流动资产周转率不高，要么是公司的市场出现了问题，要么是公司的流动资产结构出现了问题：当公司的存货、货币资金增加过快时，这些存货和货币资金不可能带来增量的营业收入。

这种情况下，如果要实现加快资产周转速度的目标，就要以营业收入增幅高于流动资产增幅做保证。通过该指标的对比分析，可以充分有效地利用流动资产，如降低成本、调动闲置货币资金用于短期投资创造收益等，还可以促使公司采取措施扩大销售，提高流动资产的综合使用效率。

举例来说，老喻杂货铺一年的营业收入为400万元，流动资产为350万元，两者相除之后就获得了流动资产的周转率，为1.1次/年。流动资产的周转率，其实是由各项流动资产周转率加权平均决定的，按它们在总资产中所占比重来加权。

### 5. 固定资产周转率

固定资产周转率，也称为固定资产利用率，是公司全年营业收入与固定资产净值的比率，表示在一个会计年度内固定资产周转的次数，或者表示每1元固定资产投资支持的销售收入。计算公式为：

固定资产周转率 = 营业收入 / 固定资产平均净值 × 100%

式中，固定资产平均净值 =（期初固定资产+期末固定资产）/2，而营业收入通常指主营业务收入。固定资产周转率主要用于分析对生产厂房、机器设备等固定资产的利用效率，比率越高，说明利用率越高，管理水平越好。

如果公司的固定资产周转率与同行业平均水平相比偏低，则说明公司对固定资产的利用率较低，要么是公司的市场出现了问题，要么是公司固定资产的规模和结构出现了问题，比如说当固定资产的规模在不断增加、结构变化与公司的市场经营活动没有关系时，那么公司增加的固定资产不可能带来增量的营业收入，最终可能会影响公司的获利能力。

有一种情况，当固定资产周转率出现了忽高忽低的变化时，一定不能直接认为公司的运营能力在短时间内出现调整，需要进一步综合各种数据分析固定资产净值组成项目是否在这个阶段有异动后再做出判断。

仍然举例来说，老喻杂货铺一年的营业收入为400万元，固定资产为580万元，两者相除之后就获得了固定资产周转率，约0.69次/年，也就是说花费一年时间还无法周转一次。这种情况在重资产行业里比较普遍。

### 6. 总资产周转率

总资产周转率，又称为"总资产周转次数"，它是公司一定时期的营业收入与平均资产总额之比，是衡量资产投资规模与销售水平之间配比情况的指标，反映了一家公司全部资产的利用效率。其计算公式为：

总资产周转率 = 营业收入 / 平均资产总额 × 100%

式中，平均资产总额 =（期初资产总额+期末资产总额）/2。总资产周转率可以粗略地计量公司资产创造收入的能力，是考验一家公司长期运营效率的非常重要的指标，公司有多少资产不重要，能否赚钱最重要，所以它反映出管理层资产运营的能力。

资产能够带来的营业收入越大，代表越是优质的资产。在现实中，有不少公司的资产表面看起来很多，但利用率极低，营业收入也很低，足以说明这家公司的资产并不优质，也许只是虚胖。

一般来说，资产的周转次数越多或者周转天数越少，表明公司周转速度越快，营运能力也就越强。通过不同的公司，或公司在不同阶段该指标的对比分析，可以反映出公司在本年度以及此前年度总资产的营运效率和变化轨迹，发现公司与竞争对手在资产利用上的差距，促进公司挖掘潜力，提高资产利用效率，从而助推产品抢占更大的市场份额。

通过对公司总资产周转率的考察，公司可以最大限度降低与营业活动无关的资产，优化整体资产的结构。需要注意的是，如果这家公司对外投资规模比较大时，平均总资产应该剔除并不引起主营业务收入增加的各项投资性资产。

仍以老喻杂货铺为例，假设老喻杂货铺一年的营业收入为400万元，平均资产总额为850万元，也就是负债+股东权益约为850万元，两者相除之后就得到了总资产周转率，为0.47次/年，也就是说公司所有的资产在一年时间内无法周转一次。这个周转率是比较低的，说明资产中沉淀了太多与营业收入不相干的资产，营运效率较低。

## 二、关于比率分析的应用

通过上文的介绍，关于一家公司资产负债表中所包含及其与利润表等相关联的财务指标比率的讨论，就基本上结束了。接下来，我们看一下如何将这些比率运用到对公司的考察中，以挖掘一些具有潜在竞争优势的公司。

利润表的财务比率分析运用中，已经就初步分析的逻辑和方法等进行了介绍，这部分大家可根据与资产负债表有关的财务比率所介绍的公式，自己动手计算一下流动比率、速动比率、资产负债率、权益乘数、总资产报酬率、净资产报酬率、存货周转率、应收账款周转率等，体会一下上述比率对评价一家公司在资产负债表等某些方面的价值。

表5-41为金发科技2020年资产负债表（有删节）的情况，请大家根据财报中所列示的数据，以及相关财务比率的公式进行计算，尝试着做出初步的分析和判断。

### 表 5-41 金发科技资产负债表

单位：元

| 项目 | 附注 | 2020 年 12 月 31 日 | 2019 年 12 月 31 日 |
|---|---|---|---|
| 流动资产 | | | |
| 货币资金 | | 3,870,960,602.37 | 2,895,469,584.98 |
| 应收票据 | | 39,878,807.34 | 50,149,608.54 |
| 应收账款 | | 4,120,356,934.03 | 3,913,124,469.02 |
| 应收款项融资 | | 1,707,512,760.48 | 1,656,266,978.83 |
| 预付款项 | | 368,776,550.04 | 440,890,942.99 |

续表

| 项目 | 附注 | 2020 年 12 月 31 日 | 2019 年 12 月 31 日 |
|---|---|---|---|
| 其他应收款 | | 98,940,974.35 | 94,649,390.20 |
| 其中：应收利息 | | 718,561.14 | 755,599.86 |
| 存货 | | 3,997,521,183.73 | 3,304,754,471.35 |
| 其他流动资产 | | 461,877,993.77 | 294,518,095.04 |
| 流动资产合计 | | 14,665,825,806.11 | 12,665,353,915.95 |
| 非流动资产 | | | |
| 发放贷款和垫款 | | 66.076,188.49 | 57,624,268.10 |
| 长期股权投资 | | 1,577,309,922.06 | 1,586,343,770.67 |
| 其他非流动金融资产 | | 213,047,000.00 | 167,525,497.10 |
| 投资性房地产 | | 60,596,526.48 | 63,992,951.04 |
| 固定资产 | | 10,898,437,709.48 | 11,001,584,027.03 |
| 在建工程 | | 1,259,297,814.63 | 570,353,194.93 |
| 无形资产 | | 2,444,075,525.68 | 2,285,969,068.35 |
| 商誉 | | 319,649,843.58 | 325,370,470.95 |
| 长期待摊费用 | | 133,751,632.22 | 87,687,408.00 |
| 递延所得税资产 | | 186,425,207.14 | 204,381,726.26 |
| 其他非流动资产 | | 630,403,297.08 | 153,468,623.76 |
| 非流动资产合计 | | 17,789,070,666.84 | 16,504,301,006.19 |
| 资产合计 | | 32,454,896,472.95 | 29,169,654,922.14 |
| 流动负债 | | | |
| 短期借款 | | 2,610,211,387.24 | 6,935,707,835.20 |
| 交易性金融负债 | | 10,622,123.80 | 3,582,200.00 |
| 应付票据 | | 1,277,449,000.44 | 249,336,526.70 |
| 应付账款 | | 2,935,579,785.79 | 2,813,954,177.47 |
| 合同负债 | | 422,608,240.21 | |
| 应付职工薪酬 | | 332,902,448.01 | 215,777,590.19 |
| 应交税费 | | 294,902,448.01 | 204,044,972.99 |
| 其他应付款 | | 417,843,222.80 | 241,876,351.70 |
| 其中：应付利息 | | 38,117,644.76 | 63,400,616.08 |
| 一年内到期的非流动负债 | | 1,267,230,780.74 | 1,221,013,389.82 |
| 其他流动负债 | | 33,902,726.79 | |
| 流动负债合计 | | 9,602,842,880.64 | 12,261,280,965.35 |
| 非流动负债 | | | |
| 长期借款 | | 6,213,218,446.34 | 5,025,680,899.55 |
| 长期应付款 | | 20,928,473.79 | 30,793,806.62 |
| 递延收益 | | 865,188,078.76 | 847,610,162.38 |
| 递延所得税负债 | | 196,350,675.56 | 108,054,400.98 |
| 其他非流动负债 | | 540,000,000.00 | 190,000,000.00 |
| 非流动负债合计 | | 7,835,685,674.45 | 6,202,139,269.53 |
| 负债合计 | | 17,438,528,555.09 | 18,463,420,234.88 |
| 所有者权益（或股东权益） | | | |
| 实收资本（股本） | | 2,573,622,343.00 | 2,573,622,343.00 |
| 资本公积 | | 2,903,107,598.06 | 2,900,107,073.78 |

续表

| 项目 | 附注 | 2020年12月31日 | 2019年12月31日 |
|---|---|---|---|
| 其他综合收益 | | -17,068,600.80 | 14,545,738.23 |
| 专项储备 | | 6,013,616.26 | 5,282,047.50 |
| 盈余公积 | | 754,079,095.87 | 570,379,852.47 |
| 未分配利润 | | 8,622,223,421.54 | 4,475,588,388.95 |
| 归属于母公司所有者权益（或股东权益）合计 | | 14,841,977,473.93 | 10,539,525,443.93 |
| 少数股东权益 | | 174,390,443.93 | 166,709,243.33 |
| 所有者权益（或股东权益） | | 15,016,367,917.86 | 10,706,234,687.26 |
| 负债和所有者权益（或股东权益）总计 | | 32,454,896,472.95 | 29,169,654,922.14 |

经过对表5-41中的部分数据进行简单计算后，可以获得关于金发科技相关财务比率的数据表，如表5-42所示。

表 5-42　金发科技 2020 年财报主要指标

单位：%，天，次

| 项目 | 2020年12月31日 | 2019年12月31日 |
|---|---|---|
| 盈利能力比率 | | |
| 净资产收益率 | 36.21 | 12.12 |
| 总资产收益率 | 14.96 | 4.90 |
| 投入资本回报率 | 20.23 | 8.48 |
| 毛利率 | 25.77 | 16.04 |
| 净利率 | 13.15 | 4.32 |
| 财务风险比率 | | |
| 流动比率 | 1.53 | 1.03 |
| 速动比率 | 1.11 | 0.76 |
| 现金流量比率 | 0.65 | 0.22 |
| 资产负债率 | 53.73 | 63.30 |
| 权益乘数 | 2.16 | 2.72 |
| 营运能力比率 | | |
| 总资产周转天数 | 316.37 | 317.33 |
| 存货周转天数 | 50.51 | 46.07 |
| 应收账款周转天数 | 41.71 | 59.39 |
| 总资产周转率 | 1.14 | 1.13 |
| 存货周转率 | 7.13 | 7.81 |
| 应收账款周转率 | 8.63 | 6.06 |

对金发科技2020年财报的主要指标进行分析发现，相较于2019年来说，金发科技在2020年取得了突飞猛进的发展，营业收入、净利润、现金流量等增速惊人，净利率、流动比率、净资产周转率等都像坐上了直升机一样。

实际上，在利润表一章里，我们已经就金发科技公司的相关情况做出过讨论分析，对于这种爆炸式增长，要么是偶然事件的促使，要么是掌握的核心技术获得了市场的超级热捧。真实情况是，金发科技所处的是化工新材料行业，2020年初因为新冠肺炎疫情暴发，其所经营的医疗健康产品中的口罩和熔喷布（熔喷布是口罩最核心的材料）因为市场严重缺乏而供不应求，利润率高得惊人，直接拉升了金发科技的经营业绩。

基于此，在大家分析判断的时候，笔者就金发科技2019~2020年财报中的主要比率所透露出的信息，提供几点思考，以抛砖引玉供大家参考：

第一，先从盈利能力比率看，2020年金发科技无论是毛利率、净利率，还是净资产收益率、投入资本回报率等指标，几乎都实现了同步快速增长，甚至有些比率增长幅度高达3倍，比如净资产收益率从2019年的12.12%直接拉升到2020年的36.21%。

这些数据意味着，这一年金发科技的经营业绩获得了快速提升，盈利质量也显著提高，相应地，股东们投入的资金、资产等都获得了比较高的回报。但鉴于新冠肺炎疫情是一个突发事件，并不能形成常态，由此需要清醒认识到金发科技业绩的长期可持续性问题。

否则，当疫情过后，其经营业绩将不可避免地呈现出"断崖式"下跌。作为投资者，如果盲目乐观地"追涨"，极有可能"买在高岗上，卖在断崖处"。

第二，在财务风险比率方面，流动比率、速动比率都获得了大幅提升，表明金发科技在年度内运用其增长的流动资产偿还流动负债的能力很强，而且其流动资产增加的科目大多为现金及现金等价物，变现能力极强。

在这一年度内，金发科技的资产负债率从63.3%下降至53.73%，权益乘数从2.72下降至2.16，这个背后是因为公司用赚来的钱进行了大额的债务偿还，把财务杠杆逐步降下来。需要注意的是，尽管年度内的突发利好让金发科技感觉到"幸福来得很突然"，但其大量的对外举债，仅年度内的利息费用就高达5.408亿元，且连续数年都保持了较高的贷款，高额利息费用会吞噬掉净利润。

此外，根据笔者粗略计算，金发科技在2019~2020年的有息负债竟然分别高达131.8亿元和100.9亿元，据此大概估算出其借款利率约为5.4%。这对于新冠肺炎疫情暴发前，净利率仅为2%~5%的金发科技而言，意味着其净利率无法覆盖借款的利率。

第三，从营运能力比率看，出人意料的是在产品供不应求经营业绩坐火箭式增长的同时，除了应收账款周转率获得比较好的提高外，金发科技的总资产周转率和存货周转率竟然没有获得同步提升，这难免让人感到匪夷所思。

如果结合利润表分析，可以发现，在金发科技2020年内产品供不应求的状况下营业收入大幅提升，而销售费用、管理费用等也跟着"水涨船高"，似乎并没有形成良好的效率循环。同时，出现这种情况的另一种解释是，快速增加的资产并没有完全能够转化为对经营业绩提升的动力效应，并且因此形成了一些没有价值创造的"沉淀资产"。

综上所述，金发科技在2020年内取得的优秀业绩，并非完全是自身竞争力和管理层的价值创造使然，而多半应归结于外部因素的突发事件，这种情况很难促使其能够保持持续的业绩增长。但值得表扬的是，金发科技在现金流并不充裕的情况下，每年对研发费用的投入保持了比净利润高得多的状态，而且其把这些投入几乎全部费用化，在一定程度上体现出对财务的谨慎。

# 第五节　资产负债表的分析方法

对任何一家公司来说，资产都是其经营活动的基础和起点，也是一家公司的总家当。这家公司将来能够赚到多少钱，拥有多少真金白银，都离不开资产这个夯实的地基。

截至目前，本书已经介绍了资产负债表的各个组成部分——资产、负债和股东权益，包括其比率和分析。那么，资产负债表到底透露出了什么信息？我们应该怎样对其进行解读呢？

## 一、资产负债表传递出的信息

我们在看资产负债表时，其实关注的重点不是资产总计的具体数字，而是资产总计与负债和股东权益总计的关系。看一下：资产总计在这张报表的上部（也可以在左边），负债和所有者权益总计在下部（也可以在右边），它们的年末金额都是相同的。这也就是我们前文所讲的资产负债表的基本关系：资产=负债+所有者权益（或股东权益）。

在我们平常所接触到的案例中，尽管一般习惯于说资产负债表的左边是资产，右边是负债和所有者权益，但大部分对外披露的报表中上部是资产，下部是负债和所有者权益。

这样说吧，资产负债表的上部是在告诉大家，作为公司股东投入的钱都去哪里了，都变成什么了，现金还剩下多少，哪些变成了存货，哪些变成了固定资产，哪些变成了应收账款，哪些变成了土地使用权……资产负债表上部的意思就是，钱被拿去换成什么东西了。资产负债表的下部很清楚地告诉我们，公司的钱是从哪些渠道进来的，哪些是股东投入的，哪些是从银行借贷的，哪些是欠员工的，哪些是欠供应商的，哪些是欠税务局的，等等，不一而足。但不管名目如何纷繁复杂，流进来的钱跟流出去的钱必须相等，这也就是资产负债表上最基础的会计恒等式，即上部的资产与下部的负债和股东权益之和相等，上下两头始终要保持成立。否则，这个报表就滑天下之大稽了。

细心的读者朋友可能注意到了，在资产负债表的流动资产中的应收账款、应收票据、存货、预付账款和流动负债中的应付账款、应付票据、预收账款等，都是描述经营活动的。各种资产项目的周转率可以描述公司的运营效率。

另外，流动资产中的金融资产、应收股利、应收利息以及各种非流动资产描述的则是公司的投资活动，而流动负债中的短期借款、应付股利、应付利息，以及各种非流动负债、股东权益又描述了公司的融资活动。

可能很多人都会认为，作为一家公司的股东（老板），自然对这家公司包括钱在内的资产拥有绝对支配权，可以随时从公司把钱拿出来。答案是：NO！从严格意义上讲，一个公司首先得把欠银行的钱还上，给员工发放工资薪酬，给供应商支付欠款，在税务部门完税之后，才能把剩下来的东西（可能是钱，也可能是机器设备等）分配给各个股东，这叫作股东的"剩余求偿权"。也就是说，股东是最后一个拿走自己利益的人。

资产负债表还传递出了哪些信息呢？它让投资者随时了解一家公司的家当，了解公司的经营情况，了解公司的财务状况等，以便应对随时来临的风险袭击。所以编制资产负债表的过程，其实就是股东清点自己家底的过程，从而对公司的财务状况心里有数。

记住：资产负债表只是描述了一家公司在某个时点的财务状况，就好像为公司的财务状况拍了一张照片。打个形象的比方，老喻口袋里有500元钱，这只是代表他此刻拥有500元钱，而不是他的口袋在过去的一年时间里一直都拥有这500元钱，这个过程中间可能随时有流出或者流入，但都不妨碍最后在制表时描述的某个时点的财务状况。

## 二、资产负债表案例分析

迄今为止，我们已经针对资产负债表的有关问题进行了相对深入的介绍和讨论，包括对资产结构、负债与股东权益结构都进行了认识与探讨。应该说，基于前文所述，大家对公司的资产负债表已经有了一定的熟悉。

我们以一个真实的公司财务报表为基础，对公司的资产负债表进行整体分析。为了便于阅读，先把海天味业2020年的资产负债表（有删节）数据列示，如表5-43所示。

**表 5-43　海天味业资产负债表**

单位：元

| 项目 | 2020 年 12 月 31 日 | 2019 年 12 月 31 日 |
|---|---|---|
| 流动资产 | | |
| 货币资金 | 16,957,675,015.45 | 13,455,532,720.24 |
| 交易性金融资产 | 5,054,735,186.75 | 4,878,142,342.48 |
| 应收账款 | 41,492,650.30 | 2,463,315.07 |
| 预付账款 | 15,623,255.46 | 18,577,720.22 |
| 其他应收款 | 11,185,829.20 | 89,751,214.54 |
| 其中：应收利息 | | 78,920,578.58 |
| 存货 | 2,099,920,921.86 | 1,802,760,746.44 |
| 其他流动资产 | 19,503,828.31 | 22,139,073.03 |
| 流动资产合计 | 24,200,136,687.33 | 20,269,367,132.02 |
| 非流动资产 | | |

续表

| 项目 | 2020 年 12 月 31 日 | 2019 年 12 月 31 日 |
|---|---|---|
| 其他非流动金融资产 | 100,000.00 | 100,000.00 |
| 投资性房地产 | 4,912,608.29 | 5,424,533.82 |
| 固定资产 | 3,913,914,242.44 | 3,448,256,519.87 |
| 在建工程 | 368,803,829.98 | 493,515,429.53 |
| 无形资产 | 385,298,787.75 | 138,370,580.99 |
| 商誉 | 30,578,355.42 | 15,090,466.13 |
| 长期待摊费用 | 4,550,870.63 | 87,059.73 |
| 递延所得税资产 | 625,324,656.82 | 383,676,376.59 |
| 非流动资产合计 | 5,333,483,351.33 | 4,484,520,966.66 |
| 资产总计 | 29,533,620,038.66 | 24,753,888,098.68 |
| 流动负债 | | |
| 短期借款 | 92,600,000.00 | 19,600,000.00 |
| 应付票据 | 413,368,683.31 | 397,525,371.80 |
| 应付账款 | 1,001,363,367.54 | 900,946,325.38 |
| 预收款项 | | 4,097,996,215.03 |
| 合同负债 | 4,451,535,500.47 | |
| 应付职工薪酬 | 828,424,042.56 | 700,536,530.75 |
| 应缴税费 | 716,772,010.27 | 645,119,763.32 |
| 其他应付款 | 1,239,133,971.41 | 1,126,716,912.76 |
| 其他流动负债 | 337,145,880.46 | |
| 流动负债合计 | 9,080,342,856.11 | 7,978,441,119.04 |
| 非流动负债 | | |
| 递延收益 | 270,361,510.27 | 177,740,197.81 |
| 递延所得税负债 | 16,881,127.32 | |
| 非流动负债合计 | 287,242,637.59 | 177,740,197.81 |
| 负债合计 | 9,367,585,493.70 | 8,156,181,316.85 |
| 所有者权益（或股东权益） | | |
| 实收资本（股本） | 3,240,443,208.00 | 2,700,369,340.00 |
| 资本公积 | 790,587,443.39 | 1,330,661,311.39 |
| 盈余公积 | 1,638,797,219.90 | 1,368,760,085.90 |
| 未分配利润 | 14,398,588,292.06 | 11,182,164,121.35 |
| 归属于母公司所有者权益（或股东权益）合计 | 20,068,416,163.35 | 16,581,955,058.64 |
| 少数股东权益 | 97,618,381.61 | 15,751,723.19 |
| 所有者权益（或股东权益）合计 | 20,166,034,544.96 | 16,597,706,781.83 |
| 负债和所有者权益（或股东权益）总计 | 29,533,620,038.66 | 24,753,888,098.68 |

接下来，我们谈谈如何在最短的时间里抓住资产负债表的关键性要点，集中精力重点展开分析和研判，往往会事半功倍。

一般来说，我们拿到一份资产负债表，主要按照以下步骤和方法逐步进行分析：第一，先看这家公司资产规模的变化，以及引起资产规模发生变化的核心因素是什么；第二，观察资产部分的项目结构，以及主要财务比率的变化情况；第三，梳理出流动资产与流动负债之间的动态关系；第四，拆解公司的负债与资产之间的逻辑关系；第五，找出这家公司资产增长的关键动力并对其是否具备持续竞争优势做出判断。

我们对海天味业的资产负债表进行讨论。

## （一）资产规模的变化以及引起资产规模变化的核心因素

我们先来看一看海天味业资产总规模发生了怎样的变化。从资产总计项目的规模看，海天味业的资产总规模出现了比较大的增长。资产总计从期初的247.54亿元增长到期末的295.34亿元，增长了47.8亿元，增长幅度约为20%（见表5-44），几乎没有受到2020年新冠肺炎疫情的影响，逆势增长。作为食品饮料行业中调味品的细分龙头公司，海天味业自身的竞争力和所处赛道的合力因素，在经济震荡期表现出了持续稳定的态势。

**表 5-44 海天味业资产总计**

单位：元

| 项目 | 2020 年 | 2019 年 |
|---|---|---|
| 资产总计 | 29,533,620,038.66 | 24,753,888,098.68 |

继续深挖下去，引起海天味业资产规模较大幅度增加的关键因素是什么呢？答案不在资产项目中，而隐藏在负债和所有者权益项目里。从表5-45可以看出，海天味业年末负债总规模为93.68亿元，比期初81.56亿元增加了12.12亿元，增长幅度为14.86%。

**表 5-45 海天味业年末负债规模**

单位：元

| 项目 | 2020 年 | 2019 年 |
|---|---|---|
| 负债合计 | 9,367,585,493.70 | 8,156,181,316.85 |

结合海天味业的负债结构来看，其负债的增长主要是合同负债（预收款项）、递延收益、应付职工薪酬、应付账款和短期借款等科目有所增长，也就是与公司经营业务有关的各项经营性负债整体有所增加。如表5-46所示。

**表 5-46 海天味业的负债表**

单位：元

| 项目 | 2020 年 | 2019 年 |
|---|---|---|
| 流动负债 | | |

续表

| 项目 | 2020 年 | 2019 年 |
|---|---|---|
| 短期借款 | 92,600,000.00 | 19,600,000.00 |
| 应付票据 | 413,368,683.31 | 397,525,371.80 |
| 应付账款 | 1,001,363,367.54 | 900,946,325.38 |
| 预收款项 | | 4,097,996,215.03 |
| 合同负债 | 4,451,535,500.47 | |
| 应付职工薪酬 | 828,424,042.56 | 700,536,530.75 |
| 应缴税费 | 716,772,010.27 | 645,119,763.32 |
| 其他应付款 | 1,239,133,371.41 | 1,216,716,912.76 |
| 其他流动负债 | 337,145,880.46 | |
| 流动负债合计 | 9,080,342,856.11 | 7,978,441,119.04 |
| 非流动负债 | | |
| 递延收益 | 270,361,510.27 | 177,740,197.81 |
| 递延所得税负债 | 16,881,127.32 | |
| 非流动负债合计 | 287,242,637.59 | 177,740,197.81 |
| 负债合计 | 9,367,585,493.70 | 8,156,181,316.85 |

换句话说，海天味业的负债增加主要是由于经营业务活动导致公司经营性负债增长了约12亿元。很明显，海天味业的负债增长速度，相较于其资产的增加幅度则相形见绌了。

所有者（股东）权益如表5-47所示。

### 表 5-47　海天味业所有者权益

单位：元

| 项目 | 2020 年 | 2019 年 |
|---|---|---|
| 所有者权益（或股东权益） | | |
| 实收资本（股本） | 3,240,443,208.00 | 2,700,369,340.00 |
| 资本公积 | 790,587,443.39 | 1,330,661,311.39 |
| 盈余公积 | 1,638,797,219.90 | 1,368,760,285.90 |
| 未分配利润 | 14,398,588,292.06 | 11,182,164,121.35 |
| 归属于母公司所有者权益（或股东权益）合计 | 20,068,416,163.35 | 16,581,955,058.64 |
| 少数股东权益 | 97,618,381.61 | 15,751,723.19 |
| 所有者权益（或股东权益）合计 | 20,166,034,544.96 | 16,597,706,781.83 |
| 负债和所有者权益（或股东权益）总计 | 29,533,620,038.66 | 24,753,888,098.68 |

从表5-47中可以发现，期末实收资本（股本）增加了540,073,868元，本次变动是因为资本公积转股所致，也印证了期末资本公积项目减少的数量。盈余公积在年度内没有发生变化。总体来说，2020年没有股东入资，对公司资产增长贡献最大的是未分配利润，从期初的111.82亿元增加至期末的143.99亿元，增加了32.17亿元。

经过一番简单比对就可以清楚地知道，引起公司年度内资产增长的关键原因是利润积累和经营业务发展共同助推了公司资产的增长。其中，贡献最大的是公司的利润积累。

沿着这个思路继续深挖，还可以针对负债和所有者权益项目提炼出更多有价值的信息。如表5-48所示。

**表5-48　负债和所有者权益**

单位：元

| 项目 | 期末余额 | 期初余额 |
|---|---|---|
| 所有者权益合计 | 20,166,034,544.96 | 16,597,706,781.83 |
| 负债和所有者权益总计 | 29,533,620,038.66 | 24,753,888,098.68 |

海天味业2020年的资产（资产=负债+所有者权益）约为295.34亿元，相比2019年的247.54亿元的资产，增加了约47.8亿元。2020年底资产与所有者权益之间的差额，显示出公司有负债93.68亿元。相比2019年约81.56亿元负债，2020年公司增加了约12.12亿元负债。

海天味业资产增加了约47.8亿元，负债增加了约12.12亿元，净资产增加了约35.68亿元。这可能让人纳闷儿了：2020年海天味业公司的利润表上显示，其赚到的净利润为64.09亿元（含少数股东损益），净资产只增加了35.68亿元，那剩下的28.41亿元哪里去了？

分红分掉了。这个分红包括2020年内上市公司实施2019年分红方案，以当期股本总数2,700,369,340股为基数，向全体股东每10股派10.8元（含税），共分配现金股利约29.16亿元。同时，海天味业当期还以资本公积金转增股本的方式，向全体股东按每10股转增2股，共转出资本公积约5.4亿元，与本年度内资本公积减少的数量正好吻合。

### （二）资产项目的结构，以及主要比率的历史变化

如果说负债是关于钱的来源，那么资产是关于钱的去处。看钱的去处，主要看两个方面：一是原来的钱的布局情况；二是新钱（包括新借的和新挣的）都花哪里去了。

我们在阅读这些数据时，不能单独地就数据进行拆解分析，而应该拓宽视野和拉长时间来比对，沿着变化的轨迹去寻找背后的逻辑，如此才能形成一个相对完整的分析链，避免盲人摸象的错误。

2020年海天味业的资产项目部分如表5-49所示。

表 5-49 海天味业资产部分

单位：元

| 项目 | 2020 年 12 月 31 日 | 2019 年 12 月 31 日 |
|---|---|---|
| 流动资产 | | |
| 货币资金 | 16,957,675,015.45 | 13,455,532,720.24 |
| 交易性金融资产 | 5,054,735,186.75 | 4,878,142,342.48 |
| 应收账款 | 41,492,650.30 | 2,463,315.07 |
| 预付账款 | 15,623,255.46 | 18,577,720.22 |
| 其他应收款 | 11,185,829.20 | 89,751,214.54 |
| 其中：应收利息 | | 78,920,578.58 |
| 存货 | 2,099,920,921.86 | 1,802,760,746.44 |
| 其他流动资产 | 19,503,828.31 | 22,139,073.03 |
| 流动资产合计 | 24,200,136,687.33 | 20,269,367,132.02 |
| 非流动资产 | | |
| 其他非流动金融资产 | 100,000.00 | 100,000.00 |
| 投资性房地产 | 4,912,608.29 | 5,424,533.82 |
| 固定资产 | 3,913,914,242.44 | 3,448,256,519,87 |
| 在建工程 | 368,803,829.98 | 493,515,429.53 |
| 无形资产 | 385,298,787.75 | 138,370,580.99 |
| 商誉 | 30,578,355.42 | 15,090,466.13 |
| 长期待摊费用 | 4,550,870.63 | 87,059.73 |
| 递延所得税资产 | 625,324,656.82 | 383,676,376.59 |
| 非流动资产合计 | 5,333,483,351.33 | 4,484,520,966.66 |
| 资产总计 | 29,533,620,038.66 | 24,753,888,098.68 |

资产的结构分析，主要是研究流动资产与总资产之间的比率关系，反映这一关系的重要指标是流动资产率，其公式为：

流动资产率 = 流动资产 / 总资产 ×100%

一般来说，流动资产率越高，说明公司生产经营活动越重要，发展势头越旺盛；也说明公司当期投入生产经营活动的现金，要比其他时期、其他公司投入得多。反之，如果一家公司的流动资产率低于合理区间，并逐年不断减少，一般来说其业务处于萎缩之中，生产经营亮起了红灯，需要及时找出原因。

经过计算，海天味业的流动资产率基本上连续数年都保持在约82%，而其竞争对手中炬高新和千禾味业分别保持在约60%、46%，其中，中炬高新涉及园区和房地产开发，可能导致其固定资产所占比例较大一些。

对流动资产率这一指标的分析，一般是跟同行业横向对比，同一家公司则纵向对比。不同的行业，这个比率有不同的合理区间。比如说，像调味品、白酒、商业批发等行业，这个指标可能在70%以上，而化工、航空、建材、重型机械等行业则一般在30%~60%。

由于对同行业竞争对手进行对比研究相对更加复杂，工作量要大得多，因此，我们一般多选择同一家公司历年间（至少是连续两年，即期初、期末）的纵向对比分析。

实际上，通过流动资产率指标，可以评价公司的类型。但更为准确的公式可以进化为：生产资产/总资产。所谓"生产资料"主要指固定资产、在建工程、工程物资及无形资产里的土地。比如，在海天味业2020年财报中，这几部分合计约为47亿元。

通过计算生产资料在总资产中所占比例，即可知道占比大的一般称为"重资产公司"，占比小的被称为"轻资产公司"。比如，用海天味业的生产资料与总资产相除，得出的比率约为15.9%。重资产公司的资本开支通常比较大，需要不断地投入资金进行维护或升级，并产生大量的折旧和摊销，必须要有大量的产品分摊成本，否则容易陷入亏损的泥潭，比如说大多数机械制造公司。

而轻资产公司，因为没有过高的固定成本，其产品和服务的成本主要是可变成本。即使遭遇市场不景气或者竞争激烈，成本也会跟随销量下滑，使公司更容易在逆境中保持盈利能力，比如说片仔癀、同仁堂等。而正是因为不需要太大的资本开支，公司才会有钱分配给股东。

关于轻资产和重资产的优劣势比较，如表5-50所示。

表5-50　轻资产与重资产优劣势比较

|  | 轻资产 | 重资产 |
|---|---|---|
| 优势 | 降低生产成本；专注核心业务，有利于提高核心竞争力；提高组织结构的灵活性 | 资本、技术投入大，门槛高，运营模式不易被效仿，易形成行业寡头垄断，产生规模效应 |
| 劣势 | ①缺乏自有生产线，容易导致经营风险；产品质量缺乏有效控制，弱化了公司服务能力。②产生对外包厂商的依赖，如果无法明确公司的核心竞争力，还有可能培养潜在的对手。③轻资产很容易形成泡沫，特别是在通货膨胀时期，难以抵御资金风险。④一旦产生利润的主要无形资产要素被颠覆则非常容易迅速被替代，这个被替代的速度将远超过依赖于有形资产盈利的公司类别 | ①占用大量的资金，机会成本的耗费太大。②形成大量固定成本、折旧摊销费用，一旦转产或者资源使用不足，将有导致大量损失的风险。③固定资本随着规模的扩大而扩大，一旦遭遇经济环境或者客户需求的大波动，将出现资金紧张情况 |

对于投资者来说，A股市场中有4300多家上市公司可供选择，所以完全没有必要将注意力放在那些不断需要持续更新升级资产的公司身上。投资大师查理·芒格曾经这样说："世界上有两种生意，第一种生意是你可以每年赚取12%的收益，然后年末你可以拿走所有的利润。第二种生意是你同样可以每年赚取12%的收益，但是你不得不把赚来的钱重新投资，然后你指着所有的厂房设备对股东们说：这就是你们的利润。我恨第二种生意。"

所以，除了对流动资产进行分析研判外，资产结构的分析还包括对无形资产增减，及固定资产折旧快慢的分析。换句话说，就是固定资产和无形资产在总资产中所占的比重如何。如果这一比例太大，可能意味着公司的退出门槛很高，转型困难，经营风险较大。

这是因为资产结构影响到成本结构。我们知道，成本结构分为固定成本和变动成本两大类，无形资产摊销下来也计入固定成本，所以这类公司的成本相当于是刚性成本。而成本结构具有放大效应，比如收入值下降5%，很容易导致20%~30%的实际损益。

此外，资产项目涉及的财务比率非常关键，尤其是可以根据数年间的变化情况拉长时间而进行分析研判。总的来讲，除了上述讨论的流动资产率外，主要还有应收账款占总资产的比例，货币资金与有息负债的比例，非主营资产占总资产的比例，这三个比例比较简单易懂，且都可以拉长时间。和以前比较，看看公司这些年都发生了什么样的变化。

首先是应收账款占比。一是看比例是否太大，一般来说，应收账款占比超过30%就已经算是触碰红线了；二是看应收账款的回收周期，这个在财报附注里可以查阅到；三是看是否有异常，比如说暴增暴降，或者总是集中在少数几家公司身上，其增幅经常超过营业收入的增幅，说明公司采用了激进的销售政策。

其次是货币资金占比。巴菲特说："现金就像氧气，99%的时间你不会注意到它，直到它没了。"这个比例主要用来考察公司的偿债能力，一个稳健的、具有持续竞争力的公司，它的资金账户上随时都应该有足够的现金，以应对各种紧急情况的发生，包括对有息负债的覆盖。

最后是非主业资产占比。很多公司容易产生盲动症，业务构成纷繁复杂，可能同时跨越两三个行业，也就是所谓的多元化发展，却没把注意力集中放置在自己所擅长的领域，形成了错配。比如说，一家制造业公司，将大量资金资源配置于交易性金融资产、可供出售金融资产或者投资理财、炒房炒股等，一方面说明管理层注意力不够集中，另一方面说明该行业的发展触及天花板了。

### （三）流动资产与流动负债之间的动态关系

流动资产指公司在一年或者超过一年的一个营业周期内变现或者运用的资产，是公司资产中必不可少的组成部分，也像是公司的一条大动脉。流动资产在周转过程中，从现金形态开始，依次改变其形态，最后又回到现金，这个过程中，资金与生产流动紧密相关，周转速度快，变现能力强，它包括货币资金、应收票据、应收账款和存货等。

流动负债是指在一年或者超过一年的一个营业周期内必须偿还的债务，包括短期借款、应付票据、应付账款、预收账款、应付职工薪酬、应交税金和其他应付款等。

把流动资产和流动负债进行比较，就会产生两个新概念：一是用流动资产除以流动负债，得到的比率叫作流动比率；二是用流动资产减去流动负债，得到的概念叫作净流动资产或者叫营运资本（资金）。

我们还是先看一下海天味业资产负债表中关于资产和负债的部分数据，如表5-51所示。

表 5-51　海天味业 2020 年资产负债表（部分）

单位：元

| 项目 | 2020 年 12 月 31 日 | 2019 年 12 月 31 日 |
|---|---|---|
| 流动资产 | | |
| 货币资金 | 16,957,675,015.45 | 13,455,532,720.24 |
| 交易性金融资产 | 5,054,735,186.75 | 4,878,142,342.48 |
| 应收账款 | 41,492,650.30 | 2,463,315.07 |
| 预付账款 | 15,623,255.46 | 18,577,720.22 |
| 其他应收款 | 11,185,829.20 | 89,751,214.54 |
| 其中：应收利息 | | 78,920,578.58 |
| 存货 | 2,099,920,921.86 | 1,802,760,746.44 |
| 其他流动资产 | 19,503,828.31 | 22,139,073.03 |
| 流动资产合计 | 24,200,136,687.33 | 20,269,367,132.02 |
| 非流动资产 | | |
| 其他非流动金融资产 | 100,000.00 | 100,000.00 |
| 投资性房地产 | 4,912,608.29 | 5,424,533.82 |
| 固定资产 | 3,913,914,242.44 | 3,448,256,519.87 |
| 在建工程 | 368,803,829.98 | 493,515,429.53 |
| 无形资产 | 385,298,787.75 | 138,370,580.99 |
| 商誉 | 30,578,355.42 | 15,090,466.13 |
| 长期待摊费用 | 4,550,870.63 | 87,069.73 |
| 递延所得税资产 | 625,324,656.82 | 383,676,376.59 |
| 非流动资产合计 | 5,333,483,351.33 | 4,484,520,966.66 |
| 资产总计 | 29,533,620,038.66 | 24,753,888,098.68 |
| 流动负债 | | |
| 短期借款 | 92,600,000.00 | 19,600,000.00 |
| 应付票据 | 413,368,683.31 | 397,525,371.80 |
| 应付账款 | 1,001,363,367.54 | 900,946,325.38 |
| 预收款项 | | 4,097,996,215.03 |
| 合同负债 | 4,451,535,500.47 | |
| 应付职工薪酬 | 828,424,042.56 | 700,536,530.75 |
| 应缴税费 | 716,772,010.27 | 645,119,763.32 |
| 其他应付款 | 1,239,133,371.41 | 1,216,716,912.76 |
| 其他流动负债 | 337,145,880.46 | |
| 流动负债合计 | 9,080,342,856.11 | 7,978,441,119.04 |
| 非流动负债 | | |
| 递延收益 | 270,361,510.27 | 177,740,197.81 |
| 递延所得税负债 | 16,881,127.32 | |
| 非流动负债合计 | 287,242,637.59 | 177,740,197.81 |
| 负债合计 | 9,367,585,493.70 | **8,156,181,316.85** |

　　从表5-51可以找到2020年期末的流动资产为242亿元，比期初202.69亿元增加了39.31亿元；2020年期末的流动负债为90.8亿元，比期初79.78亿元增加了约11亿元。经过简单计算，2020年海天味业的流动比率为2.67：1。再根据速动比

率的公式，计算出2020年海天味业的速动比率为2.43∶1。

一般来说，这两个比率越高，说明公司资产的变现能力越强，短期偿债能力越强，反之则弱。那究竟多高才算比较好呢？传统的教科书认为，将流动比率保持在2∶1以上比较好，速动比率应在1∶1以上为好。

流动比率2∶1，表示流动资产是流动负债的两倍，即使流动资产有50%在短时间内不能变现，也能保证全部的流动负债可以获得偿还；速动比率1∶1，表示现金及现金等价物具有即时变现能力的速动资产与流动负债相等，可以随时偿还全部流动负债，并且有足够的资产维持公司正常的生产经营。

但这也只是一个经验值，并非铁板一块。比如说，格力电器长期维持了较低的流动资产和较高的流动负债，并且能够保持长期发展的稳定状态，所以这种低比率恰恰反映了公司的经营竞争优势。

## （四）拆解公司的资产与负债的逻辑关系

将公司的资产与负债进行对比，可以得出一个大家几乎耳熟能详的比率：资产负债率。前文已经介绍过了，它表示公司全部资金来源中有多少来自举借债务，一目了然非常清楚。

跟流动比率和速动比率一样，资产负债率多高才算比较好呢？

通常情况下，不少人认为一家公司的资产负债率达到70%以上就已经比较危险了，因为比较高的资产负债率特别容易导致公司的债务偿还出现问题，就像一个体弱多病的人，哪怕遭遇一个小感冒也极可能倒下，没有任何抵抗能力。

在笔者看来，一家公司的资产负债率控制在50%以下是一个相对比较良性的状态，一旦突破50%的底线，则偿债能力偏弱，风险相对比较高。但是，不同行业的情况也不完全相同。比如，金融机构的商业模式不同，其资产负债率往往会高达80%或90%以上，对于一些重资产型公司或房地产企业，像铁路、机场、水电、光伏、高速公路等行业，也存在较高的负债率。

公司适度举债经营并非一件坏事，它可以提高股东的回报率，但资产负债率过高会导致公司财务状况恶化，偿债能力降低，存在不能清偿债务而破产倒闭的风险。作为投资者，对于资产负债率过高的公司，必须抱有强烈的戒心，一定要仔细分析公司的基本面量化考察，宁愿错过一千也不踩雷一个。

我们来看一看海天味业的资产负债率，如表5-52所示。

**表 5-52　海天味业 2020 年资产负债率**

单位：元

| 项目 | 2020 年 | 2019 年 |
| --- | --- | --- |
| 负债合计 | 9,367,585,493.70 | 8,156,181,316.85 |
| 资产总计 | 29,533,620,038.66 | 24,753,888,098.68 |
| 资产负债率 | 31.72% | 32.95% |

海天味业2020年期末的资产总额为295.34亿元，负债合计为93.68亿元，其

2020年的资产负债率为31.72%，相较于2019年期末下降了1.23%。

从以上数据可以看出，海天味业的资产负债率比较低，这几乎也是整个调味品行业内公司的普遍特征，账户上"躺着"大量货币资金以及现金等价物，或者是不少的交易性金融资产等，随时可以变现，富得流油。

既然如此，那为什么还有90多亿元的负债呢？一家公司的债务分为有息负债和经营性负债两大类，区别在于有息负债是需要支付利息的，而且都有明确的偿还时间限制，比如短期借款、应付债券、一年内到期的非流动负债等。而经营性负债通常是公司在经营活动中产生的负债，比如应付账款、应付薪酬、预收账款等，不需要支付任何利息，相当于是无偿借贷，这种情况是由公司自身在市场竞争和产业链条中的优势地位所决定的。

回到海天味业的负债项目表上。从其报表里负债的具体项目看，在公司期末93.68亿元的负债中，最明显的贷款项目只有短期借款0.926亿元，这也可以从利润表中支付的0.053亿元利息得到印证，但这构不成公司负债的主体。

继续深入挖掘，海天味业的负债主体几乎都是与其业务经营活动相关的应付账款、应付票据、合同负债（预收款项）、应付职工薪酬、应交税费和其他应付款等。这些项目的大规模负债，实际上反映出海天味业对上下游即供应商和经销商的资金占用能力。也就是说，海天味业是在无偿利用上下游两端的资金来支持自己的业务发展。

因此，如果在一家公司的债务构成中贷款类负债不多，则一般不用担心偿债能力。

### （五）资产增长的驱动力及未来持续竞争优势

任何一家公司的最终目的都是赚钱，而一家公司的管理层则通过持续不断地创造价值来赚钱。尤其对于一家以经营资产为主的经营主导型公司，它能够最大限度地保持自身的核心竞争力，成为巴菲特一直寻找的具有持续竞争优势的公司。

经营主导型公司，往往会以自己特定的商业模式、行业赛道选择和提供特定产品为主营业务的战略为主导，以一定的竞争策略，比如差异化策略、低成本策略等，通过固定资产、存货的内在联系及其与市场之间的关系，为公司的股东、经销商和消费者等持续创造价值。

但不管怎么说，任何一家公司的经营活动，都是从现金开始到现金结束的不断循环往复，从而促使公司的资产持续增加。其主要动力有三个方面：一是利润累积；二是由业务经营活动所引起的各项经营性负债；三是各种形式的贷款。

很明显，在三大核心动力之中，最为重要的是利润的积累，就像大多数人早期的资金积累来自他在职场上的努力和职位提升等获得的回报一样。它的重大意义还在于，驱使资产增加不同的动力结构，对公司未来持续竞争优势的价值不同：

第一，依靠自身业务发展和利润积累持续推动资产增长的公司，才能形成良好的经营活动循环，才能在上下游产业链条中拥有优势地位，逐步建立高深宽广的"护城河"，从而形成自己的核心竞争力。

第二，一家公司如果只是一味依靠股东烧钱和对外借贷融资而推动资产增长，长期无法建立自己正常的"血液循环系统"，不能为利益相关方创造价值而实现现金流入，高杠杆的财务风险迟早会爆发，比如乐视网就是近几年最典型和鲜活的失败案例。

海天味业的资产负债表数据告诉我们，其资产之所以能够持续不断地增长，最核心的动力还是依靠自己的差异化策略、业务规模和品牌优势以及利润的积累。只有这样脚踏实地的公司，才有可能飞得更高。

# 第六章　现金流量表：公司还能活多久

现金是氧气，99%的时间你不会注意它，直到它没有了。在大部分行业，公司倒闭的原因都是公司耗尽了现金，所以一家伟大的公司必须具有充沛的现金流。

——沃伦·巴菲特

理解了利润表和资产负债表的核心内容之后，接着看第三张财务报表——现金流量表。

绝大多数公司的最终目的是赚钱。有了盈利，就一定意味着赚到钱了吗？利润固然重要，但它有一个不能解决的问题，就是公司当下的生存问题，而现金流量表关注的正是这个问题。

你可能想起了一句名言：现金为王。通用电气公司前CEO杰克·韦尔奇说："如果你只有三种可以依赖的业务衡量方法，那么应该就是：员工满意度、客户满意度和现金流量。"海尔集团董事局主席张瑞敏也曾说过这么一句话："当一个公司没有利润不一定破产清算，但如果没有现金流量就一定会破产清算！"

统计报告显示，20世纪90年代，每4家破产的公司中，就有3家是盈利的，只有1家是亏损的。是的，你没看错，盈利的公司也会破产。也就是说，公司破产并不完全是因为利润，而是因为没有现金了。

利润和现金之间之所以会产生这种错位关系，其实是因为会计惹的祸。按照会计准则，只要双方签订了合同，在提供了相应的产品或服务后，即可记录对应的收入和利润。而现金则需要等到对方真正付款时，才能被确认记录。

简单地讲，这其实是会计处理方法上的权责发生制与收付实现制的差异。权责发生制指产品一旦发货了，就会被记录到利润表上的销售收入项目，它不管对方何时支付货款。在收付实现制下，公司必须要等到收取货款现金之后才能入账。

也就是说，收入增加不等于货币资金增加，费用增加不等于货币资金减少，净利润也不意味着公司货币资金的净增加。

在现实中，众多行业的市场竞争异常激烈，对手纷纷使出浑身解数抢占市场份额，导致大多数公司都会给它们的购买者提供各种信用，比如分期付款、延期付款等。它们发现使用权责发生制更具有优越性，因为这种方法允许它们将赊销作为收入记录在利润表上，同时在资产负债表上也增加了应收账款。

既然权责发生制允许赊销作为收入记账，必然意味着并没有同步获得现金收入，因此有必要将实际发生的现金流入和现金流出单独列示。这就是现金流量表产生的背景，它将告诉我们，这家公司是现金流入大于现金流出（叫作"正的净现金流"），还是现金流入小于现金流出（叫作"负的净现金流"）。

所以，现金流量表描述现金的流向，也就是公司收到钱和付出钱的情况。我们知道，一家公司无论做了多少事情，在会计眼里，始终只有三件事：经营、投资和融资。现金流量表就是从经营、投资和融资三个角度，对现金的流入和流出进行描述。

现金流量表与利润表一样，反映的是某一段时间的情况，公司的会计部门和审计师事务所每个季度和每个会计年度都会编制一份现金流量表。

巴菲特认为，一家公司是否值得投资，唯一要考虑的是公司是否具有足够充沛且源源不断的现金流。他说，上市公司就像一片"树林"，而现金流就像"树林中的小鸟"，投资者的目标是用最少的成本捕捉到树林中尽可能多的小鸟。

那些真正值得投资的好公司，自身一定能产生充沛的现金流。它不用靠投资者后续投入，也不会让公司负债经营，依靠自己产生的现金流就能稳定发展，甚至经营业绩更上一层楼。选择投资这样的公司，才会给我们带来财富。

为了便于阅读，本书以中炬高新2020年财报为例，先了解熟悉一下现金流量表的框架结构（有删节），如表6-1所示。

**表6-1 中炬高新2020年现金流量表**

单位：元

| 项目 | 附注 | 2020年 | 2019年 |
|---|---|---|---|
| 一、经营活动产生的现金流量 | | | |
| 销售商品、提供劳务收到的现金 | | 5,729,040,044.70 | 5,532,696,353.77 |
| 拆入资金净增加额 | | | |
| 收到的税费返还 | | | 201,768.27 |
| 收到其他与经营活动有关的现金 | 七、78 | 35,268,594.91 | 97,741,391.57 |
| 经营活动现金流入小计 | | 5,764,308,639.61 | 5,630,639,513.61 |
| 购买商品、接受劳务支付的现金 | | 3,332,381,469.19 | 3,107,988,496.62 |
| 支付给职工及为职工支付的现金 | | 562,829,596.06 | 519,890,016.38 |
| 支付的各项税费 | | 452,168,701.50 | 421,538,969.24 |
| 经营活动现金流出小计 | | 4,763,309,469.37 | 4,571,770,315.80 |
| 经营活动产生的现金流量净额 | | 1,000,999,170.24 | 1,058,869,197.81 |
| 二、投资活动产生的现金流量 | | | |
| 收回投资收到的现金 | | 7,081,957,582.35 | 6,975,394,963.34 |
| 取得投资收益收到的现金 | | 58,581,050.71 | 36,854,928.17 |

续表

| 项目 | 附注 | 2020 年 | 2019 年 |
|---|---|---|---|
| 处置固定资产、无形资产和其他长期资产收回的现金净额 | | 1,517,982.50 | 1,598,358.95 |
| 投资活动现金流入小计 | | 7,142,056,615.56 | 7,013,848,250.46 |
| 购建固定资产、无形资产和其他长期资产支付的现金 | | 328,155,754.71 | 233,975,427.22 |
| 投资支付的现金 | | 7,939,000,000.00 | 6,907,500,000.00 |
| 投资活动现金流出小计 | | 8,267,155,754.71 | 7,141,475,427.22 |
| 投资活动产生的现金流量净额 | | −1,125,099,139.15 | −127,627,176.76 |
| 三、筹资活动产生的现金流量 | | | |
| 吸收投资收到的现金 | | | |
| 取得借款收到的现金 | | 560,000,000.00 | 109,878,000.00 |
| 筹资活动现金流入小计 | | 560,000,000.00 | 109,878,000.00 |
| 偿还债务支付的现金 | | 709,878,000.00 | 502,161,571.61 |
| 分配股利、利润或偿付利息支付的现金 | | 257,060,858.98 | 238,834,578.22 |
| 其中：子公司支付给少数股东的股利、利润 | | 2,500,000.00 | |
| 支付其他与筹资活动有关的现金 | 七、78 | 239,189.12 | |
| 筹资活动现金流出小计 | | 967,178,048.10 | 740,996,149.83 |
| 筹资活动产生的现金流量净额 | | −407,178,048.10 | −631,118,149.83 |
| 四、汇率变动对现金及现金等价物的影响 | | 497,548.40 | 18,621.01 |
| 五、现金及现金等价物净增加额 | | −530,780,468.61 | 300,142,492.23 |
| 加：期初现金及现金等价物余额 | | 686,162,755.15 | 386,020,262.92 |
| 六、期末现金及现金等价物余额 | | 155,382,286.54 | 686,162,755.15 |

现金流量表是反映公司在一定会计期间现金和现金等价物流入及流出的财务报表。其中，现金指公司库存现金以及可以随时用于支付的存款；现金等价物指公司持有的期限短、流动性强、易于转换为已知金额现金、价值变动风险很小的投资。

综合中炬高新2020年现金流量表看，在经营活动产生的现金流入中，销售商品、提供劳务收到的现金约57.29亿元，收到其他与经营活动有关的现金约3527万元，经营活动现金流入小计约57.64亿元。经营活动产生的现金流出中，购买商品、接受劳务支付的现金约33.32亿元，支付给职工以及为职工支付的现金约5.63亿元，支付的各项税费约4.52亿元，经营活动现金流出小计约47.63亿元。2020年，整个经营活动产生的现金流量净额约10亿元。

在投资活动产生的现金流入中，收回投资收到的现金约为70.82亿元，取得投资收益收到的现金约5858万元，处置固定资产、无形资产和其他长期资产收回的现金净额约152万元，投资活动现金流入小计约71.42亿元。投资活动产生的现金流出中，购建固定资产、无形资产和其他长期资产支付的现金约3.28亿元，投资支付的现金约79.39亿元，投资活动现金流出小计约82.67亿元。2020年，整个投资活动产生的现金流量净额约为−11.25亿元。

在筹资活动产生的现金流入中，取得借款收到的现金约5.6亿元，偿还债务支付的现金约7.1亿元，分配股利、利润或偿付利息支付的现金约为2.57亿元，其中包括子公司支付给少数股东的股利、利润约250万元，支付给其他与筹资活动有关的现金约24万元，筹资活动现金流出小计约9.67亿元。2020年，整个筹资活动产生的现金流量净额约为-4.07亿元。

把经营、投资和筹资三项活动产生的现金流量净额加总，以及再计算入汇率变动对现金及现金等价物的影响，2020年度内中炬高新的现金及现金等价物净增加额约为-5.31亿元。

这些数字究竟意味着什么？它们背后透露出了这家公司的哪些信息？我们将如何研判并做出投资决策？

# 第一节 现金流量表有什么价值

从形式上说，现金流量表感觉是挺复杂的，它不仅包括了主表和附表两个部分，而且每个部分的内容看上去都不少。尽管如此，现金流量表事实上却是一张并不复杂的报表。为什么呢？正如前文所讲，现金流量表的核心是关于经营、投资和筹资三项活动的现金流入和流出情况，我们只要抓住这个关键环节，所有问题都迎刃而解了。

## 一、现金流入与流出

尽管每家公司的商业模式都不一样，比如有的生产和销售商品，有的提供服务等，但其经济活动在本质上都是大同小异的。一家公司的经济活动过程中包含三条现金流入和流出的路径。

第一，经营活动相关的现金流。无论哪种类型的公司，不管向购买者提供的是商品还是服务，其销售行为早晚都能够使公司获得一些现金，这是一项非常重要的经营活动的现金流入。但在这个过程中，还要采购原材料，向员工支付薪酬福利，向税务局缴税等，这些属于经营活动的现金流出。

第二，投资活动相关的现金流。一般来说，公司的投资有两种：一是投资自己，即对内部投资，比如更新换代厂房、生产设备等，这种投资会形成公司的固定资产和无形资产；二是对外部投资，比如参股一家公司，或者购买其他公司的股票或者债券等。但只要是投资，就一定会出现现金流出的现象。有流出自然会有流入，投资活动的现金流入也有两种情况：一是公司变卖自己的"家当"；二是投资收益，比如公司因为参股其他公司，其他公司给它分红，它就获得了一笔投资收益。

第三，融资活动相关的现金流。对于公司来说，融资方式主要有两种：一是债务融资；二是股权融资。债务融资就是向别人借钱，需要支付利息，股权融资是稀释现有股东的股份，不需要支付利息。但不管是债务融资，还是股权融资，在它融资的时候一定会有现金流入。与之对应的是，融资活动一定也伴随着现金流出，比如说债务融资需要向借贷方还本付息，股权融资需要给股东分红等。

相对来说，筹资活动比较复杂一些，会涉及一些特殊的项目。以租赁为例，其分为经营性租赁和融资性租赁：前者租赁时间短、金额小；后者租赁期限长、金额大。虽然都是租赁行为，但在会计看来，融资性租赁在本质上应该算是一种分期付款的购买行为，支付租金就成为偿还负债的融资活动现金流出。

按照这个思路，来看表6-2也许更加简洁直观。

表6-2　现金流量表的分类

| 经营活动 | | 投资活动 | | 筹资活动 | |
|---|---|---|---|---|---|
| | | 对内投资 | 对外投资 | 债务融资 | 债券融资 |
| 现金流入 | 销售商品或提供服务 | 处置 | 处置、收益 | 借贷资金 | 融入资金 |
| 现金流出 | 原料采购、员工薪酬、税收交纳 | 购买资产 | 投入 | 还本付息 | 分红 |

## 二、现金流量表的产生

任何一家公司都必然会发生很多项经济活动，而这些经济活动都与现金的收入及支出有关联，都必然会引起公司的货币资金的增减变化，但哪怕再细小琐碎，也都会被一一记录在现金流量表上。

由于现金流量表是一种分类记录，所以在记录这些现金变化时，必须搞清楚这种现金变化到底是属于哪一类，经营、投资还是筹资，是属于现金流入还是现金流出。在这部分，通过举例方式阐述一家公司的现金流量表如何产生。

还记得老喻杂货铺吗？我们以它从创立开始到经营活动的过程，截取一个横断面对现金流量表以及各类现金流量的含义进行解读。

经过前期调研和详细筹划，老喻打算在人流集中的小区大门口开设一个杂货铺，于是开始了紧锣密鼓的筹备工作。随后，在杂货铺开始经营的这段时间内，相继发生了下面业务：

第一项经济活动：老喻投入了100万元组建了杂货铺这家公司，老喻自然而然成为了这家公司的股东。从公司的角度看，老喻往杂货铺投入了资金，引起了现金的增加，在现金流量表上就会表现为吸收投资收到的现金。这是一笔融资活动产生的现金流入。

第二项经济活动：老喻杂货铺跟一个商业门面的业主签订了三年期的租赁合同，全部租金为50万元，预付租金20万元。同时，老喻杂货铺还花了10万元购买了冰柜、货架、收银台等固定资产，这些都是经营活动必要的设施设备。虽然付出了一笔钱，但也获得了相应的资产，总的来说是引起了现金流出。老喻杂货铺跟业主签订的商业门面租赁合同，租赁时间超过了一年，所预付的租金就属于公司的非流动资产。按照会计准则，这种现金流出属于投资行为的现金流出，计入购建固定资产、无形资产以及其他长期资产支付现金。而老喻杂货铺购买的冰柜、货架等设备，也属于非流动资产，计入固定资产项目。如此，老喻杂货铺预付租金20万元，支付10万元购买了长期使用的设施设备，公司投资活动现金流出量增加，在现金流量表上表现为购建固定资产、无形资产以及其他长期资产支付现金为30万元。盘点一下，老喻杂货铺迄今为止，筹资活动现金流入量增加了100万元，投资活动现金流出量增加了30万元，现金流量净额是100万元减去30万元，增加了70万元。

第三项经济活动：做好了一切准备工作之后，老喻杂货铺就要开张营业了。于是，它先采购了一批商品（原材料），向对方支付了15万元。为了便于计算，这里忽略所有税费等因素。采购商品属于日常经营活动，又是一项花钱、引起货币资金流出的业务，对老喻杂货铺来说，属于经营活动产生的现金流出。如此，老喻杂货铺购买用于销售的货物，导致现金流量表上的经营活动现金流出量，也就是购买商品、接受劳务支付现金项目上增加了15万元。

第四项经济活动：老喻杂货铺花费了5万元，用于支付员工的工资和水电气等日常的运营费用。很明显，这是一项经营活动，而且也造成了现金的流出。

迄今为止，老喻杂货铺筹资活动现金流入量增加了100万元，投资活动现金流出量增加了30万元，经营活动现金流出量增加了20万元，老喻杂货铺现金流量净额等于100万元减去30万元、减去15万元再减去5万元，相当于增加了50万元。

第五项经济活动：老喻杂货铺开始销售商品了，把原本采购价为15万元的货物中的10万元货物卖出，作价30万元，一手交钱一手交货，全部收到了货款。很明显，这是一项收钱、引起现金流入的经济活动，因此在归类上，这种与日常经营活动有关的现金流入，自然就属于经营活动中产生的现金流入。

因此，老喻杂货铺由于销售货物而导致现金流量表上的经营活动现金流入量，也就是销售商品、提供劳务收到现金这一项目上增加了30万元。

以上几项经济活动，基本上简单概括了一家公司日常的经济行为，这个过程中涉及现金的流入和流出比较清楚。总结一下，老喻杂货铺在这一段时间内经济活动中现金流量的情况。

老喻杂货铺筹资活动现金流入量增加了100万元，投资活动现金流出量增加了30万元，经营活动现金流出量增加了20万元，经营活动现金流入量增加了30万元。所以，老喻杂货铺现金流量净额等于100万元减去30万元、减去20万元再加上30万元，增加了80万元。

实际上，很多公司的经济活动远比老喻杂货铺复杂得多，比如还可能涉及银行借贷、技术研发、股权投资等一系列行为，但分门别类梳理之后，也是非常简单的。比如说，以上经济活动每一项都标注了它们各自的"属性"，是属于经营活动、投资活动还是融资活动，结果是导致现金的流入还是流出。

这个过程，实际上也是现金流量表产生的过程。所有与公司日常经营相关的货物采购、销售商品等活动，都属于经营活动；所有与公司投资相关的购建固定资产、无形资产等活动，都属于投资活动；所有与公司筹资相关的股东投资、银行借贷等活动，都属于筹资活动。

## 三、现金流量表的作用

任何一家公司的经济活动，本质上都是从现金开始到现金结束的过程。如果把公司看作一个人的话，那么利润是肌肉，资产是骨骼，现金就相当于"血液"，而现金流量表就是"血液循环系统"，一旦失血或造血功能减弱，会直接加大公司风险。

我们知道，现金流量表是对现金的流入和流出，按照公司的经营、投资和筹资三项活动进行分门别类的记录。简单地说，现金流入就是收款，现金流出就是付款，现金流入减去现金流出，就是现金的净流量，这个净流量代表着现金的增减变化。有点像个人或者家庭的记账本。

有人说，既然已经编制出了利润表和资产负债表，一家公司的基本情况都可以展现出来了，再兴师动众搞出一张现金流量表，费时费力，岂不多此一举？比如说，如果我们想知道一家公司的现金增减变化情况，完全不需要借助现金流量表。

这一点，仅仅通过资产负债表就能获得，它永远能让公司知道自己到底有多少钱。在资产负债表中，所列示的第一栏项目里的货币资金，就是指代的现金，只要对比年末的资产负债表和年初的资产负债表中的货币资金，就可以知道这一年公司货币资金的增减变化情况。

那现金流量表存在的价值在哪里呢？为什么还要耗费时间做一张现金流量表呢？

事实上，了解一家公司的现金增减变化情况，对于投资者来说仅仅是开始，更重要的是挖掘并理解这些数据背后的现金流的来龙去脉，它们更能表达出公司过去、现在和未来的发展轨迹。

其实，现金流量表一直在为投资者描述一家公司的现金的来龙去脉，比如，为什么相同的现金流量净额会对公司有不同的意义，产生不同的影响？现金的增减变化是怎样发生的，它可能预示着什么？等等。

举个例子，张三和李四的公司都是属于广告创意设计行业的上市公司。我们在研读财务报表的时候发现，2020年，张三公司的经营活动现金流量约为1000万元，投资活动和筹资活动分别消耗掉了700万元和200万元，因此张三公司的现金流量净额为100万元。

李四公司，2020年经营活动产生的现金流量为-600万元，投资活动的现金流量为-300万元，但它获得了1000万元的筹资性现金流入，因此李四公司的现金流量净额也达到了100万元。

作为投资者，你会选择买入谁家的股票呢？虽然张三公司和李四公司的现金流量净额都是100万元，也就是说，在2020年，两家公司的现金都增加了100万元，但两家公司的状态却差距巨大：张三公司通过正常的经营活动完全能够自给自足，属于健康运行；而李四公司的经营活动却入不敷出，需要不断地借钱或贷款等筹资以解决生存问题。

答案不言自明。任何一家公司，都希望能够维持正常运营和发展壮大的现金，皆来源于公司的经营活动，一方面说明公司的主营业务在市场中的竞争力比较强，另一方面因为源自经营活动的现金流入通常是可以长久持续下去的。这也是所有公司梦寐以求的状态。

同时，在所有不同类型的现金流出中，公司最喜欢的是投资，因为投资的现金流出是很可能在将来的某一天创造出收益的，而那些费用等支出则大多属于肉包子打狗——一去不回了。实际上，这就是为什么在了解现金的增减变化情况下，我们还需要继续深挖增减变化背后的原因。

这也是现金流量表存在的价值和意义所在。想一想，利润表和资产负债表上已经存在了那么多纷繁复杂的科目，却单独把货币资金这一项拉出来"独立"，即可充分说明现金流量表的重要性。

对于任何公司而言，钱一定是最重要的，也是大家最关心的，因为这可能关系到一家公司的生死，而生死存亡则往往是每家公司都必须关注的最大风险。所以，掌握现金的来龙去脉、监控公司运作风险的现金流量表正中公司下怀。

在笔者看来，现金流量表其实在更大程度上透露出预警式的意义，它阐述了一家公司所有现金的来龙去脉，并且通过现金流入与流出的各个环节，从中解读公司是否具有持续经营的风险。

# 第二节　现金流量表的基本架构

现金流量表是从现金维度去描述一家公司的经济活动，通过三类经济活动现金流以及三张报表之间的勾稽关系，并以商业逻辑验证，可以帮助投资者更清晰地判断公司的风险以及未来成长性。

现金流量表是一定时期公司的货币资金分类收支汇总表，它分为主表和附表。因为附表很少用到，所以本节以主表作为介绍主体。根据公司的现金流量一般分为三大部分：经营活动现金流量、投资活动现金流量和融资活动现金流量。每个部分又分为现金流入和现金流出，现金流入减去现金流出，得到的净额就叫现金净流量。

## 一、经营活动产生的现金流量

经营活动是指公司发生的直接与生产、销售商品或者提供劳务服务有关的一切行为，经营活动现金流量是公司造血能力的表现，"经营活动现金流量净额"越大，说明公司的造血能力越强。

投资活动和筹资活动通常是因为经营活动而发生的，比如公司需要生产更多商品，就属于经营活动。生产更多商品，需要更大的固定资产投资，属于投资活动。要投资，自己的钱不够，就会借钱，不管是让股东增加投资还是向银行贷款，都是融资活动。

现金流量表中的经营活动主要包括销售商品、提供劳务、购买商品、广告宣传、工资支付、税金交纳和其他相关支出。在中国现阶段，经营活动现金流量中不包括利息和股利因素等。

## （一）经营活动流入现金

### 1.销售商品、提供劳务收到的现金

公司本期通过卖掉产品或者提供服务从客户那里收到的钱，或者是收回以前销售形成的应收账款，本期新增的预收款；减去本期内退货支付的现金。

销售商品、提供劳务收到的现金是公司现金流入的主要来源，它用公式表示为：

销售商品、提供劳务收到的现金=营业收入+应交增值税的销项税额+预收账款（期末－期初）余额－应收账款（期末－期初）余额－应收票据（期末－期初）余额+当期收回前期核销的坏账－当期核销的坏账－票据贴现的利息

"销售商品、提供劳务收到的现金"可以与利润表中的营业收入进行对比，以此验证营业收入的含金量。因为这个项目通常包含增值税，所以理想情况下，它应该等于营业收入×（1+增值税税率），或者加上本期净增加的银行承兑汇票后等于营业收入×（1+增值税税率）。

一般情况下，销售商品、提供劳务收到的现金与营业收入的比值应该持续大于或等于1，说明这家公司所销售产品的款项基本上都收回来了，可以认为公司不仅经营状况良好，而且在市场竞争中拥有相对优势和话语权。

相反，如果该比值长期小于1，说明公司销售产品发生的大量款项没有收回来，都作为应收账款在利润表账上"躺着"。比值越小，说明越多的款项被购买方拖欠。这种情况，一方面表示公司的产品或服务缺乏竞争力，另一方面要警惕虚增营业收入的可能。

### 2.收取利息、手续费及佣金的现金等

这个项目通常在一些大型公司的现金流量表中存在，比如贵州茅台、宝钢股份等，它是母公司或者下属公司向关联公司贷款时，所收取的利息和向它们提供金融服务时收取的佣金、手续费等。

### 3.收到的税费返还

收到的税费返还这个项目好像很多公司都有，它是记录公司收到的各种税费返还款，比如增值税即征即退、出口退税、消费税、教育费、研发费用退税及其他税收优惠政策约定的返还。

这个项目通常金额不会太大，如果遇到特殊情况则需要具体分析。

### 4. 收到其他与经营活动有关的现金

收到其他与经营活动有关的现金是指除了上述各个项目外，公司收到的其他与经营活动有关的现金流入，如经营租赁收到的现金、罚款收入、利息收入、资产损失中个人损失赔偿现金、与经营有关的政府补贴等。

这个项目金额比较大时，一般会在报表的附注中列示明细，投资者可根据明细情况结合公司的实际经营具体分析。

以上这些项目加在一起，就构成了现金流量表中经营活动现金流入小计。

### （二）经营活动流出现金

#### 1. 购买商品、接受劳务支付的现金

购买商品、接受劳务支付的现金主要指公司购买原材料和商品、接受劳务支付的现金，包括本期采购支付的现金，以及支付以前的应付款、减去本期退货收到的现金等。它用公式表示为：

购买商品、接受劳务支付的现金=营业成本+应交增值税进项税额+存货（期末-期初）余额+在建工程领用的存货——盘亏的存货+非正常损失的存货+预付账款（期末-期初）余额-应付账款、票据（期末-期初）余额

这个项目与"销售商品、提供劳务收到的现金"对应，是公司现金流出的主要因素。与利润表中的营业成本项目比较，可以判断公司购买原材料等的付现率情况。

#### 2. 支付给职工以及为职工支付的现金

反映公司本期实际支付给职工的工资、奖金、各种津贴和补贴，以及为职工支付的"五险一金"和其他复利费用等，但不包括支付给在建工程人员的薪酬。

注意：根据员工的工作性质和服务对象不同，按照收益原则，在投资活动现金流出项目中"购建固定资产、无形资产和其他长期资产所支付的现金"，与本项目"支付给职工以及为职工支付的现金"间的分配问题。

#### 3. 支付的各项税费

反映公司按照规定本期支付的各种税费，以及本期支付以前各期发生的税费和预交的税金，如所得税、增值税、消费税、印花税、车船税、教育费附加、土地增值税等，不包括计入固定资产价值、实际支付的耕地占用税等。用公式表示为：

支付的各项税费=税金及附加+计入其他业务支出、营业外支出、管理费用、存货的税费+缴纳的增值税-除增值税外的应交税费（期末-期初）余额-其他应交款（期末-期初）余额

4. 支付其他与经营活动有关的现金

这是与"收到其他与经营活动有关的现金"相对应的，反映公司除了上述各个项目外，支付的其他与经营活动有关的现金流出，比如公司经营租赁支付的租金、会议费、差旅费、业务招待费、罚款支出等。

在贵州茅台2020年财报中，这个项目主要包括运费、广告费、运输保险费、财产保险费等。后来有人发现，这个项目也像一个"大箩筐"，有的公司管理层的一些在职消费，也容易被塞在里面，所以很多公司都不愿意详细披露该项目的具体构成。

该项目主要与管理费用、销售费用、营业外支出等项目对应，金额不应该过大。如果金额过大，一般会在附注中列示明细。

以上这些项目加在一起，就构成了经营活动现金流出小计。

用经营活动现金流入小计，减去经营活动现金流出小计，可以得到经营活动产生的现金流量净额。用公式表示为：

经营活动产生的现金流量净额 = 经营活动现金流入小计 - 经营活动现金流出小计

在经营活动现金流里，最关键的两个项目，除了上述的"销售商品、提供劳务收到的现金"外，另一个是"经营活动现金流量净额"。经营活动产生的现金流量净额小于1，通常意味着日子不好过，入不敷出。

经营活动产生的现金流量净额与利润表中的净利润进行对比，可以检验出利润的含金量。这个比值越大越好，持续大于1是优秀公司的重要特征。经营活动现金流量净额大于或等于净利润，表明这家公司真正挣到钱了，净利润几乎全部都变成了"真金白银"。反之，如果经营活动现金流量净额长期小于净利润，则可能说明这家公司净利润的质量堪忧，也许规模做得越大，日子越难过。后者是因为产品卖出去以后没有收到钱，拖欠款比较严重，所谓的利润都是"纸上富贵"。

## 二、投资活动产生的现金流量

投资活动现金流是与非流动资产和交易性金融资产相关的现金流量，以及与利息、股利收入相关的现金流量。它反映的是一家公司资本性支出的现金数额，比如公司买卖厂房、设备设施、固定资产等都会导致投资活动现金流的增减。

投资活动现金流量大幅流出，说明公司在进行大量的投资。一般来说，处于规模扩张期的公司都需要大量的投资。投资活动现金流量大幅流入，则要仔细分析是投资收益、变卖资产，还是收回之前的投资，但只要不是大量变卖资产，其他的都应是比较正常的资金流动。

需要注意的是，分析投资活动产生的现金流量，最重要的是关注流出量。"投资支付的现金"是对外扩张性投资，"购建固定资产、无形资产和其他长期资产支付的现金"是对内部扩大再生产性的投资。

## （一）投资活动流入现金

### 1. 收回投资收到的现金

反映一家公司出售、转让或到期收回各种现金等价物之外的投资收到的现金，比如对其他公司的权益工具、债务工具和合营中的权益（本金）等收到的现金，但该项目不包括债权性投资的利息收入。

### 2. 取得投资收益收到的现金

反映一家公司除现金等价物以外的对其他公司的权益工具、债务工具和合营中的权益投资分到的现金股利和利息，或者投资房地产收到的租金等。

### 3. 处置固定资产、无形资产和其他长期资产收回的现金净额

反映一家公司处置固定资产、无形资产和其他长期资产所取得的现金，即卖资产的钱减去费用后的净额，公司获得的保险也是计算在这里的，比如自然灾害导致固定资产损失了，保险赔偿的钱就装入这个项目之中了。

### 4. 处置子公司及其他营业单位收到的现金净额

这里指把子公司或者联营、合营公司彻底卖掉后所获得的现金，减去为处置这些公司而支付的有关费用后的净额。

### 5. 收到其他与投资活动有关的现金

反映公司除了上述各个项目以外，收到的其他与投资活动有关的现金流入，比如关联方资金拆借、项目建设过程中承建单位缴纳的履约保证金等。以中炬高新为例，假设它在2021年要建设一个新的酱油酿造基地，那么承接这个项目的建筑单位要向它支付一笔工程履约保证金。

一般来说，这个科目没有金额或者只有非常小的金额，如果金额非常大则需要注意。

以上这些项目加在一起，就构成了投资活动现金流入小计。

## （二）投资活动流出现金

### 1. 购建固定资产、无形资产和其他长期资产支付的现金

反映一家公司购买或建造固定资产、无形资产和其他长期资产所支出的现金（含增值税款），以及用现金支付的应由在建工程和无形资产负担的职工薪酬。不包括为购建固定资产而发生的借款利息资本化的部分，借款利息和融资租入固定资产支付的租赁费在筹资活动产生的现金流量中反映。

### 2. 投资支付的现金

反映一家公司为取得除现金等价物以外的对其他公司的权益工具、债务工具和合营中的权益所支付的现金，以及支付的佣金、手续费等附加费用。注意：这里投资支付的现金是对外部进行的投资，包括进行长期股权投资、金融资产投资而发生的现金支出。

### 3. 取得子公司及其他营业单位支付的现金净额

收购公司或业务部门支付的现金，减去所收购的公司或业务部门账上现金。

### 4. 支付其他与投资活动有关的现金

反映一家公司除了上述各个项目外，支付的其他与投资活动有关的现金流出，是"收到其他与投资活动有关的现金"的反向活动。因被动稀释的因素，导致对子公司货币资金丧失控制，也记录在这个项目里。

以上这些项目加在一起，就构成了投资活动现金流出小计。

用投资活动现金流入小计，减去投资活动现金流出小计，就得到了投资活动产生的现金流量净额。其公式可以表示为：

投资活动产生的现金流量净额 = 投资活动现金流入小计 − 投资活动现金流出小计

前文讲过，分析投资活动产生的现金流量，最重要的是关注流出量，看其结构有什么变化。也就是说，看"购建固定资产、无形资产和其他长期资产支付的现金""取得子公司及其他营业单位支付的现金净额""投资支付的现金"这三者的各自规模。

如果"购建固定资产、无形资产和其他长期资产支付的现金"规模比较大，说明公司正扩大再生产，处于规模扩张中；如果"取得子公司及其他营业单位支付的现金净额"规模比较大，说明公司正通过兼并重组等方式获得更多资产，希望能够加快速度地发展扩张；如果"投资支付的现金"规模比较大，而"购建固定资产、无形资产和其他长期资产支付的现金"和"取得子公司及其他营业单位支付的现金净额"规模很小甚至没有，说明这家公司的投资重点是获得利息、股息、资本利得，公司的规模扩张放缓甚至停止。

可以再简单一点，即通过对一家公司的投资活动现金流量净额分析而做出判断。如果这家公司的投资活动现金流量净额为负数，表明公司处于花钱扩张的阶段；如果这家公司的投资活动现金流量净额为正数，表明公司业务可能在收缩，至少是扩张速度放缓了。

我们以中炬高新为例，看一下其投资活动的变化情况，探讨其折射出的问题。

2017~2020年，中炬高新"购建固定资产、无形资产和其他长期资产支付的现金"，分别为2.07亿元、3.55亿元、2.34亿元、3.28亿元。表明中炬高新最近几年都在逐步通过扩大再生产来提高产能，公司处于扩张之中。

但我们也注意到，中炬高新2017~2020年的"投资支付的现金"项目中，分别是76.72亿元、71.46亿元、69.08亿元、79.39亿元，主要是大量购买了短期的银行理财产品。对于中炬高新购买银行理财产品，我们可以看作其是作为货币资金管理手段，因为期限很短，所以不可能是投资。如果为了赚取利息，是不太可能购买那么多短期理财产品的。

我们在前面讲过，如果"投资支付的现金"规模比较大，而"购建固定资产、无形资产和其他长期资产支付的现金"和"取得子公司及其他营业单位支付的现金净额"规模很小甚至没有，表明这家公司的投资重点是获得利息、股息、资本利得，公司的规模扩张放缓或者停止了。

处于这种状况的公司一般已经失去了成长性，作为投资者通常是不考虑的。不过一家公司快速扩张，也不完全是一件好事，还必须看其扩张的效果。这一点，笔者喜欢通过这家公司的营业收入和净利润去分析其扩张的业绩。

先看一下中炬高新的扩张效果：

2017~2020年，"购建固定资产、无形资产和其他长期资产支付的现金"金额分别为2.07亿元、3.55亿元、2.34亿元、3.28亿元。

2017~2020年，"营业收入"分别为36.09亿元、41.66亿元、46.75亿元、51.23亿元。

2017~2020年，"净利润"分别为5.11亿元、6.81亿元、7.91亿元、9.72亿元。

大家可以清楚地看到，随着中炬高新在"购建固定资产、无形资产和其他长期资产支付的现金"的持续投入，其生产产能有很大的提高，营业收入与净利润均有了比较大的提升。这组数据也表明，中炬高新在过去几年的产能扩张起到了积极效果。

投资者应该注意，如果一家公司的营业收入与净利润没有随着公司扩张而提高，则公司很可能是在盲目扩张。

## 三、筹资活动产生的现金流量

筹资活动很好理解，就是一家公司借钱和还钱的过程，支付股息、发债券、融资等都会影响筹资活动现金流量。在商业活动过程中，借钱、贷款等融资行为非常普遍，基本上所有公司都会不同程度地负债，最重要的是负债金额多少以及负债成本高低。

一般情况下，如果借贷的成本太高，说明市场对公司信用的评价较低，而利息太高则会减少利润，甚至把公司拖垮耗尽。尤其是在公司经营情况糟糕的时候，如果大举借贷，特别是借入那些成本较高的钱，一旦利润无法覆盖借贷利息，势必将公司推向悬崖边上。

## （一）筹资活动流入现金

### 1. 吸收投资收到的现金

反映一家公司收到的投资者投入的现金，包括以发行股票等方式筹集资金实际收到的款项，减去直接支付给中介机构的佣金、手续费、咨询费等发行费用后的净额。

### 2. 取得借款收到的现金、发行债券收到的现金

取得借款收到的现金，反映了一家公司举借的各种短期、长期借款所收到的现金。而发行债券收到的现金，指一家公司发行的债券的现金收入。这两个项目都是吸收债权性质的投资，债权性质的融资可以是借款，也可以是发行债券。

### 3. 收到其他与筹资活动有关的现金

反映一家公司除了上述各个项目外，收到的其他与筹资活动有关的现金流入，比如说接受捐赠等。这个项目如果金额太大，一般会在附注里列示明细。

在贵州茅台的财务报表中，这个项目记录的是收回存出贷款保证金。这是因为贵州茅台下属的财务公司专门从事贷款业务，需要在中央银行存放一部分保证金，当这笔保证金收回时，就会在筹资活动现金流量表中产生现金的流入。

以上这些项目加在一起，构成了筹资活动现金流入小计。

## （二）筹资活动流出现金

### 1. 偿还债务支付的现金

反映一家公司以现金偿还债务的本金，包括偿还金融机构的本金、债券本金等。

### 2. 分配股利、利润或偿付利息支付的现金

反映一家公司实际支付的现金股利，支付给其他投资单位的利润，以及支付的借款利息、债券利息等。简单讲，是股东分红或者向债权人支付利息产生的支出。

### 3. 支付其他与融资活动有关的现金

反映一家公司除了上述各个项目之外，支付的其他与筹资活动有关的现金流出，比如慈善捐赠现金支出、融资租入固定资产支付的租赁费用等。

以上这些项目加在一起，就构成了筹资活动现金流出小计。

用筹资活动现金流入小计，减去筹资活动现金流出小计，可以得到筹资活动产生的现金流量净额。

筹资活动产生的现金流量净额 = 筹资活动现金流入小计 – 筹资活动现金流出小计

筹资活动比较简单，主要是区别权益性筹资（发行带有股权性质的金融产品融资，比如增发股票、发行可转债等）和债务性筹资（贷款或发行债券等）即可。在分析筹资活动产生的现金流量时，重点看其现金流入量。

对于一家有筹资行为的公司，要看它筹资了多少？这是债务融资还是股权融资？筹集来的资金将用于什么地方？一般来说，具有持续竞争优势的公司更偏向于债务融资，融资的金额相对不大，借款利率比较低。而对于那些以高利率进行大举借债的公司，投资者务必保持高度警惕。

此外，投资者还要对此进行深入剖析：这家公司把筹集来的钱用作什么？可以从三个方面进行考量：①如果筹来的钱用于扩大再生产，且公司的产品主营利润率还不错，这样的公司风险较小，机会比较大；②如果筹来的钱用于收购其他公司或业务，那么公司就充满了不确定性，机会与风险并存，需要谨慎对待；③如果筹来的钱是用于还债，尤其是借新还旧，那么公司面临的风险比较大，建议直接放弃。

如果筹资活动产生的现金流出有异于寻常的比较大的金额，需要查明原因。分析后仍然存疑的，投资者应该抱有"疑罪从有"的态度，对这家公司直接放弃。一般来说，优秀的公司"筹资活动产生的现金流量净额"为负数时，这不是偿还利息所致，而应该还包括进行了高额分红所致。

以2018~2020年的海天味业为例，解读一下它的筹资活动产生的现金流量变化情况。连续三年来，海天味业的"筹资活动现金流入小计"分别为0.196亿元、0.196亿元、1.072亿元，相对于其庞大的营业收入和净利润而言，这个项目的流入金额几乎可以忽略不计，它所表明的是近几年海天味业没有进行任何的融资行为。

而"筹资活动产生的现金流量净额"连续数年均为负值，分别为-23.13亿元、-26.47亿元、-29.49亿元。看起来数额不小，但相应地，我们发现在"分配股利、利润或偿付利息支付的现金"这个项目里连续有大额资金流出，支出金额分别为22.97亿元、26.47亿元、29.21亿元，几乎与筹资活动产生的现金流量净额的负值相等。表明海天味业近几年进行了大额现金分红。

通常情况下，具有持续竞争优势的公司每年都会把所赚到的钱给股东进行高比例的分红，一般会在30%~60%。而作为调味品行业龙头老大的海天味业，持续多年的平均分红率几乎都保持在50%~60%，在4300多家A股上市公司中是比较少见的。

## 四、现金及现金等价物净增加额

总体上说，现金流量表是三个大方向：经营活动现金流投资方面—投资活动现金流筹款方面—筹资活动现金流。这三大活动各自的"现金流量净额"加总在一起，就可以得到"现金及现金等价物净增加额"。"现金及现金等价物净增加额"加上"年初现金及现金等价物余额"，就得到了"年末现金及现金等价物余额"。而"年末现金及现金等价物余额"就是资产负债表中的现金及现金等价物的总额。

2020年中炬高新现金流量表中关于现金及现金等价物净增加额的变化情况如表6-3所示。

表 6-3 中炬高新 2020 年现金及现金等价物净增加额

单位：元

| 项目 | 2020 年 | 2019 年 |
|---|---|---|
| 五、现金及现金等价物净增加额 | −530,780,468.61 | 300,142,492.23 |
| 加：期初现金及现金等价物余额 | 686,162,755.15 | 386,020,262.92 |
| 六、期末现金及现金等价物余额 | 155,382,286.54 | 686,162,755.15 |

## 五、附表：现金流量表补充资料

前文讲过，现金流量表是一定时期公司的货币资金分类收支汇总表，它分为主表和附表。上述介绍的主表以直接法来披露经营现金流量，但根据《企业会计准则第31号——现金流量表》规定要求，公司还应该在附注中披露间接法经营活动现金流量，也就是披露将净利润调节为经营活动现金流量的信息。

这里所谓的"间接法"，是指从利润表的净利润数据入手，做三类调整后反推出经营现金流量的方法，它还包括不涉及现金收支的重大投资和筹资活动，现金及现金等价物净变动情况。

三大类调整内容如下：①利润表里的费用，但实际上并没有支付现金；②利润表里的收入或费用，但与经营活动无关的；③没有体现在本期利润表里的经营性应付应收和存货变化，对当期经营性现金流量的影响。

通过附表可以清楚地看到，净利润与经营性现金流之间的联系以及产生差异的原因。

以中炬高新2020年财报为例，可以在其第201页看到间接法编制的"现金流量表补充资料"。如表6-4所示。

表 6-4 中炬高新 2020 年现金流量表补充资料

单位：元

| 补充资料 | 本期金额 | 上期金额 |
|---|---|---|
| 1.将净利润调节为经营活动现金流量 | | |
| 净利润 | 971,371,651.68 | 791,329,913.47 |
| 加：资产减值准备 | 1,415,433.59 | 630.27 |
| 信用减值损失 | 927,811.70 | −675,081.57 |
| 固定资产折旧、油气资产折耗、生产性生物资产折旧 | 141,858,303.70 | 129,585,135.64 |
| 使用权资产摊销 | | |
| 无形资产摊销 | 6,446,420.50 | 6,443,351.84 |

| 补充资料 | 本期金额 | 上期金额 |
|---|---|---|
| 长期待摊费用摊销 | 5,224,990.20 | 4,905,528.42 |
| 处置固定资产、无形资产和其他长期资产的损失（收益以"-"填列） | 2,705,842.73 | 227,953.29 |
| 固定资产报废损失（收益以"-"填列） | 37,541,691.46 | 2,523,984.65 |
| 公允价值变动损失（收益以"-"填列） | -1,007,003.15 | |
| 财务费用（收益以"-"填列） | 10,196,739.50 | 49,663,634.18 |
| 投资损失（收益以"-"填列） | -85,449,851.57 | -71,640,062.46 |
| 递延所得税资产减少（增加以"-"填列） | -906,773.53- | -7,730,811.05 |
| 递延所得税负债增加（减少以"-"填列） | 7,976,220.07 | 13,581,776.70 |
| 存货的减少（增加以"-"填列） | -113,886,183.96 | 27,566,126.38 |
| 经营性应收项目的减少（增加以"-"填列） | -92,296,006.41 | 154,278,879.40 |
| 经营性应付项目的增加（减少以"-"填列） | 108,879,883.73 | -41,191,797.35 |
| 其他 | | |
| 经营活动产生的现金流量净额 | 1,000,999,170.24 | 1,068,869,197.81 |

与前面从"销售商品、提供劳务收到的现金"开始的现金流量主表不同的是，表6-4是倒过来看的，没有前者那么直白。容易让人困惑的是，那些带括号的项目，究竟是加还是减，是正还是负？比如在"投资损失（收益以'-'填列）"后面的数字是8545万元，这到底应该是加还是减？

不着急，我们先根据中炬高新2020年附表中列示的这些调节项目，逐一进行讲解说明。

（一）资产减值准备

资产减值准备，主要指由于资产账面价值与可回收金额之间形成的差额，包括坏账准备、存货跌价准备、长期股权投资减值准备、固定资产减值准备、商誉减值准备等。

资产减值准备在利润表中属于减除项，由于没有现金流入流出，在调节过程中予以加回。

（二）固定资产折旧、油气资产折耗、生产性生物资产折旧

在利润表中属于减除项，由于没有现金流入流出，在调节过程中予以加回。

（三）无形资产及长期待摊费用摊销

这个项目同样在计算净利润的时候是扣除掉的，由于没有产生实际现金流，将净利润调节为经营活动现金流量净额时应该加回。

（四）处置固定资产、无形资产和其他长期资产的损失

这个损益属于投资活动产生的损益，不属于经营活动，应该予以剔除。

### （五）固定资产报废损失

这个损益属于投资活动产生的损益，不属于经营活动，应该予以剔除。

### （六）公允价值变动损失

通常与投资活动、筹资活动有关，没有产生实际现金流，应该予以剔除。

### （七）财务费用

财务费用不属于经营活动部分的支出，应该加回。属于经营活动的部分，且实际支出了，不需要调整。

### （八）投资损失

公司发生的投资损益与投资活动有关，与经营活动无关，应该予以剔除。

### （九）递延所得税资产

递延所得税资产变动时没有发生现金流动，当递延所得税资产减少时，应该予以加回；当递延所得税资产增加时，应当予以扣除。

### （十）递延所得税负债

递延所得税负债变动时也没有发生现金流动，当递延所得税负债增加时，应当加回；当递延所得税负债减少时，应当予以扣除。

### （十一）存货

期末存货比期初存货少，说明本期的存货有一部分是期初的存货，这部分存货并没有发生现金流出，但计算净利润时已经扣除，因此调节时应当加回。反之亦然。

### （十二）经营性应收项目

经营性应收项目包括：应收票据、应收账款、预付账款、长期应收款、其他应收款中与经营活动有关的部分，营收的增值税销项税额等。

经营性应收项目期末余额小于期初余额，说明本期收回的现金大于当期确认的营业收入，所以在调节时应当予以加回。反之亦然。

### （十三）经营性应付项目

与经营性应收项目相对应，经营性应付项目包括应付票据、应付账款、预收账款、应付职工薪酬、应交税费、应付利息、长期应付款、其他应付款中与经营活动有关的部分、应付增值税进项税额等。

经营性应付项目期末余额大于期初余额，说明本期购入的存货中有一部分没

188 手把手教你选股与估值

有支付现金，但在计算净利润时在营业成本中予以减除了，所以在调节时需要加回。反之亦然。

中炬高新2020年现金流量表附表里的本期金额，将其转换一种表达方式进行演示，如表6-5所示。

表6-5　净利润到经营活动产生的现金流量金额变化过程演示

单位：亿元

| 补充资料 | | 本期金额 |
|---|---|---|
| 净利润 | | 9.71 |
| 加① | 资产减值准备 | 0.01 |
| | （有形）资产折旧 | 1.42 |
| | 无形资产摊销 | 0.06 |
| | 长期待摊费用摊销 | 0.05 |
| | 资产处置或报废造成的损失 | 0.04 |
| 加② | 财务费用 | 0.10 |
| | 投资损失 | −0.85 |
| | 公允价值变动损失 | −0.01 |
| 加③ | 递延所得税资产的减少 | — |
| | 递延所得税负债的增加 | 0.08 |
| | 存货减少 | −1.14 |
| | 经营性应收减少 | −0.92 |
| | 经营性应付增加 | 1.09 |
| =经营活动产生的现金流量净额 | | 10.03 |

注："—"表示本科目无数字；表格中数据根据四舍五入简化，保留小数点后两位数字。

现金流量表附表是从一家公司的净利润倒推其经营活动现金流量，所以在净利润的基础上延伸开去进行深入分析。首先，在计算净利润的时候，将原本已经当作费用扣除掉但实际上并没有支付的现金金额全部加总回净利润。比如表6-5中的加①部分项目，资产减值准备、折旧、摊销、资产处置或报废产生的损失，都是属于这种情况。其次，在计算经营活动现金流量的时候，将不属于经营活动的支出或亏损加总回来。比如表6-5中的加②部分项目，财务费用支出、投资亏损及当期公允价值变动损失，都不属于经营活动支出，所以加总回来。最后，经营性应收应付以及存货的变化属于经营活动，所以会直接影响当期现金流入和流出。它们是现金资产和固定资产等其他形态资产之间的变化，原本没有直接体现在本期利润表上。所以在反推本期经营现金流时，需要将这部分影响调整加总回来。

这样梳理下来，关于现金流量表附表的情况就比较清楚了。实际上，它背后还有一个逻辑，可以用一个公式表示：当期的经营活动产生的现金流量净额=净利润+①利润表中原本已扣掉但实际上并没有支付现金费用+②与经营活动无关的费用和亏损+③利用与经营活动相关的期初非现金资产或负债转化来的现金。

# 第三节　现金流量表的八张面孔

现金就是一家公司的血液，一旦现金出现问题，那么这家公司必然会面临生死存亡的风险。

现金流量表是告诉大家公司收到了多少钱，花出去了多少钱，还有多少钱，公司到底有没有足够的现金偿还债务，是否经营健康。如果说资产负债表的优劣与否需要看利润表，那么利润表的含金量需要看现金流量表，这是三张报表之间的勾稽关系。

归根结底，最后要落到现金流量表上，能真的赚到足够的现金，通过经营活动产生大量的现金流入，则表明这家公司经营状况良好，而且还可能具有某种持续竞争优势。进一步说，分析现金流量表不仅仅看数字，更重要的是数字背后的流入、流出原因，不能看见流入就简单地判断这是好事，流出就一定是坏事。

比如，一家处于成长期的公司，需要钱来加速扩大规模，对外融资金额比较大，这是一件正常的事儿。公司需要钱，并且把这些钱用在刀刃上，是值得花的钱，流出金额比较大是很正常的。

再比如，一家公司的现金流入比较多，但如果是源自变卖资产，这种现金流入就毫无意义。或者公司账户上拥有大量现金，却不对外做任何投资，表面上看起来现金充足，数钱数到手发软，但以后又靠什么赚钱呢？只要投资能够带来收益，符合预期投资回报率，就值得下手。

总体来说，重点是看一家公司的现金流出到底用在什么地方，现金流入到底是经营获得的还是其他非主营业务赚到的。投资活动花出去的钱太多，且远多于经营活动赚到的钱，表明公司财务有一点冒险，或者是公司的投资活动在固定资产或者是无形资产项目上有造假嫌疑。

接下来，我们把经营、投资和筹资三大活动产生的现金流量净额联系起来解读，根据三大活动产生的现金净额为正值或者负值两种情况进行排列组合，现金流量表会出现八张不同情况的面孔。

针对情况迥异的八张面孔，可以从中挖掘出一家公司是否具有投资价值，以及如果关注或者投资这家公司，需要重点关注哪些方面的问题。

先看看"经营活动产生的现金流量净额"为正的四种类型，请对号入座，如表6-6所示。

表6-6　经营活动现金流量净额为正时公司现金流状况组合

| 类型 | 经营活动产生的现金流量净额 | 投资活动产生的现金流量净额 | 筹资活动产生的现金流量净额 |
|---|---|---|---|
| 1 | + | + | + |

| 类型 | 经营活动产生的现金流量净额 | 投资活动产生的现金流量净额 | 筹资活动产生的现金流量净额 |
|---|---|---|---|
| 2 | + | + | − |
| 3 | + | − | + |
| 4 | + | − | − |

### 类型 1：+ + +

"经营活动产生的现金流量净额"为正，说明公司主营业务赚钱；"投资活动产生的现金流量净额"为正，说明公司获得投资收益或者正在变卖家当；"筹资活动产生的现金流量净额"为正，说明公司正通过借贷或股权融资筹集资金。

总的来说，公司的三项活动都带来了现金收入，从表面上看起来很不错。转念一想，公司的主营业务挣钱，又不对外投资，那为什么要融入资金呢？从这家公司本期的现金流状况来看，投资活动的现金流为正数，表明公司并没有大的投资支出，因为投资支出是现金的流出，通常会使投资活动变成一个负数。

如果公司将来有投资支出计划，把筹集来的资金只是暂时放在账户上闲置，那么接下来投资者就要密切注意公司在投资项目上的现金流出变化，随时跟踪。从逻辑上看，这家公司是不应该融资的，但事实上却有不少公司出于各种目的过度融资，借着上市公司的壳搞钱。过度融资不仅会造成资金的浪费闲置，而且闲置的资金还会导致公司原有的收益被稀释。

所以，遇到这样的情况，要么去搞清楚公司是否即将展开大规模的投资行动，要么怀疑可能是在搞关联人的利益输送，直接放弃。

### 类型 2：+ + −

经营活动现金流入，投资活动现金流入，筹资活动现金流出。

通常情况下，经营活动的现金流为正，表明公司的经营活动良性正常，主业挣钱，并且能够创造出剩余现金。投资活动的现金流为正，一种可能是公司过去投资的项目，现在能够获得股利或利息收入回报，另一种可能是正在变卖资产，投资者当然喜欢前者。筹资活动的现金流为负，表明公司要么在偿还债务，要么在给股东分红或实施股票回购。

一般来说，在经营活动产生的现金流量净额为正的情况下，公司变卖家当的可能性小，大都是投资性收益。如果经营活动和投资活动带来的现金流入大于还债或分红带来的现金流出，表明公司的总体情况比较健康。

需要注意的是，如果投资活动现金净流额长期为正，说明公司已经不再继续扩张，处于成熟阶段，能够带来稳定的现金流，像巴菲特所说的近似一只稳定产生现金的债券。遇到这一类公司，如果估值不高，价格合适，且分红率较高，还是具有投资价值的。

### 类型 3：+ − +

经营活动现金流量净额为正，说明公司主业经营赚钱；投资活动现金流量净额为负，说明公司正在对内或对外投资；筹资活动现金流量净额为正，说明公司正通过借钱或股权融资筹钱。

显然，这家公司把主业经营赚到的钱都投入到新的项目中了，但也许是扩张规模比较大等原因，这些资金还不够，还在通过借债或者出让股权等方式融资投资。

作为投资者，必须分析研判公司所投资的项目前景究竟如何？另外，继续深入思考一个现实问题：公司的现金流入和筹资活动现金流入，能不能持续支撑公司扩张至产生现金流的那一天？是否会出现资金链断裂的情况？

这种类型的公司，一般情况下都是处于快速成长的公司，机会与风险并存。投资者可以把这家公司纳入"股票池"，持续不断地观察和分析，如果不看好或者情况恶化，则应该立即远离为好。

类型4：+ − −

经营活动现金流入，投资活动现金流出，筹资活动现金流出。这种情况与类型3差不多，只有一个差别就是筹资活动的现金流从正数变为了负数。这两种情况下，只有经营活动的现金流为正，投资和筹资活动的现金流都为负。

经营活动现金流为正，说明公司经营正常；投资活动现金流为负，说明公司在进行对外投资和扩张；筹资活动现金流为负，说明公司在偿还债务或分红。这种情况表明，这家公司依靠主营业务赚的钱支持扩张，同时还在清偿债务和回报股东。

如果经营活动产生的现金流量净额持续大于投资和筹资活动产生的现金流量净额，说明公司造血功能强大，依靠自己就能实施投资，这样的公司是典型的现金奶牛型公司，值得买入并持有。

需要注意的是，如果经营活动产生的现金流量净额小于投资和筹资产生的现金流量净额，也就是经营活动现金流入不可持续，那么后期随时都有可能变化成"+ − +"的类型。

打开贵州茅台、海天味业等优秀公司的财报，绝大多数时候都可以看到它们属于"+ − −"类型，这种类型是几乎所有投资者都喜欢的优质成长型公司，长期持有它的股票，就相当于拥有了一头现金奶牛。

再看"经营活动产生的现金流量净额"为负的四种情况。经营现金流为负，说明主营业务已经不产生现金流入了。通常情况下，这种公司大多可能是初创型公司，也可能是处于衰退期的公司。

经营活动现金流为负的公司，大多数都情况不好。如表6-7所示。

表6-7　经营活动现金流量净额为负时公司现金流状况组合

| 类型 | 经营活动产生的现金流量净额 | 投资活动产生的现金流量净额 | 筹资活动产生的现金流量净额 |
|---|---|---|---|
| 5 | − | + | + |
| 6 | − | + | − |
| 7 | − | − | + |

续表

| 类型 | 经营活动产生的现金流量<br>净额 | 投资活动产生的现金流量<br>净额 | 筹资活动产生的现金流量<br>净额 |
|---|---|---|---|
| 8 | - | - | - |

**类型5：-++**

经营活动现金流为负数，投资和筹资活动的现金流都是正数。关于投资活动现金流入的问题，要仔细分析其是通过什么渠道获取的，无非两种情况：一是处置资产，变卖家当收到的现金；二是获得投资收益获得的现金。

显然，如果投资活动的现金流入是依赖变卖资产或者金融资产而获得的投资收益，肯定无法持续下去。但如果是因为此前实业性投资产生的投资回报，有大把的子公司分红拿回来，则意味着即使这家公司的主业经营活动持续衰退，不再创造现金流入，但它拥有了另一个可以提供稳定现金流的业务，相当于经营活动现金流入，结果又变成了"+++"的类型1。

综上所述，类型5关键取决于投资活动的现金从什么渠道而来。如果是依靠变卖家当或金融投资获得收益，则公司就会很危险；如果依靠实业投资能持续不断地获得现金流，则可视为转型升级后的投资型公司。

依照笔者的观点，这就像生活中有一类人，不好好工作挣钱，却靠卖家当或借钱维持生存。这种类似的公司是很难好到哪里去的，所以一般会选择直接淘汰掉。

**类型6：-+-**

经营活动现金流为负数，投资活动现金流为正数，筹资活动现金流为负数。这种情况，往往意味着公司的主业经营亏损，还在偿还债务或者分红，当然更可能是在还钱，就算分红也是不可持续的。幸好，投资活动还有钱流入。

同样地，投资者要仔细看清楚投资活动依靠什么产生现金流入，如果是靠变卖资产或者出售金融性资产，包括出售长期股权投资等，那只有死路一条。因为一家优秀的公司不可能经营为负，经营为负的公司不可能靠利息投资现金为正。

一旦把家败完了，没有家当可卖了，而经营状况又不能改善，那么债务如何偿还呢？这种公司往往也是"困难户"的典型，笔者一般会直接放弃。A股市场上有4000多家上市公司，何必为了一棵树而放弃整片森林呢？

**类型7：--+**

经营活动现金流为负数，投资活动现金流为负数，筹资活动现金流为正数。这种情况说明公司经营是不赚钱的，并且还在持续不断地投资，好在还能从市场中筹到钱，也许是通过股权融资等方式。

这种公司就是在用借贷投资，属于以贷养贷的风格，自己经营不善，但还在继续扩张，在原本就资金链绷紧的情况下继续借钱投入。这种公司基本上濒临倒闭，属于财务状况极其不健康的类型。

有一种情况例外，那就是像互联网平台类型前期需要大把烧钱的公司，对于处于创业期的公司也是正常现象，这就需要通过公司的创始人、核心团队、商业模式等关键因素来分析研判公司的前景了。这样的公司在美国的纳斯达克和国内开通不久的科创板市场上为数不少。

在笔者看来，这种公司经营状况是难以为继的，胜利者都是九死一生且凤毛麟角，对于有众多选择的投资者来说，孤注一掷永远不是价值投资者的投资理念。

**类型8：- - -**

公司所有的活动都造成了现金流出，属于大出血型的公司，也是真正意义上的"烧钱"。这种情况说明公司经营不赚钱，但还在投资消耗，而且债主也在逼债，距离破产倒闭仅一步之遥。如果公司没法迅速堵住出血点，或者寻求外部筹资，这样持续下去终将弹尽粮绝，将在货币资金被消耗完毕后土崩瓦解。

这种情况的公司是非常危险的，不过好在股市中并不多见。作为投资者，如果遭遇这样的"地雷"，请绕道而行。

以上就是现金流量表的八种结构或者组合，根据探讨的结果，投资者只需要看现金流量表中三种活动的净额，大体就能够知道公司属于哪种类型了，应关注哪些要点，公司的关键风险在哪里，未来成长和竞争优势是什么等。

我们来看一下中炬高新属于哪种类型，如表6-8所示。

**表6-8　中炬高新现金流类型特征**

单位：亿元

| 年份 | 经营净现金流 | 投资净现金流 | 筹资净现金流 | 净增额 | 类型特征 |
|------|------|------|------|------|------|
| 2020 | 10.01 | −11.25 | −4.07 | −5.31 | + − − |
| 2019 | 10.59 | −1.28 | −6.31 | 3 | + − − |
| 2018 | 7.24 | −3.07 | −2.71 | 1.46 | + − − |
| 2017 | 6.51 | −5.71 | −2.80 | −2 | + − − |
| 2016 | 6.77 | −4.04 | −1.86 | 0.87 | + − − |

2016~2020年，中炬高新连续5年的现金流特征都是"+ − −"。也即，经营活动现金流入，投资活动和筹资活动都是现金流出。最近数年来，中炬高新都在扩大酿造基地，在"购建固定资产、无形资产和其他长期资产支付的现金"项目里，一直都在持续不断地投入，扩张产能。

也就是说，近5年来中炬高新依靠着持续稳定的经营现金流入，在实施投资扩张的同时，还在清偿债务以及回报股东，每年都从利润里拿出了一部分真金白银来分红，在持续投资和偿还债务的情况下，此举殊为不易。中炬高新分红情况如表6-9所示。

**表6-9　2016~2020年中炬高新分红情况**

单位：亿元，%

| 年份 | 分红总额 | 利润总额 | 分红率 |
|------|------|------|------|
| 2020 | 5.417 | 9.714 | 55.76 |
| 2019 | 2.231 | 7.913 | 28.19 |

| 年份 | 分红总额 | 利润总额 | 分红率 |
|------|----------|----------|--------|
| 2018 | 1.832 | 6.812 | 26.89 |
| 2017 | 1.434 | 5.114 | 28.04 |
| 2016 | 1.115 | 4.103 | 27.18 |

中炬高新一方面在持续投入，另一方面在偿还债务和向股东分红，而且持续数年至今。除了2017年和2020年经营净现金流减去投资、筹资净现金分别为-2亿元、-5.31亿元，其他年份都为正值，且金额与7.31亿元差不多。

所以，中炬高新不但属于"+--"类型，而且具备良好的持续性。这样的公司，依靠着挣来的钱不断扩张，同时能减少债务并进行分红，是一个典型的奶牛型公司。而且，这头奶牛还在继续成长，产奶能力还在进一步提升。

# 第四节　现金流量表的分析方法

传统的财务报表分析，一般指对利润表、资产负债表两张报表进行分析，但对于第三张报表，即现金流量表如何分析，目前没有统一的格式或者成熟的方法。这是因为现金流量表被纳入财报编制的时间相对较晚。

应该说，美国和欧洲是最早编制现金流量表的。欧美编制现金流量表也经历了一个复杂的过程，折腾不断，最终决定于20世纪80年代末90年代初，强制性要求公司必须开始编制现金流量表。

1993年，中国开始会计改革，将原来规范企业会计行为的企业会计制度统一为《企业会计准则》，由财政部发布。但一直到1998年，会计准则才开始规范现金流量表的编制。

总体来说，不管是欧美还是中国，现金流量表出现的时间都非常短，所以导致大家对现金流量表的认识和分析都处在"摸着石头过河"的阶段。

曾经在很多场合，笔者被一些公司的老板和高层管理人员问到一个尖锐的问题：对于一个公司来说，究竟是利润最重要，还是现金流最重要？实际上，在笔者看来这个问题的逻辑是不对的，因为他们把这两个问题对立起来了。

对于任何一家公司而言，如果只是依靠利润，或者只是依靠现金流量，都是不可能长期持续下去的。当然，最合适的回答应该是：作为一家具有持续竞争优势的公司，既要有利润，也要依靠现金流量；但在短时间内，对于一个公司的生死存亡而言，现金流量比利润更重要。

## 一、现金流量表的"五角分析法"

严格来说，现金流量表的各项科目和内容不少，但对于大多数人来说，完全没有必要每项都比对着去解读和分析。我们可以按照本节所介绍的"五角分析法"，也就是按照五个角度解读和分析一家公司的现金流量的关系，进而对公司的可持续发展做出判断。

**第一个角度：造血功能**

既然叫作公司的造血功能，那肯定不是通过筹资这样的途径获取的，只有通过公司"经营活动产生的现金流量净额"才能反映出一家公司的造血能力。那如何判断出其造血能力的强弱呢？

这可以从两个方面进行考量：一是直接察看"经营活动产生的现金流量净额"项目的正负与金额。金额须得大于零，小于零为负数的公司基本上可以判断出是没有造血能力的，像这种主营业务持续亏损的公司，建议直接淘汰。另外，这个项目的金额自然越大越好，越大说明公司的造血能力越强。

二是将公司的"经营活动产生的现金流量净额"与核心利润进行比较。与营业收入真正相关的既不是营业利润，也不是净利润，而是核心利润，也就是由这家公司的核心竞争力优势所创造的利润。

张新民首创了核心利润这个概念，在现金流量表上又延伸出一个重要的比率，即"核心利润获现率"，其公式为：

核心利润获现率 = 经营活动产生的现金流量净额 / 核心利润 ×100%

这个看似简单的比率，不仅可以考察一家公司核心利润的含金量，还可以用来衡量公司经营活动现金流量的有效性，也可以叫作造血能力，由此推断出公司的增长是属于内生性的成长，还是被输血式的艰难度日。

这个比率多大比较好呢？通常情况下，固定资产、无形资产所占资产比重不大的公司，这个比率在120%~150%，如果是固定资产、无形资产占比较大的公司，则需要提高这个比率。换句话说，比较理想的经营活动产生的现金流量最好达到核心利润的120%以上。

要分析2020年中炬高新的核心利润获现率情况，先计算一下其核心利润：

核心利润 = 营业收入 – 营业成本 – 税金及附加 – 销售费用 – 管理费用 –
　　　　　研发费用 – 利息费用
　　　　=51.23 亿元 –29.94 亿元 –0.581 亿元 –5.664 亿元 –2.807 亿元 –
　　　　　1.541 亿元 –0.102 亿元
　　　　=10.595 亿元

2020 年中炬高新的经营活动产生的现金流量净额为 10.01 亿元，计算后可得出其核心利润获现率：

核心利润获现率 = 经营活动产生的现金流量净额 / 核心利润 ×100%
　　　　　　　=10.01 ÷ 10.595 ×100%
　　　　　　　=94.48%

对于中炬高新这样还算相对优秀的公司来说，其核心利润获现率达到94.48%，距离120%及以上的数据还有一段不小的差距。与之对应的是，中炬高新2020年现金流量表中，其经营活动现金流量长期保持了稳定，但在继续投资和分红导致现金流出的情况下，筹资活动中出现了5.6亿元的借款。

### 第二个角度：成长能力

任何一家公司试图在市场中保持持续竞争力，就一定会在产品创新与规模扩张等方面展开行动，这必然会引起公司投资活动现金流出量的结构变化。具体讲，主要观察两个项目历年来发生的变化。

第一个是"购建固定资产、无形资产和其他长期资产支付的现金"，这个项目的大小反映了公司对内的投资力度。金额越大，表明公司正在扩张之中，那么未来公司的营业收入和净利润等都有可能出现较大的提升，在一定程度上预示着公司的成长能力比较强。如果这个项目的金额较小，说明公司扩张放缓，可能导致未来公司的营业收入和净利润难有大的增长。

一般来说，成长性比较好的公司，"购建固定资产、无形资产和其他长期资产支付的现金"与"经营活动产生的现金流量净额"之间的比率比较高，正常的范围在20%~50%。需要注意的是，"经营活动产生的现金流量净额"应该比"购建固定资产、无形资产和其他长期资产支付的现金"金额大。

如果"购建固定资产、无形资产和其他长期资产支付的现金"比"经营活动产生的现金流量净额"金额大，公司只能通过借贷等融资来维持投资，长此以往必然会加大公司的风险。因此，"购建固定资产、无形资产和其他长期资产支付的现金"与"经营活动产生的现金流量净额"比率大于100%，预示着公司太激进，风险大；如果比率小于10%，则预示着公司成长太慢，回报太低，建议直接淘汰掉。

另外，"购建固定资产、无形资产和其他长期资产支付的现金"项目的金额应远远大于"处置固定资产、无形资产和其他长期资产收回的现金净额"项目的金额，后者的占比一般应小于5%。如果后者的占比大于100%，往往意味着公司正在走下坡路，建议直接淘汰掉。

第二个是"投资支付的现金"，这个项目反映了一家公司为取得除现金等价物以外的对其他公司的权益工具、债务工具和合营中的权益所支付的现金，以及支付的佣金、手续费等附加费用。注意，这里投资支付的现金是对外部进行的投资，包括进行长期股权投资、金融资产投资而发生的现金支出。

这个投资所涉及的范围比较广，极可能有长期给子公司的投资，也有购买其他公司的股票、债券等各种各样的投资，需要从财报的附注等方面观察与分析，最后进行数据比对和判断。

以中炬高新为例，公司2017~2020年连续4年的投资活动现金流出量的两个主要项目如表6-10所示。

表 6-10　中炬高新 2017~2020 年投资活动现金流出量的两个主要项目

单位：亿元

| 项目 | 2020 年 | 2019 年 | 2018 年 | 2017 年 |
|---|---|---|---|---|
| 购建固定资产、无形资产和其他长期资产支付的现金 | 3.282 | 2.340 | 3.551 | 2.068 |
| 投资支付的现金 | 79.39 | 69.08 | 71.46 | 76.72 |

2017~2020年，中炬高新几乎每年都在"购建固定资产、无形资产和其他长期资产支付的现金"项目上持续投入，这一点从其不断增长的生产产能、营业收入和净利润等项目上都能获得证实。显然，这些数据远大于其"处置固定资产、无形资产和其他长期资产收回的现金净额"，与"经营活动产生的现金流量净额"的比率基本上在20%~50%，应该说这个比率透露出中炬高新管理层既不冒进也不保守，显得中规中矩。

这个期间，中炬高新在"投资支付的现金"项目中，一如既往地保持了巨大金额，这个情况一方面可以从其一长串子公司、合营和联营等公司的股权投资中得到体现，另一方面对应了投资活动现金流量表中"收回投资收到的现金"项目中的金额，2017~2020年分别为72.38亿元、69.84亿元、69.75亿元、70.82亿元。

对于大多数公司来说，投资活动产生的现金流出量，表现出了不同的扩张含义和未来的成长可能性。总体来讲，中炬高新在4年时间里，"投资支付的现金"成了其投资活动现金流出量的主要力量，包括"购建固定资产、无形资产和其他长期资产支付的现金"在内的其他各种投资并不多。

这些信息透露出，中炬高新的投资活动主要集中在子公司和联营合营公司等对外扩张的股权上，或者进行频繁的理财，事实上也的确获得了不错的持续收益回报。遗憾的是，公司的内生增长和规模扩张的步伐并不快，比如与海天味业在早些年就谋划布局的品类拓展比较起来，无疑落后很多年而且差距越来越大。

### 第三个角度：筹资状况

如果一家公司能够实现长期持续的赚钱，除非突然需要快速规模扩张，否则一般情况下不会需要筹集太多的资金。反之，如果一家公司长期处于亏损的边缘，就必然需要不断地通过各种渠道融资，以维持公司的正常运转。

在这种情况下，我们必须要仔细分析公司的资金筹集情况，比如资金的来源渠道是什么？筹集流入的资金被花在哪些地方了？之所以这样小心谨慎，完全是因为需要不断融资输血的公司，一旦有点风吹草动极可能万劫不复。

无论是贵州茅台、海天味业，还是中炬高新、上海家化，它们的筹资金额都比较小，且筹资渠道比较简单，这是基本面不错的公司的共同特征，没办法深挖下去。所以，我们选择ST海航作为解读的案例，ST海航2018年至2020年第三季度筹资活动现金流入量的情况如表6-11所示。

表6-11 ST海航2018年至2020年第三季度筹资活动现金流入量

单位：亿元

| 项目 | 2020年第三季度 | 2019年 | 2018年 |
|---|---|---|---|
| 筹资活动产生的现金流量 | | | |
| 吸收投资收到的现金 | 25.20 | 0.30 | 0.70 |
| 其中：子公司吸收少数股东投资收到的现金 | 25.20 | 0.30 | 0.70 |
| 取得借款收到的现金 | 51.23 | 338.00 | 396.50 |
| 发行债券收到的现金 | — | 41.23 | 70.91 |
| 收到其他与筹资活动有关的现金 | 12.50 | 18.81 | 40.52 |

续表

| 项目 | 2020年第三季度 | 2019年 | 2018年 |
|---|---|---|---|
| 筹资活动现金流入小计 | 88.93 | 398.30 | 508.60 |

仅就ST海航3年的财报看，向公司提供资金的主要是三个方面：第一，子公司的非控股股东，也叫少数股东，这个主要是集中在2020年初至2020年第三季度，也就是ST海航危机爆发之后，子公司的少数股东分别向子公司入资25.2亿元。

第二，债券市场上的投资者，在2018年和2019年，ST海航向公开市场分别发行了70.91亿元和41.23亿元的公司债券，不知道这些购买ST海航发行债券的投资者们究竟是赚了还是亏了。

第三，各类金融机构，这是最大的"债主"。仅2018年至2020年第三季度期间，金融机构向ST海航提供的资金就累计高达850多亿元。这其中也包括了"收到其他与筹资活动有关的现金"，其大多数为"取得非金融机构借款"，也就是实质上属于"取得借款收到的现金"。

仔细分析发现，ST海航获得的股东、金融机构和债券投资者提供的巨额资金，一部分被用于偿还债务借新还旧，一部分被用于支付借贷产生的高额利息费用，一部分用在了补充购建固定资产、无形资产方面的资金需求，包括补充经营活动长期为负数造成的现金缺口。总之，这些通过各种渠道融进来的钱，很快被用于各种费用支出了，入不敷出。

看出来了吧？正是在股东、金融机构和投资者们不遗余力地支持下，才使得ST海航敢于大胆烧钱，底气十足。

考察一家公司的筹资活动产生的现金流量的规模、结构和支出时，其中最重要的是两个方面：一是查看这家公司筹资活动产生的现金流量来源于哪里？是股东投入、股份增发，还是借贷融资？二是通过资金流转方向，分析判断公司融资之后把钱花在哪些地方了？是盲目多元化投资，还是投入主业规模扩张，把钱花在刀刃上了？

### 第四个角度：现金余额

这个步骤需要分两次完成，首先查看公司的现金及现金等价物的净增加额是否大于零，也就是公司通过经营活动、投资活动和筹资活动这三项活动所带来的现金流入，除去各种费用开支后，是否还能有结余？如此，这家公司才能够积累更多资金。

还记得前文所讲的现金流量表的八种类型吗？如果公司属于"+－－"或"++－"类型，那么只有积累更多的余钱才能继续保持，而任何一家具有持续竞争优势的公司，其现金净增加额一般都会大于零。

进一步说，即使现金净增加额的情况不理想，如果在剔除掉当期现金分红后，现金及现金等价物的净增加额仍然小于零为负数，那么建议不必再做分析研判了，直接淘汰放弃。

2018~2020年海天味业财务报表中，其现金及现金等价物的净增加额变化情况如表6-12所示。

表6-12　2018~2020 年海天味业现金及现金等价物净增加额变化情况

单位：元

| 项目 | 2020 年 | 2019 年 | 2018 年 |
|---|---|---|---|
| 五、现金及现金等价物净增加额 | 2,081,880,926.39 | 4,008,971,174.14 | 3,852,455,207.27 |
| 加：期初现金及现金等价物余额 | 13,434,799,612.69 | 9,425,828,438.55 | 5,573,373,231.28 |
| 六、期末现金及现金等价物余额 | 15,516,680,539.08 | 13,434,799,612.69 | 9,425,828,438.55 |

从表6-12可以看出，2018~2020年海天味业的现金及现金等价物净增加额分别为约38.52亿元、40.09亿元、20.82亿元。而更让人称赞的是，这些数额巨大的现金流入，是在投资活动和筹资活动的现金流量净额均为负数的情况下产生的，也就是说，海天味业增加的这些现金，几乎都是依靠其持续稳定的经营活动产生的现金流量所带来的，不仅体现出在市场中的竞争优势，而且还形成了一种非常良性的自我循环。

再查看公司的期末现金及现金等价物的余额。这个项目可直接反映出这家公司手里握有多少钱可自由支配，同时预示公司在未来实施主业规模扩张时有足够的家底支撑。一般来说，账户上余额越多的公司，意味着竞争实力越强，活得越好。

从表6-12中可以看到，2018~2020年海天味业的账户上都"躺着"巨额现金，期末余额分别为94.26亿元、134.35亿元和155.17亿元，各个年度之间的增加额也比较大，体现出其在调味品细分市场中目前难以撼动的龙头地位和竞争优势。

**第五个角度：结构类型**

在投资市场里，白酒行业一直是受到投资者格外青睐的行业，其商业模式注定了赛道的优势，尤其像酱香型的贵州茅台，得天独厚且无法复制的地域优势，使其成为中国白酒行业的绝对"一哥"。

由于口味独特，市场竞争优势明显，多年以来贵州茅台一直采取的是预收货款的销售方式，即使针对长期合作的经销商，最多也是采用银行承兑汇票的方式预售，几乎没有任何赊销形成的应收账款和坏账。

笔者一直认为，贵州茅台就像中国版的可口可乐，其品牌和配方具有无可比拟的优势，不仅让它赚得盆满钵满，而且其对上游供应商也产生了非常好的商业信用，因为大家都知道贵州茅台一瓶难求，且高达90%的毛利率意味着超额的利润，自然不会缺钱。所以供应商们为了能够跟贵州茅台形成长期稳定的合作，都心甘情愿地将货物赊销给贵州茅台，先送货再收取货款。

归纳起来，贵州茅台公司的正常营运几乎不需要借助任何资金，一方面，贵州茅台酒供不应求，都是提前预收货款；另一方面，供应商提供的原材料都是赊销，暂时不需要付款，完全可以在预收货款之后再慢慢地支付，这就形成了一种上下游"两头吃"的状态。这种公司的核心利润获现率必然会很高，而且一定具有非常高的竞争壁垒。

还有一种较为普遍的现象，就是有些公司的产品竞争力很差，在市场中的可替代性非常强，如果不采取价格战或者提供付款便利的话，客户几乎不会选择这家公司。

比如说，曾经被誉为"白马股"的东方园林，由于本身没有什么独特技术或者核心竞争优势，它在针对下游客户时只能被迫采取赊销的销售方式，这就必然导致其应收账款长期居高不下，而且容易形成"坏账"。2017年至2020年第三季度，东方园林的应收账款分别高达约74.71亿元、89.79亿元、96.50亿元、95.31亿元，在当期营业收入中的占比高达49.05%~210.54%。

也就是说，东方园林在某些年度中，应收账款余额竟然比当期营业收入总额高出了一倍有余，这导致其经营活动产生的净现金流经常为负数，加上购建固定资产、无形资产和其他长期资产支付的现金及子公司及联营合营公司投资支付的现金，就只能通过借贷、增发、股东投资等方式融资，维持公司的日常运转与发展，但这也致使其每年偿付的利息费用高企，2018年至2020年第三季度分别为6.12亿元、7.84亿元和5.86亿元。

唯一令人感到欣慰的是，东方园林的应付账款长期居高不下，2018年至2020年第三季度分别为120.2亿元、127.0亿元、124.9亿元，也就是说，东方园林尽管被下游客户拖欠了很多款项，但好在自己在供应商那里还有比较好的商业信用，供应商在供货之后才回收货款，也就给东方园林公司催收欠款打了一个时间差。

所以，东方园林并不是最惨的。最惨的公司往往是这样的：产品销售出去了收不回来款项，采购原材料却需要提前支付。此外，还有一大笔费用和支出需要钱，比如生产费用、员工薪酬、营销费用等。这种情况下，公司的经营活动必然会发生现金亏空。那谁来弥补呢？要么股东继续投入，要么借贷融入资金。

在投资过程中，如果发现目标公司的市场竞争力较差而导致连年亏损，而经营活动产生的现金流量净额持续为负数，公司入不敷出。它如果要继续运转下去，就需要股东持续不断地给它寻找资金来支持它的经营活动。这种公司最后能够走多远，取决于股东们的钱到底能烧多长时间。

总结一下：任何一家公司，只有其通过经营活动产生的现金流量净额足够充分，才可能发展得更健康和持久。换句话说，造血能力强的公司，才能够在充分竞争的市场中立于不败之地。

如果只是解读一家公司的现金流量表，那么从以上5个角度去展开分析，我们完全可以把绩效差的公司淘汰掉，而留下相对较好的公司进一步深入分析与研判。当然，这也只是看起来相对好一点而已，如果试图更深入地了解一家公司，还必须结合利润表与资产负债表，经过比对和勾稽关系的研究，最后做出投资决策。

## 二、现金流量表还可以这样读

利润表是站在收益的角度考察，现金流量表是站在风险的角度研判，尽管两者都能在一定程度上体现出一家公司的实力与状态，但具体呈现出来的数据却有不同解读。

打个比方，现金流就像是一家公司的血液，如果失血过多，公司必然会衰竭而亡。现金流量表就是一张关于风险识别的报表，它描述现金的来龙去脉，通过这些环节给我们提前警示，知道这家公司是否面临不能持续经营的风险。

在投资过程中，大家很可能会面对利润和现金流间难以取舍的问题，究竟孰重孰轻？对一家公司来说，到底是追求利润重要，还是风险控制更重要？这个问题有点像"我和你妈妈同时落水，你会先救谁"。

毫无疑问，两者都很重要，一个涉及可持续的发展问题，一个涉及风险管控的存亡问题。如果必然要有一个取舍的话，可以这样判断：当风险不大时，市场风平浪静，经营状况持续稳定发展，自然是利润重要；当风险巨大时，首先应该关注风险，保证公司活下来，然后才是考虑挣钱的事情。

利润与现金流之间的基本关系主要有两种情况比较普遍：一是利润好、现金流差；二是现金流好、利润差。仔细分析起来，其背后的原因错综复杂，我们逐一进行探讨。

## （一）利润好、现金流差

这种情况比较容易理解。当利润好、现金流差时，最主要的原因是应收账款和存货的增加引起的，这在很多客户群体为企业端的中上游公司普遍存在。应收账款的不断增加，意味着产品销售出去了，但大多数都采取赊销方式，并没有把钱收回来，也就是虽然根据权责发生制的会计准则，可以在利润表上进行记录产生了利润，实际上却并没有现金流入，所以出现了利润比现金好的情况。

存货的增加，往往意味着原材料采购进来了，或者产品生产出来了，但可能因为市场销售或者时间差等问题，导致存放在库房里没有销售出去。无论是采购原材料还是生产产品，都必须要花钱，所以账户上的现金就流出去了。因为没有销售掉，就不产生收入，也不结转为成本，所以利润没有任何影响，同样会出现利润比现金流好的情况。

以东方园林为例，它的利润和现金流的情况如表6-13所示。

表6-13 2018年至2020年第三季度东方园林的利润和现金流情况

单位：亿元

| 项目 | 2020年第三季度 | 2019年 | 2018年 |
|---|---|---|---|
| 营业收入 | 45.27 | 81.33 | 132.9 |
| 应收票据及应收账款 | 95.31 | 96.50 | 89.92 |
| 存货 | 5.246 | 160.1 | 149.9 |
| 净利润 | 0.486 | 0.441 | 15.91 |
| 经营性现金流量净额 | -9.967 | -13.27 | 0.509 |

从表6-13可以看出，2018年至2020年第三季度东方园林的营业收入在大幅下滑，而应收票据及应收账款却在增加或者保持不变，其余额甚至超过了营业收

入。净利润的下降完全像是在做"跳伞运动",从2018年的15.91亿元直接下坠到2020年第三季度的0.486亿元。经营性现金流完全惨不忍睹,从2018年的0.51亿元剧降为2020年第三季度的-9.97亿元。

与东方园林数十上百亿元庞大的营业收入金额相比,其净利润仅为数千万元,而且经营性现金流呈现巨额负数。与之对应的是,其存货和应收票据及应收账款的巨额数字。换句话说,公司的经营活动不仅没有创造价值,而且持续消耗资金等资源。

### (二)现金流好、利润差

现金流好、利润差,这种情况并不普遍,它又是什么原因导致的呢?

这种相反的情况出现,应该与之匹配的是存货和应收账款的减少,还有可能是负债的增加,比如应付账款或者预收款项等经营性负债的增加。还可能有一种情况,即这家公司本身是一家重资产型的公司,每年都会产生大量的折旧,比如大型水电公司、航空公司等,也会出现现金流好而利润差的情况。

应收账款减少,说明公司对原来的欠款进行了有力催收,从而导致现金流入增加。但因为以前的应收账款已经早就计入利润表,收回欠款并没有增加利润,所以现金流比利润好。也许在催收应收账款的过程中给予了欠款方一些折扣等,但总比最后成为"坏账"好得多,且加速了资金的流转与效率。

存货减少,简单点说是原来采购的原材料或者在产品等,最后绝大多数都生产出来并卖掉了。卖掉这些存货可以导致现金流入,但并不一定意味着赚钱,比如可能存在对存货的打折降价处理,所以也是现金流比利润好。

合同负债增加,即原来的预收款项增加,就是从下游客户那里提前收取了定金或者货款,但还没有交付产品,像市场细分行业里的龙头公司如贵州茅台、格力电器、海天味业等。因为没有计入利润表中,这种情况不会增加收入和利润,但会增加现金流入。

应付款项增加,表明公司拖欠上游供应商的款项增加了,即公司采用赊购的方式提前拿了货却没有付钱,形成了一定时间的账期,这种情况使得现金流出减少,同样不会影响利润。能够被供应商允许欠款,表明公司在行业产业链条中具有比较强势的地位和话语权。

还有一种情况容易被忽略,即公司处在一个重资产型的行业里,比如大型水电站、光伏发电、工程机械制造等,它们每年都要计提大量的折旧,这些折旧作为成本或者费用的一部分会导致利润减少,但实际上这些设施设备早就付过钱了,并不需要每年都支付真金白银,不会引起现金流出,所以现金流比利润好。

2018~2020年宇通客车的利润和现金流的情况如表6-14所示。

从表6-14可以看出,2018~2020年宇通客车的营业收入随着整体市场经济放缓而下滑,净利润也相应地受到下降影响,尤其在2020年初新冠肺炎疫情的背景下,其净利润从2018年的23.28亿元陡降至5.181亿元,减少了约18.1亿元。

表 6-14 2018~2020 年宇通客车的利润和现金流情况

单位：亿元

| 项目 | 2020 年 | 2019 年 | 2018 年 |
|---|---|---|---|
| 营业收入 | 217.1 | 304.9 | 317.5 |
| 净利润 | 5.181 | 19.65 | 23.28 |
| 经营性现金流量净额 | 35.68 | 53.52 | 25.78 |

但从经营性现金流量净额看，宇通客车的现金流入似乎并没有受到太大影响，2018~2020年经营性现金流入分别为25.78亿元、53.52亿元、35.68亿元。与之对应的是，宇通客车的应收账款在大幅减少，分别为172.7亿元、138.9亿元、89.52亿元，呈现出逐年大幅降低的趋势，年度之间的差额就意味着宇通客车多收回来的欠款。

此外，2018~2020年，宇通客车仅就固定资产折旧、油气资产折耗、生产性生物资产折旧，分别高达6.17亿元、6.19亿元、6.16亿元。也就是说，连续数年来宇通客车计提了大量的折旧，几乎每年计提金额都在6亿元以上，这是汽车制造行业的特性，也是不少公司隐瞒和操纵利润的一种常规手段。

## 三、 三个重要考察指标

在投资过程中，我们阅读和分析公司财务报表时，切忌只看单一的报表数据，也不能只看某一个年度的数字，正确的做法应该是拉长时间段，把利润表、资产负债表和现金流量表三张核心的财务报表结合起来阅读，发现和寻找其中的勾稽关系和逻辑印证。这是一个需要持续和累积多年的习惯养成。

接下来逐一考察的三个选股指标，也是笔者在投资实践过程中一直遵循的"过滤器"，只要达不到衡量标准，或者与设定的标准差距太大，最后都会毫不犹豫地选择放弃。

### （一）销售商品、提供劳务收到的现金与营业收入对比

对投资者来说，利润表列示的营业收入只是一个数字，在收入没有实现之前，对公司的生产经营没有任何帮助。所以，最终还是现金流量表上的销售商品、提供劳务收到的现金项目，为营业收入的落实提供了一份鉴定报告，并告诉我们预期和实收之间的差异有多大。

评价公司现金回款的效率，需要了解实收和应收之间的关系，通过销售商品、提供劳务收到的现金与营业收入的比值，可以对比公司在各个会计期间的货款收回情况，同时可以据此考察公司在市场中的竞争地位等。计算公式为：

销售商品、提供劳务收到的现金与营业收入比=销售商品、提供劳务收到的现金/营业收入

以海天味业为例，大家阅读和分析它的营业收入增长情况及其是否正常，营业收入增长是否是因为提供了赊销、延长账期等放宽销售政策实现的。如图

6-1所示。

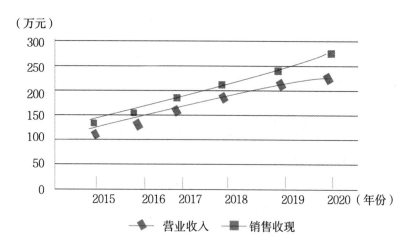

图 6-1 2015~2020 年海天味业销售商品、提供劳务收到的现金与营业收入对比

## （二）经营活动现金流量净额与净利润对比

经营活动现金流量净额只考虑日常经营活动，不考虑投资活动、非现金损益、融资支出，并调整了经营对资金占用的变动。而净利润包括了这些不考虑的内容，并且不考虑营运资金的变动。

在经营过程中，经营活动现金流量净额与净利润并没有太多取舍，因为优质的净利润应该带来好的经营现金流量，净利润不能一直靠投资支撑。但经营现金流量净额也会出现暂时性的紧张，如果为了获得长远的高利润，占用也是值得的，比如医药公司的高额研发费用要在临床三期后才能获利丰厚等。

需要注意的是，投资者应该警惕净利润很高，经营活动现金流量净额却长期低迷甚至是净流出，特别是经历一个产品周期后仍然如此。这种情况下，极有可能是公司收入确认过于激进，或者费用成本确认滞后。比如，是否真正达到收入确认标准、应收坏账计提是否充分、存货跌价是否足量，大额往来款长期未清理、成本结转是否完整以及毛利率与同行相比是否过高等。

总之，经营活动现金流量净额与净利润最好两者都为正值，且比值大于1，表明公司创造的净利润全部都可以以现金的形式实现，若小于1，表明有部分净利润以债权的形式实现。计算公式为：

经营活动现金流量净额与净利润比＝经营活动现金流量净额／净利润

以海天味业为例，大家阅读和分析一下它的净利润和经营活动现金流量净额的增长情况及其是否为正，是否持续增长，净利润的含金量如何。如图6-2所示。

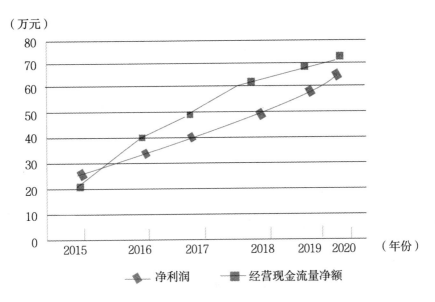

**图 6-2　2015~2020 年海天味业经营活动现金流量净额与净利润对比**

### （三）有息负债与归属于母公司股东权益对比

这是一个很容易被忽略的考察指标。有息负债是指公司负债中需要支付利息的债务，一般情况下，笔者更习惯把"短期借款""长期借款""应付债券""一年内到期的融资租赁负债""一年内到期的非流动性负债"等归纳为有息负债。

此外，应付票据、应付账款、其他应付款等都有可能是有息的。无息负债与有息负债对利润的影响完全不同，前者不会直接减少利润，后者可以通过财务费用等途径减少利润。因此，公司在降低负债率方面，应重点减少有息负债，而不是无息负债，这对于利润增长或扭亏为盈具有重要意义。

实际上，一个重要的意义还在于，通过有息负债与归属于母公司股东权益之间的比值，可以考察公司需要支付利息的负债在其中所占的比例，也是揭示公司的偿债能力，如果占比在50%及以上，则意味着公司对债务的负担太重，且抵抗风险的能力偏弱。

一般情况下，如果计算出比率超过50%，我就会将其直接淘汰掉。在这一点上，有息负债比值这一指标要比股东权益比更富有实际意义。计算公式为：

有息负债与归属于母公司股东权益比 = 有息负债 / 归属于母公司股东权益

以海天味业为例，大家可以尝试着自己动手计算一下它的有息负债及其增长变化情况，以此分析它可能会对净利润减少的影响，以及透露出的公司偿债能力和面临风险状况。如图6-3所示。

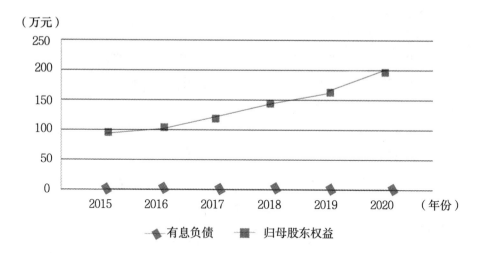

图 6-3 2015~2020 年海天味业有息负债与归属于母公司股东权益对比

# 第七章　所有者权益变动表与财报附注

投资的秘诀，不是评估某一行业对社会的影响有多大，或它的发展前景有多好，而是一家公司有多强的竞争优势且这优势可以维持多久。产品和服务的优越性持久而深厚，才能给投资者带来优厚的回报。

——沃伦·巴菲特

《企业会计准则第30号——财务报表列报》第2条规定，财务报表是对企业财务状况、经营成果和现金流量的结构性表述，至少应包括利润表、资产负债表、现金流量表、所有者权益（股东权益）变动表、附注。

2007年以前，公司所有者权益变动情况以资产负债表附表形式体现。在新准则颁布后，要求上市公司从2007年起，必须正式对外呈报所有者权益变动表，所有者权益变动表成为与利润表、资产负债表和现金流量表并列披露的第四张财务报表。

财务报表附注是对利润表、资产负债表、现金流量表和所有者权益变动表四张报表中列示项目的文字描述或明细资料，以及对未能在这些报表中列示项目的说明等，可以使投资者更加全面、立体地了解公司的财务状况、经营成果和现金流量等。它是对财务报表的补充说明，是财务会计报告体系的重要组成部分。

## 第一节　所有者权益变动表

所有者权益变动表，也叫作"股东权益变动表"。股东权益也称为净资产，指公司总资产中扣除负债所余下的部分，主要有三大来源：股东直接投入、留存收益、直接计入权益的利得和损失。具体来讲，主要包括股本、资本和盈余公积、未分配利润、其他综合收益等科目，如图7-1所示。

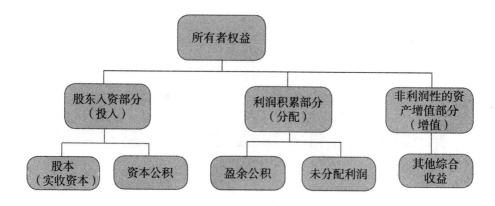

**图 7-1　所有者权益的构成**

股东权益也代表着众多股东对一家公司的所有权，反映了股东在公司资产中享有的经济利益。简单地说，股东权益越大，公司的实力越强。

## 一、概念释义

所有者权益是股东投资资本与经营过程中形成的留存收益的集合，是股东投资和公司经营实力的资本体现。所有者权益项目也是投资者关注的重点，因为正如巴菲特所说的那样，当我们买入一家公司的股票时，实际上我们就成为了拥有这家公司股份的股东之一，这家公司的所有者权益与我们息息相关。

大家还记得当年的"宝万之争"吗？2015年，资本大鳄宝能系介入万科公司的股份之争，被称为"门口的野蛮人"，一时间闹得沸沸扬扬。虽然最后万科股权以花落深圳地铁集团而落下帷幕，但当时万科管理层与股东之间的激烈冲突，让普通投资者股东"心惊胆战"，担心自身的利益会受到波及。在那个漫长的时间段内，万科A的股票走势剧烈跌宕，严重脱离了其基本面的价值，尽管最后仍然获得了回归。

作为一个散户股东的投资者，我们如何才能看出一家公司管理层是否公平地对待了所有的股东呢？这就是所有者权益变动表应运而生的重要作用。所有者权益变动表反映了构成所有者权益的各个组成部分当期的增减变动情况。

通过对各个项目的列示，可以解释在某一个特定时间段内，股东权益是如何因为公司经营的盈亏，以及现金股利的发放等而发生变化的，这些变化是否具有合理性？所以，它传递出管理层是否公平对待股东的最重要信息。

从2007年起，上市公司股东权益部分从原来的资产负债表中脱离出来，形成了财务报表的第四张报表。这有点像资产负债表中第一行列示的货币资金，它无法体现资金的全部或者年度内变化的情况，因此有了现金流量表的诞生。

在资产负债表中，我们只能看到期初和期末的所有者权益，但对于其中权益的变化情况不能获悉和直接反映，所以产生了这张所有者权益变动表。在某种意义上，这张表可以看作是资产负债表的附表。

2020年海天味业资产负债表中的所有者权益部分内容如表7-1所示。

**表7-1　2020年海天味业资产负债表中的所有者权益部分内容**

单位：元

| 项目 | 2020年 | 2019年 |
|---|---|---|
| 所有者权益（股东权益） | | |
| 实收资本（股本） | 3,240,443,208.00 | 2,700,369,340.00 |
| 其他权益工具 | | |
| 其中：优先股 | | |
| 永续债 | | |
| 资本公积 | 790,587,443.39 | 1,330,661,311.39 |
| 减：库存股 | | |
| 其他综合收益 | | |
| 专项储备 | | |
| 盈余公积 | 1,638,797,219.90 | 1,368,760,285.90 |
| 一般风险准备 | | |
| 未分配利润 | 14,398,588,292.06 | 11,182,164,121.35 |
| 归属于母公司所有者权益（或股东权益）合计 | 20,068,416,163.35 | 16,581,955,058.64 |
| 少数股东权益 | 97,618,381.61 | 15,751,723.19 |
| 所有者权益（或股东权益）合计 | 20,166,034,544.96 | 16,597,706,781.83 |
| 负债和所有者权益（或股东权益）总计 | 29,533,620,038.66 | 24,753,888,098.68 |

一般来说，所有者权益变动表应单独列示出如下项目：

（1）净利润。

（2）直接计入所有者权益的利得和损失项目及其总额。

（3）会计政策变革和会计差错更正的累积影响金额。

（4）股东投入资本和向股东分配利润等。

（5）按照规定提取的盈余公积。

（6）实收资本、资本公积、未分配利润等，期初和期末金额及其调整情况。

## 二、所有者权益变动的构成

在财政部《关于做好2009年年报工作的通知》中，对所有者权益变动表做出了相应调整：删除了"直接计入所有者权益的利得和损失"项目及所有明细项目，增加了"其他综合收益"项目。

所有者权益变动表包括表头和正表两个部分。表头主要包括编制单位、编制日期、货币单位等基本信息。正表则是权益变动表的主体，反映了公司所有者权益增减变化的具体内容。

表 7-2 2020 年海天味业合并所有者权益变动表——本年数（部分）

单位：元

2020 年

| 项目 | 归属于母公司所有者权益 | | | | | | | | | | | | 少数股东权益 | 所有者权益合计 |
| | 实收资本（或股本） | 其他权益工具 | | 资本公积 | 减：库存股 | 其他综合收益 | 专项储备 | 盈余公积 | 一般风险准备 | 未分配利润 | 其他 | 小计 | | |
| | | 优先股 | 永续债 其他 | | | | | | | | | | | |
| 一、上年末余额 | 2,700,369,340.00 | | | 1,330,661,311.39 | | | | 1,368,760,285.90 | | 11,182,164,121.35 | | 16,581,955,058.64 | 15,751,723.19 | 16,597,706,781.83 |
| 加：会计政策变更 | | | | | | | | | | | | | | |
| 前期差错更正 | | | | | | | | | | | | | | |
| 同一控制下企业合并 | | | | | | | | | | | | | | |
| 其他 | | | | | | | | | | | | | | |
| 二、本年期初余额 | 2,700,369,340.00 | | | 1,330,661,311.39 | | | | 1,368,760,285.90 | | 11,182,164,121.35 | | 16,581,955,058.64 | 15,751,723.19 | 16,597,706,781.83 |
| 三、本期增减变动金额（减少以"－"号填列） | 540,073,868.00 | | | 540,073,868.00 | | | | 270,036,934.00 | | 3,216,424,170.71 | | 3,486,461,107.71 | 81,866,658.12 | 3,568,327,763.13 |
| （一）综合收益总数 | | | | | | | | | | 6,402,859,991.91 | | 6,402,859,991.91 | 6,107,021.80 | 6,409,030,013.71 |
| （二）所有者投资和减少资本 | | | | | | | | | | | | | | |
| 1.所有者投入的普通股 | | | | | | | | | | | | | | |
| 2.其他权益工具持有者投入资本 | | | | | | | | | | | | | | |
| 3.股份支付计入所有者权益的金额 | | | | | | | | | | | | | | |
| 4.其他 | | | | | | | | | | | | | | |

续表

2020年

| 项目 | 归属于母公司所有者权益 | | | | | | | | | | | | | 少数股东权益 | 所有者权益合计 |
| | 实收资本（或股本） | 其他权益工具 | | | 资本公积 | 减:库存股 | 其他综合收益 | 专项储备 | 盈余公积 | 一般风险准备 | 未分配利润 | 其他 | 小计 | | |
| | | 优先股 | 永续债 | 其他 | | | | | | | | | | | |
| （三）利润分配 | | | | | | | | | 270,036,934.00 | | -3,186,435,821.20 | | -2,916,398,887.20 | | -2,916,398,887.20 |
| 1.提取盈余公积 | | | | | | | | | 270,036,934.00 | | -270,036,934.00 | | | | |
| 2.提取一般风险准备 | | | | | | | | | | | | | | | |
| 3.对所有者（或股东）的分配 | | | | | | | | | | | -2,916,398,887.20 | | -2,916,398,887.20 | | -2,916,398,887.20 |
| 4.其他 | | | | | | | | | | | | | | | |
| （四）所有者权益 | 540,073,868.00 | | | | -540,073,868.00 | | | | | | | | | | |

表 7-3　2019 年海天味业合并所有者权益变动表——上年数（部分）

单位：元

| 项目 | | | | | | | | |
|---|---|---|---|---|---|---|---|---|
| 2. 其他权益工具持有者投入资本 | | | | | | | | |
| 3. 股份支付计入所有者权益的金额 | | | | | | | | |
| 4. 其他 | | | | | | | | |
| （三）利润分配 | | | | -2,646,361,953.20 | | | -2,646,361,953.20 | -2,646,361,953.20 |
| 1. 提取盈余公积 | | | | | | | | |
| 2. 提取一般风险准备 | | | | | | | | |
| 3. 对所有者（或股东）的分配 | | | | -2,646,361,953.20 | | | -2,646,361,953.20 | -2,646,361,953.20 |
| 4. 其他 | | | | | | | | |
| （四）所有者权益内部结转 | | | | | | | | |
| 1. 资本公积转增资本（或股本） | | | | | | | | |
| 2. 盈余公积转增资本（或股本） | | | | | | | | |
| 3. 盈余公积弥补亏损 | | | | | | | | |
| 4. 设定受益计划变动额结转留存收益 | | | | | | | | |
| 5. 其他综合收益结转留存收益 | | | | | | | | |
| 6. 其他 | | | | | | | | |
| （五）专项储备 | | | | | | | | |
| 1. 本期提取 | | | | | | | | |
| 2. 本期使用 | | | | | | | | |
| （六）其他 | | | | | | | | |
| 四、本期期末余额 | 2,700,369,340.00 | 1,330,661,311.39 | 1,368,760,285.90 | 11,182,164,121.35 | | 15,751,723.19 | 16,581,955,058.64 | 16,597,706,781.83 |

法定代表人：庞康　　主管会计工作负责人：管江华　　会计机构负责人：管江华

在所有者权益变动表中，横向列示了所有者权益的组成部分，原来包括实收资本、资本公积、盈余公积和未分配利润四个项目。经过调整后，资产负债表中所有者权益部分增加了"其他综合收益"项目，与之相对应的是，所有者权益变动表横向上也要增加"其他综合收益"项目。也就是说，其组成部分由原来的四个项目变成五个项目。

从纵向上看，在导致所有者权益变动的事项中，删除了综合收益的具体组成部分，列示"综合收益总额"项目。实际上，构成综合收益的其他综合收益项目已经在利润表中列报了，没必要再重复。我们可以从年报中发现，纵向上导致所有者权益变动的项目很多，已经足够翔实，如果反复重述综合收益的具体组成部分，会使得财务报表的信息量过载，并不利于投资者进行决策。

从横向上看，所有者权益又分为归属于母公司股东的权益和少数股东权益，如表7-2、表7-3所示。

## 三、所有者权益变动看什么

所有者权益变动表和所有者的权益密切相关，从保护所有者权益的角度出发，尽可能把必要的权益项目变动情况都列示出来，比如权益总量的增减变动，变动的重要交易事项等。如图7-2所示。

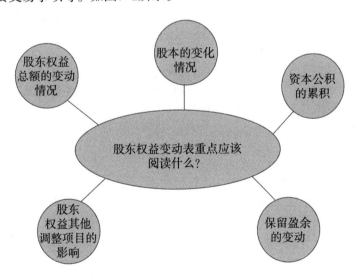

**图7-2 股东权益变动表重点阅读内容**

一般情况下，对于所有者权益变动表主要关注以下项目：

## （一）股本的变动

作为投资者，可以从一家公司股本的变动情况，即究竟是增加还是减少的变动基本判断公司的财务状况。如果股本是增加变动，表明公司财务状况良好，发展规模不断地扩大；如果股本是减少变动，说明公司财务状况恶化，比如上市公司通过减资以弥补累计亏损。后者中有一种情况除外，即有可能因为公司成立初期需要巨额资金，进入正常发展阶段后，资本有可能过剩，因此需要减资以调整财务结构。

以海天味业所有者权益变动表为例，对比其2019年末和2020年末，海天味业的股本从约27亿元增加至32.4亿元，增加了约5.4亿元，是资本公积金转股而来。相对于上一年期末13.31亿元的资本溢价来说，5.4亿元的资本公积转股金额已不算小数目，但好在这是正向变动的增加。

## （二）资本公积的累积

资本公积主要是公司和股东之间有关股本交易所产生的溢价，可以用作转增资本。

虽然从表象上看，资本公积转增资本并不能导致所有者权益总额的增加，但资本公积转增资本却至少有两方面的作用：一是可以改变公司投入资本结构，体现出公司稳健、持续发展的潜力；二是对公司而言，它会增加投资者持有的股份，从而增加公司股票的流通性，进而激活股价，提高股票的交易量和资本的流动性。

此外，对债权人来说，实收资本是所有者权益最本质的体现，是其考虑投资风险的重要影响因素。所以，将资本公积转增资本不仅可以更好地反映投资者的决策，也会影响到债权人的信贷决策。

以海天味业的股东权益变动表为例，2019年末资本公积为13.31亿元，2020年末资本公积为7.91亿元，减少了约5.4亿元。从股本的变动情况可以看出，资本公积减少的5.4亿元，与股本增加的金额相等。

在财报中，海天味业就此变动原因进行了说明：根据本公司2020年4月16日召开的2019年度股东大会决议，本公司以2019年12月31日的股本总数2,700,369,340股为基数，向全体股东按每10股转增2股的比例实施资本公积转增注册资本（股本），合计以资本公积540,073,868.00元转增注册资本（股本）540,073,868.00元。如表7-4所示。

## （三）保留盈余的变动

保留盈余是指公司从历年以来实现的净利润中提取或形成的留置于公司内部的积累，包括盈余公积和未分配利润两个组成部分。其公式为：

保留盈余＝净利润＋（或减净亏损）期初保留盈余－向股东派发的股息

保留盈余可以用作扩充营运规模、投资于新的公司以及回购股票等。

表 7-4 海天味业 2020 年度合并股东权益变动表（部分）

单位：元

| 项目 | 归属于母公司所有者权益 | | | | | | 少数股东权益 | 所有者权益合计 |
|---|---|---|---|---|---|---|---|---|
| | 实收资本（或股本） | 资本公积 | 其他综合收益 | 盈余公积 | 未分配利润 | 小计 | | |
| 一、上年年末余额 | 2,700,369,340.00 | 1,330,661,311.39 | | 1,368,760,285.90 | 11,182,164,121.35 | 16,581,955,058.64 | 15,751,723.19 | 16,597,706,781.83 |
| 二、本年期初余额 | 2,700,369,340.00 | 1,330,661,311.39 | | 1,368,760,285.90 | 11,182,164,121.35 | 16,581,955,058.64 | 15,751,723.19 | 16,597,706,781.83 |
| 三、本期增减变动金额（减少以"－"号填列） | 540,073,868.00 | −540,073,868.00 | | 273,036,934.00 | 3,216,424,170.71 | 3,486,461,104.71 | 81,866,658.42 | 3,568,327,763.13 |
| （一）综合收益总额 | | | | | 6,402,859,991.91 | 6,402,859,991.91 | 6,170,021.80 | 6,409,030,013.71 |
| （三）利润分配 | | | | 270,036,934.00 | −3,186,435,821.20 | −2,916,398,887.20 | | −2,916,398,887.20 |
| 1.提取盈余公积 | | | | 270,036,934.00 | −270,036,934.00 | | | |
| 3.对所有者（或股东）的分配 | | | | | −2,916,398,887.20 | −2,916,398,887.20 | | −2,916,398,887.20 |
| （四）所有者权益内部结转 | 540,073,868.00 | −540,073,868.00 | | | | | | |
| 1.资本公积转增资本（或股本） | 540,073,868.00 | −540,073,868.00 | | | | | | |
| 四、本期期末余额 | 3,240,443,208.00 | 790,587,443.39 | | 1,638,797,219.00 | 14,398,588,292.06 | 20,068,416,163.35 | 97,618,381.61 | 20,166,034,544.96 |

从表7-4可以看出，2020年末海天味业盈余公积和未分配利润分别为16.39亿元和143.99亿元，相较于2019年末分别增加了2.7亿元和32.16亿元。结合2020年整个财报看，海天味业持有的货币资金高达220亿元，归属于上市公司股东的净利润约为64亿元，归属于母公司股东权益约为200亿元。

### （四）股东权益其他调整项目

对造成股东权益增加或者减少的其他调整项目进行分析，可以了解到一家公司的长期股权投资是否低于账面值、外币交易或外币财务报表换算的差额、未认定退休金成本的净损失及库存股票的买入与分配等情况。

如表7-4所示，海天味业没有库存股和其他综合收益项目。这里需要说一下的是库存股问题，比如老喻杂货铺从股东手里买入了1亿股，就相当于减资减股。后来老喻杂货铺发给公司高层管理人员用于股权激励，又相当于增资增股。

也可以换一个说法，就是公司要激励高管人员，但不会发给现金，而给予公司的股票，所以，公司从二级市场上买入了自己的股票存放起来，等到高管人员完成某个绩效目标后再进行发放。一减一增，实际上是没有任何变化的。

### （五）股东权益总额的变动

这其实是一个类似于归纳总结式的问题。对股东权益总额的变动进行分析，可以了解和洞悉其变动的趋势及影响因素，相当于从总体上进行分析与研判。

注意：跟"资产=负债+所有者权益"的恒等式相同，股东权益变动表所列示的期初及期末股东权益总额一定等于前后两期资产负债表上的股东权益总额。

# 第二节 财务报表附注

除了四张基本的会计报表外，财务报表附注也是公司财务报告中一个必不可少的重要组成部分。财报附注对于正确理解财务报表起着重要的补充说明作用。

## 一、财报附注释义

财报附注是根据《企业会计准则》的规定，为帮助报表阅读者理解财务报表的内容，而对财务报表的有关项目等做出的解释和补充说明，附注是财务报表不可或缺的部分。

由于受到格式、反映形式等限制，财务报表本身提供的信息在有些情况下，并不能完全满足报表使用者的需要。比如说，财报中只能提供货币化的定量的财务状况信息，对投资者决策具有重要意义的非货币化或非量化的财务信息无法反映，而这些信息又是大家需要了解的，因此必须借助财报附注来说明。如图7-3所示。

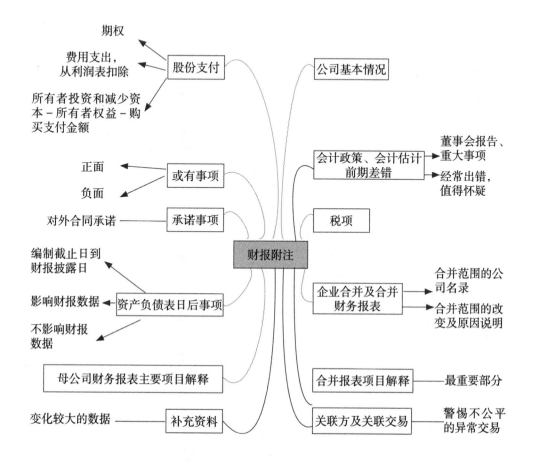

**图7-3 财报附注项目构成**

　　一家公司的财报附注，不但包括对有关报表项目的分解与释义，而且包括对公司编制财务报表依据的会计政策、会计事项的不确定性与风险的说明，以及对编表日后所发生的重大事项的说明等。也就是说，附注既可以对基本财务报表的有关内容做出详细说明，还可以对报表内容做必要补充，甚至可以成为阅读财务报表的前提条件。

　　实际上，一家公司的经营细节都在附注里，附注的重要性就是财务报表专业分析的重要性，追本溯源是未来财报的方向。打个比方，假如财务报表是一部电影，那么附注就是影评，只看电影很容易遗漏细节，或者看不懂很多镜头的表达，影评就是帮你解读电影内容和故事情节的，几乎所有你看不懂的，电影里没有详细说明的情况都在影评里。

　　以海天味业为例解读其财务报表的附注内容。在海天味业2020年财报的最重要部分"财务会计报告"中，第67~175页，总计108页。其中，第一部分审计报

手把手教你选股与估值

告和第二部分财务报告，共计17页，占比约为15.74%，财报附注部分占比高达约84%。由此可见，财报附注不仅是财务报表里信息最大、最丰富的部分，而且也是非常关键的核心内容。

虽然各个上市公司的财报附注在格式上稍微有些差别，但大体结构基本类似。我们通过海天味业2020年财务报表来观察和探讨附注的构成。2020年海天味业的财报附注由十六个项目构成：

（1）三、公司基本情况（第85页）；

（2）四、财务报表的编制基础（第85页）；

（3）五、重要会计政策及会计估计（第85~111页）；

（4）六、税项（第111~113页）；

（5）七、合并财务报表项目注释（第113~153页）；

（6）八、合并范围的变更（第153~156页）；

（7）九、在其他主体中的权益（第156~157页）；

（8）十、与金融工具相关的风险（第157~161页）；

（9）十一、公允价值的披露（第161~162页）；

（10）十二、关联方及关联交易（第162~166页）；

（11）十三、股份支付（第167页）；

（12）十四、承诺及或有事项（第167页）；

（13）十五、资产负债表日后事项（第168页）；

（14）十六、其他重要事项（第168~169页）；

（15）十七、母公司财务报表主要注释（第169~174页）；

（16）十八、补充资料（第175页）。

在这十六个项目中，最重要的内容是附注中的第七部分和第十七部分，第五、第六、第八、第九、第十二这五部分内容是比较重要的部分，其他部分可以根据自己的兴趣阅读。如果平常对财报不太熟悉的投资者，建议可以多阅读，找找感觉。

## 二、财报附注构成项目

我们按照2020年海天味业的财报附注内容和重点部分进行逐一介绍。

### （一）公司基本情况

这部分主要是介绍公司的基本信息，具体内容包括：① 公司注册地、组织形式和总部地址；② 公司的业务性质和主要经营活动；③ 母公司以及集团最终母公司的名称；④ 财务报告的批准报出者和批准报出日。

如果是初次阅读这家公司的财务报表，则可以作为对公司的大致了解，以后可以省略。

### （二）财务报表的编制基础

在本次报告期内，公司的财务报表是以持续经营还是非持续经营为基础编写的。通常情况下，公司一般是在持续经营基础上编制财务报表的，而清算、破产则属于非持续性经营基础。

比如，2020年海天味业的年报中表明，该公司财务报表以持续经营为编制基础。

### （三）重要会计政策及会计估计

这部分内容相对比较多，也是比较重要的，详细地列示出了所涉及的有关财务会计方面的种种事项。

#### 1. 会计政策

会计政策是指公司在会计确认、计量和报告中所采用的原则、基础和会计处理方法。由于公司业务的复杂性和多样化，某些业务可以有多种会计处理方法，也就是说存在不止一种可供选择的会计政策。

比如，公司关于存货的计价有先进先出法、加权平均法、个别计价法等。再比如，关于固定资产的折旧，可以有平均年限法、工作量法、双倍余额递减法、年数总额法等。

#### 2. 会计估计

会计估计是指公司对其结果不确定的交易或事项以最近可利用的信息为基础所做出的判断。根据规定，公司应披露会计期所采用的关键假设和不确定因素的确定依据，这些关键假设和不确定因素在下一会计期内很可能导致对资产、负债账面价值进行重大调整。

一般情况下，会计估计通常有以下情况：坏账；存货遭到损坏、全部或部分折旧过时；固定资产的耐用年限与净残值；无形资产的受益期限；递延资产的摊销期限；或有损失和或有收益等。

会计政策和会计估计是报表编制的基础，上市公司一般采用符合会计准则要求的政策和估计。实际上，这部分内容在前面的三大报表中已经介绍过，相信大家已经理解并掌握了。

在阅读三大报表时，如果觉得其中有些数据存在异常或者对某些项目难以理解时，才需要通过这个项目寻找政策和估计说明等。一般情况下，第一次阅读这家公司报表或者对某些数据存在疑惑时，才会对这个项目详细解读，以后可以直接跳过。另外，如果这部分内容在某个会计期内发生了变化，必然涉及公司的重大事项，通常会在董事会报告或重大事项中进行专项说明和发布。

### （四）税项

这项内容主要是介绍公司的税种和税率问题，包括所属子公司等的税费优惠等。这是根据国家制定的相关政策贯彻执行的，不会存在太大的差异。同理，初次了解这家公司或者第一次阅读其报表时可以大致看看，此后只需要在计算公司具体税额时，直接搜索税项之税率即可，不需要专门详加分析。

### （五）合并财务报表项目注释

可以毫不夸张地讲，这是报表附注中最为重要的部分。2020年海天味业财报的这一部分，共计用了41页分为80多项进行阐释。如果翻回去察看前面财报中的几份"合并××表"时，就会发现附注中的几乎所有项目，都是在逐条解释合并资产负债表和合并利润表中每一个有数字的项目，它们也对应着合并报表中所列示的内容。

2020年海天味业合并资产负债表中关于流动资产部分的"货币资金"和"交易性金融资产"两个科目的情况，如表7-5所示。

表7-5  2020年海天味业合并资产负债表中"货币资金"和"交易性金融资产"

单位：元

| 项目 | 期末余额 | 期初余额 |
|---|---|---|
| 流动资产 | | |
| 货币资金 | 16,957,675,015.45 | 13,455,532,720.24 |
| 结算备付金 | | |
| 拆出资金 | | |
| 交易性金融资产 | 5,054,735,186.75 | 4,878,142,342.48 |
| 衍生金融资产 | | |

在报表附注中，针对这两个科目数据的具体解释，分别如表7-6、表7-7所示。

表7-6  2020年海天味业报表附注中"货币资金"的说明

单位：元

| 项目 | 期末余额 | 期初余额 |
|---|---|---|
| 库存现金 | 4,545.06 | 7,699.48 |
| 银行存款 | 16,935,315,661.62 | 13,434,791,913.21 |
| 其他货币资金 | 22,354,808.77 | 20,733,107.55 |
| 合计 | 16,957,675,015.45 | 13,455,532,720.24 |
| 其中：存放在境外的款项总额 | 2,256,000,000.00 | 612,708,822.90 |

表 7-7  2020 年海天味业报表附注中"交易性金融资产"的说明

单位：元

| 项目 | 期末余额 | 期初余额 |
|---|---|---|
| 以公允价值计量且其变动计入当期损益的金融资产 | 5,054,735,186.75 | 4,878,142,342.48 |
| 其中： | | |
| 债务工具投资 | 5,054,735,186.75 | 4,878,142,342.48 |
| 合计 | 5,054,735,186.75 | 4,878,142,342.48 |

其中，关于"货币资金"科目，海天味业还做出了如下说明：本集团2020年末持有的银行存款中包括不可提前支取的定期存款本金1,300,000,000.00元，及基于实际利率法计提的应收利息118,639,667.60元。此外，海天味业其他货币资金为旗下子公司存放在银行的信用保证金，其使用受到限制。

2020年海天味业合并利润表中营业收入及其构成情况如表7-8所示。

表 7-8  2020 年海天味业合并利润表中"营业收入"情况

单位：元

| 项目 | 2020 年 | 2019 年 |
|---|---|---|
| 一、营业总收入 | 22,791,873,936.49 | 19,796,889,800.07 |
| 其中：营业收入 | 22,791,873,936.49 | 19,796,889,800.07 |
| 利息收入 | | |
| 已赚保费 | | |
| 手续费及佣金收入 | | |

在报表附注中，每一个单一项目里，根据解释的需要，又会划分出很多个具体的科目。以表7-8中海天味业的营业总收入为例，报表附注中具体分解出了几个科目，如表7-9所示。

表 7-9  2020 年海天味业报表附注中"营业收入"说明

单位：元

| 项目 | 本期发生额 | 上期发生额 |
|---|---|---|
| 主营业务收入 | 21,630,860,568.58 | 18,761,510,269.53 |
| 其他业务收入 | 1,161,013,367.91 | 1,035,379,530.54 |
| 合计 | 22,791,873,936.49 | 19,796,889,800.07 |

在附注中，海天味业还作出说明：本集团确认的合同产生的收入为22,759,059,282.01元，租赁收入为32,814,654.48元。接着再看其合同产生收入的具体分类，如表7-10所示。

表 7-10  2020 年海天味业报表附注中"合同收入"分类说明

单位：元

| 分类 | 合计 |
| --- | --- |
| 商品类型 | 22,759,059,282.01 |
| 酱油 | 13,043,396,033.15 |
| 蚝油 | 4,112,934,207.41 |
| 酱类 | 2,524,151,981.16 |
| 其他调味品 | 1,950,378,346.86 |
| 原材料、包装物及废渣 | 533,563,221.72 |
| 物流运输服务 | 545,768,170.99 |
| 其他 | 48,867,320.72 |
| 合计 | 22,759,059,282.01 |
| 按商品转让的时间分类 | |
| 在某一时点确认收入 - 销售商品收入 | 22,213,291,111.02 |
| 在某一时间段内确认收入 - 物流运输收入 | 545,768,170.99 |
| 合计 | 22,759,059,282.01 |

在对合并利润表和合并资产负债表所有项目进行解释及说明之后，附注的第78条和第79条分别补充了合并现金流量表中的部分数据，让阅读者能够更加清晰明白。

实际上，对于这样的明细解释和说明，作为阅读报表的投资者来说，有一种酣畅淋漓的感觉。特别需要提醒的是，这一部分内容非常重要，需要逐句逐字地细读，而且最好跟前面的四张报表中的数据进行比对，搞清楚任何一个可能存在的疑惑不解的问题。在某种意义上，对这个部分内容的解读和分析，很可能决定这笔投资的胜败。

### （六）合并范围的变更

如果是单一的财务报表，属下没有子公司的，就不会涉及该项目，但我们关注的上市公司，往往都是某一个行业的领军者，旗下子公司自然不会是一个小的数量级。

这部分通常分为两大块：一是公司合并范围的公司名录及基本情况；二是本期内合并范围的改变及改变原因说明。前者告诉我们这家上市公司控股的子公司有哪些，对每家子公司的持股比例是多少，也可以通过少数股东权益计算出这家子公司的净资产等数据；后者告诉我们能够知道本报告期内，公司是否新注册或者注销了公司，是否增加或者减少了对子公司的出资等。

### （七）在其他主体中的权益

在其他主体中的权益，是指通过合同或者其他形式，能够使公司参与其他主体的相关活动并因此享有可变回报的权益，其中所指的参与方式包括持有其他主体的股权、债券等。这里根据股权比例区分几类，并在财报附注中进行说明，包括控制的子公司，以及联营合营，也就是共同控制、具有重大影响情况下的权益。

以海天味业为例，2020 年海天味业在子公司中所享有的权益如表 7-11 所示。

**表 7-11　2020 年海天味业在子公司中的权益**

| 子公司名称 | 主要经营地 | 注册地 | 业务性质 | 持股比例（%） | | 取得方式 |
| --- | --- | --- | --- | --- | --- | --- |
| | | | | 直接 | 间接 | |
| 高明海天 | 广东省佛山市 | 广东省佛山市 | 生产调味食品 | 70.00 | 30.00 | 同一控制下企业合并 |
| 兴兆环球 | 香港 | 英属维京群岛 | 投资控股 | 100.00 | – | 同一控制下企业合并 |
| 广东广中皇 | 广东省开平市 | 广东省开平市 | 生产腐乳食品 | 100.00 | – | 设立 |
| 江苏海天 | 江苏省宿迁市 | 江苏省宿迁市 | 生产调味食品 | 100.00 | – | 设立 |
| 佛山海盛 | 广东省佛山市 | 广东省佛山市 | 生产调味食品及贸易 | 100.00 | – | 设立 |
| 前海天益 | 广东省深圳市 | 广东省深圳市 | 贸易 | 100.00 | – | 设立 |
| 小康科技 | 广东省佛山市 | 广东省佛山市 | 网上销售及互联网信息服务 | 100.00 | – | 设立 |
| 小康物流 | 广东省佛山市 | 广东省佛山市 | 物流服务 | 100.00 | – | 设立 |
| 丹和醋业 | 江苏省丹阳市 | 江苏省丹阳市 | 生产酿造食醋 | 70.00 | – | 非同一控制下企业合并 |
| 海莲生物 | 广东省佛山市 | 广东省佛山市 | 生产蚝汁 | 100.00 | – | 设立 |
| 海天国际 | 广东省佛山市 | 广东省佛山市 | 贸易 | 100.00 | – | 设立 |
| 海裕公司 | 黑龙江省哈尔滨市 | 黑龙江省哈尔滨市 | 粮食收购、销售 | 100.00 | – | 设立 |
| 合肥燕庄 | 安徽省合肥市 | 安徽省合肥市 | 生产食用植物油及贸易 | 67.00 | – | 非同一控制下企业合并 |
| 南宁海天 | 广西壮族自治区南宁市 | 广西壮族自治区南宁市 | 生产调味食品 | 100.00 | – | 设立 |
| 宁波海醇 | 浙江省宁波市 | 浙江省宁波市 | 投资管理 | 100.00 | – | 设立 |
| 宁波海酱 | 浙江省宁波市 | 浙江省宁波市 | 投资管理 | 100.00 | – | 设立 |
| 宁波海珀睿亨 | 浙江省宁波市 | 浙江省宁波市 | 投资管理 | – | 100.00 | 设立 |
| 宁波海珀汇 | 浙江省宁波市 | 浙江省宁波市 | 投资管理 | – | 100.00 | 设立 |
| 武汉海天 | 湖北省武汉市 | 湖北省武汉市 | 生产调味食品 | 100.00 | – | 设立 |

### （八）与金融工具相关的风险

这里主要是指信用风险、流动性风险、利率风险和汇率风险。这部分内容中，需要重点关注的是公司的流动性风险，它指公司在履行以交付现金或其他金融资产的方式结算的义务时发生资金短缺的风险。

海天味业是一家持续实现盈利的公司，且现金流状况一直非常稳健。该公司及其各子公司负责自身的现金管理工作，包括现金盈余的短期投资和筹借贷款以应付预计现金需求。它主要是定期监控短期和长期的流动资金需求，以及是否符合借款协议的规定，以确保维持充裕的现金储备和可供随时变现的有价证券，同时获得主要金融机构提供的足够的备用资金，以满足短期和长期的流动资金需求。

根据2020年海天味业财报附注说明，该集团于资产负债表日金融负债按未折现的合同现金流量的剩余合约期限，以及被要求支付的最早日期，如表7-12所示。

表 7-12　2020 年海天味业流动性负债

单位：元

| 项目 | 2020 年 | | | | | |
|---|---|---|---|---|---|---|
| | 1 年内或实时偿付 | 1~2 年 | 2~5 年 | 5 年以上 | 合计 | 资产负债表账面价值 |
| 短期借款 | 91,135,842.22 | — | — | — | 94,135,842.22 | 92,600,000.00 |
| 应付票据 | 413,368,683.31 | — | — | — | 413,368,683.31 | 413,368,683.31 |
| 应付账款 | 1,001,363,367.54 | — | — | — | 1,001,363,367.54 | 1,001,363,367.54 |
| 其他应付款 | 1,239,133,371.41 | — | — | — | 1,239,133,371.41 | 1,239,133,371.41 |
| 合计 | 2,748,001,264.48 | — | — | — | 2,748,001,264.48 | 2,746,465,422.26 |
| 项目 | 2019 年 | | | | | |
| | 1 年内或实时偿付 | 1~2 年 | 2~5 年 | 5 年以上 | 合计 | 资产负债表账面价值 |
| 短期借款 | 19,936,520.83 | — | — | — | 19,963,520.83 | 19,600,000.00 |
| 应付票据 | 397,525,371.80 | — | — | — | 397,525,371.80 | 397,525,371.80 |
| 应付账款 | 900,946,325.83 | — | — | — | 900,946,325.38 | 900,946,325.38 |
| 其他应付款 | 1,216,716,912.76 | — | — | — | 1,216,716,912.76 | 1,216,716,912.76 |
| 合计 | 2,535,125,130.77 | — | — | — | 2,535,125,130.77 | 2,534,788,609.94 |

### （九）公允价值的披露

这部分内容指汇集了公司所有以公允价值计量的资产和负债，披露金额分布及所采用的公允价值数据来源，并针对第二层次和第三层次（若有）的公允价值，披露公司采用的估值技术和估值中采用的主要参数。

对于公允价值和账面价值差异较小等原因，直接以账面价值作为公允价值记录的金融资产和负债，作出情况说明和原因解释。

### （十）关联方及关联交易

一方控制、共同控制另一方或对另一方施加重大影响，以及两方或两方以上同受一方控制、共同控制或重大影响的，构成关联方。这部分非常重要，是向投资者和公众说明哪些公司是上市公司关联方，和关联方做了哪些交易，交易的是什么，交易价格是如何确定的，付款条件等其他交易细节是什么。

关联方及其交易的分析，是指通过检查关联方关系和关联方交易的有关资料，以确认会计报表附注中披露的相关信息是否公允、合法、完整。

关联方交易是指在关联方之间转移资源或义务的事项，而不论是否收取价款。根据实际情况，一般有四种关联方交易关系：①以股权为纽带，形成控股关系；②以购销为纽带，形成购销依赖关系；③以资金为纽带，形成资金借贷或担保关系；④以人事为纽带，形成人事交叉关系。

与此相对应的是，关联交易已成为财务造假的"重灾区"，主要通过如下交易手段进行：①通过关联交易操纵利润；②资产重组剥离上市公司负担；③采用资产租赁和委托经营业务输送利益；④关联方资金占用。

熙熙攘攘皆为利往，无论哪一种关联交易方式，一旦所占比例远远超过正常经营的需要，就存在着通过关联交易修饰财报的可能，归根结底都是为了"利益"：要么是为了虚增公司利润，实现业绩上涨或者扭亏为盈从而不被ST戴帽，要么是为了真金白银而掏空上市公司谋取私利，等等。

投资者在阅读财报时，一定要紧紧盯住附注里的关联交易，那些密密麻麻的关联方清单和交易记录，都是对每一次谨慎而理性投资的提醒。

### （十一）股份支付

股份支付主要是指利用限制性股票或期权购买员工服务的行为。一般来说，公司实施股份支付，通常都会对购买者附带有一定的条件约束，比较常见的是业绩考核、工作年限等。2020年海天味业财报附注中不涉及这部分内容。

### （十二）承诺及或有事项

承诺事项是指披露公司及公司大股东的对外的合同承诺，包括还没开始执行和还没有执行完毕的。

或有事项是指过去的交易或事项形成的、其结果须由某些未来事项的发生或不发生才能决定的不确定事项。换句话说，是对公司经济决策有影响的一些事项，暂时没有明确结果，只能通过附注披露。这些事项可能是正面的，将来公司会收到钱，也可能是负面的，要赔别人钱。

2020年海天味业财报中没有或有事项，但存在两个重要承诺事项，如表7-13所示。

表 7-13　2020 年海天味业重要承诺事项之资本承担

单位：元

| 项目 | 2020 年 | 2019 年 |
| --- | --- | --- |
| 已签订的正在或准备履行的大额工程及固定资产采购合同 | 259,467,885.84 | 292,309,440.80 |
| 已签订的准备履行的投资协议 |  | 169,175,000.00 |
| 合计 | 259,467,885.84 | 461,484,440.80 |

再来看其经营租赁承担，其说明为：根据不可撤销的有关房屋及土地使用权经营租赁协议，本集团于12月31日以后应支付的最低租赁付款额如表7-14所示。

表 7-14　2020 年海天味业重要承诺事项之经营租赁承担

单位：元

| 项目 | 2020 年 | 2019 年 |
| --- | --- | --- |
| 1 年以内（含 1 年） | 26,139,678.72 | 24,716,528.00 |

| 项目 | 2020 年 | 2019 年 |
|---|---|---|
| 1 年以上 2 年以内（含 2 年） | 3,008,003.87 | 1,603,657.04 |
| 2 年以上 3 年以内（含 3 年） | 2,689,153.68 | 1,616,480.49 |
| 3 年以上 | 36,578,186.34 | 25,380,856.06 |
| 合计 | 68,415,022.61 | 53,317,521.59 |

## （十三）资产负债表日后事项

资产负债表日后事项，是指披露报表日（财报编制的截止日，比如每季度末或年度末）到财报批准发布日之间发生的，可能对公司产生有利或不利的重大影响的事项。打个比方，A股年报编制的截止日期一般都是12月31日，但批准发布日可能是次年的3月或4月的某一天。在这个期间发生的有可能对公司产生重大影响的事情，就会披露在这个"资产负债表日后事项"科目里。

通常情况下，资产负债表日后事项也可能存在两种情况：一是该事项在报表日之前就已经存在了，但当时公司不知道；二是在报表日到批准发布日这个期间发生的事项，不影响财报数据，只是履行信息披露义务在此告知。

以海天味业为例，在其2020年财报第168页展示的日后事项科目里，披露了2020年12月31日至2021年4月23日（报表批准发布日）发生的拟分配的利润或股利，含现金红利及红股的预案的情况，将提交股东大会审议。这种事项属于不影响财报数据的信息，只是履行披露义务。

## （十四）其他重要事项

在本次报告期内，可能会对公司产生重大影响的一些事情，主要包括前期会计差错更正、债务重组、资产置换、年金计划、终止经营和其他对投资者决策有影响的重要交易和事项。

一般来说，这种需要披露的重大事项，都会在"董事会报告"或者"重大事项"里进行专项说明。在2020年海天味业的财报里没有相关事项。

## （十五）母公司财务报表主要注释

如前所述，这也是财报附注中仅次于"合并报表项目注释"的部分，其阅读和使用方法几乎和"合并报表项目注释"一样，可逐一梳理对照。

它主要包括：①应收账款；②其他应收款；③长期股权投资；④营业收入和营业成本；⑤投资收益。在2020年海天味业的财报中，前述5个项目都列示得非常清楚，大家有兴趣可以找来比对着查看，这里就不一一赘述了。

## （十六）补充资料

这部分是公司认为需要特别加以说明的数据和事项，尤其是报表中一些前后变化比较大的数据，正常情况下大部分可以在这个科目里找到解释和说明。对于那些负责任的公司及其管理层来说，这个科目所补充的资料往往比较详细，不像有些公司的财报犹如捉迷藏一样。

在2020年海天味业财报中，其"补充资料"主要有两个重要内容：①当期非经常性损益明细表；②净资产收益率及每股收益。先来看当期非经常性损益明细，如表7-15所示。

表 7-15　2020 年海天味业补充资料之当期非经常性损益明细

单位：元

| 项目 | 金额 |
| --- | --- |
| 非流动资产处置损益 | −4,856,278.40 |
| 计入当期损益的政府补助（与企业业务密切相关，按照国家统一标准定额或定量享受的政府补助除外） | 122,379,388.50 |
| 除同公司正常经营业务相关的有效套期保值业务外，持有交易性金融资产、衍生金融资产、交易性金融负债、衍生金融负债产生的公允价值变动损益，以及处置交易性金融资产、衍生金融资产、交易性金融负债、衍生金融负债和其他债权投资取得的投资收益 | 174,713,056.45 |
| 除上述各项之外的其他营业外收入和支出 | −1,446,950.20 |
| 其他符合非经常性损益定义的损益项目 | |
| 所得税影响额 | −63,891,062.28 |
| 少数股东权益影响额 | −1,247,474.90 |
| 合计 | 225,650,679.17 |

2020年海天味业补充资料之净资产收益率及每股收益如表7-16所示。

表 7-16　2020 年海天味业补充资料之净资产收益率及每股收益

单位：元

| 报告期利润 | 加权平均净资产收益率（％） | 每股收益 | |
| --- | --- | --- | --- |
| | | 基本每股收益 | 稀释每股收益 |
| 归属于公司普通股股东的净利润 | 36.13 | 1.98 | 1.98 |
| 扣除非经常性损益后归属于公司普通股股东的净利润 | 34.86 | 1.91 | 1.91 |

到这里，有关财务报表附注部分的内容已经全部介绍完毕了。

在某种意义上，财报附注是对公司数字背后"秘密"的揭示。对于投资者来说，财报附注应该仔细阅读，通过附注了解财务报表的编制基础和管理层的会计估计，可以加深投资者对公司整体状况的了解。

在阅读财务报表过程中，使用附注可以增加投资者对数据构成、变化趋势和变动原因的认识；之后，充分利用财务报表附注中的表外信息，能够确保投资者正确理解财务报表所给出的信息。

毫无疑问，附注是理解公司财务报表及其相关信息的助推器。投资者充分关注财报附注，有助于对财务数据做出正确的分析判断。但需要注意的是，财报附注毕竟是报表的"补充说明书"，最好的使用方法是在阅读三大报表时，不断地比对着查找附注里的对应解释，把那些关键数据核实清楚，并寻找出能够助推公司持续盈利的竞争优势。

实际上，很多公司造假其实就是数字造假，真正在财报附注里就会现出原形，但可惜的是90%的投资者都不可能看附注，因为能看财务报表的投资者都不足20%，更不用说认真看附注的投资者了。

所以，很多时候投资者踩雷几乎都是自己的问题，因为他们把主要精力放在股价的涨跌走势上，纯粹受市场情绪的驱使，从未认真地研究过公司的财务报表，更没有研究公司财务报表的细节和附注等，这怎么可能不踩雷呢？

# 第八章　选股前，预先看出财报地雷

格雷厄姆说，长期看，市场是称重器；短期看，是投票机。我一直认为，由基本原理决定的重量很好测出，由心理因素决定的投票很难评价。

——沃伦·巴菲特

通过前面章节的介绍，我们都知道了财报是每一家上市公司按照季度或者年度，定期向投资者公开的一个"工作总结"，阅读财报是每个投资者选股与估值必修的入门课程。不懂财报、不看财报做投资，就像闭着眼睛开车一样，充满了荒唐和危险。

A股市场，因为开创时间较短等因素，很多相关配套的政策法规尚不健全，在摸着石头过河的过程中，必然会存在着不少的监管漏洞。同时，一些投机取巧的上市公司为了谋取私利，不惜以身试法操纵财报作假等。每年，A股市场上都会爆出不少"地雷"，导致众多投资者损失惨重。

坦率地说，绝大多数上市公司都会"操纵"财报，对其中一些数据进行修饰，就像每个女生出门约会前都会费尽心机地化妆打扮一番。一致的目的是让人赏心悦目。财报操纵大致可以分为两类：

一是通过大量合法而光明正大的会计方法，对需要调整的某些财务数据进行润色修饰，看起来更为"楚楚动人"，这种操纵手法只是钻了相关监管的"空子"，但并不违反法律法规。它产生的后果是，当一家公司宣布盈利取得增长时，可能只是改变了财报的一些数据而已。我们也可以把这种财报操纵的手段称为"激进的会计方法"。

二是彻底的欺诈，最典型的是堂而皇之地对财报数据造假，涉及违法。资本市场从来就不是一个"真空地带"，尤其股票市场是利用人的贪婪和其他人的粗心来赚取利润回报的舞台。因此，了解和洞悉潜藏欺骗的财报造假信号，投资者就能大概率地避免"踩雷"。

尽管每一份完整的财报都是动辄数百页，洋洋洒洒的内容也面面俱到，乍看起来似乎晦涩难懂，但相信通过前面章节的介绍与学习，大家已经开始梳理出不少脉络，甚至能够初步解读和分析财务报表了。

其实它也没有那么难。作为一个投资者，我们不需要成为一个注册会计师去搞懂一个激进或者欺骗的公司如何夸大财务业绩，我们也不用成为一个财务专家能识别出财报欺骗的警示信号。只要我们察觉一家公司暴露出了危险信号，赶紧撤退就行了，宁可错过也不做错，这也是做投资比做实体企业更灵活自如的地方。

# 第一节 驳"财报无用论"

仔细观察，你可能会发现身边那些勇敢地在股市里杀进杀出的人，几乎80%都不懂财报或者不读财报，剩下20%的人中至少又有80%没有有效地阅读财报，更别说从中发现有价值的信息了。最普遍的情况可能是，"股民"只是为了像完成上司交代的任务那样草草地浏览一遍，匆忙而仓促。在阅读财报前没有带着问题，阅读财报中没有重点，阅读财报后也没有任何印象和结论，走马观花。

还有一类人，就是"炒股"的会计师们，作为局中人往往也不仔细研读财报，可能是因为他们在工作中编制财报时见识了太多粉饰和调节的东西，导致疑窦丛生不敢相信自己的眼睛。这也是即使对财报烂熟于心的会计师也不一定能够成为成功投资者的原因。

归纳起来，那些不读财报的投资者们会异口同声地说："分析有什么用呀？财报里的数据都是假的。而且，你看谁谁谁不读财报，人家也能赚大钱。"照此推理，财务报表就根本没有任何用处。

实际上，这种逻辑是经不起推敲的，至少有两个方面的问题：一是这就等于说，你看我停车不看后视镜或者倒车影像，也能顺利而快捷地把车停进车位，所以倒车影像没有用。这背后是充分条件和必要条件的问题。二是用个例代表整体，投资中经常容易犯的一种错误就是，看到某人买了一只股票直线上涨赚了钱，于是自己也跟风追涨买入，结果却"买在高岗上，卖在断崖处"。

前几天有新闻报道说，一位大妈在13年前用5万元买入了长春高新的股票，后来出国，好多年不看账户，也从来不去研究长春高新，最后赚到了100倍，于是专家们说这是价值投资。这完全是在误导大众，以为价值投资就是买入以后持有，什么都不用做，安安静静地守着股票就行了。这只是运气好而已，如果当初买入的是四川长虹，现在恐怕就惨了。

当然，以笔者的实践经验来说，尽管从来不认为财报研读和分析能力是一个投资者最重要的核心能力，也承认因为监管机制和政策法规不完善，导致上市公司财务报表存在被操纵的可能，而且也确实具有很多可调节、粉饰和造假的空间，但如果据此就认为财务报表毫无价值和用处就大错特错了，难免有点儿"井绳心理"的嫌疑。

乍看之下，投资似乎是一件没有门槛的事情，在证券公司开设股票账户后谁都可以自由交易。事实上与之相反，投资对一个人的综合素质要求很高，不仅要有正确的投资理念，良好的品德操守，而且要有一整套适合自己的投资体系。所以，财报分析能力只是众多要素中的一个必要条件，确实是一个必要的基础，也是投资世界中的通用语言。

就财报本身而言，并非完美得无可挑剔，甚至有着不少的先天性缺陷。但它毕竟是按照政策法规统一格式，并且随时接受证监会或者交易所的监管与调查，也就是政府替投资者把关。另外，迄今为止还没有任何其他手段比财报更加直接和全面细致地反映出一家公司的经营状况。特别是对广大散户来说，如果失去了财报这个窗口，基本上是被彻底关闭了公司分析的大门。

至于财报中各种小把戏的存在，几乎是一个客观事实，但投资者不能因为有操纵就怀疑所有上市公司的财报在造假欺诈。有一句话是这样说的：你可以在所有时间里欺骗一部分人，也可以在一段时间里欺骗所有人，但你不可能在所有的时间里欺骗所有的人。

据此推理，如果一个上市公司要想欺骗所有人，最困难的是要编制撰写出一整套可持续、合乎情理且挑不出任何毛病的财务报表。关键问题在于，如果投资者不懂财报，无法通过各种财务数据去验证、审视这家公司的真实经营状况，那还能有什么更好的办法呢？所以，财报分析永远不能"保证"安全，但可以肯定的是，完全不懂财报的投资者会更不安全。

后面的章节会讲到，对一家公司进行财务报表分析时，其中一项重要内容是预测未来可持续性。但不得不承认，我们研读和分析的所有财报数据与内容，都是对公司过去经营状况的回顾与总结，是不能反映未来走势的。当然，对于一个比较专业的投资者而言，也不可能像鸵鸟一样把头深埋在财报的各种数据中，然后以加加减减做投资，否则十有八九会成为被收割的韭菜。

但至少有一点可以肯定，一个优秀的孩子，并不是突然之间就变得优秀了，都是从很小的优势一点点增强，达到一定程度后所累积的优势越来越大，最后形成"马太效应"。所以，一个未来将保持优秀业绩的公司，大多数是已经在过去积累了很多优秀的基因，至少未来继续优秀的概率相对大得多。而这些基因（或者部分）是可以通过财报的各种数据呈现出来的，这也是财报分析和研究的另一个重要意义。

总体来讲，目前A股市场上约有4300家上市公司，投资者不可能逐一对其财报进行详细解读，这几乎是一件不可能完成的任务。坦率地说，绝大多数股票是进入不了财报拆解研读阶段的，在此之前就会被淘汰掉——仅仅从生意特点和几个简单的财报数据等判断，笔者会将其过滤出去。当然，肯定也会有一些优秀的公司成为"漏网之鱼"。

毋庸置疑，只要一家公司对笔者产生了吸引力，笔者所要做的第一件事情就是将其财报搜索出来，逐一对历年来的各种数据进行复盘与比较，力争从这些数字背后寻找原因。财报无法解答所有问题，但通过财报的阅读和分析（特别是连续几年串起来看），可以形成在一些重要问题上的基本的判断。

这个环节看起来似乎很麻烦，但却无法省略。

# 第二节　穿过财务报表的迷雾

不得不说，有时候阅读财务报表就像在穿越一场能见度不足10米的迷雾，似乎能够隐约看见一些东西的轮廓，但却总是无法彻底看清楚。这需要投资者紧紧抓住关键点，顺藤摸瓜，直击财务报表中那些被操纵甚至造假的数字及其背后的原因。

## 一、行为总会留下痕迹

俗话说：雁过留声。古话又说：纸终究包不住火。不得不承认，中国传统文化里这些哲学思辨的东西，真是老祖宗留下来的"宝贝"，充满了令人叹为观止的智慧。

笔者一直认为，做投资的乐趣除了为钱找一份工作以钱生钱之外，还有就是感觉自己有时像是在与上市公司管理层、众多投资者暗中较劲儿，为自己的投资决策寻找支撑的逻辑与证据。但这些东西绝大多数都无法轻易获取，而是隐藏在财务报表的各种数据中，甚至有些被粉饰或者造假弄出来。

所以，有专业知识的投资者在选股与估值时，往往会循声而去拨开迷雾，寻找那些操纵财报的蛛丝马迹。这种场景很像是福尔摩斯探案，而优秀的投资者就像好的侦探一样，善于从各种零敲碎打的细节中寻找出事情的真相。

对上市公司财报不感兴趣的人，往往会认为公开发布的信息，比如公告、年报、访谈、现场调研、招股募集书等，不可能具有高价值的线索，因为这家公司如果想要操纵财报造假等事项，怎么可能把自己原本想要藏着掖着的"证据"公之于众呢？

对此，投资人李杰曾经打过一个经典的比方：没有任何一个杀人犯愿意留下线索被警察抓住，可为什么最后还是落网了呢？因为行为总是会留下痕迹，不合理的行为也总会有不合理的解释。关键的问题在于，你的探案水平能否覆盖对手的作案水平。

实际上，绝大多数的财报造假行为都可以在财务报表中找到蛛丝马迹，因为报表科目不可能独立存在，各自之间会有勾稽关系，一旦出现了无法解释或者难以自圆其说的矛盾，便值得投资者格外重视。

一般来说，不少人在选股读财报时最关注的是公司的盈利增长、三张报表的基本情况以及管理层的陈述等。但切实可行的方法是，最好把公司连续数年以来的财报串起来阅读，通过至少5年以上的各种数据比对，以及将之与行业竞争对手进行比较，再从公司的生意特性、经营特征、历史走势等动态看，基本上可以获得初步判断。而在分析与研判的过程中，往往能发现一些容易被忽略但又引人深思的问题。

康美药业是A股知名的"黑马"中医药企业之一，巅峰时期市值高达约1100亿元，仅次于当时的创新药企恒瑞医药，远远超过了云南白药、复星医药、白云山等公司。当初公司IPO时，康美药业是以西药销售起家的，然后开始保健品、中药饮片、中药材贸易等。在高峰期，康美药业主要生产和经营的产品包括中药材、中药饮片、西药、保健品及食品、中成药、医疗器械等，并以"智慧药房+智慧药柜"为抓手，以"药葫芦"为服务平台，做大做强中医药全产业链，打通由"药"到"医"的全过程。

看起来是不是挺高大上？听起来是不是激情澎湃？就是这家公司，2018年底被证监会发现涉嫌财务造假，随即立案调查。实际上，关于康美药业财务造假早在2012年就引发了"全民讨论"，但其站在风口上的热门题材和宣传炒作，继续助力其成为A股医药行业的名片之一。

一切都随着证监会的调查水落石出。2019年5月17日，证监会通报康美药业案调查进度，确定康美药业披露的2016~2018年财务报告存在重大虚假。2019年8月16日，证监会发布《证监会对康美药业等作出处罚及禁入告知》，正式通告了康美药业虚增营业收入、货币资金和固定资产等不法行径，属于有预谋、有组织、长期、系统地实施财务造假行为。康美药业财务造假涉案金额巨大，是我国迄今为止规模最大的财务造假案，对我国上市公司信息披露制度和政府监管、追责体系的强化与完善影响深远。

既然康美药业的财报造假是有预谋的长期行为，其财务造假行为必然会留下痕迹，也就是暴露出操纵财报的蛛丝马迹。事实上，从2017年初开始，笔者曾经很长一段时间关注过康美药业，在研读分析其连续数年的财务报表中发现，很多数据的勾稽关系严重不符，存在一些超越财报常理的地方，再结合康美药业的生意特性和经营状况等，密切跟踪了长达半年多时间仍然不得要领，遂坚决放弃。

我们一起来分析一下康美药业的财报中存在哪些被操纵的蛛丝马迹，以此为鉴。

**痕迹一：存贷双高**

所谓存贷双高，是指一家公司同时拥有高额的银行存款和银行贷款金额，它表明公司一方面需要支付高额的贷款利息，另一方面银行账户上却闲置着大量的可用资金。在财务管理者看来，资金利用率低，会造成公司资金的巨大浪费，不符合正常的商业经营逻辑。

根据康美药业2018年半年财报，公司账户上的货币资金余额为399亿元，同时有息负债（包括短期借款、长期借款、一年内到期的非流动负债等）高达347亿元，占公司净资产的比例分别为119%和104%。如果把康美药业连续多年的财报串起来分析，会发现其存贷双高问题并非一日形成的，差不多从2010年开始，货币资金和有息负债余额分别为28亿元、28亿元，占净资产的比例均为56%，一路上涨。有意思的是，其公司的资产负债表上除了现金就是有息负债，令人费解。

一家公司只要存在存贷双高的情况，其利润表中的利息支出占比必然会不断提升。在利息支出方面,康美药业2017年净利润为40.95亿元,利息支出高达12.18亿元,占比为30%;2018年上半年净利润为25.92亿元,利息支出为8亿元,占比为31%。拉长周期再往后看,康美药业2010年实现净利润7.16亿元,利息支出1.40亿元,占比为20%。也就是说,存贷双高这种现象已经持续多年。

从资产负债表的存贷双高,到利润表高额的利息支出,康美药业这种让人不解的行为自然会引起投资者对其账户上存在的巨额货币资金的严重怀疑。康美药业的利息收入及货币资金收益率情况如图8-1所示。

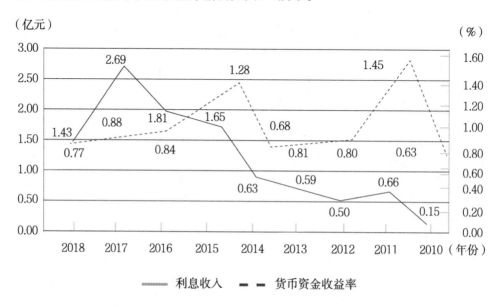

**图 8-1　2010~2018 年康美药业利息收入及货币资金收益率变化**
资料来源:万得资讯。

从图8-1中可以发现,康美药业的货币资金收益率在0.63%~1.45%,2016~2018年约为0.8%,远低于同时期央行七天通知存款利率1.50%。经过简单计算,我们发现同时期康美药业的利率支出高达5%以上,2012~2014年更是高达约7%。

持续这么多年,没有人能够给出合理解释,也是最让人疑惑不解的地方:康美药业为什么要用5%以上的利息支出率去借贷347亿元,而宁愿把钱存在银行账户里获取0.8%的收益率?这两者之间相差约为4.2%,也就大致相当于公司少赚取了14.57亿元的净利润!

**痕迹二:现金流不足**

净现比是评价一家公司净利润现金含量的常用指标,即经营活动现金流量净额/净利润,反映了公司赚1元的净利润会给公司带来多少现金的收入。通常情况下，主流观点认为公司的净现比应该大于1。

回过头来看康美药业财务报表调整前的数据。2010年至2018年上半年，康美药业的净利润总额约为201.1亿元，而累计产生的经营活动现金流量净额却只有94.67亿元，净现比为47.12%，即公司每取得1元的净利润，产生的现金流入只有0.47元，远低于正常水平。

当然，导致现金流量不足会有很多种原因，比如说产品销售出去了没有收回现金，或是又买入了更多的存货。就康美药业的财报数据看，其2010~2018年上半年应收账款累计增加了约71亿元，但存货余额却增加了154.8亿元，这是现金流差的主要原因。

2010~2018年，康美药业的收现比均大于1，确认的营业收入基本都收回了现金，也就意味着公司应收账款的增加基本跟营业收入的增加同步，导致公司现金流差的主要原因是购买存货流出太多了。如图8-2所示。

图8-2　2010~2018年康美药业收现比情况

资料来源：万得资讯。

再看另一组数据，以2015~2017年主要医药公司的净利润和经营现金流量净额为例，几乎所有主要医药公司的净现比都小于1，比如恒瑞医药、复星医药、云南白药分别为0.93、0.75、0.72。但总体上说，这些主要医药公司的净现比仍比康美药业0.39的净现比高得多。如表8-1所示。

表 8-1 2015~2017 年主要医药公司净现比比较

| 公司 | 三年净利润（亿元） | 三年经营现金流（亿元） | 净现比（%） |
|---|---|---|---|
| 丽珠集团 | 58.36 | 35.23 | 60 |
| 康美药业 | 101.98 | 39.55 | 39 |
| 恒瑞医药 | 79.77 | 74.17 | 93 |
| 云南白药 | 88.36 | 63.20 | 72 |
| 复星医药 | 83.90 | 63.11 | 75 |
| 健康元 | 29.97 | 47.80 | 159 |
| 人福医药 | 35.55 | 8.76 | 25 |
| 白云山 | 48.70 | 62.20 | 128 |
| 东阿阿胶 | 55.22 | 33.60 | 61 |
| 吉林敖东 | 61.24 | 9.78 | 16 |
| 新和成 | 33.09 | 34.34 | 10 |

资料来源：万得资讯。

从表8-1中可以看出，跟主要医药公司比较，康美药业的净现比仍处于末端，而作为中医药行业的所谓领军企业，其经营现金流不足的现象让人费解。接下来，我们继续进一步分析有可能影响康美药业净现比的两个关键性因素——存货和应收账款。

**痕迹三：存货高企**

先说一下应收账款，从康美药业连续数年的财报看，其应收账款的质量较高，大多为一年以内的应收款项，一年以上账龄的应收款很少（见表8-2）。同时，康美药业的应收账款周转也不错，比如2017年行业周转为5.58次，而康美药业为7.11次，因此其周转率也是比较健康的。

表 8-2 2018 年上半年康美药业应收账款情况

单位：元，%

| 账龄 | 期末余额 | | |
|---|---|---|---|
| | 应收账款 | 坏账准备 | 计提比例 |
| 1 年以内 | | | |
| 其中：1 年以内分项 | | | |
| 信用期内 | 3,719,794,072.29 | 37,197,940.72 | 1.00 |
| 信用期 1 年 | 1,827,047,699.31 | 91,352,384.96 | 5.00 |
| 1 年以内小计 | 5,546,841,771.60 | 128,550,325.68 | 2.32 |
| 1~2 年 | 268,317,334.94 | 80,495,200.48 | 30.00 |
| 2~3 年 | 10,908,193.67 | 5,154,096.84 | 50.00 |
| 3 年以上 | 106,132,486.51 | 84,905,989.21 | 80.00 |
| 合计 | 5,932,199,786.72 | 299,405,612.21 | 5.05 |

资料来源：康美药业 2018 年上半年报。

应收账款金额虽然较大，但并不是康美药业净现比低的主要原因，存货才是。2018年6月底，康美药业存货余额累计高达170亿元，占总资产的比例约为22%。回过头去看连续数年的财报数据，发现从2010年开始一路上涨，到2015年底最高时为26%，此后回落但一直维持在20%以上。通常情况下，医药行业的存货基本上保持在12%左右的总资产占比，康美药业的比例差不多高出平均水平1倍。

继续分析康美药业的存货明细，其存货分为原材料、库存商品、自制半成品、委托加工物资、在产品、周转材料、消耗性生物资产、开发成本、开发产品9种类型，其中最主要的是库存商品、在产品、消耗性生物资产和开发成本。截至2018年半年报，康美药业开发产品合计21.5亿元，开发成本合计约18.67亿元。

2015~2017年，康美药业自己开发的产品分别销售了3.86亿元、5.22亿元、3.94亿元，三年平均销售值为4.34亿元。也就是说，这些存货售卖完的话大概需要9.2年。显然，这个极慢的销售周转速度会对公司的现金流产生较长期的占用。

康美药业的消耗性生物资产，这是一个财务造假频发的"重灾区"。康美药业这样描述：消耗性生物资产主要是自行种植的人参、林下参等，公司将收获的人参、林下参之前所发生的与种植和收割人参直接相关的支出，以及应分摊的间接费用均计入消耗性生物资产的成本，在消耗性生物资产收获或出售时，按其账面价值并采用加权平均法结转成本。

换句话说，就是康美药业账面高达约33.1亿元的人参、林下参等，包括最近数年间消耗性生物资产几乎没有任何投入，而且其对人参的阐述性解释也比较少，很容易让人联想到财报造假的獐子岛描述的那些"游来游去"的扇贝。比如说，这些人参需要10年后才能采摘，这个消耗性生物资产对资金的占用就非常可怕。

通过上述分析，我们知道康美药业经营现金流差的原因主要是消耗太多资金在存货上，尤其是那些中药城、交易中心、物流仓储等准房地产和人参项目（前提是如果存在的话），也难怪康美药业呈现造假很明显的特征，存货周转率越来越低。

需要特别提醒的是，一旦涉及农林牧渔行业的特性，即使是会计师事务所审核后发布的财务报表，投资者也要多长个心眼儿，疑罪从有，很难排除造假的嫌疑。

鉴于篇幅问题，针对康美药业财务造假的诸多细节就不一一赘述了。实际上，它在操纵财报造假的时候，还留下了其他不少的蛛丝马迹，比如持续稳定而超额的毛利率、股东股权质押比例持续高企等。

总之，无论从哪个角度看，康美药业的存贷双高无法解释，经营现金流差存货多是最不容易核查的人参和开发成本，同时中药材贸易收入毛利率奇高、研发支出少、股权质押高等，从财务分析角度疑点颇多。而这些问题，其实都可以从康美药业发布的财务报表中寻找到操纵痕迹。

## 二、投资要有"洁癖"

现实的情况是，即使我们从一家上市公司的财务报表中发现了很多疑点，或者诸多无法合理解释的现象，仍然不能构成公司造假或者其他行为的确凿证据，除非这家公司自己"爆雷"，或者被监管部门立案调查并形成了最终定论。

投资过程中的分析研判，的确有点像警察破案，但两者之间最明显的差异在于，后者需要确凿的证据，以及形成完整的证据链条，但投资不需要。在针对一家公司的生意特性和财报数据的分析中，如果发现有无法自圆其说的情况和重大嫌疑，用不着扼腕叹息，直接放弃即可。这有点像大家开玩笑说的那样：不要在一棵树上吊死，不要为了一棵树而放弃整片森林。

任何行为都会留下痕迹，不合理的行为必然导致不合理的解释。在投资中，绝大多数人都是非理性的，都会因为人性的先天缺陷而犯下错误，最常见的就是"爱"上自己投资的股票，这时候往往会对利好消息全盘接收，而对那些真实的"坏消息"却选择性屏蔽，或者视而不见。大多数的危险，不是我们完全没有看到征兆，而是缺乏应有的警惕性。

正如：世上没有不透风的墙。在证券史上，几乎每一个因为财报造假而"爆雷"的案例，并不是密不透风的，事先会显露出诸多征兆，或者引起广泛的讨论与争执。这时，需要引起投资者高度重视，通过各种渠道、方式为自己的判断寻找和提供强有力的支撑。

毫无疑问，几乎没有人可以在投资中做到明察秋毫，哪怕"股神"巴菲特也是会不断犯错的，只是错误的大小和可承受度不同而已，比如在2021年伯克希尔公司股东大会上，他就坦言"去年卖出一些苹果股票可能是一个错误"。

尽管如此，作为草根出身的非专业投资者（或者叫"散户"），我们仍然需要随时保持警惕，尤其是针对投资标的中出现的重大不正常或者不合理现象，一定要具有敏感性。其实，很多问题不是根本无迹可寻或者毫无破绽，而是事实或真相就在那里，只需要戳破那一层薄薄的窗户纸即可。

巴菲特曾经说："我从不试图去跨越七英尺高的栏杆，我到处寻找的是能跨过的一英尺高的栏杆。"其实很多时候，我们承认自己的不懂，甚至无知，就能避免发生很多"惨剧"。这也是巴菲特所说的"能力圈原则"：

"投资者真正需要具备的是对所选择的公司进行正确评估的能力，请特别注意'所选择'（selected）这个词，你并不需要成为一个通晓每一家或者许多公司的专家。你只需要能够评估在你的能力圈范围之内的几家公司就足够了。能力圈范围的大小并不重要，重要的是你要很清楚自己的能力圈范围。"

"围绕你能够真正了解的那些企业的名字周围，画一个圈，然后衡量这些企业的价值高低、管理优劣、出现经营困难的风险大小，排除掉那些不合格的企业。"对于能力圈以外的公司，无论别人怎么看好，巴菲特根本不予理会，哪怕错过再大的赚钱机会，也不会后悔一点点，因为这是能力圈以外不该他赚的钱。

看起来很简单，但当股价与你的怀疑相反，而且很长一段时间都在大幅上涨，好像市场故意在跟你的谨慎和理性作对时，恐怕就不容易下决定了吧？这时候，你是坚持自己的理性判断，还是屈从于股价一直上涨营造出的繁荣呢？投资段位的高低，其实往往在这样的选择中呈现出来。

投资人李杰曾经说，财务风险规避的核心，一定是要立足于"其生意是否可以理解，是否与其他经营和业务的特征相吻合、与其市场地位相匹配、与其同行业之间可相互借鉴，是否符合一般的会计常识和商业常识，公司的管理者是否具有道德感"。

马克思在《资本论》中指出："如果有10%的利润，资本就保证会到处被使用；有20%的利润，资本就活跃起来；有50%的利润，资本就会'铤而走险'；为了100%的利润，资本就敢践踏一切人间法律；有300%的利润，资本就敢犯任何罪行，甚至冒绞首的危险。"

同样的道理，在股市中财务操纵和造假也会一直存在，并且"与时俱进"，过不了多久就可能涌现出一些新的花样与把戏，层出不穷，"猫和老鼠"的游戏会长期存在。对于投资者来说，最重要的不是"见招拆招"，也不是"兵来将挡，水来土掩"，而是养成一种"远离危险的直觉"。其实，在生活中多数时候也是如此。

这需要我们了解危险的来源，更要在投资过程中养成"洁癖"的习惯，不参与任何具有高危难度的游戏。最危险的陷阱上，一般都是铺满鲜花的。与其绞尽脑汁跟坏人打交道，随时提防着他，还不如从一开始就避而远之。

作为股市里的一个散户，我们不可能像证券机构或者私募公司的投资经理那样，背后拥有一个庞大的团队做支撑，从数据分析、实地调查到股东大会等一应俱全，可以拿到很多第一手的鲜活资料，具有先天性的投资优势。所以，我们在财务数据面前处于天然的劣势，很多细节数据还是云遮雾绕的，好不容易鼓足勇气向董秘打电话咨询也不受待见，等等。

巴菲特在伯克希尔公司的股东大会上说，如果你在厨房发现了一只蟑螂，那么你的厨房里绝对不可能只有一只蟑螂。很快，你就会发现它的很多亲戚。用我们中国的俗语来说，就是"一只癞蛤蟆身上不会只有一个脓包"。一个曾经有前科或者财务欺诈的公司，不要轻易指望它能够变好或者以后不会再犯，它一定会在其他某些方面有着瑕疵与某种征兆。

事实上，正如一个人的习惯不是一天养成的，他的很多行为都将具有"惯性"，一家公司由财务造假而谋取利益也会像吸毒上瘾一样，是很难停下来的，正所谓"江山易改，禀性难移"。但凡有过财务造假行为或者嫌疑的公司，笔者都会选择直接拉入黑名单，永远不会关注。惹不起，就躲远点儿。

换句话说，在目前A股4300多家上市公司中，足够挑选出三五家优质企业长期持有了，何必紧赶着与烂人打交道呢？学会尊重常识而不轻信"意外"，只与优秀的生意、优秀的企业家为伍，是投资过程中远离各种陷阱的更重要保障。

所以，对于一个散户来说，基础的财务知识是规避陷阱的前提，一个不懂财报、不具备起码基本功的投资者恐怕很难言胜，大多数情况下可能是被收割的韭菜。在对基本面定量分析的基础上，还需要对生意特性的理解与对常识的尊重，否则更难以把握到财报分析的实质。

# 第三节  操纵财报的常见手段

财报造假是严重的违法行为，在任何一个国家的资本市场上，财报舞弊事件都时有发生。而每一个造假事件，都会是众多中小投资者的一部血泪史。对财报造假的零容忍是资本市场进步和健康发展的内在要求。

坦率地说，这些年来，监管部门为打击操纵财报和财务造假做出了很多努力，但上市公司的假账丑闻仍然前赴后继。从操纵利润到伪造销售单据，从关联交易到大股东占用资金，从虚报固定资产投资到少计提折旧，曾经在西方资本市场上常见的财报造假手段几乎全部被"移植"，还产生了不少"中国特色"的造假技巧。

在投资过程中，最重要的不是追求超额收益，而是重视风险控制，尤其要规避资本金的永久性损失，也就是警惕所投资的上市公司破产、退市等重大风险。不得不说，股票市场上很多时候云遮雾罩，面对可能存在的诸多投资陷阱，小散户是否只能被动而无奈地接受呢？答案是：否。

只要我们掌握了良好的财报分析技术，就有可能发现危险藏在哪里，察觉到财报造假的蛛丝马迹。所以有人说，财报分析不仅是用来选股的利器，而且更重要的是帮助投资者排除那些潜藏造假欺诈的公司，从而规避风险。

## 一、瑞幸咖啡引发的"血案"

2020年4月2日，仅在美国纳斯达克上市不到一年时间的瑞幸咖啡自爆财报造假。其发布公告称，从2019年第二季度到第四季度存在伪造交易行为，涉及销售总金额约为22亿元。其中，某些成本和费用也因虚假交易而大幅膨胀。相较于瑞幸咖啡2019年前三季度29.29亿元，造假形成的收入占比之高令人咋舌，这意味着公司高速增长的业绩全部都是虚幻的泡影。

在该公报发布之后，瑞幸咖啡股价随之出现断崖式下跌，当天盘前跌幅一度高达84%！城门失火还殃及池鱼，瑞幸咖啡关联的港股上市公司神州租车股价也遭遇重挫，收盘大跌54%！众多不明就里的中小投资者"血本无归"，亏得一塌糊涂。

表面上看，这是瑞幸咖啡在自爆家丑，实际上是被逼无奈。2020年1月底，全球著名做空机构浑水发布了一篇长达89页的瑞幸咖啡做空报告，质疑其财务造假以及诸多问题，归纳起来有如下几点：

（1）虚假的销售业绩。瑞幸咖啡通过各种手段虚增了销售收入，比如2019年第三、第四季度的销售业绩可能比实际销量夸大了69%和88%。虚增收入的方法主要包括虚增订单、虚增商品的实际销售价格、夸大2019年第三季度的广告支出、虚增其他产品收入等。

（2）复杂的关联交易。包括瑞幸咖啡管理层高企的股票质押比率，瑞幸集团董事长陆正耀及一批关系密切的股权投资者曾经从神州租车套现16亿美元，通过收购宝沃汽车转移资金给关联方，借助发展"无人零售"的幌子吸走公司大量现金等一系列行为。

（3）令人质疑的商业模式。①中国消费者95%的咖啡因摄入来自茶，中国核心功能性咖啡产品市场很小；②瑞幸咖啡的客户价格敏感度较高，通过降低折扣来增长收入的方法并不现实；③公司缺乏有竞争力的非咖啡产品，瑞幸咖啡的客户大多为机会主义者，往往没有品牌忠诚度。

做空报告成为风险暴露的导火索，瑞幸咖啡面临巨额赔偿。浑水机构发布做空报告后，瑞幸咖啡的股价一度大跌，在公司公开否决了指控之后股价重新回到正常水平。但随后一些律师事务所对瑞幸咖啡的集体诉讼，以及按照美国证监会要求瑞幸咖啡成立特别委员会进行自查，瑞幸咖啡的风险最终还是浮出了水面。

2021年4月，证监会发布通报称，2020年以来办理财务造假类案件59起，并表示下一步将继续重拳打击财务造假、欺诈发行等恶性违法行为。与美国监管部门对于财务造假的惩罚相比较，中国监管似乎显得宽容很多，比如恶意造假的康美药业虚增货币资金数百亿元，最后的结果也不过就是顶格处罚60万元。

在这种环境下，中国上市公司及发债公司财务造假的案例层出不穷。

## 二、财报造假的动机

在了解财报造假的套路之前，我们先看一看上市公司财报造假的动机是什么，这将有助于我们在事发之前识别出公司造假的风险。

一般来说，无论是虚增收入、少计提成本，还是虚增资产、少计负债，绝大部分上市公司操纵财报造假想要达到的主要目的只有一个，那就是美化或粉饰财务报表。从动机上来说，大致可以分为以下几种：

**动机一：粉饰公司业绩**

这应该是财报造假最主要的动机之一，利润表的一系列造假手段往往目的正在于此。具体来说，主要是通过虚增收入、少计成本或者虚增营业外利润等手段美化利润表。粉饰公司业绩的动机一般也都很简单直白：

一是为了调整净利润未来几年的分布，平滑净利润，从而使得经营业绩增速维持相对稳定；

二是为了完成特定的业绩对赌承诺，当然也可能是为了满足达到实施期权的条件等，这需要关注经营业绩对赌承诺对于公司是否存在压力；

三是为了拉高股价，从而进行高位减持套现，这一点需要密切关注上市公司控股股东和高层管理人员的股票减持情况；

四是为了掩盖持续多年的亏损状况，避免因为长期亏损而给公司带来的ST或者退市风险，因此进行造假虚增利润。

### 动机二：满足融资需求

公司上市后可以公开向社会发行股票，或者通过定增、发债等方式募集大量资金。

曾经创造了中国股市绩优神话的蓝田股份于1996年在上交所挂牌交易，一次上市就融资2.4亿元。利用国家政策对农业的大力扶持，公司上市刚满1年后再次获得融资资格，共募集资金1.1亿元。而在蓝田股份上市前9年的创业阶段资产总额只有2.77亿元，净资产仅1.72亿元。这只充满传奇色彩的股票，背后隐藏着一个又一个的谎言与欺骗，最后终于造成了轰动全国的"农业第一股"蓝田股份造假事件。

为了获得银行信贷和商业信用等，经营业绩不好、财务状况不佳的上市公司难免会对其财务报表粉饰打扮一番。对应资产负债表的财务造假手段往往与做大公司规模、降低融资难度和融资成本有着密切关系。

一方面，公司的融资成本与其净资产规模息息相关，部分品种的融资规模受制于某些资产规模指标，比如累计债券余额不得超过净资产的40%。另一方面，类似的房地产公司还会通过一些手段美化资产负债表，比如明股实债、操纵子公司的并表等，目的在于降低表内净负债率，进而达到降低融资成本的目的，实际上这在本质上也是属于财报造假的一种手段。

### 动机三：其他需求

除了上述两种主要造假动机外，还可能包括一些其他动机引发的财务造假行为。比如说，为了满足金融监管指标，安邦公司利用循环注资、虚假注资等手段实现公司净资产规模的迅速扩张，这需要关注规模增速远高于行业平均水平以及热衷于资本运作的上市公司。在本质意义上，这也是一种财务造假行为。

## 三、常见的财报造假手段

了解造假动机的关键在于把握对应动机之下可能使用的财务造假手段，进而识别出风险。上市公司操纵财报的主要目的是粉饰利润表，次要目的是粉饰经营现金流。根据"资产=负债+所有者权益+收入−费用"的会计恒等式，粉饰收入和费用所带来的所有者权益变动，最终必须通过调整资产负债表和负债科目体现。

从过往的经验看，识别财务造假的关键在于利润表和资产负债表，而正是会计准则中的权责发生制让造假有机可乘。权责发生制，是按照权利和责任的发生来决定收入与费用的归属期，原本这项制度有助于体现收入和费用的配比原则，使会计信息保持可靠性，但在实际操作过程中却让不怀好意的造假者"钻空子"。

相对来说，现金流量表虽然同样可以造假，但在收付实现制下，现金流量表的造假更多的是项目之间的"腾挪"，很难做到只增流入或者只减流出，现金流净额总量上难以出现变动。一般来说，现金流量表造假更多的是增加经营性现金流入或者减少经营性现金流出，比如说将投资性现金流入或者筹资性现金流入计入经营性现金流入，或者将经营性现金流出计入投资性现金流出或筹资性现金流出，以此达到虚增经营性现金流的目的。但总体上来说，现金流量表的造假和虚增并非最后的目标，而是利润表和资产负债表造假之后附带的结果。

因此，在解读和分析财务造假案例时，利润表和资产负债表是相对重要的抓手，而现金流量表作为对前两者的侧面印证。

### （一）利润表常见造假手段

收入是利润的源头，虚构收入是上市公司造假的主要方式。利润表造假的目的很直接，就是为了虚增利润。从科目上讲大致分为三种类型，分别是虚增营业收入、虚减成本以及虚增非经常性损益。

为了粉饰财务报表、夸大盈利能力，公司甚至可能通过凭空捏造的大胆举动来掩饰其真实的经营水平，虚增收入的具体做法包括：第一，虚构交易，缺乏实质上的经济行为；第二，关联交易，利用旗下各子公司，在它们之间相互倒腾；第三，提前确认收入，实现短期内利润虚增；第四，将来自非营利性活动的收款记为收入。

### 1. 虚构交易

虚构交易是最严重的财务造假行为，完全是有预谋、有串通的恶意操纵，通常情况下有两种做法：一是白条出库，记为销售入账；二是对外虚开发票，确认收入。很明显，这些手段都是违法的，比如说有的上市公司通过将资金以采购款形式支付至部分供应商后，再经过过桥通道流转至部分客户，重新以货款形式支付回公司，从而形成虚构交易的财务造假。

以康得新财务造假案件为例，其以PET等外品（基材）假冒ITO膜、3D膜、防爆膜、贴合膜等光学膜报关运到海外，亏本送人，冒充光学膜出口，再由公司相关人员炮制虚假业务合同，描摹国外客户签名，粘贴打印，虚构外销业务产业链，在账面虚增业务收入，从而虚构利润。

根据江苏省证监会通报的情况，从风险识别的角度看，康得新财务造假的主要特征包括：

（1）存货占比不升反降，周转率异常高于可比公司。2014~2017年，康得新营业总收入年复合增长率高达22.6%，收入规模实现翻倍，而作为生产高分子材料的制造企业，归集原材料、产成品等的存货项目只有平均4.18%的增长率，且存货在总资产中的占比也从2014年的4.55%下降至2017年的1.7%。同样令人质疑的是，可比公司的周转率基本稳定在2.9%左右，但是康得新的存货周转率却高达11.97%。

（2）公司存在不合理的大额退货。2018年，康得新因为退货调减收入-15.46亿元，总额法改净额法调减收入-9.24亿元，导致会计师无法对大额销售退货的真实性和准确性发表意见。

（3）货币资金可能是虚增的。根据2017年财报，康得新的货币资金在总资产中的占比为54.01%，有息负债占比为41.25%，均大大高于可比公司。由于三张报表间存在勾稽关系，康得新利润表造假的背后，资产负债表上的货币资金有可能进行协助。事实是，2018年末其银行存款余额为122亿元，但实际可用余额却为零。

## 2. 虚增收入

相对于虚构收入而言，虚增收入是夸大了实际收入金额，总算不是凭空捏造的。这种虚增收入最容易发生在关联公司之间，也可能内外勾结配合造假，比如上市公司利用子公司按照市场价格销售给第三方，确认该子公司销售收入，再由另一个公司从第三方手中购回，这种做法避免了集团内部交易必须抵消的约束，确保了在合并报表中确认收入和利润，从而达到操纵收入的目的。

还有一些公司利用阴阳合同虚增收入，比如公开合同上注明货款是1亿元，但秘密合同上约定实际货款为5000万元，另外5000万元作为虚挂，如此就相当于虚增了5000万元的收入，这在关联交易中普遍存在。

不管是虚构收入，还是虚增收入，其最终目的都是虚增利润，所以上市公司通常都会选择高毛利率的业务收入来做。或许正因为如此，操纵财报造假也给投资者留下了一条线索：故意增加高毛利产品的销售收入，会扭曲公司正常的产品销售结构，导致当期产品毛利率暴涨。

一般情况下，毛利率的提升主要是源于两个因素：一是销售单价的提升；二是原材料成本下降。对投资者来说，这两个因素都可以从市场状况和行业内的可比公司进行分析，即可获得初步判断。如果不满足以上两个条件之一，则很可能存在财务造假的情况。

任何不合理的事情，必然存在着不合理的解释。对于操纵财报造假的行为，其实投资者只要稍微用点儿心，就能大致做出初步的判断。比如，存货占比与毛利率是识别收入虚增的关键指标，异常现象的背后对应着两种造假行为。公司在虚增收入之后面临着两种选择：一是成本不同时虚增，直接导致利润增高，后果是毛利率表现显著异常；二是成本同时虚增，利润虚增幅度小于收入虚增幅度，毛利率相对稳定，多计成本的后果是资产负债表上少计存货，在收入、净资产规模扩张之际，存货占总资产比例不升反降，其相对可比公司的存货周转率异常高企。

## 3. 提前确认收入

打个比方，贵州茅台在2021年11月30日收到了经销商预订2022年茅台酒的款项，这时候只能算作预收款项，因为产品还没有交付，只有按照约定向经销商交货后，本次交易才算完成。在报表上一边扣减预收款项，一边增加营业收入。有的公司管理层为了完成当期营收或者利润的任务，在收到该款项后就直接确认为了当年收入。这种激进的收入确认方式，最终体现在财报上就是利润的增加，但却会在报表上留下"异常"的痕迹。

由于会计复式记账的原理，为了维持因为虚增收入而使报表重新达到平衡，必然要调整财报里的其他项目，就像天平的两端必须要维持平衡一样。资产负债表有一个恒等式：资产=负债+所有者权益（含利润）。收入虚增会使利润增加，要么资产增加，要么负债减少，才能维持这个等式的平衡。假设贵州茅台一收到款项就确认收入，就不会在财报上体现出预收账款，根据新的会计准则预收款项属于负债项目，所以，负债减少就是这种财报造假留下的蛛丝马迹。另外，还可以通过对比公司往年的财报数据（纵向比较），也可以对比同行业其他公司的财报数据（横向比较）。比如说，公司历年来的10亿元的收入，对应的预收账款是8亿元，但突然在某一年11亿元的收入中却只有5亿元的预收账款。这种比例上的明显差异应引起警惕。

归纳起来，提前确认收入主要有四种情况：一是在存有重大不确定性时确认收入；二是在建工程竣工百分比法的不适当运用；三是仍需提供未来服务时确认收入；四是提前开具销售发票，以美化粉饰经营业绩。在房地产和高新技术行业，提前确认收入的现象非常普遍，比如以工程收入为例，按规定工程收入应按进度确认收入，多确认工程进度将导致多确认收入和利润。

提前确认收入，实现短期内利润虚增。对于已经真实存在的交易，公司可通过提前确认收入的方式来虚增利润，粉饰财报，尤其是使用完工百分比法确认收入的公司。由于"今天"虚增的是来自"明天"的利润，公司使用这种方法主要是出于短期粉饰财报的考虑，且往往涉及金额不会太大。

### 4. 虚减成本费用

虚减成本、少记费用是公司虚增利润的重要手段。公司可以通过期间费用资本化处理、延迟计提折旧或摊销、推迟确认费用到以后期间等手段，达到虚减本期成本费用，从而虚增利润的效果。

任何一笔收入都必然对应着发生相应的成本，比如中炬高新卖出了酱油，就要从仓库拿给经销商。正常情况下会做两笔账，一是增加银行存款=增加营业收入，二是增加营业成本=减少库存商品。延迟确认费用就是不做后面这笔账，当期成本减少，利润自然增加。库存商品发货后，账上却没有调减，这样会高估库存商品的价值。

再回到会计恒等式：资产=负债+所有者权益（含利润）。利润的虚高必然会在资产负债表上留下痕迹。延迟确认费用还包括将原本要在利润表上确认的费用，却调减资产负债表上相关的价值，这种做法也叫作费用资本化。

费用资本化主要是借款费用及研发费用，而递延费用名目繁多，比如广告费、职工买断工龄费等。具体做法是，将研发支出列为递延资产，或将一般性广告费、修缮费等递延。再比如，在新建工厂实际已投入运营时仍按未完工投入使用状态进行会计核算，根据现行会计政策规定，在完工投入使用前的新建工厂的各项费用、贷款利息等均被计入固定资产价值而非当期损益，通过这种办法可调增利润。

归纳起来讲，虚减成本、少记费用的常见手段是：①在建工程不及时转固，多计利息资本化，少计折旧摊销；②对于名义上已经转让，实质上未转让的经营亏损的子公司，不纳入合并报表范围；③隐瞒减值迹象，少计提减值损失。

### 5. 虚增投资收益

其他损益类科目也是财报造假舞弊的"事故多发地"。在收入、成本和三项费用之外，利润表上其他损益类科目也是容易被操纵的重要手段。通常情况下，公司确认过高的投资收益，不充分披露资产减值风险，夸大记录其他业务外收入和营业外收入，虚列政府补贴等都会使公司的净利润虚高，为投资者"挖坑"。

### 6. 非经常性损益

非经常性损益是指公司正常经营损益之外的一次性或偶发性损益，例如资产处置损益、临时性获得的补贴收入、新股申购冻结资金利息、合并价差摊入等。非经常性损益虽然也是公司利润总额的一个组成部分，但由于它不具备长期性和稳定性，所以对利润的影响是暂时的。非经常性损益项目的特殊性质，为公司管理盈利提供了机会。特别应关注的是，有些非经常性损益本身就是虚列的。

总体上讲，其他损益端操纵财务造假在财报上的联动影响比较小，投资者更需要重视利润表本身。在已经爆雷的众多财报造假的案例中，各个上市公司所遭遇的困境不同，所以引发爆雷的导火索也不尽相同。相较于收入端、成本费用端的造假，其他损益端的造假更局限于某一个具体的交易或项目，投资者在分析研判时应注意把握实际情况，对表现异常的科目需要深挖。

### （二）现金流量表常见造假手段

"利润是主观判断，经营性现金流才是客观事实。"巴菲特一直强调一个叫作"自由现金流"的概念，意思就是经营活动产生的现金减去投资付出的资本支出，剩下的是自由现金流。

近些年，随着上市公司造假事件的频繁曝光，现金流量表越来越受到投资者的重视。大多数人认为，相较于利润表、资产负债表而言，现金流量表更能全面地反映公司产生现金流量的能力并揭示出现金流向所描述的本质。

实际上，与会计利润一样，现金流量也是可能被美化、操纵，甚至造假的。但是，公司操纵现金流量表受制于银行现金账户余额，操纵和造假成本比较高，因此直接伪造银行现金余额或伪造银行函证单据这一类犯罪行为相对较少。

一般来说，投资者希望通过现金流量表分析判断出一家公司的现金创造能力、支付能力和偿债能力，以及这家公司的盈利质量。所以，上市公司对现金流的操纵，主要目标是粉饰经营活动现金净流量。

### 1. 虚增经营活动现金流

为了粉饰经营活动现金流量，有的公司采取虚构经营活动、做大公司蛋糕等方式营造出公司规模不断发展、业务不断增长的假象。最常见的做法是同时虚增经营性现金流入与筹资性现金流出或者同时虚增经营性现金流入与投资性现金流出。如此，一方面提高了经营活动现金流量，另一方面保持了财务报表的平衡关系。

（1）伪造销售进行造假。操纵者在增加经营活动现金流量时，通常情况下会通过高价虚拟销售，人为虚增"销售商品、提供劳务收到的现金"这个项目的金额，同时通过编造对外投资项目或者向某一家往来单位提供借款，将虚增的现金抵消掉，这样既提高了经营活动现金流入金额，也不影响报表之间的平衡。

（2）与关联方配合造假。

第一，以第三方作为过桥通道与关联方配合造假。公司以高价将货物销售给与之毫无关系的第三方，然后由其控股的子公司将货物从第三方手中购买，产生比较大的价差，由此可以给公司带来大额的收益，表面上产生较强的现金流量。

第二，表面上将货物销售给关联方，但实际上并没有进行实物转移。关联方在年末时将货款全部付清，上市公司在第二年初通过业务往来的方式，再将货款归还给关联方。这样一番操作下来，至少在财报上可以看到，这家公司既增加了经营性现金流，又提高了利润水平。

第三，通过股权转让的手段也会带来大额收益。比如说，一家公司将不良资产和等额负债高价剥离给关联方，可以达到降低公司支付利息等财务费用的目的，还可以避免因不良资产的经营行为发生亏损。

2. 粉饰经营活动现金流

对于一个持续经营并具有竞争优势的公司来说，主营业务一定是其经营活动产生现金流量的主要来源，主营业务突出、营业收入稳定是一家公司具有持续竞争优势的重要标志。因此，不少公司在操纵财报时，通常会运用会计技巧改变公司现金流量的性质，达到粉饰现金流量表的目的。

（1）把投资收益列为经营活动收入。有些公司通常会用闲置的现金去购买权益类资产，比如二级市场的证券投资，一旦公司需要现金，就把这些证券卖掉。除了专业的资产管理投资公司，这种经营活动都不会是普通公司的主营业务，其收益应该作为投资收益列入投资活动产生的现金流量项目之中。但有些上市公司一再突破底线，堂而皇之地将证券投资作为公司的主营业务，列入经营活动产生的现金流量中，比如东北一家叫作JLAD的药业公司。

（2）美化"收到的其他与经营活动有关的现金"。在现金流量表中，这个项目是指公司除了主营业务之外的其他与经营活动有关的现金活动，比如罚款收入等。一般情况下，这个项目金额应该偏小，但是正如"其他应收款"成为某些公司资产负债表上会计处理的"垃圾桶"一样，该项目也容易成为现金流量表上藏污纳垢的"重灾区"。比如说，有的公司收回了"别人欠自己的钱"，虽然这笔钱与经营活动无关，但却仍记入了这个项目。一些公司借用关联单位的现金款项，不在筹资活动"借款所收到的现金"项目中列示，却记入了"收到的其他与经营活动有关的现金"项目，从而增大了经营活动产生的现金流量净额。

（3）调整经营活动现金支出。一些上市公司通过将应付款项及费用损失等分摊给关联方或子公司的手段，把经营活动的现金流出调整为其他活动的现金流出。这种财报操纵行为经常表现为上市公司通过让不需要纳入合并报表的子公司等承担一些应付款项、费用损失等，减少其与经营活动有关的现金流出。然后，上市公司将资金以投资活动方式返还给子公司等，从而成功地将经营活动的现金流出在形式上转化为其他活动的现金流出，变相提高了经营活动现金流量净额。这种带有欺骗和误导的行为，可以产生这家公司经营良好、经营活动创造现金能力很强的假象。

### 3. 技巧性的"财务包装"

为了使现金流量报表看起来更漂亮，有的上市公司钻政策的"空子"，采取一些相对"合法"的操纵手段，比如调整会计政策、应收账款保理、利用关联方交易等。相对于那些违法的造假行为，技巧性的操纵现金流量更像是一种较为激进的"财务包装"。

这种包装利用的是会计准则和披露要求允许公司管理层实行的合理酌处权，而在一定"合理"的限度内，这种"财技"并不违反任何法律法规。

（1）延迟支付供应商货款。延长向供应商支付货款的期限，从而减少会计期间内的经营性现金支付，改善经营活动产生的现金流量净额。通常情况下，供应商一般都会提供给公司折扣，比如在折扣期30天内支付，可以享受3%或者5%的应付账款折扣，延迟支付等于放弃了享受优惠。

（2）应收账款保理。任何一家公司都希望提前收回应收账款，这样会改善报告期内公司的经营性现金流，但提前收回应收账款却并不容易，由此应收账款保理应运而生。它指的是公司将赊销形成的未到期应收账款，在满足一定条件的情况下，转让给商业银行或者其他第三方，以获得流动资金支持，加快资金周转。这种方式会产生如下影响：一是改善公司的经营性现金流；二是只能得到一次性好处，难以获得持续的现金流支持；三是由于风险让渡和时间价值，应收账款保理必然会形成一定的损失。

（3）减少采购。这是财务部门精打细算的做法，真的是绞尽脑汁了。为了让现金流充裕，上市公司在季度初期采购，季末的时候尽量消耗完毕这些季度初采购的物资，等到下个季度初再采购。这样虽然增加了财报的现金流，但对于公司来说无疑是杯水车薪，于事无补，既降低了资产的周转效率，还有可能耽误了生产时机。

### （三）资产负债表常见造假手段

每一个投资者都天然地喜欢利润表，却往往忽略资产负债表。事实上，任何公司的利润和现金流，都是以资产为基础而引申与发展起来的。所以，具有持续竞争优势的公司，首先都必须具有一个强大健康的资产负债表，否则再漂亮的利润表都可能只是一个美丽而脆弱的沙雕。资产负债表的持续恶化，往往是业绩即将出现大变化的危险信号。

我们都知道一个恒等式：资产=负债+所有者权益。资产与负债有很大的不同，负债往往是真实的，而资产却可能存在水分——负债非常恶劣的情况你很难指望它变好，但资产非常丰厚却可能只是一个虚幻的假象。

上市公司操纵资产负债表造假的主要目的有两个：一是虚增资产；二是隐藏负债。根据会计原理，净利润最终会传导至所有者权益项目，所以上市公司在虚增利润时往往会选择虚增资产或者虚减负债，以配合虚增的所有者权益。虚增资产能够彰显自己强大的实力，同时为利润表造假做引子，以构建流动性充裕的虚假基本面情况。

通常情况下，资产负债表造假都与具体的报表项目有明确的对应关系，因此，关注资产负债表中容易造假的几个科目是否异常，是识别资产负债表造假最简单直接的方法。总体来说，容易被操纵造假的项目包括但不限于货币资金、应收账款、其他应收款、预付款、存货、在建工程、固定资产等。

### 1. 虚增货币资金

这是典型的违法行为。实际上，上市公司在资产端虚增时，操纵流动性资产造假相对固定资产、在建工程等非流动性资产来说更容易被察觉，其中货币资金的造假难度最大。但现实却是，在此前曝光的上市公司造假案例中，仍然有不少公司在货币资金项目上铤而走险。

表面上看起来，这类公司账户上存有大量货币资金并且受限比率很低，但事实上公司并不能使用。在笔者看来，操纵货币资金造假，已经是这家公司被逼无奈的下策，暴露出其流动性趋紧的问题，甚至可能导致现金流断裂，这种公司爆雷、违约、破产倒闭的风险比较大，典型案例有康得新、康美药业等。

投资者在判断一家公司货币资金造假时，最关键的点在于是否存在存贷双高的现象。这个是比较容易识别的，从财务报表上可以简单直观地看出，实际上就是一边握有大量的货币资金，一边又通过融资渠道借贷了很多钱，产生了大量的有息负债。这就像我们在生活中，看到不少人住豪宅或者开豪车，活得滋润而精致，但这些资产其实大多是靠贷款买来的，高额的利息可能压得人喘不过气来，用一句俗话来说就是"打肿脸充胖子"。

需要注意的是，长期的存贷双高肯定不是正常现象，背后一定存在不为外人道的"猫腻"，但如果是短期问题，则有可能是因为募集资金还没有来得及使用，才导致了账户上存在大量余额。另外，判断货币资金是否受限的关键点在于大股东的流动性和子公司的景气度，这可以从大股东的股权质押等窥见一二。

通常情况下，如果大股东流动性紧张或者子公司景气度较差，并且母公司对子公司拥有绝对的控制权，那么很有可能在存贷双高的表象背后，上市公司银行账户上的货币资金已经被违规占用了，子公司便愈发需要虚增货币资金。

### 2. 虚增存货

一家公司的存货数量和种类较为繁多，且价值不易确定，其难点在于核数和估值，易于操纵的存货品类包括农林牧渔产品、易腐品以及快速贬值的商品（比如电子消费产品或者流行服饰服装等）。农林牧渔由于其产品特点，存货数量不易盘点，且价格受气候等自然条件影响较大，容易被公司拿来做文章，也是上市公司造假的"事故多发地"。

通常情况下，农林渔牧公司的终端比较分散，尤其是对农产品加工企业来说，其采购对象多为小型农产品组织或者农户，交易对象非常分散，很难一一核实。另外，有些农产品本身的性质导致其存货无法核数，比如经常"跑路"的獐子岛的扇贝们。

虚增存货能够"一箭双雕"，达到虚增资产和虚增利润的双重目的，因此很受不少操纵财报造假的上市公司的青睐，并乐此不疲，比如说已经曝光的案例就有獐子岛、蓝田股份、万福生科等。

以前文提及的獐子岛集团股份有限公司为例。2014年10月，该公司前三季度亏损8.12亿元，同比下滑1388.6%，同时存货从上半年的28.3亿元大幅下滑40%至16.96亿元。对于此次存货大幅减值，獐子岛归咎于数十年一遇的北黄海冷水团入侵，致使底播的74亿枚虾夷扇贝绝收，将近80%的扇贝死亡。

无独有偶，2017年獐子岛巨亏7.23亿元，同比暴跌1008.19%，对此该公司再次宣称海洋牧场受灾，存货减值6.38亿元。此后，獐子岛预计2019年共计亏损3.5亿元，其对此又一次解释为底播的虾夷扇贝受灾，拟对存货成本进行核销和计提跌价准备。至此，獐子岛已前后三次拿"天灾"带来的存货减值为业绩跳水做挡箭牌，其生物性资产存货真实性备受质疑。

通常，生物性资产具有小、散、乱的特点，很难对其进行估值，且一般都位于地理位置偏远的地方，监管难度较大，比如獐子岛所谓"跑路"的虾夷扇贝都在一个大水塘里，水底下到底有多少海参，谁说得清楚呢？会计师不可能潜水下去一一核数，这就为一些公司创造了虚增存货的空间。另外，生物性资产存货就像上市公司的一块"擦脚布"，往往会在公司业绩不好时被拿来主观上进行核销存货成本及计提存货跌价准备，以掩盖自身的营业收入问题。

一般来说，识别虚增存货的关键主要看四个方面：一是数量和价值不易确定的存货大幅增长，且增长幅度超过同期营业成本的增长；二是相对于行业内可比较公司，存货规模飞跃式上升，存货占比较高；三是存货周转率显著低于同行业水平，并呈现出下降趋势；四是存货周转率明显下降，却同时伴生着毛利率的显著上升。

### 3. 虚增固定资产、在建工程

通常，动用流动性项目中的应收账款会导致利润和现金流不匹配，容易暴露马脚。但如果选择虚增非流动资产，比如固定资产或在建工程，通过折旧、减值、延期等方法，将费用在较长的一段时间内化解在收入中，就可以避免虚增的利润畸高而被发现有虚增利润之嫌。

此外，上市公司会与供应商密谋，通过抬高固定资产购买价格和工程造价，使得固定资产和在建工程记账成本虚高，但整个过程都有相应的凭证和资料，操纵起来比较隐蔽，因此虚增固定资产经常被公司采用。

在建工程的妙处在于在建状态，所以对它的确认可以随心所欲而且不容易被查证。既可以通过推迟在建工程转为固定资产的时间，用来规避新增固定资产的折旧额，也可以把说不清楚的钱扔给在建工程。

在已经曝光的这类案例中，最具有典型性的是上市公司D，2008~2012年，其通过污水处理工程、淀粉糖扩改工程以及供热车间改造工程，虚增资产超过8000万元。具体操纵做法是这样的：首先，以工程项目名义设立银行存款明细账目，并虚拟支付工程款项；其次，将工程转包给虚假的承包单位，同时将银行账户中的工程资金转移到该承包商的银行账户中；最后，虚假客户与公司之间签订虚假的购销合同，其账户中转让的资金再次回到公司的账户中。

如果投资者对固定资产、在建工程中的造假现象抱有警惕性，可以从以下几个角度分析调查：

第一，上市公司承诺的固定资产投资项目，有没有在预定时间内完工。如果在年报中一再推迟，就值得怀疑。而且，许多项目在完工几个月甚至几年后仍然无法发挥效益，或者因故重新整顿，这就更值得怀疑了。如果董事会工作报告中没有明确解释，我们完全有理由质疑该公司在搞"钓鱼工程"。

第二，不少上市公司的固定资产、在建工程投资项目呈现出高额化、长期化趋势，承诺投入的资金动辄数十亿元，建设周期长达七八年。这样漫长的建设周期，给上市公司提供了财报造假的充裕时间，比那些"短平快"的小工程拥有更大的回旋余地，监管部门清查的难度也更大。等到查个水落石出时，投资者的损失已经难以挽回了。

第三，固定资产、在建工程投入的资金很难衡量，识别时除了注意增量之外，还应重点观察公司的固定资产周转率是否处于同行业可比公司较低水平。若是，则可能反映出公司存在虚增固定资产的行为而导致固定资产不能真正变现，固定资产转化为现金的时间过长，最后会体现在较低的固定资产周转率上。

### 4. 应收账款异常

一个公司的应收账款在销售收入中的占比，可以在与同行业的公司比对中作为一个经营观察的重要指标。横向比较看，应收账款占销售额比值过高，往往意味着公司的销售政策偏向宽松。可以把这个指标用来对过去数年进行连续同比，如果出现持续升高，说明这个公司释放了很多的赊销额度，产品竞争力下降，可能遭遇了激烈的市场竞争。

应收账款突然升高，且增幅超过同期销售收入增幅，或者应收账款周转率低于同行业水平，且呈现明显下降趋势，都可能暗藏玄机，预示着财报操纵。另外，应收账款的结构也是必须了解清楚的，大多数的应收账款到底是一年内赊销的还是拖欠了很长时间？不同欠款周期的坏账预提金额是多少？比如说，同业中有的公司都是3年以上的应收账款计提坏账率为90%，而这家公司却只计提30%，显然它的业绩有明显的粉饰和潜在的风险。

### 5. 虚增资本

这个容易理解，虚增资本通常表现为公司的虚假出资、循环注资等。一方面，股东以非货币形式的资产或者股权作为资本出资时，大概率会出现实收资本不实，导致虚假出资；另一方面，如果股东选择以货币向公司注资，后期可能利用其他应收款等方式将资金抽回，形成循环注资。

一般来说，这种造假手段在普通的上市公司出现的概率比较小，它往往集中在金融行业的产业资本中，因为这些公司对金融业务的规模有着非常强的诉求，而快速增长的金融业务也带来了资本金不足的问题。一方面是资本金不足，另一方面是金融监管的缺失，导致金融控股公司开始出现虚假注资和循环注资等虚增资本的操纵手段。

### 6. 操纵商誉和无形资产

商誉是通过收购兼并行为取得公司而支付的高于被收购公司净资产的溢价部分。喜欢在资本市场上搞运作，到处收购大量企业的公司往往商誉值极高，但当被收购的公司出现亏损等经营不善的后果时，商誉就得减值，从而对经营业绩造成影响。

按照会计准则，每一年公司的商誉都会进行减值测试而无须摊销，但商誉减值测试往往带有较强的主观性，或许也正因如此，其一直受到上市公司的青睐。对于喜欢采用并购方式快速扩大规模和占领市场份额的公司来说，通常喜欢将收购标的中可辨认资产的价值压低，把商誉的价值做高。对被并购方来讲，只要不会影响到利益损失，资产或者商誉价值高低无所谓。对并购方来说，这样可以减少资产折旧，帮助公司少产生折旧费用，增加利润。另外，在收购中把商誉价值做高，还可能通过卖家合作的渠道，将上市公司投资活动现金流出转化为经营活动现金流入。

无形资产是公司为了进行生产经营活动而取得或者自己开发的、能够为公司带来未来经济利益的不具有物质实体的资产。对于无形资产突然增加的情况要小心鉴别，看看是否由于将开发费用资本化处理的结果。另外，无形资产的采购，尤其是所谓专利或者非专利技术的采购，是向外转移资金的一种常用手段，但一般来说这个金额不会太大。如果涉及金额较大，则投资者需要确认花费巨资买来的技术是否真正为公司带来了价值和利润。如果不是，那就可能是公司操纵财报造假的手段。

总体来说，应对可能操纵商誉和无形资产造假的方法很简单，高度警惕喜欢费用资本化和大肆收购兼并的公司。

### 7. 隐藏负债

隐藏负债的直接目的是降低资产负债率，提升净资产。比如说，房地产公司最近数年来融资渠道收窄，且土地集中招拍挂导致价格大幅攀升等，这都使得房企拓宽融资需求更为强烈，同时房企的子公司或者合作项目比较多，容易采取诸多手段转移负债。

一般情况下，隐藏负债的财报操纵手段主要有三种：

第一，明股实债。这是上市公司尤其是房企最常用的隐瞒债务的手段。它是指公司与出资人协商，将收到的投资资金视为股权投资计入所有者权益，但通常会附加上回购条款，在约定期满后由被投资公司出资收回该笔股权。这种方式带有一定的债权性质，因此这笔以股权投资形式出现在所有者权益上的资金实质上应计入公司的负债端。

识别公司是否存在"明股实债"问题的关键点在于，应基于少数股东权益与所有者权益其他项目创造利润能力相当的逻辑，判断"少数股东损益/净利润"与"少数股东权益/所有者权益"是否接近，若这两个数字相差太大，则可能存在"明股实债"的嫌疑。此外，还应关注其他应收应付科目的关联方构成是否与投资者有紧密联系。

第二，子公司不并表。按照会计准则，合营或者联营公司是以权益法计入公司的长期投资项目，债务不需要并表，因此上市公司有时会通过刻意的合营或者联营安排进行表外融资且将债务出表，以达到隐瞒负债的目的。对于这种情况，投资者要观察合营或者联营公司占比是否过高，同时应穿透至最终合作方考察公司是否在合营或者联营安排上有可以债务出表的动机。

第三，资产支撑证券化（Asset Backed Securitization，ABS）。这种融资方式起源于美国，它是以项目所属的资产为支撑的证券化融资方式，也就是利用项目所拥有的资产为基础，并且用项目资产可以带来的预期收益为保证，通过资本市场发行债券募集资金。

上市公司通常发行各种ABS将部分流动性较差的资产转变成现金流，如此获得的融资不会改变资产负债率。相对来说，房地产公司的ABS种类较多，有时甚至能将全部资产打包成ABS而不改变资产负债率。此外，房企的联合经营或者子公司比较多，有时候融资主体即使不通过ABS其本身在表外也不构成有息负债。

## 四、财报造假的其他信号

总体上说，投资者判断一家上市公司操纵财报造假的常用手段，除了上述一大堆方式之外，还可以辅助一些基本的常识性概念，以进行多方面的综合分析，互相印证。

就三大财务报表而言，常见的警惕信号主要有：货币资金和银行贷款同时高企；应收账款、存货异常增加；现金净流量长期低于净利润；与同类公司或与公司历史比较，毛利率明显异常；估算的应交所得税余额与实际余额相差甚远；突然出现主营业务之外的高额收益，比如咨询、工程、软件等的利润贡献等。

除了财务报表上的这些信号外，还有一些财报以外的信号也能帮助我们识别那些危险的公司。例如：上市公司无法按时发布财报；会计师事务所频繁更换；财务总监频繁离职；大股东或高管不断减持公司股票；独立董事或监事经常辞职；资产重组和剥离频繁；并购不断且多为跨行业收购，资金来源主要依赖增发等发行股票支付。

对于一个成功的投资者来说，读懂财务报表不是充分条件，但一定是必要的前提条件。也许，可以毫不夸张地说，通过本章的介绍和探讨，包括财报造假的其他需要投资者警惕的信号，应该能够过滤掉大部分有问题或者潜藏危机的上市公司，"踩雷"的概率大大降低了。

对于财务高手来说，可以制造的幻象和迷宫远远不止这些，单纯从会计项目的勾稽关系和数字上寻找纰漏往往不会很容易。当然，这只是开始投资的一个起点，更重要的是建立观察公司风险程度的综合性视角，因为除了众多数据的基本面定量分析之外，包括公司的商业模式、生意特征以及行业地位等在内的定性判断，也是一个成功投资者具有持续竞争力的优势所在。

这其实也再次验证，投资是对一个人综合素质的考验，对每一个投资者来说，都将是一条漫长的自我提升之路。这一切，都需要时间来酝酿，尽管慢，但总会抵达。

巴菲特曾经说，对于价值投资者而言，时间是最好的朋友。复利的力量是近100年来回报实践中最大的投资经验之一。此外，其他的经验还包括盈利增长、市场份额和行业结构，对投资来说一直都很重要。

# 第九章　综合案例分析：
# 手把手教你选股与估值

当股票价格跌得很低时，即使认为是投机的证券也具备了投资的性质，因为用他们的话说，你支付的价格，已经可以为你提供巨大的安全余地。

——沃伦·巴菲特

在生活中，我们经常会听到这样的问题：这家公司怎么样？好不好？实际上，当有人问这家公司怎么样时，基本上是不需要借助于财务报表的，回答的依据主要来自大家在日常生活中所接触到这家公司的产品情况，比如终端渠道的铺货随处可见，产品质量、销售情况都不错，包括公司的员工薪酬水平、福利待遇以及媒体对其的报道与评价等。

上述情况有点儿像投资大师彼得·里奇所说的"草根调研"，在吃饭或者购物时可能就发现了一些表现最成功的大牛股，而且你的发现要远远早于所谓的那些基金经理。他的意思是，不以财务数据为基础的关注，在不少的情形下可以做出比较准确的判断。但对于一个投资者来说，当你在为要不要买这家公司的股票、要不要跟这家公司进行合作交易而犹豫时，就不能凭借自己的感觉了，而需要尽可能多地从财务数据、从财务报表入手进行判断。

通过财报分析来挑选出优质公司的股票这件事看起来似乎很简单，比如会计等做财务或者跟数据打交道的人，总是能够说出一些分析的理论来，但真正要系统、深入地做好解读与研判，往往又会感觉千头万绪无从下手。实际上，财报研究的重点不能只看业绩本身，而要深入思考产生这一经营结果的原因是什么。由此推导出一家公司过去、现在和未来的整体经营态势，到底是向好的方向还是向坏的方向在发展？各项财报指标与公司的经营重点及业务发展目标是否形成了良好的协同与验证？等等。

正如前文所说，我们在阅读财报进行选股与估值时不能毫无目的地"随机漫步"，而应该揣着许多困惑与疑问去从中寻找答案。尽管财报不可能解答所有问题，但通过对至少连续5年以上的财报的阅读和分析，可以在一些重要的问题上形成初步的判断。比如说，这家公司是不是值得信赖？它的管理层在专业、管控等方面能力如何？它所处的赛道是否广阔？有没有触手可及的"天花板"？未来公司发展的最重大变量因素是什么？从财务特征上而言，应该出现什么样的变化趋势？

无论怎样，任何一家上市公司的财务报表，都是一份带着"外交语气"的官样报告，它不会像老朋友之间聊天那样真的跟你"掏心窝子"，所以这决定了财务报表只是一些描述性和介绍性的内容，答案都深藏在各种数据背后。

作为一个投资者，尤其是在挑选股票并进行估值时，读懂、分析与利用财务报表是一个不可或缺的技能，包括对财报的理解和灵活运用。当然，这个硬技能不需要投资者成为注册会计师，但必须要懂得主要财务数据的含义和主要会计科目之间的勾稽关系，更需要学会从管理者的角度去审视报表，挖掘那些埋藏得很深的数据和证据。然后，我们才能从中挑选出优质的公司，并对其进行内在价值的评估。

# 第一节  财报分析的哈佛框架

关于一家公司财报分析的框架和方法很多，比如张新民等针对中国企业会计准则的特点以及信息披露的特征，对公司财务报表分析的理论与方法，先后实现了从财务报表的比率分析到财务状况质量分析、从财务状况质量分析到战略视角下财务报表分析框架的建立，比较好地解决了利用财务信息分析与解读公司的问题。

就笔者近10年来有限的投资经验和实践来说，仅限于三张财务报表的传统的财务分析选股与估值方法，涉及面相对比较窄，受限于单纯的数字呈现与推演，只实现了对一家上市公司基本面的"定量"研究，而缺乏对其生意特征、经营战略和行业发展等方面的"定性"分析。

基于此，试图做好一家上市公司的财务报告（非财务报表）分析，至少需要从四个方面入手：

第一，对象。针对不同的对象，将决定分析的深度、宽度，选取的指标、分析的结构等，每一个行业、每一家公司的背景、战略、发展阶段等存在差异，要选择合适的分析方法。

第二，目的。简单点讲，基本上可以分为三个要素：一是了解过去；二是评估现在；三是预测未来。

第三，取材。就像餐饮中的食材选择一样，它指分析研判中要运用到的各种数据，主要针对公司三张财务报表中的数据质量而言，准确、完整、规范等是决定分析报告优劣的基础。

第四，方法。主要是指分析框架的搭建、分析结果的展示和分析的具体思路等，一个立体和系统的综合分析方法往往会事半功倍。

# 一、财报分析的三个目的

"提供充分的披露，帮助投资人和其他利益相关者了解企业的经营状况"——这是20世纪30年代财务报告确立的目标。它是总括地反映公司在一定时期内的财务状况和经营成果等信息的书面文件，其内容主要有两方面：一是表现公司经营业绩，包括公司营业收入、成本控制、费用节省、利润的多少和股东获得的红利；二是表达公司财务状况的好坏，包括资金供应、偿债能力和公司的发展潜力等。

对于不同的群体来说，财报分析的目的不一样，比如对于债权人而言，分析财报的目的是考察其现金流状况、短期偿债能力和公司盈利能力等，最终决定是否给予这家公司贷款及其金额。对于投资者来说，分析财报的目的是决定是否投资，要分析公司的资产和盈利状况，考察公司盈利水平、破产风险和发展前景等。

归纳起来讲，财报分析主要有三个明确的目的：第一，了解公司过去的经营历史；第二，评估公司现在的财务状况；第三，预测公司未来的发展前景。

## （一）了解过去

任何人或事物的存在，都必然会有历史的轨迹。历史的问题在于不断发现真的过去，在于用材料、数据说话，让人可以在现实中成为可以讨论的问题。这是做财报分析的第一个目的——了解一家公司过去的情况。

正如一个优秀的孩子，并不是突然之间就优秀了，而是此前的习惯、素养、努力等日积月累后形成的综合体现，他今天所表现出来的行为和状态都必定会与过去的经历有关。所以，我们在分析一家公司财务报告的时候，基础条件是事先了解它的过去。

以A股创新药恒瑞医药为例，截至2021年5月21日，其市值高达4381亿元，动态市盈率为73.19倍。投资者之所以给予恒瑞医药如此之高的估值，最核心的因素是基于其超强的创新能力，多年以来持续大手笔的创新药研发布局，每年都会有针对各种适应症的新药上市，与A股中老牌药企的差距越拉越大，已经形成了自己独特的竞争优势。

再以东方园林为例，其2020年财务报表显示，营业总收入为87.26亿元，净利润为-4.89亿元，与之对应的销售商品、提供劳务收到的现金为72.48亿元，经营活动现金流为-7.46亿元。继续展开资产负债表解读，其2020年财报显示的应收账款高达85.4亿元，有息负债高达152.31亿元。也就是说，东方园林公司为了提升销售额，在激烈的市场竞争环境下不得不采用激进的赊销政策，导致应收账款持续高企，不仅收入、净利润的含金量低，而且还因为成本、费用（包括贷款利息支出）等导致大幅亏损。更可以预见的是，东方园林公司在未来面临的现金流压力和坏账概率可能会大幅攀升，致使原本糟糕的经营业绩和财务状况雪上加霜。

要了解上市公司的历史，在日常的季度报、半年报或者年度财务报告中没有，但可以通过证监会或交易所指定的发布平台（比如沪深交易所、巨潮资讯网等）查询到这家公司的上市招股书，其中会披露公司上市前至少3年的主要财务数据，以及历史沿革、生意特征和股东变化等非财务信息。

### （二）评估现在

了解过去，其实是为公司今天的现实状况寻找证据，所以投资者在洞悉公司的过去之后，还应考察现在所处的状况，这是分析财报的第二个目的。

在过去的基础之上，目标公司现在是赚钱还是亏损？从演进变化的进程看，公司处于成熟期还是衰退阶段？短期内公司的现金流是否会断裂，偿债能力究竟如何？公司的战略考量是什么？未来的发动引擎在哪里？

别着急，这些问题乍看起来像连环案子一样，千头万绪无从下手，其实并不太复杂，后文会介绍一套完整的财务指标分析架构，帮助投资者对公司的财务状况是否健康做出分析与判断。

### （三）预测未来

对于一个股票市场的投资者来说，预测公司未来的发展趋势和演进方式是进行财报分析的第三个目的。我们在选择股票时，总喜欢说"这家公司有很好的前景和成长性"，那么这种成长到底来自哪里？如何对其未来前景进行分析呢？

任何一家公司未来的成长无非来自内外两个方面：对外不断地通过兼并收购等资本手段扩大规模；对内依靠自身经营来滚动发展。具体可以细分为深挖已有产品市场份额、开拓新产品新市场、产品提价和降低成本。前两者主要体现在收入规模的扩大，后两者主要体现在单位收入所创造的利润率提高。

坦率地说，预测一家公司未来的发展前景和趋势，很难予以精确的计算。有人认为"一家公司的未来成长能看清楚两三年就不错了，长期谁能看得明白？如果短期都算不清，长期不是更扯淡？"实际上，投资者的长期判断重点并不是"精确的业绩"，更不是"多个短期的叠加"，长期关注的是空间、驱动因素和竞争优势等根本性的东西。

预测公司未来成长和发展趋势最终可能会有三种情况：第一种，可以理解也可以把握的；第二种，可以理解却不好把握的；第三种，不好理解也不好把握的。这三种结论其实都是从财务报表的数据中很难寻找到依据的，它恰恰是对公司非财务信息的定性分析。这里所谓的"理解"是指产品或者服务的市场需求是否存在、清晰，所谓"把握"是从竞争格局的角度考虑成长的确定性问题。

## 二、哈佛分析框架特征

在前面章节中，我们讨论了在挑选股票与估值时如何阅读和分析利润表、资产负债表和现金流量表，包括把三张报表结合起来综合比对，据此识别好公司和坏公司的问题。但我们知道，几乎每一份财务报告都是洋洋洒洒几十页甚至上百页，很多人会感觉到烧脑，不知道从哪里入手。

实际上，对于财务高手或者成功的投资者来说，他们在进行选股与估值时，并不会一页一页地逐一阅读和分析财务报告，而是挑选出一些极其重要的关键数据，前后串联起来比对分析，然后把有投资价值的公司继续解剖，深入到生意特征、竞争优势等方面。

有效的财报评价体系不仅应注重对公司财务数据的分析，而且应重视非财务信息，由财务报表扩张到与财务报表及公司经营相关的行业、政策、宏观经济周期等环境方面，站在战略的高度对公司进行综合评价。在这里，向大家介绍一套分析方法——"哈佛分析框架"，也是笔者经常采用的选股与估值的投资方法。如图9-1所示。

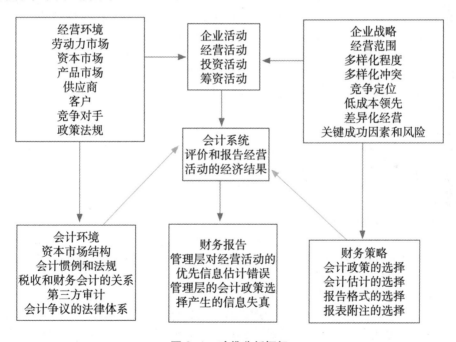

**图9-1　哈佛分析框架**

从图9-1可知，哈佛分析框架描述了一家公司基于特定经营环境和经验战略所从事的经验活动，经过会计环境、会计政策和会计系统影响、加工，最终表现为财务报表的过程。

哈佛分析框架由哈佛商学院的三位会计学教授克里希纳·佩勒普、保罗·希利和维克托·伯纳德率先提出，经过多年实践总结，它被认为是财务分析方法论的一次重要提升。

哈佛分析框架从战略的高度分析公司的财务状况，分析公司外部环境存在的机会和威胁，分析公司内部条件的优势和不足，在科学的预测基础上为公司未来的发展指出方向，尤其对我们挑选股票与估值具有重要帮助。而传统的财务报表分析方法，主要是关注利润表、资产负债表和现金流量表这三张报表本身，并且只对其中的部分财务数据进行"定量"分析。显然，这种分析方法存在一定的局限性。

比如说，一些身处强周期行业的上市公司，像宝钢股份、海螺水泥、中国神华等，在经济周期的低谷阶段，它们的经营业绩往往会一落千丈，呈现出断崖式下跌。当宏观经济开始逐步复苏，这些强周期性行业的上市公司的业绩又像坐直升机式地快速攀升，净利率、周转率等诸多成长和盈利指标非常漂亮，但我们能够将这些数据视为公司长期持续成长的依据吗？在某些特定的阶段，局限于三张财务报表的数据可能是失真的，那么无论怎么分析，结论都将是错误的。

对投资者而言，这叫作"估值陷阱"。如果我们把财务报表看作是公司的照片，分析财务报表是通过公司的照片来评价其经营状况。传统的财务分析最大的局限性是，"照片"只是某一个时刻呈现出来的镜像，姑且不论经过了修饰、美化等手段，它在拍摄时所处的环境、灯光等，也就是公司经历的宏观政策环境、经济周期、战略定位等无从谈起，只关注公司财务数据的"定量"分析，却忽略了"定性"分析。这样的分析结果，极有可能出现"瞎子摸象"式的偏误。

哈佛分析框架的选股与估值逻辑认为，财务报表是公司经营和会计活动的最终统计结果，关注财务数据固然是投资者的第一法则，但还需要同时关注公司的生意特性、商业模式、经营环境和战略定位等"定量"和"定性"相结合的综合分析，这样才可能有效地把握一家公司的财务状况。

具体来说，哈佛分析框架主要包括战略分析、会计分析、财务分析和前景分析四个部分。

### 第一步：战略分析

公司战略从整体上决定公司未来发展方向并为公司目标服务，所以战略分析成为公司财务分析的出发点。战略分析作为非财务信息是对传统财务分析的有效补充，也是哈佛分析框架的重点与独特之处。

战略分析的目的是识别公司的利润动因和业务风险，定性评估公司的发展潜力，它在一定程度上反映出公司管理现状，可以作为评估公司管理水平的依据，进而为财务分析奠定基础。通过战略分析可以辨认影响公司盈利状况的主要因素，从而评估公司现在经营业绩的可持续性，并对未来业绩做出合理预测。

总体上讲，战略分析包括"经营环境分析"和"公司战略选择"两大部分。

## 1. 经营环境分析

（1）宏观环境。 宏观环境是指对公司经营活动造成影响的政治、经济、法律、社会文化等方面的因素，投资者关注的重点在于分析这些因素的特定转变会给公司带来哪些影响，比如消费升级、二孩政策、人口老龄化等会给消费行业、医疗行业等带来新的发展机遇与挑战。

（2）行业环境。 行业环境是指公司所在行业的规模、增长前景、利润空间、变革速度等维度，它包括行业特征、行业生命周期、行业获利能力等。行业环境对公司的影响是直接而明显的，宏观环境对公司的影响通常也会通过行业环境因素变化起作用。

不得不承认，生意或者说行业特征真的是三六九等，天生就不公平。有些生意更容易形成差异化的竞争优势从而提高确定性，有的生意具有更加稳定和持久的需求特征，而且行业的更新换代频率很低，总是能够带来充裕的现金流，持续保持优秀的资本回报率。但有的生意却相反，无论如何努力都不可能做到这些，或者做好了某一方面而难以兼顾，所以只能赚辛苦钱。

除了受到经营环境的影响，一家公司只要在市场上"找饭吃"，其财务状况和成长前景也会受到自身战略选择的影响。

## 2. 公司战略选择

（1）竞争战略。公司的竞争战略是指为对付市场上的各种拼抢力量，根据自己所处的环境、资源和自身特征，采取进攻性或者防守性的行动。比如说，星巴克选择的是差异化战略，主要通过提供独特的、高质量的产品与服务，从而获得高利润；沃尔玛选择的是成本领先型战略，通过严格控制每一个成本环节，取得较强的竞争力，其创始人沃尔顿有一句名言："你只要买得便宜，就可以卖得便宜。"对竞争战略的选择不同，让上述两家公司的财务情况也有所不同。2018年，星巴克的毛利率是58.8%，而沃尔玛只有25.1%。波特五力模型的发明者迈克尔·波特教授在《竞争优势》一书中指出：能够为公司带来竞争优势战略的大体可以分为两类：差异化战略和成本领先战略，具体如图9-2所示。

| 差异化战略 | 成本领先战略 |
|---|---|
| 以客户可接受的价格提供差异化的产品或服务；高质量的产品；众多的产品种类；良好的客户服务；灵活的送货方式；优良的品牌形象投资和研究开发投入；具有创新性和变革性的控制系统 | 以尽可能低的成本提供产品或服务；规模经济；高效的生产过程；简单的产品设计；低投入成本；低研发投入和广告促销；严格的成本控制系统 |

| 竞争优势 |
|---|
| 公司核心竞争力和关键成功因素与公司的战略相匹配；公司价值链和实行战略所需活动相配合；可持续性的竞争优势 |

图9-2　竞争战略

在分析竞争战略时，投资者还应该关注以下这些问题：公司的竞争优势可以持续吗？是否存在竞争壁垒和护城河？与公司竞争战略相关的成功要素和风险有哪些？公司是否采取了与竞争战略相一致的行动？公司在行业结构中是否存在可能被削弱其竞争优势的潜在变化？

（2）核心竞争力。一家公司的核心竞争力，一般是指公司借助其在激烈的市场竞争中取得并扩大竞争优势的决定性力量。它主要表现在以下几个方面：①价值性。首先表现在满足客户的需求，其次是创造长期性的竞争主动权，并能为公司创造超过业内平均利润的超额利润。②差异性。公司的核心竞争力是在长期实践中逐步积累起来的结构性特征，是竞争对手难以通过模仿快速建立起来的城堡。③延展性。核心竞争力是指公司的综合能力，并不局限于某一款产品或者服务，而包含在多个领域和产品开发中，并为此提供品牌、质量、溢价等支撑。④阶段性。任何竞争力都是相对而言的，是公司某个时期在市场竞争中处于优势地位的表现，但这种优势并不是固定不变的，竞争对手往往会通过各种努力来持续冲击这种优势地位，比如风起云涌的新能源汽车等。

**第二步：会计分析**

分析问题的原因，最直接的方式是从财务数据出发，毕竟财务数据反映了公司的经营状况。在财务分析之前进行会计分析，其实质主要在于评估和确定财务数据是否完整、准确，也就是说，财务报表在多大程度上反映了公司经营业绩的真实情况。

所以，进行会计分析是为了了解会计政策的灵活性，评价公司的会计处理方式反映业务的真实程度，尽可能消除报表分析的"噪声"，为提高财报分析的可靠性奠定基础。数据完整而准确，是财报分析的前提。

数据的完整性，是保证所有应该入账的数据已经入账，没有遗漏。具体来说，就是看有没有跨期确认收入、成本和费用的，有没有多（少）计提的，有没有多（少）入账的等。数据的准确性是指这些数据来源是否靠谱，比如是原始数据还是经过粉饰、美化后的数据等。

具体应如何进行会计分析呢？财务报表项目众多，对每个会计政策都进行分析显然是不可能完成的任务。一般来说，投资高手会特别关注三个维度。

**1. 主要会计政策**

每个公司自身所处的行业，在某种程度上已经决定了它的属性，而会计政策针对不同的行业也有自己的侧重点。比如说，影响创新药企、高科技公司利润的一个主要会计政策是关于研发费用支出的处理；影响汽车、钢铁、水电等重资产投入公司利润的一个主要会计政策是其固定资产折旧和在建工程转固的处理。分析这些不同行业的公司时，需要按照不同的会计政策重点关注和判断。

**2. 会计政策弹性**

会计政策弹性是指公司管理层对会计政策的选择余地，会计政策弹性的大小受制于会计制度和会计准则的规定。比如说，一些光伏企业、钢铁公司等，为了展现自己良好的经营业绩，或者因为连续亏损而避免被ST，会通过调节固定资产折旧政策延长折旧时间等手段来降低当期折旧费用。如果在财报附注里看到这些重要的会计政策发生了变化，投资者需要了解背后的原因，分析其是否有操纵利润的嫌疑。

通常情况下，弹性领域较大的会计政策包括折旧政策、存货计价、收入确认、关联交易、无形资产摊销、在建工程转固等。

### 3. 识别危险信号

对会计政策进行分析时，务必注意以下这些有可能操纵利润，甚至导致公司倒闭的危险信号：经营恶化时未加解释的会计政策和会计估计变动；与销售有关的应收账款的非正常增长；与销售有关的存货的非正常增长；报告利润与经营性现金流量之间的差距日益扩大；巨额的补贴收入、资产捐赠；频繁的关联交易、资产重组和剥离、股权转让；大股东股权长期高比例质押；等等。

公司财务报表附注可以提供关于会计政策与会计估计运用恰当性的有效证据。有一种比较省力气的办法，投资者可以通过关注审计意见的类型与措辞，间接地对公司的会计质量进行分析与判断。需要特别提醒的是，不同类型的审计意见包含着极为丰富的公司的会计质量信息。因此，可以通过分析审计师的措辞和对相关事项的说明，整体上对公司财务报表的会计质量做出初步判断，而不必在这个项目上花费太多的精力。

**第三步：财务分析**

在战略分析和会计分析两个"定性"分析的基础上，投资者可以对财务报表中的诸多数据进行"定量"分析了。财务分析是通过一些财务指标，比如偿债能力比率、盈利能力比率、营运能力比率等，对公司的实际经营状况进行描述，综合判断公司的财务情况。

需要注意的是，哈佛分析框架下选股与估值的财务分析并不是单纯地分析财务数据，而是结合公司所处的行业环境和战略发展等解释财务数据异常的原因。同时，应重点关注财务指标或财务数据在某一个时点的异常变化。分析财务数据异常变化时，可以在会计分析的基础上进行，会计分析所提供的关于会计数据真实性的有效证据可作为财务异常分析的基础。

另外，可以把这家公司当期的财务数据与自身的历史数据进行纵向比较，或是与同行业内的竞争公司进行横向对比，了解并分析公司的发展趋势以及在行业中所处的地位，然后以此寻找或建立自己的持续竞争优势。

财务分析不能"随机漫步"，其目的是找到战略规划和发展中遇到的问题，到底是什么问题导致了战略目标和成长路径出现偏差？这里不展开探讨，我们将在接下来的章节里具体介绍这些分析方法。

**第四步：前景分析**

关于公司未来前景的分析，不同于传统财务报表分析中的公司发展能力分析，公司未来的发展前景是公司战略定位、产业环境以及公司财务能力综合的结果，而不仅仅对财务指标增长率进行评价。

现行的财务报表体系以有效决策为导向，但它只提供了过去的历史数据，而决策是要面向未来的。正如优秀的孩子不是某一天突然就优秀的，而是长期努力日积月累的结果，因此以财报的历史数据为基础，对未来进行前瞻性的预测，是实现财报分析"决策有用性"的关键步骤。

分析公司发展前景时应注重公司的创新创造能力，看其能否发挥自身技术优势以及与竞争对手的竞争能力。对于长期市场前景非常诱人，但暂时还没有显示出真正竞争优势的公司，可以纳入"股票池"保持密切的关注和持续的追踪。其实，对于具备较强竞争能力和远大发展前景的公司来说，即使短期业绩达不到预期，晚两年也并没有什么大的影响，从长期看依然是比较好的投资选项。

哈佛分析框架下的公司财务分析比较全面地考虑了公司发展的各个方面，从时间的角度说，包括了公司的过去、现在和将来；从分析的广度说，包括了公司的战略、会计、财务、前景的分析；从分析的深度说，它不仅仅是对报表数字的分析，而且是结合战略、环境等深入分析财务数据的合理性。

# 第二节　财务分析：快速诊断公司健康

如前所述，哈佛分析框架下选股与估值的战略分析、会计分析这两个步骤都是对公司的"定性"分析，第三步财务分析是基于财务数据的"定量"分析。

一个公司的经营如同一个人的成长，在整个过程中必然会遇到各种各样的问题，叫作"成长的烦恼"。我们知道，每个人都需要定期或者不定期地进行体检，通过检查、与标准值进行比对等，体检表上一目了然。虽然每一项不是都很懂，但掌握几个主要项目的指标，基本上就能知道身体大概的状况了，也就是发现身体健康方面可能存在哪些问题。

财务分析就像是对公司做一次全面体检，其根本目的是通过对各种数据进行分析，以发现公司健康方面可能存在的问题，包括经营、投资、财务等。投资者做出一个到位的分析，就相当于医生根据体重、血压、肝功能等项目的体检结果，给公司一个大概率上的诊断。

一般来说，财务分析都是由浅入深、循序渐进的，比如首先分别对利润表、资产负债表和现金流量表进行相关分析，把握公司的基本情况，然后将所有财务报表结合起来计算相关比率，通过抽出一些核心的财务指标，考察公司在偿债能力、盈利能力、营运能力和成长性等方面的表现，这种分析方法被称为"比率分析"。

什么是比率分析？在财务报表里没有直接披露某些财务指标，也就是原始的报表数据不能充分描述公司状况的时候，投资者需要在这些原始的财务数据之间做一些加减乘除的运算，将相关数据计算出来，计算所得的新数据即所谓的"比率"。

如果你在挑选投资标的时，想具体分析这家公司某一项能力或者指标，则可以直接利用下面的计算公式进行运算分析。

# 一、偿债能力

对一家公司来说，能盈利当然是一件好事，但别忘了偿债能力也是衡量一家公司的关键指标。偿债能力是反映公司偿还到期债务的承受能力或者保证程度，包括偿还短期债务和长期债务的能力。

根据偿还期限划分，公司的债务分为两种：一是资产负债表中的"流动负债"，即一年之内要偿还的债务；二是资产负债表中的"非流动性负债"，即偿还期限长于一年的债务。我们可以利用一些财务数据和计算公式，综合评估公司对这两类债务的偿还能力。

## （一）短期偿债能力

公司的偿债能力最主要体现在一年左右可以变现的资产，这是公司偿债能力最重要的数据，也可以说，流动资产越大，公司的偿债能力越强。评价公司短期偿债能力的常用指标主要有三个：流动比率、速动比率、现金比率。

### 1. 流动比率

如果一家公司所有的流动资产都可以在很短的时间内变为现金，那么这些现金是否足够偿还它所借贷的债务？答案是：用流动资产除以流动负债便获得了流动比率，这个比值越高，说明公司的短期偿债能力越强。计算公式如下：

流动比率 = 流动资产 / 流动负债

流动资产是指公司可以在一年之内变现的资产，包括账户上的货币资金、短期投资、应收账款、存货等。实际上，流动资产要为偿还流动负债做准备，还要为公司的日常运营提供流动资金。所以，当一家公司的流动比率为1或者小于1时，说明这家公司的营运资金和短期偿债能力存在不足。

一般来说，A股上市公司（剔除金融类公司）的平均流动比率在1~2。需要注意的是，有些公司的流动资产不高，是典型的重资产型企业，尽管它们的流动比率甚至不到1，但这些公司仍然很优秀，因为它们可以长期赚钱，可以靠持续的盈利来弥补流动资产不足的偿债风险。

### 2. 速动比率

现实中，流动资产很可能不能马上全部变成现金，比如说存货、应收账款等一时半会儿收不回来都是极有可能的。而把存货变成现金又是其中最难的，因为要先将存货变成应收款，再将应收款收回，存货才算是完成了回到现金的循环。为此，用流动资产减去存货的差值除以流动负债，就得到了速动比率。计算公式如下：

速动比率 = （流动资产 – 存货）/ 流动负债

排除存货后的速动看起来比流动更快，也就是对资产的流动性要求更高。一般来说，A股上市公司（剔除金融类公司）的平均速动比率在0.5~1。如果一家公司的速动比率为1及以上是比较好的，这种情况下即使所有的流动负债要求同时偿还，也有足够的资产维持公司正常的生产经营。

3. 现金比率

如果公司的应收账款质量比较低，比如平均账龄较长、坏账较多，则应该使用另一个更为苛刻的短期偿债指标：现金比率。这个容易理解，就是公司用现金偿付债务的能力，计算公式如下：

现金比率 =（货币资金 + 交易性金融资产）/ 流动负债

现金比率越高，说明资产的流动性越强，短期偿债能力越强，但拥有过多的现金及其现金等价物，说明公司的资金利用效率不充分，有可能降低公司的获利能力；现金比率越低，说明资产的流动性越差，短期偿债能力越弱。有数据统计，2018年A股上市公司（剔除金融类公司）的平均现金比率为0.33。

以上三个比率都是用来衡量公司短期偿债能力的，比率越高，流动负债的偿还能力越强。但也并不绝对，因为通常情况下流动资产的流动性越高，其收益性却可能越差，或者几乎没有收益，比如现金。

另外，为了更准确地进行分析判断，可以将三个比率拉长时间看，即把当期与以前至少5年以上的数据进行纵向比较，以及与行业内的竞争性公司进行横向比较，看其是否出现了比较大的变动，并深挖出这些变动的原因。

（二）长期偿债能力

除了短期负债，大多数公司还会有长期债务。长期偿债是指偿还一年以上的债务，比如那些长期借款、应付债券、长期应付款等。一家公司只要可以长期稳定地盈利，长期偿债能力就基本上没有问题。

偿债，一般包括偿还本金和偿还利息两个维度。而想要考量一家公司的长期偿债能力，应从这两个角度入手。先探讨一下偿还利息，因为这是公司短期面临的最大的资金压力。用什么偿还利息呢？当然是公司自己赚的钱，也就是公司的净利润。但净利润不仅扣除了利息，还扣除了所得税，因此在净利润的基础上，加上所得税和利息，就得到了所谓的息税前收益，也就是偿还利息和所得税之前公司赚到的钱，这笔钱是可以用来偿还利息的。

1. 利息收入倍数

用息税前收益除以利息，就得到了利息收入倍数，也称为利息保障倍数，它是衡量公司支付负债利息能力的指标。计算公式如下：

利息收入倍数 = 息税前收益 / 利息费用

利息收入倍数指标反映的是，这家公司在扣除利息和所得税之前的盈利足够它偿还几次利息。一般来说，利息收入倍数至少应该等于1。这个指标越大，说明公司偿还债务利息的能力越强；指标越小，说明支付债务利息的能力越弱。

## 2.资产负债率

如何衡量公司偿还长期负债的本金的能力呢？偿还本金是一个长期的过程，很多人会选择利用资产负债率考量，这个方式虽然粗糙，但大致上却比较靠谱。计算公式如下：

资产负债率 = 负债总额 / 资产总额 ×100%

资产负债率这个指标反映了在公司的所有资产中由债权人提供的资产所占比重的大小，反映了债权人向公司提供借款的风险程度，也反映了公司举债经营的能力。或许正是从这个意义上讲，资产负债率也叫作"财务杠杆"。

资产负债率越高，说明这家公司利用债权人提供资金进行经营活动的能力越强，债权人发放贷款的安全性越低，公司偿还债务的能力越弱；反之则反是。当然，也不是一味地追求资产负债率越低越好，因为负债也是经营和发展的一部分，利用别人的钱来"发家致富"，拥有一定比例的负债是完全健康的。

有统计数据显示，2018年A股上市公司（剔除金融类公司）的平均资产负债率（财务杠杆）维持在61%左右。以笔者的实践经验来说，通常把45%的负债率看作是一个临界点，太低说明公司上进心不够，太高则可能预示着风险。

需要注意的是，一些特殊的公司可能会拥有比较高或者比较低的财务杠杆水平。比如，像钢铁、水泥、汽车、发电、航空等类型的重资产投入的公司，需要大量的钱来周转循环，同时也拥有大量资产可以用来抵押贷款，具有比较强的借款和负债能力。再比如，像贵州茅台、东阿阿胶、可口可乐等流动性强的公司和轻资产运营的新型公司，由于账户上资金充裕且不需要太多资金，所以它们的资产负债率往往比较低。

通常情况下，资产负债率只能作为公司偿债能力的一项参考指标，还需要结合负债性质等内容考察其风险，比如贵州茅台、五粮液、海天味业等公司的经营性负债比较高，但实际上都是产品的预收款项，可以排除之后再计算。所以，负债的重点还要看有息负债。

其实，无论是利息收入倍数还是资产负债率，都不仅仅被用来衡量公司的长期偿债能力，它们其实是衡量一家公司整体偿债能力的重要指标。

另外，针对公司的长期偿债能力还有一些并不常用的财务指标，比如产权比率、债务保障率、现金流量满足率、现金偿还有息负债率等，可以用来作为财务分析的辅助手段，但不用为此耗费太多时间。

# 二、盈利能力

无论是公司股东还是债权人，最关心的通常是公司赚取利润的能力，也就是盈利能力，如果有足够的利润就可以偿还债务、支付利息、进行投资等。衡量公司盈利能力的指标有很多，主要是三大类：一是经营活动过程中赚取利润的能力；二是公司的资产对利润增长的贡献；三是公司给股东带来的投资回报。

上述三大类考量指标中，不少比率跟"利润表"一章中有些是重复的，比如毛利润率、净利润率等，都是直接跟这家公司效益有关的概念，就看公司的赚钱能力强不强。一家公司的努力都会在盈利能力上体现，营运能力强是为了赚钱，偿债能力强是为了更加安全地赚钱，所以盈利能力是公司分析中的核心。

但是，分析一家公司的盈利能力，不仅要立足于效益，更要立足于效率。只有毛利率、净利润率等效益因素是不够的，还必须要有周转率等效率因素，这样才能对公司的盈利有全面的考量。

## （一）总资产报酬率

事实上，我们还可以用另一种更为直接的方式衡量公司的盈利能力：投入多少，最终又获得了多少。用息税前利润除以平均资产总额，可以得到一个新的比率——总资产报酬率。它被拿来衡量投资所获得的回报：在总资产一定的前提下，总资产报酬率越高，利润越高；总资产报酬率越低，利润越低。计算公式如下：

总资产报酬率 = 息税前利润 / 平均资产总额 × 100%

在公式中，平均资产总额是用资产年初余额和年末余额之和除以2得到的。在不考虑息税而只考虑经营情况时，这个比率反映管理层利用公司现有资源创造价值的能力，也是判断公司资本结构质量所考虑的一个重要方面。

从资产负债表左边的概念来说，总资产报酬率反映公司整体的投资回报；从资产负债表右边的概念来说，由于总资产等于负债与股东权益之和，所以总资产报酬率是股东和债权人综合的投资回报。

## （二）净资产收益率

净利润是股东投资所获得的回报，股东权益是股东自己的投资，两者相除得到的是股东权益报酬率，通常意义上叫作净资产收益率。计算公式如下：

净资产收益率 = 净利润 / 平均净资产总额 × 100%

在公式中，要注意两个问题：一是分子是息税后净利润减去支付给优先股股东的股利后的数字；二是分母是期初数加上期末数除以2得到的。这个指标非常经典，也是巴菲特最为看重的一个核心数据，它简单直接地告诉你，股东每投入一元资本，可以获得多少净利润。

净资产多没有用，要能产生净利润才有价值。对于任何一家公司来说，一切资产、负债以及经营活动等行为都是为了赚钱，能够赚钱才是一家公司的价值创造。一般来说，净资产收益率越高，盈利能力越强，意味着股东拥有的都是优质资产。反之则反是。

如果把净资产收益率拆解开来深入剖析，可以发现更多有趣的东西。它可以首先转化为下列公式：

净资产收益率 = （净利润 ÷ 销售收入）× （销售收入 ÷ 平均总资产）× （平均总资产 ÷ 净资产）× 100%

继续拆分转化如下：

净资产收益率＝净利润率 × 总资产周转率 × 杠杆系数（权益乘数）×100%

通过上述数据转化，投资者可以更加清楚地了解这家公司的情况，其赚钱的核心竞争力到底是产品的高净利润率，或者是资产的高周转率，还是财务的高杠杆撬动的。应该说，三种模式并没有优劣之分，能够持续实现盈利赚钱的就是好公司。

当然，因为各自所处的行业、发展阶段等不同，公司的商业模式自然不一样。如果是第一种靠产品的高利润赚钱，要关注产品的独特性与竞争优势；如果是第二种靠资产的高周转率赚钱，要控制运营成本并提高效率；如果是第三种靠财务的高杠杆撬动的，要随时控制杠杆的成本和风险。

对于投资者来说，一旦清楚了公司的类型和赚钱逻辑，就可以知道公司的经营情况，而不是用其他模式的数据来套用在不同商业模式的公司上。记住，财务分析不是一成不变的，需要适度地灵活运用。

就上述三种模式而言，第一种靠产品的高利润赚钱最为持续稳定；第二种靠资产的高周转率赚钱非常考验公司的运营能力，充满了变数；第三种靠"借船出海"的高财务杠杆赚钱，则可能为杠杆所伤，风险系数太大。

### （三）核心利润获现率

在考察一家公司的盈利能力时，还可以导入一个新的财务指标，叫作"核心利润获现率"。计算公式如下：

核心利润获现率＝经营活动产生的现金流量净额 / 核心利润 ×100%

式中，关于核心利润的计算在利润表一章中有列示。核心利润获现率是张新民提倡使用的一个指标，在笔者实践操作中很有价值。衡量公司的盈利能力，不仅应从数量维度考察盈利的绝对规模（核心利润）和相对规模（核心利润率），还应从质量维度考察盈利的含金量和持续性。

需要注意的是，由于经营活动产生的现金流量净额与核心利润的计算口径并非完全一致，因此在计算时需要做一些细微的调整，以期更为准确。一般认为，持续具有较高核心利润获现率的公司更优质。

## 三、运营能力

一家公司的运营能力，简单点说是公司运用各项资产和资源赚取利润的能力。我们知道，公司的投资回报，一方面靠提升盈利能力，另一方面靠提升管理效率。盈利能力的效益可以用毛利率、净利润率等来表示，效率可以通过资产的周转率来表现。

可是，资产的种类那么多，比如流动资产、固定资产、应收账款、存货等，应该如何考量呢？其实，我们可以计算出每一项资产的周转率。一般来说，用收入除以某项资产就可以获得这项资产的周转率。比如，用收入除以总资产，就可以计算出总资产周转率；用收入除以流动资产，就得到了流动资产周转率；等等。

## （一）总资产周转率

我们先看一下总资产周转率的情况，它是公司在一定时期业务收入净额同平均资产总额的比率。计算公式如下：

总资产周转率 = 营业收入 / 平均资产总额 ×100%

式中，平均资产总额是期初总资产和期末总资产之和除以2得到的，这个指标可以粗略地计量公司资产创造收入的能力，综合评价公司全部资产的经营质量和利用效率。资产能带来的营业收入越大，意味着其越是优质的资产，而有的公司资产很多，但利用率极低，营业收入不高，这就证明公司的资产并不优质，只是虚胖。

周转率越大，说明总资产周转越快，反映出销售能力越强，可以带来更多的营业收入，这也证明公司的资产结构良好，管理层决策优秀。有统计数据显示，2018年A股上市公司（剔除金融公司）的总资产周转率为0.67。

我们再考察其他不同类别资产的周转情况，主要包括应收账款周转率、存货周转率和固定资产周转率三类。

## （二）应收账款周转率

应收账款周转率，是指在一定时期内（通常为一年）应收账款转化为现金的平均次数，它是销售收入除以平均应收账款的比值，也就是年度内应收账款转为现金的平均次数，它说明应收账款流动的速度。这个周转率越高，说明公司回款的速度越快，坏账的风险越低。计算公式如下：

应收账款周转率 = 销售收入 / 平均应收账款 ×100%

式中，平均应收账款是用年初应收账款和年末应收账款之和除以2得到的。实践中，常用的数据还有平均收账期，周转速度是应收账款周转天数，表示公司从取得应收账款的权利到收回款项、转换为现金所需要的时间。计算公式如下：

应收账款周转天数 =365/ 应收账款周转率 ×100%

应收账款周转天数是一个反指标，周转天数越短，周转次数越多，说明公司收回款项、转化为现金需要的时间越短，说明应收账款的变现能力越强。反之则反是。

## （三）存货周转率

大多数公司都会有暂时没有销售出去的商品、半成品甚至原材料等大量存货，存货也是公司的一种重要资产。衡量存货管理效率的指标叫作存货周转率，是指公司一定时期主营业务成本与平均存货余额的比率。计算公式如下：

存货周转率 = 营业成本 / 平均存货 ×100%

式中，平均存货可以是每月、每季度或每年的平均存货，营业成本是对应的每月、每季度或每年的成本。常用的是年营业成本除以年平均存货，年平均存由年初存货金额加上年末存货金额除以2得到。

存货周转率用于反映存货的周转速度，即存货的流动性及存货资金占用是否合理，促使公司在保证生产经营连续性的同时，提高资金的使用效率。存货周转率越高，说明存货卖出去的速度越快。

与存货周转率相关的一项指标是存货周转天数，存货周转天数越短，说明存货周转次数越多。它实际上是存货周转率的另一种表达方式，更直观、更容易理解。计算公式如下：

存货周转天数 =365/ 存货周转率 ×100%

### （四）固定资产周转率

一家公司除了存货、应收账款等流动资产外，还会有厂房、设施设备、办公场所等固定资产。我们可以通过考察公司的固定资产的周转速度，衡量它使用固定资产的效率高低，计算出固定资产每一元的投入能够创造出多少销售收入。计算公式如下：

固定资产周转率 = 销售收入 / 平均固定资产净值 ×100%

式中，平均固定资产净值是期初固定资产净值和期末固定资产净值之和除以2得到的。这个指标可以粗略地计量公司固定资产创造收入的能力，反映出管理层对固定资产运营和利用的能力。该比率越高，表明固定资产利用效率越高，利用固定资产效果越好。

把这些资产的周转率计算出来后，我们发现，这些数据和指标非常有用。通过计算周转率，我们可以得知周转的周期等状况。实际上，我们不仅可以靠这些独立的财务指标了解公司经营的某些特点，还可以把财务报表中的诸多数据与指标串联起来分析，通过连续多年的纵向和横向比较，揭示出更多有价值的信息。

## 四、成长性

一家公司是否赚钱要看盈利能力，债务状况要看偿债能力，经营管理要看营运能力。但这些数据和指标都是像拍摄的"照片"一样被定格下来的，都是归纳总结过去和现在的情况，并没有反映出未来的发展态势。

公司的股东不仅关心上文提到的这些财务指标，还关心这家公司未来的发展前景。一家现在优秀的公司肯定是上述三个能力都挺不错的，但公司明天如何、后天怎么样、还能不能持续稳定地赚钱，这些是公司的成长能力分析的重点。

成长性指标是一种用来衡量公司发展速度的重要指标，上市公司成长性分析的目的在于观察公司在一定时期内的经营能力的状况，主要包括总资产增长率、固定资产增长率、主营业务收入增长率、主营利润增长率、净利润增长率五种指标。

## （一）总资产增长率

即期末总资产与期初总资产之差，除以期初总资产得到的值。计算公式如下：

总资产增长率 =（期末总资产 – 期初总资产）÷ 期初总资产 × 100%

三张财务报表之间的逻辑关系是：资产产生营业收入，获得毛利与核心利润，然后核心利润带来经营活动的现金流量。所以，公司所拥有的资产是公司赖以生存与发展的物质基础，处于扩张时期公司的基本表现就是其规模的扩大：一是所有者权益的增加，二是公司负债规模的扩大。

对于前者，如果由于公司发行股票而导致所有者权益大幅增加，投资者需要关注募集资金是否按照计划在使用，如果长时间处于货币形态或者委托理财，这样的总资产增长率反映出的成长性将大打折扣；对于后者，公司在资金短缺时向银行贷款或发行债券，它受到资本结构的限制，一旦公司的负债率高企，负债规模的空间就会受限。

## （二）固定资产增长率

即期末固定资产总额与期初固定资产总额之差，除以期初固定资产总额得到的值。计算公式如下：

固定资产增长率 =（期末固定资产总额 – 期初固定资产总额）÷ 期初固定资产总额 × 100%

对于生产制造型公司来说，固定资产的增长反映了公司产能的扩张，特别是在供给侧改革下供给存在缺口的行业，产能的扩张直接意味着公司未来业绩的增长。需要注意的是，对于增长的固定资产大部分还处于在建工程状态，投资者应跟踪关注其预计竣工时间，比如增长的固定资产在本年度较早月份已竣工，则其效应已基本反映在本期报表中了，希望其未来收益在此基础上大幅增长已不太现实，比如2018年开始规模扩张的金禾实业。

## （三）主营业务收入增长率

本期主营业务收入与上期主营业务收入之差，除以上期主营业务收入得到的值。计算公式如下：

主营业务收入增长率 =（本期主营业务收入 – 上期主营业务收入）÷ 上期主营业务收入 × 100%

通常情况下，具有持续成长性的公司大多数都是主营业务突出、经营比较专业的公司。主营业务收入增长率较高，说明公司产品的市场需求大，业务扩张能力强。如果一家公司能够持续数年都保持在30%以上的主营收入增长率，则充分说明这家公司具有持续成长的竞争优势。

## （四）主营利润增长率

即本期主营业务利润与上期主营业务利润之差，除以上期主营业务利润得到的值。计算公式如下：

主营利润增长率＝（本期主营业务利润－上期主营业务利润）÷上期主营业务利润 ×100%

一般来说，主营业务利润持续稳定地增长，且所占利润总额的比例呈增长趋势的公司，正处于快速扩张的成长期。需要注意的是，有的公司尽管年度内利润总额有较大幅度增加，但主营业务利润却未随之相应增加，甚至大幅下降，这样的公司质量不高且可能暗藏着巨大的风险。

## （五）净利润增长率

本年度净利润与上年度净利润之差，除以上年度净利润得到的值。计算公式如下：

净利润增长率＝（本年度净利润－上年度净利润）÷上年度净利润 ×100%

净利润是一家公司经营业绩的最终结果。净利润的连续增长是公司成长性的基本特征，假如增长幅度较大，说明公司经营业务突出，产品的市场竞争力强，形成了持续的竞争优势。反之，净利润增幅较小甚至出现负增长，自然就谈不上具有成长性了。

# 第三节　实战案例：乐普医疗 2020 年财报整体分析

今天我们要研究分析的乐普医疗（300003.SZ），是于 2009 年 10 月 30 日在深圳证券交易所上市的。至今 12 年时间里，前复权股价从最低点 2.93 元，一路上涨到最高点 46.96 元，涨幅高达 16 倍。如图 9-3 所示。

曾经有人说，乐普医疗公司的发展演变过程就是一部"并购史"。在上市之初，乐普医疗原本是专注心脏支架业务的巨头，但在资本市场打开融资渠道后，它迅速拉开了并购重组的帷幕，四处征战，不断地拓展自己的疆域：相继进入起搏器、心血管用药、医疗服务机构等其他领域，并通过大手笔的并购，从器械公司大踏步跨界进入制药领域，获得了氯吡格雷、阿托伐他汀等重磅药物产品。

2015年至2021年4月，乐普医疗一共进行了近50次并购和重组等，涉及范围包括了医药、医院、医疗设备等赛道。截至2021年3月31日，乐普医疗资产负债表上的账面商誉高达27.72亿元，占资产总额的比重为13.79%。

作为国内心脏支架领域的头部公司，乐普医疗的市场占有率早些年高达24.4%，位居第一，超过了雅培、美敦力等世界巨头公司。从其财务报表的数据

图9-3　2011~2021年5月乐普医疗股价走势

资料来源：东方财富网。

看，除了2020年由新冠肺炎疫情导致营业收入和净利润微幅增长外，最近5年以来的营业收入、净利润年复合增速都接近30%，成长性极强。

然而，与之相反的是，2018年6月后，在短短的半年时间里，股价居然一路下跌，从区间最高点41.53元，一路下跌到最低点18.03元，区间最大跌幅高达56%；2020年7月中旬以后，差不多用了5个月的时间，乐普医疗的股价也是一路暴跌，自区间最高点46.96元，疯狂下跌至最低点26.08元，区间最大跌幅达到44.47%，差一点儿就被拦腰斩断了。在这个过程中，必然又有众多投资者被深套在"坑"里。

在两年时间里，乐普医疗就遭遇了如此严重的"踩踏事件"，究竟是什么原因导致了悲剧的发生？在这些看似漂亮的数据背后，究竟还隐藏着哪些秘密？作为一家以医疗器械起家的公司，为什么要大规模并购制药等其他医药赛道公司？在带量集采政策下，如果重磅药物没能如愿中标，究竟将对未来的发展影响有多大？

# 一、公司概况

## （一）公司简介

乐普（北京）医疗器械股份有限公司（以下简称"乐普医疗"，股票代码300003.SZ）创立于1999年，10年后的2009年10月在深圳证券交易所的创业板上市。乐普医疗是我国最早从事心血管介入医疗器械研发、制造的公司之一，是国家科技部授予的唯一的国家心脏病植介入诊疗器械及装备工程技术研究中心。

20多年来，乐普医疗始终专注服务于心血管病患者，坚持持续的研发创新，在心血管支架、心脏起搏器、心血管药物和医疗人工智能等领域持续成长。目前，乐普医疗已经发展成为国内领先的心血管病植介入诊疗器械与设备的高端医疗产品产业集团，业务涵盖了医疗器械、医药产品、医疗服务和新型医疗业态四大板块。

目前，乐普医疗拥有国际第二代生物可吸收支架NeoVas、新一代血管内药物（紫杉醇）洗脱球囊导管Vesselin等重磅产品，国际领先技术的人工智能AI-ECG心电分析软件系统产品获得美国FDA批准、欧盟CE认证及NMPA注册批准，并拥有多种技术特点的冠脉药物支架、球囊、起搏器、封堵器、心脏瓣膜、血管造影机、IVD设备及诊断试剂、外科器械、人工智能心电设备和家用智能医疗器械等。

乐普医疗公司前十大股东及其持股比例，如表9-1所示。

### 表9-1　乐普医疗前十大股东情况

截止时间：2020年12月31日

| 名次 | 股东名称 | 股东性质 | 持股数（股） | 占总股本比（%） |
|------|----------|----------|--------------|-----------------|
| 1 | 中国船舶重工集团公司第七二五研究所（洛阳船舶材料研究所） | 其他 | 2.44亿 | 13.52 |
| 2 | 蒲忠杰 | 个人 | 2.28亿 | 12.64 |
| 3 | WP MEDICAL TECHNOLGIES,INC | 其他 | 1.24亿 | 6.87 |
| 4 | 北京厚德义民投资管理有限公司 | 投资公司 | 6775万 | 3.75 |
| 5 | 香港中央结算有限公司 | 其他 | 6459.56万 | 3.58 |
| 6 | 宁波厚德义民投资管理有限公司 | 投资公司 | 3585万 | 1.99 |
| 7 | 中央汇金资产管理有限责任公司 | 其他 | 1895.54万 | 1.05 |
| 8 | 熊晴川 | 个人 | 1452.38万 | 0.80 |
| 9 | 乐普（北京）医疗器械股份有限公司回购专用证券账户 | 其他 | 1240.28万 | 0.69 |
| 10 | 科威特政府投资局 | QFII | 1211.77 | 0.67 |

### （二）经营业务

2013年起，乐普医疗开始围绕心血管产品全生命周期进行谋篇布局，将此前单一的心血管支架业务逐渐扩大为医疗器械、药品、医疗服务和新型医疗"四位一体"的全产业生态布局。尽管，器械、药品、检验、医疗服务甚至金融投资都是围绕心血管这个主题展开，但其实行业跨度比较大，产品线纷繁复杂。如图9-4所示。

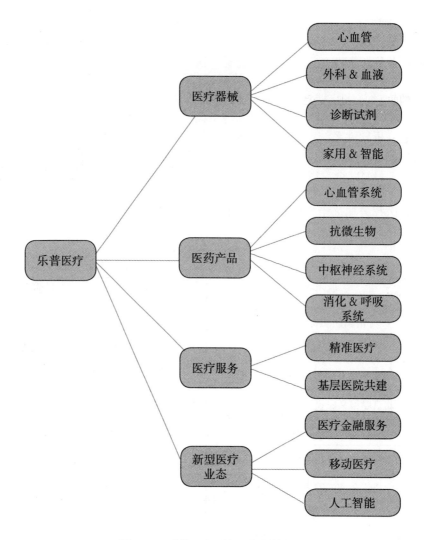

**图 9-4 乐普医疗四大业务板块划分**

2020年，尽管受到年初以来新冠肺炎疫情的影响，但乐普医疗几个业务板块发展良好，下降幅度不大，并且公司的营业总收入和扣非净利润都保持了增长，实属不易。其中，医疗器械板块收入同比下滑-1.05%，药品板块因患者手术减少影响而导致同比下滑-11.35%，值得一提的是医疗服务及健康管理却逆势大幅增长，同比增幅高达140.36%。各板块具体业务情况如表9-2所示。

表 9-2　乐普医疗 2020 年各大业务板块情况

单位：亿元，%

| 业务板块 | 营业收入 | 营业成本 | 毛利率 | 收入占比 |
|---|---|---|---|---|
| 医疗器械 | 34.0 | 12.03 | 64.62 | 42.30 |
| 药品 | 34.12 | 8.12 | 76.20 | 42.44 |
| 医疗服务及健康管理 | 12.27 | 6.39 | 47.93 | 15.26 |

注意：乐普医疗持续多年的四大业务板块划分，在2020年的财报中出现了变化，合并为三大业务板块。按照其在财报附注中的解释是，为了顺应公司"心血管医疗器械+心血管药品+心血管医疗服务及健康管理一体化"的发展战略，以及业务渠道管理方式的调整，在行业分类中将原"医疗服务"板块和"新型医业业态"板块合并为"医疗服务及健康管理"板块，并将原来归属于医疗器械板块的健康管理类产品，主要包括家用智能医疗器械产品和人工智能医疗相关产品等，调整入该板块。

实际上，这个附注解释了两个问题：一是板块重新拆解、合并等划分；二是"医疗服务及健康管理"板块收入大幅增长的原因。

### 1. 医疗器械

乐普医疗公司的医疗器械板块，主要由心血管、外科与血液、诊断试剂和家用与智能医疗器械四大平台构成（2021年起调整合并后改为三大平台），主要产品包括血管支架、心脏起搏器、心脏封堵器、心脏瓣膜、心脏固定器、胰岛素无针注射器等。

医疗器械是公司业务规模最大、占比非常重要的板块。2020年报告显示，医疗器械板块实现营业收入34亿元，同比下降了1.05%。其中，公司自产器械产品包括泛心血管核心器械和非心血管器械，报告期内实现营业收入30.15亿元，同比增长2.14%。但器械代理配送业务收入为3.86亿元，较上年同期下降20.5%。

在上述财报数据的背后，我们应注意到其中的一些变量及其影响因素。报告期内，公司核心心血管介入产品的营业收入为11.13亿元，同比下降37.85%。受第一季度新冠肺炎疫情和第四季度国家组织冠脉支架集采的影响，传统金属药物支架系统（支架、球囊、配件及外贸）的营业收入为11.08亿元，同比下降38%。而与集采相关的支架产品，由于受疫情和集采的双重影响，实现销售收入8.45亿元，同比下降38.5%。可喜的是，外科器械、麻醉产品和体外诊断产品这些非心血管器械实现营业收入17.11亿元，同比大增76.43%，结构型心脏节律器的营业收入1.91亿元，保持了市场的领先地位。

医疗器械业务板块构成平台如表9-3所示。

**表 9-3　医疗器械业务板块构成平台**

| 平台 | 分类 | 产品 |
|---|---|---|
| 心血管产业平台 | 心血管介入产品（核心产品） | 冠脉支架系列产品（NeoVas、Nano plus、Partner、GuReater 和 H-Stent 等） |
| | | 球囊导管系列产品（Hoper、Tadpole、NC Tadpole、GRIP、ACROSSHP 和 SUPERCROSS 等） |
| | | 导丝导管系列产品（ULTRASKIN 造影导丝、PTCA 导引导丝等） |
| | | 介入配件系列产品（Shoocin 鞘管、Angiospring 一次性使用环柄注射器等） |
| | 心律节律和电生理产品 | 心脏节律系列产品（Qinming 心脏起搏器、植入式心脏起搏器电极导线等） |
| | | 电生理系列产品（EelCath 心脏射频消融导管、环形肺静脉标测导管等） |
| | 结构性心脏病产品 | Memolefort 左心耳封堵器、MemoPart 动脉导管未闭封堵和 MemoPart 封堵器介入输送装置等 |
| | 心脏外科手术耗材产品 | 单叶式机械心脏瓣膜、一次性使用心脏固定器等 |
| 外科与血液平台 | | 高（低）通量聚醚砜中空纤维膜血液透析器 |
| 诊断试剂平台 | POCT 产品系列 | 全自动荧光监测分析仪、乐瑞荧光免疫定量分析仪、心肌肌钙蛋白定量检测卡、髓过氧化物酶定量检测卡等 |
| | 凝血诊断领域 | 西芬斯血栓弹力图检测平台、血栓弹力图（肝素酶杯）检测试剂、血小板聚集功能（AA 途径）检测试剂、抗人球蛋白检测卡（微柱凝胶法）等 |
| | 电化学系列 | 便携式血糖仪、蓝牙血糖仪、血脂分析仪等 |
| | 分子诊断领域 | Lepgen 系列基因突变检测试剂盒、无创产前基因检测、叶酸代谢基因检测、遗传性肿瘤基因检测等 |
| | 免疫诊断领域 | 全自动化学发光分析仪、全自动血库系统、全自动核酸提取仪等 |
| 家用与智能医疗器械平台 | 家用医疗 | 胰岛素无针注射器、乐普佳漾制氧机等 |
| | 智能医疗 | 乐肝 LeScan 超声肝硬化检测仪、动脉硬化检测仪 |

## 2. 医药产品

经过多年持续的并购、重组等扩张手段，乐普医疗公司已拥有国内多种类、多品种的抗血栓、降血脂、降血压、降血糖和抗心衰等心血管药品生产平台和原料药供应平台。药品板块主要分为原料药和制剂业务（仿制药），作为公司长期稳定的现金流业务，为公司创新器械和创新药提供战略发展的窗口期和导流载体。

从2020年财报来看，药品板块受招标集采影响，实现营业收入34.12亿元，同比下降11.35%。其中，制剂（仿制药）的营业收入为28.72亿元，同比下降9.91%；原料药营业收入为5.4亿元，同比下降18.31%。

从总体来看，受新冠肺炎疫情和集采政策的双重叠加因素影响，导致2020年医药产品的营业收入下滑幅度较大，后续发展情况堪忧。医药产品分类构成如表9-4所示。

表9-4　医药产品分类构成情况

| 平台 | 分类 | 产品 |
|---|---|---|
| 心血管系统 | 抗血栓 | 帅泰硫酸氢氯吡格雷片、优力平阿托伐他汀钙片等 |
|  | 降血压 | 永正苯磺酸氨氯地平片、远斯坦氯沙坦钾氢氯噻嗪片等 |
|  | 心绞痛 | 永正单硝酸异山梨酯片、帅舒单硝酸异山梨酯缓释片等 |
| 抗微生物 |  | 帅克风氟康唑片、佳宇伊曲康唑胶囊等 |
| 中枢神经系统 |  | 苏榕尼美舒利分散片、帅安氨酚曲马多片等 |
| 消化与呼吸系统 |  | 帅克坦盐酸氨溴索缓释胶囊、健利思兰索拉唑肠溶片等 |

### 3. 医疗服务

心血管医疗服务及健康管理医疗服务是乐普医疗公司积极培育的新业务板块。通过"专科医院+互联网医院+大数据人工智能医疗"的平台服务，全面拓展并加快医疗机构端、OTC药店端、大数据人工智能医疗端以及直接面向消费端的多个业务渠道的协调发展，促进公司医疗器械和药品经营业绩稳健增长。心血管医疗服务及健康管理主要包括医院诊疗服务、远程心电实时监测分析服务及心电监护相关产品、家用智能医疗器械产品、医学检验和体检服务等。

乐普医疗公司2020年财报显示，报告期内医疗服务和健康管理板块实现营业收入12.27亿元，同比增长140.36%，该营收和增幅中包括了业务合并报表所作出的贡献。

在精准医疗方面，乐普医疗已建立起了乐普基因检测中心，与上千家医疗机构建立了合作关系。针对妇幼领域，在无创产前基因检测基础上，开发出包含更广泛检测范围的胎儿染色体异常检测，从原有的3个位点的基因检测，升级为胎儿游离DNA20~100种基因检测，能为患者提供更全面的遗传病筛查。新增涵盖了17种较常见疾病的新生儿遗传病检测；针对心血管疾病检测，开发出包含195个基因、六大类心血管疾病的安心因基因检测项目和心血管用药指导检测。

### 4.新型医疗业态

这是乐普医疗公司大力培育的智慧医疗业务，在血压、血糖、血脂、凝血、血氧、心电监护等系列化家庭端医疗设备领域进行布局，持续推进智能智慧医疗设备的研发、临床注册及市场推广工作。目前，新型医疗板块涉及智慧医疗及人工智能、类金融、战略股权投资三类业务。

围绕心血管疾病的人工智能分析诊断及治疗技术的研发投入，包括动态心电图、心电图远程实时预警监护、单导可穿戴式心电记录仪、下一代高端智能AI心电图机和监护仪等。

需要注意的是，这个此前单列的业务板块，从2021年起将纳入"医疗服务及健康管理"板块中，其经营业绩也将合并报表。

# 二、战略分析

战略分析是哈佛分析框架的起点，在开始分析一家公司的财务报表之前，应先清楚这家公司的基本情况、所处的经营环境、行业赛道是什么样的，市场规模的容纳量如何，竞争激烈程度等。然后，了解这家公司的商业模式是什么，它是如何赚钱的，持续发展的核心驱动因素又是什么。

前文对乐普医疗公司以及其是做什么生意的，进行了比较详细的介绍和探讨。接下来，我们继续通过互联网渠道查询公司资料和阅读其财务报告中的经营状况，就行业赛道和乐普医疗的优劣势状况进行了解。

## （一）行业赛道

《中国医疗器械蓝皮书（2019版）》统计显示，2010~2018年，我国医疗器械行业的市场销售规模由1260亿元上升至5304亿元，年复合增长率达到19.68%。其中，2013年增长速度为历史最高，达到24.71%。2018年市场销售额为5304亿元，同比增长了879亿元，增长率为19.86%。

2018年全国居民人均消费支出19853元，扣除价格因素，同比实际增长6.2%，其中，人均医疗保健消费支出1685元，同比上升16.1%，约占人均消费支出的8.5%。可以看出，我国居民的消费水平日益上升，在医疗保健方面的支出也将大幅提升。

再看《中国心血管病报告2018》发布的数据，中国心血管病患人数约2.9亿，其中脑卒中约1300万、冠心病约1100万、肺源性心脏病约500万、心力衰竭约450万、风湿性心脏病约250万、先天性心脏病约200万、高血压约2.45亿。总体上看，中国心血管病患病率及死亡率仍处于上升阶段。如图9-5所示。

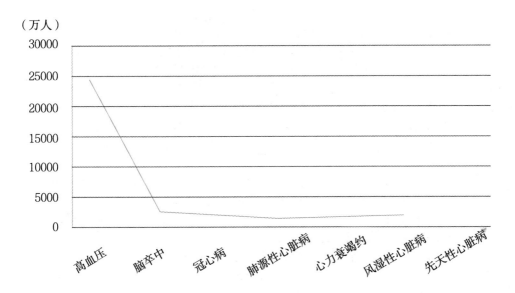

**图 9-5 中国心血管病患情况**

整体上看，2018年国内心血管高值耗材市场规模近400亿元，尤其是在最近几年持续保持了20%以上的高速增长。预计到2024年，心血管高值耗材市场将增长至千亿元，年复合增长率约为18%。如图9-6所示。

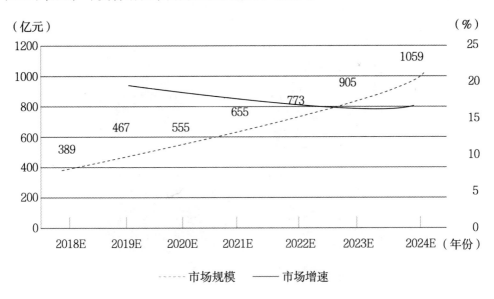

**图 9-6 心血管高值耗材市场规模预测**

特别值得一提的是，心血管患病治疗产品中有两大领域需要高度关注，也是公司盈利的重要支柱来源：一是冠脉介入手术；二是心脏起搏器。

先看冠脉介入手术。2018年国内冠脉介入手术量突破91万台，支架用量超过130万条，冠脉支架市场规模达到60亿元。预计国内冠脉介入市场规模仍将保持稳步增长，2025年有望达到120亿元，年复合增长率约12%。

2020年11月初，国家组织高值医用耗材集中带量采购，境内注册上市的26个冠脉支架产品参加，拟中选产品10个，分属于吉威医疗、易生科技、乐普医疗、微创医疗、美敦力等8家公司，但支架价格从均价1.3万元断崖式下降至700元左右。

再看心脏起搏器，这个市场渗透率低，主要由外企主导。2016年我国心脏起搏器的植入量为73080例，过去5年CAGR约11%。除秦明医学（乐普医疗子公司）的1000多台植入量外（单腔起搏器），其余市场全部被美敦力、波科、圣犹达等外资品牌占据，市场占比超过98%。

简单做一个预测，假设2023年国产起搏器市场份额由不到10%提升至70%，价格为进口产品的70%~85%，内地每百万人植入量提升为110例，心脏起搏器市场规模将达到40亿元。

## （二）SWOT分析

SWOT分析，就是通过调查列举出与研究对象密切相关的各种主要内部优势、劣势和外部的机会与威胁等，排列成矩阵形式，然后用系统分析的思维，把各种因素相互匹配并加以分析，从中获得一系列相应的决策性判断。乐普医疗的SWOT因素如图9-7所示。

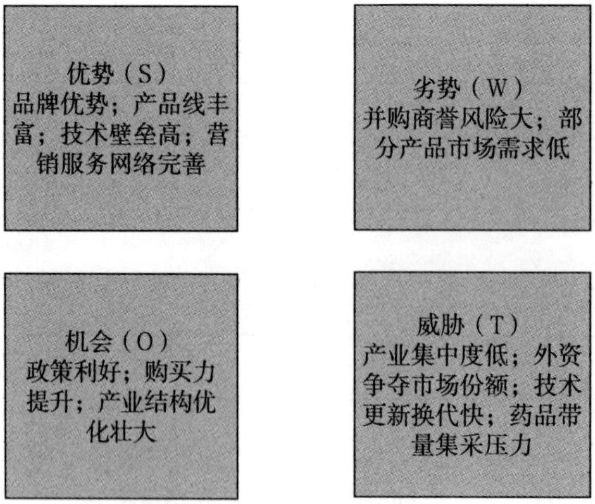

优势（S）
品牌优势；产品线丰富；技术壁垒高；营销服务网络完善

劣势（W）
并购商誉风险大；部分产品市场需求低

机会（O）
政策利好；购买力提升；产业结构优化壮大

威胁（T）
产业集中度低；外资争夺市场份额；技术更新换代快；药品带量集采压力

图 9-7 乐普医疗 SWOT 因素

### 1.S（Strengths）优势

经过20多年的发展，乐普医疗已成为国内医疗器械（Ⅲ类）公司中的领先企业，其医疗器械产品相继进入了全国各地的三甲医院，建立了一定的品牌优势和市场占有率。作为乐普医疗主营的支架系统，尽管2020年受到新冠肺炎疫情和带量集采的双重影响，导致营业收入为11.08亿元，同比下降了38%，但仍然占有国内该领域21%左右的市场份额，远超吉威、雅培和美敦力等外企，凸显出其性价比和品牌影响力。

乐普医疗一直极为重视研发创新能力，技术研发队伍强大，产品专业化水平高，曾经填补了国产冠状动脉支架的空白，研发模式紧跟临床需求。截至2020年12月31日，公司的技术人员有2654人，占公司员工总数的28.27%。2020年，公司研发费用投入为7.36亿元，资本化开发支出为5.14亿元，两者合计12.5亿元，占当期营业总收入的15.55%，不计入资本化开支的研发费用占当期净利润的39.21%！这可是不惜重金投入啊，也足见公司所下的决心非常大。

20多年来，公司研发了第一代永久聚合物涂层金属药物支架Partner、第二代可降解聚合物涂层金属药物支架GuReater以及第三代无聚合物涂层金属药物支架Nano。与此同时，乐普医疗还研发出世界范围内的第二代生物可吸收支架NeoVas。2018年，公司自主研发的国内首款植入式双腔起搏器正式推向市场。公司相继获得国家药监局批准的Ⅱ类、Ⅲ类医疗器械主要产品注册证书共计341项，取得专利权773项，技术水平赶超国外竞争对手。

乐普医疗围绕心血管产业建立了医疗器械、药品、医疗服务和新型医疗的全产业链布局，采取"医疗机构+药店OTC+第三终端"的营销网络，提高了市场认可度。同时，加强医院和基层药店的联系，目前已与国内近200家基层医院共同投入运营心血管介入医疗中心。

### 2.W（Weakensses）劣势

从2009年上市开始，乐普医疗就开始了马不停蹄的并购重组，尤其是在2014年确定了平台化发展战略之后，至今累计有近50次并购等活动，而这种行为一方面会快速消耗公司的资金，另一方面存在着融合的障碍等。好的方向是，乐普医疗几乎所有的并购都是围绕着心血管产业发展这一核心，市场规模和地位也因此扩大，但每次重大并购都会给公司带来较大的商誉变动。仅2015~2018年，公司商誉占总资产的比重分别为23.3%、21.78%、16.91%、14.3%，因此备受投资者诟病。事实上，并购的失败案例也不少，比如经历很长整合期的荷兰子公司Comed B.V.最终失败了，其当初并购产生的商誉全额减值，为公司造成了近4亿元的损失。

另外，乐普医疗为了追求全产业链的布局，当初有些产品的市场需求比较低，或者是小众市场，比如主要的外科器械产品血管吻合器，截至目前的销量不尽如人意，产品营业额仅占营业收入的4%。2018年后，公司战略性选择采用经销模式替代原有的与一些经营不善的医院介入导管室的合作模式，这对增加公司资金回收和现金流量起到了正向作用。

### 3.O（Opportunities）机会

从国家层面讲，这些年一直在推动各行各业的自主创新，医疗器械行业也不例外，相关的扶持政策等持续出台，助推国内医疗器械行业大力发展技术创新，突破国外的封锁瓶颈，重点发展数字化诊疗系统等。

乐普医疗四大业务板块之一是新型医疗服务，这些年通过技术创新大力发展医疗信息化、数据化和智能化，累计为50多万名患者提供诊疗等服务。此外，乐普医疗作为国内心血管领域领先公司，必然会获得国家大力扶持。仅2018年，公司各类开发项目累计获得政府补助1.03亿元。2020年，继续获得政府补助5885万元，以及相关的税收优惠。

一方面，全球医疗器械行业增长迅速；另一方面，我国现阶段人口老龄化态势严重、基本医疗保障制度不断完善，以及居民购买能力逐渐提高，在医疗保健消费方面的投入持续加大，助推国内医疗器械市场保持高速发展。

有一个数据值得注意，2017年国内Ⅲ类医疗器械生产企业较2016年减少了177家，2018年减少了197家，可见市场淘汰和兼并重组在不断发挥作用。大型医疗器械公司收购吞并中小企业，不断降低产品同质化程度，同时传统器械公司也在不断兼并其他行业，扩大其研发生产能力。而乐普医疗作为国内高端医疗器械的"领头羊"，并购重组同样会增强其公司实力，减少行业内部的恶性竞争。

### 4.T（Threats）威胁

医疗器械行业的整体集中化程度较低，产品同质化程度较高，尤其是一些没有技术含量的产品，竞相以低价抢占市场，导致行业内部不可避免地存在恶性竞争，这就会降低乐普医疗的利润等。

另外，国内市场旺盛的需求，让众多外资大型医疗器械公司虎视眈眈，这些公司拥有从上游生产研发到下游产品营销服务的完整产业链，这也致使外企和包括乐普医疗在内的国内公司同台竞技，抢夺市场份额。如今，很多中大型医院的核磁共振、CT等大型检测设备集中为GE、PHILIPS、SIEMENS等国际大牌。总体来说，国内医疗器械产品大多集中于中低端领域，背后重要的原因还是技术问题。

此外，医疗器械技术更新换代速度快，大多数产品的生命周期非常短，而大量的创新与研发投入却产生了较大的研发成本和沉没成本。直白地说，高端产品的换代、研发和创新都需要大量的资金作为支撑，需要投入大量的成本来实现技术成长，否则永远只能仰人鼻息。

还有一个长期存在的威胁，就是国家医保局提出并实施的"带量采购"的集采政策，就像一块食之无味弃之可惜的鸡肋，这给乐普医疗的药品板块带来较大压力。在集采政策下，医药生产企业的竞争将集中在原创药和仿制药成本管控方面，比如原材料采购成本等。不是原创药，而又要追求销售，就不得不大幅降低药品价格以进入集采，这必然会给医药企业利润造成巨大压力。

# 三、会计分析

我们可以在战略分析的基础上对乐普医疗进行会计分析了。正如前文所言，会计分析的目的在于评价财务报表反映公司经营现实的程度。一个成熟的投资者在做会计分析时，主要关注三个方面：①影响公司业绩最重要的会计政策是什么？②哪些会计政策发生了变化？③和同业竞争对手相比，哪些会计政策的差异较大？

就乐普医疗公司所处的行业赛道和生意特征，我们在主要针对其资产负债结构、盈利质量和研发支出等进行简要分析的基础上，找出公司的主要会计项目并对其进行分析，增加财务分析所使用的数据信息的可靠程度。

## （一）资产负债结构分析

### 1. 资产结构

如表9-5所示，乐普医疗近几年来总资产在不断扩大，且增量幅度较大，除了公司内在的驱动因素之外，最主要的因素还是其在上市以后持续不断地并购扩张规模。

表 9-5 乐普医疗 2016~2020 年资产结构

单位：亿元，%

| 项目 | 2016 年 | | 2017 年 | | 2018 年 | | 2019 年 | | 2020 年 | |
|------|------|------|------|------|------|------|------|------|------|------|
| | 规模 | 占比 | 规模 | 占比 | 规模 | 占比 | 规模 | 占比 | 规模 | 占比 |
| 货币资金 | 19.10 | 20.10 | 22.65 | 17.71 | 22.20 | 14.69 | 19.64 | 12.33 | 24.55 | 13.52 |
| 应收账款 | 12.19 | 12.83 | 16.32 | 12.76 | 19.70 | 13.04 | 21.67 | 13.60 | 21.00 | 11.56 |
| 存货 | 5.74 | 6.04 | 7.02 | 5.49 | 7.86 | 5.20 | 10.05 | 6.31 | 14.24 | 7.84 |
| 固定资产 | 11.06 | 11.64 | 11.33 | 8.86 | 12.79 | 8.46 | 14.79 | 9.28 | 20.79 | 11.45 |
| 无形资产 | 5.32 | 5.60 | 13.13 | 10.26 | 13.36 | 8.84 | 14.83 | 9.31 | 13.86 | 7.63 |
| 商誉 | 20.69 | 21.78 | 21.63 | 16.91 | 21.62 | 14.31 | 27.19 | 17.07 | 27.72 | 15.26 |
| 总资产 | 95.00 | | 127.91 | | 151.13 | | 159.30 | | 181.60 | |

资料来源：乐普医疗 2016~2020 年年报。

从表9-5可以看出，乐普医疗的货币资金近几年总体上为逐渐增高的趋势，其中，2019年因为收购其他公司股权支付收购款导致公司货币资金减少，但很快在2020年恢复了增长。

在重要的应收账款项目上，随着公司经营规模的持续扩大，应收账款金额随之不断增加，但总体上保持了相对稳定，且应收账款中大多数为公司医疗器械板块中的代理配送、基层医院介入诊疗业务和药品板块的药品OTC直营模式业务等，这类业务主要针对终端医院，尽管账期可能比较长，但风险比较小。

同样地，在存货、固定资产和无形资产项目上，也随着公司并购和经营规模持续扩大而增加。

正如本节开头所说，乐普医疗的历史就是一部"并购史"。尤其是2009年在创业板上市以后，公司采取了并购重组等手段加速扩张，营业收入等业绩也快速增长。在这一过程中，大多数并购的可辨认资产份额低于其并购对价，从而导致乐普医疗的商誉不断增加。但值得注意的是，2019年后公司似乎放缓或者停止了此前并购的步伐。

2. 负债结构

如表9-6所示，乐普医疗这些年来的负债结构不断增大，主要是由于公司在快速研发投入、并购扩张中所需要的现金流增大，导致借款金额不断增加。

表9-6 乐普医疗 2016~2020 年负债结构

单位：亿元，%

| 项目 | 2016 年 | | 2017 年 | | 2018 年 | | 2019 年 | | 2020 年 | |
|---|---|---|---|---|---|---|---|---|---|---|
| | 规模 | 占比 | 规模 | 占比 | 规模 | 占比 | 规模 | 占比 | 规模 | 占比 |
| 短期借款 | 6.50 | 18.64 | 14.64 | 25.40 | 18.83 | 22.09 | 14.64 | 18.48 | 19.02 | 24.96 |
| 应付票据及应付账款 | 3.88 | 11.13 | 5.64 | 9.79 | 7.41 | 8.69 | 8.22 | 10.38 | 8.21 | 10.78 |
| 预收账款 | 1.04 | 2.98 | 1.19 | 2.06 | 1.44 | 1.69 | 1.64 | 2.07 | — | — |
| 长期借款 | 7.29 | 20.91 | 11.92 | 20.68 | 26.22 | 30.76 | 24.58 | 31.03 | 11.15 | 14.63 |
| 应付债券 | 5.95 | 17.06 | 11.92 | 20.68 | 5.97 | 30.76 | — | — | 12.19 | 16.00 |
| 总负债 | 34.87 | | 57.63 | | 85.25 | | 79.21 | | 76.19 | |

资料来源：乐普医疗 2016~2020 年年报。

如果把时间再往前推，我们会发现，乐普医疗在2013年以前几乎不采用债务融资的方式筹集资金。但从2014年开始，公司在短期借款和长期借款项目上的金额不断增加，2018年达到近几年来的峰值，也是乐普医疗历史上有息负债的最高点。据此可以推断出，公司近几年来开始不断利用财务杠杆并购扩张，但这也同时意味着公司承担着较大的风险。

在应付票据和应付账款方面，乐普医疗从早期的较高占比逐渐回落下来，至2020年约为10.8%，所占负债比例也逐年降低，金额保持了相对稳定。这种状况其实透露出了两个信息：一是销售回款不足的问题，在购货付款方面得到了一些弥补，也就是公司通过对购货付款的管理，节约了经营资金占用；二是应付票据和账款的金额并不大，说明乐普医疗占用上游供应商的资金不多，反衬出公司在行业里并没有太大的话语权。

（二）盈利质量分析

如表9-7所示，乐普医疗的营业收入、利润等在持续快速增长，与此同时，营业成本、三项费用（销售、管理和财务）随之快速增加，但其净利润的增长速度相比之下却慢得多。在这个现象背后，可能跟日益激烈的市场竞争和公司正处于快速跑马圈地、抢占市场份额的阶段有关。

表 9-7 乐普医疗 2016~2020 年利润结构

单位：亿元，%

| 项目 | 2016 年 | | 2017 年 | | 2018 年 | | 2019 年 | | 2020 年 | |
|------|------|------|------|------|------|------|------|------|------|------|
| | 规模 | 占比 | 规模 | 占比 | 规模 | 占比 | 规模 | 占比 | 规模 | 占比 |
| 营业收入 | 34.68 | | 45.38 | | 63.56 | | 77.96 | | 80.39 | |
| 营业成本 | 13.54 | 39.04 | 14.87 | 32.77 | 17.32 | 27.25 | 21.65 | 27.77 | 26.54 | 33.01 |
| 销售费用 | 6.38 | 18.40 | 10.62 | 23.40 | 18.69 | 29.41 | 21.72 | 27.86 | 18.39 | 22.88 |
| 管理费用 | 4.77 | 13.75 | 6.13 | 13.51 | 5.29 | 8.32 | 5.86 | 7.52 | 6.07 | 7.55 |
| 财务费用 | 0.57 | 1.64 | 1.07 | 2.36 | 3.26 | 5.13 | 2.80 | 3.59 | 2.67 | 3.32 |
| 营业利润 | 8.67 | 25.00 | 11.56 | 25.47 | 14.42 | 22.69 | 19.61 | 25.15 | 21.49 | 26.73 |
| 利润总额 | 8.91 | 25.69 | 11.95 | 26.33 | 14.74 | 23.19 | 20.63 | 26.46 | 22.03 | 27.40 |
| 净利润 | 7.47 | 21.54 | 9.94 | 21.90 | 12.55 | 19.75 | 17.24 | 22.11 | 18.77 | 23.35 |

资料来源：乐普医疗2016~2020年年报。

如果再把时间往前推，可以知道乐普医疗2015年收购艾德康和乐普科技后，业务规模迅速扩张，产品销售量增加，营业成本随之成倍增加。也就是在这一年，公司开始大力发展医疗服务及移动医疗新业务，试图打造一个聚合型的平台，研发投入、管理费用等也相应增加。

由表9-7计算得出，2016~2020年，乐普医疗的营业收入增长了2.32倍，销售费用、管理费用和财务费用分别增长了2.88倍、1.27倍和4.68倍，净利润增长了2.51倍。解读这些数据可以知道，在营业收入和净利润等项目上出现差异，主要原因是公司规模不断扩大以及开展多种新兴业务成本大量增加。

乐普医疗各大业务板块营业收入的变化情况如图9-8所示。

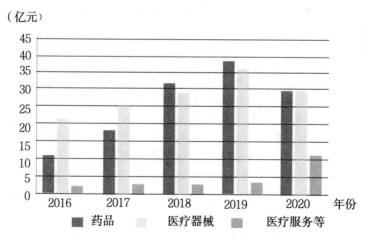

图 9-8 乐普医疗 2016~2020 年各大业务板块收入情况

资料来源：根据乐普医疗 2016~2020 年年报整理。

由图9-8可知，乐普医疗最近几年来各大业务板块总体上呈现稳步增长的态势。医疗器械作为公司的主营业务，一直占据着公司的大部分收入，也始终是公司获取绝大部分利润的来源。实际上，从2013年开始扩张收购乐普药业以来，乐普医疗也涉足了围绕心血管病症展开的药品领域，其营业收入也逐年大幅攀升，无论是营收还是净利润都逐渐接近医疗器械板块。截至2020年12月31日，药品和医疗器械几乎各自占据了半壁江山。

值得一提的是，乐普医疗自2014年开始开展的医疗服务及新型医疗业务板块的业绩一直原地踏步，经过了近7年的市场培育和发展后，营收增长仍然缓慢，虽投入了大量的人力财力，但一直处于亏损状态。

### （三）研发支出分析

对于医药医疗行业来说，研发投入可谓是一家公司持续发展的核心要素。如表9-8所示，乐普医疗一直在持续投入，尤其是最近几年研发费用和开发支出大幅增长，在医疗器械和创新药等方面大手笔投入。

**表 9-8 乐普医疗 2016~2020 年研发费用和开发支出情况**

单位：亿元，%

| 项目 | 2016 年 | 2017 年 | 2018 年 | 2019 年 | 2020 年 |
|---|---|---|---|---|---|
| 研发费用 | | 2.35 | 3.76 | 5.44 | 7.36 |
| 开发支出 | 1.82 | 2.23 | 2.94 | 5.25 | 5.14 |
| 营业收入 | 34.68 | 45.38 | 63.56 | 77.96 | 80.39 |
| 研发与开发费用占营收比重 | — | 10.09 | 10.54 | 13.71 | 15.55 |
| 净利润 | 7.47 | 9.94 | 12.55 | 17.24 | 18.77 |
| 研发与开发费用占净利润比重 | — | 46.08 | 53.39 | 62.00 | 66.6 |

资料来源：乐普医疗 2016~2020 年年报。

从表9-8不难看出，乐普医疗的研发费用和开发支出无论是在绝对额还是在营收和净利润中的占比，都呈现出逐年增加的趋势，几乎没有任何减少的迹象。一家公司根据研究开发新产品的不同阶段，可以在会计规则允许的情况下将费用分为利润表上的研发费用，以及资产负债表上的开发支出，显然计入利润表的研发费用会被列入成本而影响当期利润，所以不少公司将其全部或部分计入资产负债表上的开发支出。从根本上讲，这种行为是不地道的。

2016年乐普医疗没有单列出研发费用，从2017年投入的2.35亿元，到2020年的7.36亿元，相当于在短暂的4年时间内增长了3.13倍。从2019年强化药品新战略实施以来，乐普医疗确实在心血管用药上下足了功夫，不惜血本地逐年大幅增加研发投入，也算是真正把战略落到了实处。

总体上讲，乐普医疗的战略执行力相对比较强，这使得其在竞争激烈的心血管药品和器械领域占领了一席之地。其研发费用与营收、净利润甚至管理费用等项目上的匹配是与其战略比较吻合的，并没有出现背离的情况。

### （四）主要会计项目分析

2016~2020年，乐普医疗没有发生重大会计估计变更事项。其间，乐普医疗根据《企业会计准则》《增值税会计处理规定》等多项最新规定，进行了相应的会计政策变更。

乐普医疗是一家典型的生产型企业，我们从占有公司总资产份额相对较高的存货、应收账款、固定资产三个项目入手分析，其相关的会计政策和会计估计可能对公司财务报表产生巨大影响。

### 1.存货分析

2020年乐普医疗存货的账面价值是2016年的2.48倍，但其所占总资产的比例却一如既往地表现稳定，都在5%~8%徘徊。乐普医疗的存货变动主要因素是公司的营业收入和业务规模在不断地扩大，因此为满足业务增长所需的库存也随之增加。如表9-9所示。

表9-9　乐普医疗 2016~2020 年存货组成情况

单位：亿元

| 项目 | 2016 年 | 2017 年 | 2018 年 | 2019 年 | 2020 年 |
|------|---------|---------|---------|---------|---------|
| 原材料 | 1.63 | 1.91 | 2.99 | 3.68 | 5.62 |
| 在产品 | 1.11 | 1.46 | 1.52 | 2.19 | 3.05 |
| 库存商品 | 3.00 | 3.66 | 3.44 | 4.32 | 5.74 |
| 合计 | 5.74 | 7.03 | 7.95 | 10.19 | 14.41 |

资料来源：乐普医疗 2016~2020 年年报。

如果把时间再往前推，乐普医疗从2012年账面价值1.51亿元的存货增加至2020年账面价值为14.41亿元的存货，增长了9.54倍。在最近几年公司各项存货中，库存商品占存货总量比重最大，2018年以前均超过50%，原材料、在产品比例分别维持在30%、20%左右。也就是说，库存商品构成了乐普医疗存货的绝大部分，且与原材料之比为2:1，而医疗器械更新换代比较快，且部分特殊医疗器械在逐渐向定制化生产发展，因此，公司可能存在存货周转和跌价减值的风险。

可喜的是，这种情况似乎正在发生改变。从2018年开始至今，公司的原材料存货占比在大幅提升，与库存商品之间的比例由此前的1:2转变为1:1，也就是说，库存商品的占比在逐年下降。

乐普医疗存货跌价准备情况如表9-10所示。

表 9-10　乐普医疗 2016~2020 年存货跌价准备情况

单位：亿元，%

| 项目 | 2016 年 | 2017 年 | 2018 年 | 2019 年 | 2020 年 |
|---|---|---|---|---|---|
| 存货余额 | 5.824 | 7.070 | 8.039 | 10.184 | 14.413 |
| 减：存货跌价准备 | 0.082 | 0.047 | 0.091 | 0.136 | 0.175 |
| 计提比例 | 1.41 | 0.66 | 1.13 | 1.34 | 1.21 |

资料来源：乐普医疗2016~2020年年报。

由表9-10可知，乐普医疗长期以来对存货计提的跌价准备比率非常低，且计提的大部分为库存商品跌价准备，这难免会让人产生粉饰报表的猜想。医疗器械的更新换代速度非常快，公司存货就会面临着巨大的跌价风险，当存货的可变现净值低于其成本价值时，就会虚增资产，误导投资者，降低市场资源配置效率。

2. 应收账款分析

如表9-11所示，随着营业收入的持续高增长，乐普医疗的应收账款也在随之不断增加。

表 9-11　乐普医疗 2016~2020 年应收账款占比情况

单位：亿元，%

| 项目 | 2016 年 | 2017 年 | 2018 年 | 2019 年 | 2020 年 |
|---|---|---|---|---|---|
| 营业收入 | 34.68 | 45.38 | 63.56 | 77.96 | 80.39 |
| 应收账款 | 12.19 | 16.32 | 19.70 | 21.67 | 21.00 |
| 占比 | 35.15 | 35.96 | 30.99 | 27.80 | 26.12 |

资料来源：乐普医疗 2016~2020 年年报。

由表9-11可知，2016~2020年营业收入和应收账款分别增长了132%、72.27%，营收的增长幅度远大于应收账款增幅。而且，尽管应收账款的绝对额在增加，但其所占营业收入的比重却在持续不断地下降，从2016年占比35.15%下滑到2020年的26.12%。相比以往来说，应收账款居高不下的情况正在得到改善。

但总体上讲，近几年乐普医疗应收账款的绝对额和占比仍然比较高，这跟市场竞争的激烈度与下游客户是强势的医院有关，这样不仅会降低公司资金的流动性，增大坏账的可能，还可能会相应增加其项目的管理成本与机会成本等。

乐普医疗应收账款的减值准备情况如表9-12所示。

表 9-12　乐普医疗 2016~2020 年应收账款减值准备情况

单位：亿元，%

| 项目 | 2016 年 | 2017 年 | 2018 年 | 2019 年 | 2020 年 |
|---|---|---|---|---|---|
| 应收账款余额 | 12.95 | 17.32 | 21.04 | 23.20 | 22.70 |
| 减：坏账准备 | 0.76 | 1.00 | 1.35 | 1.53 | 1.69 |
| 计提比例 | 5.87 | 5.78 | 6.41 | 6.66 | 7.46 |

续表

| 项目 | 2016 年 | 2017 年 | 2018 年 | 2019 年 | 2020 年 |
|------|---------|---------|---------|---------|---------|
| 账面价值 | 12.19 | 16.32 | 19.70 | 21.67 | 21.00 |

资料来源：乐普医疗2016~2020年年报。

由表9-12可见，乐普医疗的坏账计提准备金额偏小，导致计提比例偏低，笔者认为这种坏账计提准备的会计记账方式是比较激进的，不太谨慎。另外，公司使用的是账龄分析法计提坏账准备，可以看出应收账款与计提坏账准备的金额逐年上升，计提比例基本维持在5%~8%。

乐普医疗2020年应收账款的账龄分析情况如表9-13所示。

表 9-13 乐普医疗 2020 年应收账款账龄分析

单位：亿元，%

| 账龄 | 应收账款 | 坏账准备 | 计提比例 |
|------|---------|---------|---------|
| 1 年以内小计 | 16.07 | 0.08 | 0.50 |
| 1~2 年 | 3.60 | 0.36 | 10.00 |
| 2~3 年 | 1.18 | 0.24 | 20.00 |
| 3~4 年 | 0.84 | 0.25 | 30.00 |
| 4~5 年 | 0.49 | 0.24 | 50 |
| 5 年以上 | 0.50 | 0.50 | 100.00 |
| 合计 | 22.68 | 1.67 | — |

资料来源：乐普医疗2020年年报。

由表9-13可以看出，乐普医疗的应收账款随着公司业务规模的扩大和营业收入的增加而不断地攀升，但其应收账款主要是公司的基层医院介入诊疗业务和药品OTC直营模式业务量增加所致。这些应收账款的账龄基本为一年内，加上医院的盈利状况基本上都不错，坏账的风险相对较小。

但正如前文所说，乐普医疗在应对激烈的市场竞争时，应该以自己的产品优势吸引客户及消费者，提高公司的话语权和议价能力，强化对收款管理的监督，提高应收账款的周转速度。

3. 固定资产分析

在乐普医疗的固定资产中，房屋建筑物与机器设备所占比重最大，而办公设备、运输工具等占比较小。具体情况如表9-14所示。

表 9-14 乐普医疗 2016~2020 年固定资产减值准备情况

单位：亿元，%

| 项目 | 2016 年 | 2017 年 | 2018 年 | 2019 年 | 2020 年 |
|------|---------|---------|---------|---------|---------|
| 固定资产原值 | 17.50 | 19.01 | 21.71 | 25.34 | 33.23 |
| 累计折旧 | 6.30 | 7.54 | 8.78 | 10.41 | 12.30 |

续表

| 项目 | 2016 年 | 2017 年 | 2018 年 | 2019 年 | 2020 年 |
|---|---|---|---|---|---|
| 固定资产净值 | 11.20 | 11.47 | 12.93 | 14.93 | 20.92 |
| 减值准备 | 0.14 | 0.14 | 0.14 | 0.14 | 0.13 |
| 固定资产 | 11.05 | 11.33 | 12.79 | 14.79 | 20.79 |
| 减值计提比率 | 1.28 | 1.25 | 1.11 | 0.95 | 0.63 |
| 固定资产成新率 | 64.59 | 62.08 | 59.92 | 58.92 | 62.96 |

资料来源：乐普医疗 2016~2020 年年报。

由表9-14可见，从减值准备情况看，乐普医疗固定资产的减值规模在不断扩大。值得一提的是，其减值计提比率极不稳定，起起伏伏，而且几年来呈现逐年下降的趋势，主要是因为公司固定资产净值与减值准备的增长幅度不是完全一致。

另外，作为典型的生产制造型企业，乐普医疗固定资产成新率虽然一直在降低，但基本上都保持在60%左右，这个数据透露出的信息是，公司作为医疗器械及药品生产企业，其固定资产的升级更新比较频繁，一方面说明保持了较强的生产能力，另一方面说明资本开支的硬性成本比较大。

乐普医疗2020年固定资产账面价值计算情况如表9-15所示。

表 9-15 乐普医疗 2020 年固定资产账面价值计算

单位：万元

| 项目 | 房屋及建筑物 | 机器设备 | 运输工具 | 办公设备及其他 | 合计 |
|---|---|---|---|---|---|
| 一、账面原值 | | | | | |
| 1. 期初余额 | 102,069.40 | 115,407.94 | 4,909.10 | 31,057.50 | 253,443.94 |
| 2. 本期增加金额 | 54,241.09 | 23,402.59 | 442.14 | 9,866.27 | 87,952.09 |
| 3. 本期减少金额 | 1,701.88 | 4,740.50 | 903.15 | 1,780.70 | 9,126.22 |
| 4. 期末余额 | 154,608.61 | 134,070.03 | 4,448.10 | 39,143.07 | 332,269.81 |
| 二、累计折旧 | | | | | |
| 1. 期初余额 | 25,328.48 | 55,158.70 | 3,445.05 | 20,198.53 | 104,130.77 |
| 2. 本期增加金额 | 4,898.80 | 12,428.39 | 598.09 | 5,189.85 | 23,115.13 |
| 3. 本期减少金额 | 613.73 | 1,785.40 | 742.51 | 1,072.50 | 4,214.14 |
| 4. 期末余额 | 29,613.55 | 65,801.69 | 3,300.63 | 24,315.89 | 123,031.76 |
| 三、减值准备 | | | | | |
| 1. 期初余额 | 1,327.59 | 5.66 | | 97.70 | 1,430.95 |
| 2. 本期增加金额 | | | | | |
| 3. 本期减少金额 | | | | 96.79 | 96.79 |
| 4. 期末余额 | 1,327.58 | 5.66 | | 0.92 | 1,334.16 |
| 四、账面价值 | | | | | |
| 1. 期末账面价值 | 123,667.48 | 68,262.68 | 1,147.47 | 14,826.27 | 207,903.90 |
| 2. 期初账面价值 | 75,413.34 | 60,243.58 | 1,464.05 | 10,761.26 | 147,882.23 |

资料来源：乐普医疗2016~2020年年报。

由表9-15可以看出，在乐普医疗固定资产中占比较高的是房屋及建筑物与机器设备，2020年这两项固定资产占总额的92.32%，相比之下运输工具、办公设备及其他所占比重仅约为7.7%。这个数据说明，乐普医疗作为医疗器械和药品生产企业，必然拥有较多的生产设备设施，跟其核心主营业务是相匹配的。

除了考察重要的会计政策，还需要考察哪些会计政策发生了变化。乐普医疗在2020年财报中发布的《关于报告期会计估计变更的说明》显示，公司根据2018年12月7日财政部发布的相关通知，从2021年1月1日起执行"新租赁准则"，但不会对公司造成重大影响。如图9-9所示。

---

六、董事会关于报告期会计政策、会计估计变更或重大会计差错更正的说明

√适用　⊙不适用

1. 会计政策变更的原因

2018年12月7日财政部发布了《关于修订印发〈企业会计准则第21号——租赁〉的通知》（财会〔2018〕35号）（以下简称"新租赁准则"），要求单独在境内上市的企业自2021年1月1日起施行。由于上述准则的修订，公司需对原会计政策进行相应调整变更，并按以上文件规定的起始日开始执行上述会计准则。

本次变更前，公司执行财政部发布的《企业会计准则——基本准则》和各项具体会计准则、企业会计准则应用指南、企业会计准则解释公告以及其他相关规定。本次变更后，公司按照上述相关准则的要求执行以上会计政策。其余未变更部分，仍按照财政部前期颁布的《企业会计准则——基本准则》和各项具体会计准则、企业会计准则应用指南、企业会计准则解释公告和其他相关规定执行。

2. 会计政策变更对公司的影响

根据新租赁准则，公司自2021年1月1日起对所有租入资产按照未来应付租金的最低租赁付款额现值（选择简化处理的短期租赁和低价值资产租赁除外）确认使用权资产及租赁负债，并分别确认折旧及未确认融资费用，不调整可比期间信息。本次会计政策变更对公司财务状况、经营成果、现金流量和未来经营业绩均无重大影响。

---

**图9-9　乐普医疗会计估计变更说明**

资料来源：乐普医疗2020年年报。

与同行业的迈瑞医疗、信立泰、健帆生物等上市公司相比较，乐普医疗会计政策的差异性并不大，但在存货跌价准备计提比例、应收账款坏账计提比例等方面，乐普医疗一直以来都偏低，说明其在会计政策上稍微缺乏谨慎性。

## 四、财务分析

在了解乐普医疗所在行业、战略和会计政策后，我们可以根据哈佛分析框架进行第三步的财务分析了。

财务分析是以乐普医疗2016~2020年的合并报表为计算基础，对其偿债能力、营运能力、盈利能力和成长性进行纵向分析评价，同时选取了国内医疗器械龙头迈瑞医疗、安图生物，以及与PCI手术密切相关的信立泰进行横向能力对比分析，以便更加深入地了解公司财务状况。

在做具体分析之前，先了解一下乐普医疗2020年的整体表现。从图9-10中可以看出，乐普医疗的营收规模持续多年在快速扩大，但在2020年突然增长放缓，这背后的原因是2020年初新冠肺炎疫情暴发和蔓延所致。

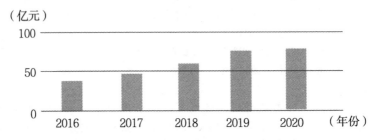

**图 9-10　乐普医疗 2016~2020 年主营业务收入**
资料来源：根据乐普医疗2016~2020年财报中数据绘制。

我们进一步分析收入增长速度的变化趋势。从图 9-11中可见，乐普医疗主营业务收入的增长速度出现了比较明显的下滑趋势。抛开2020年受新冠肺炎疫情影响不论，其在2018年以40%的增长幅度冲高摸顶后，2019年的营业收入增速则只有22.64%。这个背后发生了什么？

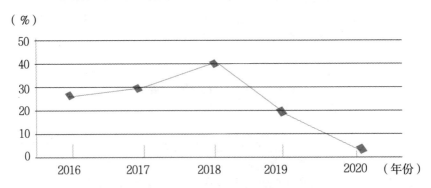

**图 9-11　乐普医疗 2016~2020 年主营业务收入增长率**
资料来源：根据乐普医疗2016~2020年财报中相关数据绘制。

2019年，乐普医疗有46%~47%的收入来自医疗器械，来自药品的收入占比为49.37%，这两项最核心的业务收入占到公司总收入的95%以上。具体到产品上，有22.98%的收入来自心血管支架系统产品，是最大的单一产品收入来源。如表9-16所示。

表9-16 2019年乐普医疗各板块产品营收情况

单位：元，%

| 项目 | 2019年 | | 2018年 | | 比上年增加 |
|---|---|---|---|---|---|
| | 规模 | 占比 | 规模 | 占比 | |
| 支架系统 | 1,791,051,265.87 | 22.98 | 1,413,465,310.83 | 22.24 | 26.71 |
| 体外诊断产品 | 396,240,073.86 | 5.08 | 320,002,791.74 | 5.03 | 23.82 |
| 外科器械 | 343,466,047.95 | 4.41 | 247,831,294.14 | 3.90 | 38.59 |
| 封堵器 | 129,769,123.07 | 1.66 | 107,949,856.32 | 1.70 | 20.21 |
| 起搏器 | 46,989,848.21 | 0.60 | 39,349,597.58 | 0.62 | 19.42 |
| 其他自产器械产品 | 429,970,434.71 | 5.52 | 363,981,299.14 | 5.73 | 18.13 |
| 器械产品代理配送业务 | 485,162,874.72 | 6.22 | 414,780,270.82 | 6.53 | 16.97 |
| 药品·原料药 | 660,785,851.11 | 8.48 | 523,213,188.11 | 8.23 | 26.29 |
| 药品·制剂 | 3,187,825,085.29 | 40.89 | 2,648,652,559.50 | 41.67 | 20.36 |
| 医疗服务 | 264,790,775.99 | 3.40 | 224,046,761.04 | 3.52 | 18.19 |
| 新型医疗业态 | 59,478,005.36 | 0.76 | 53,031,862.99 | 0.83 | 12.16 |
| 分地区 | | | | | |
| 国内 | 7,241,667,333.48 | 92.90 | 5,917,595,713.70 | 93.10 | 22.38 |

尽管随着市场竞争的日益加剧，乐普医疗的增速有所放缓，但最近几年来公司的业绩增长一直很可观。与之匹配的是，2015~2019年，公司的扣非净利润增速分别为25.12%、30.3%、28.6%、23.06%和18.21%。

进一步考察乐普医疗在偿债能力、营运能力、盈利能力和成长性这四个维度的表现。

（一）偿债能力

乐普医疗的短期偿债能力怎么样？可以从流动比率和速动比率上看。如图9-12所示，乐普医疗的流动比率和速动比率持续呈现下滑趋势，2019年在跌至低谷后，随后开始缓慢上升。总体来讲，乐普医疗的流动比率常年在1以上，这是衡量一家公司偿债能力的底线。再看其速动比率，从2018年以后长期围绕着1起伏波动。

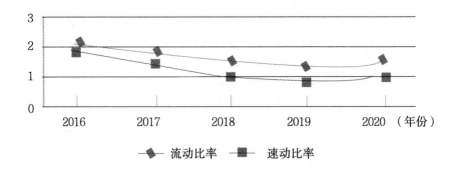

**图 9-12  乐普医疗 2016~2020 年流动比率和速动比率变化**

资料来源：根据乐普医疗2016~2020年财报中相关数据绘制。

以笔者实践经验看，流动比率保持在1.5~2是比较好的，而速动比率一般维持在1较为正常，表明公司每1元的流动负债就有1元易于变现的流动资产来抵偿，短期偿债能力有可靠的保证。

由图9-13可见，乐普医疗的现金流比率自2017年下滑至谷底后，随即开始持续攀升，在2019年以后保持在40%以上，高于A股上市公司的平均值。

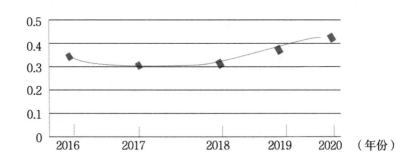

**图 9-13  乐普医疗 2016~2020 年现金流量比率变化**

资料来源：根据乐普医疗2016~2020年财报中相关数据绘制。

进一步关注乐普医疗2020年现金流量表中的现金构成，可以发现其经营活动产生的现金流一直为正，且持续大于净利润，同时筹资活动现金流量净额自2019年以来持续为负。也就是说，乐普医疗的净利润含金量非常高，且其产生的现金主要依靠自己的经营活动，没有再大举进行外部融资活动。

在纵向比较之后，对乐普医疗进行横向比较分析，如表9-17所示。

**表 9-17　各公司 2020 年短期偿债能力指标比较**

| 项目 | 乐普医疗 | 迈瑞医疗 | 安图生物 | 信立泰 |
|------|---------|---------|---------|--------|
| 流动比率 | 1.37 | 2.63 | 4.05 | 1.94 |
| 速动比率 | 1.07 | 2.20 | 3.67 | 1.59 |
| 现金流量比率 | 0.43 | 1.08 | 0.79 | 1.25 |

资料来源：根据各公司2020年财报相关数据编制。

由表9-17可见，2020年乐普医疗的三项比率虽然有所提升，也处于比较健康的状态，但与医疗器械（Ⅲ类）行业龙头迈瑞医疗、安图生物，以及与PCI手术密切相关的信立泰相比，差距比较大。一方面，说明乐普医疗在行业竞争中的市场地位并不高，没有多少话语权；另一方面，相对同业公司来说，乐普医疗的短期偿债能力和变现能力比较弱。

那么，它的长期偿债能力如何呢？

**表 9-18　乐普医疗 2016~2020 年长期偿债能力指标汇总**

| 项目 | 2016 年 | 2017 年 | 2018 年 | 2019 年 | 2020 年 |
|------|---------|---------|---------|---------|---------|
| 资产负债率 | 0.37 | 0.45 | 0.56 | 0.50 | 0.42 |
| 产权比率 | 0.63 | 0.90 | 1.34 | 1.06 | 0.77 |
| 利息保障倍数 | 16.52 | 12.15 | 7.52 | 7.28 | 8.97 |

资料来源：根据乐普医疗2016~2020年财报中相关数据编制。

由表9-18可以看出，仅2016~2020年，乐普医疗的总体偿还长期债务的能力在减弱，但这种趋势在2019年开始发生向好的逆转变化。先以资产负债率为例，它反映公司负债占有总资产的比重，2018年冲高后逐年下降，意味着公司在减少财务杠杆，当然同时会减少公司的融资成本。

再看产权比率，它代表每1元的所有者权益相对于负债的金额。如果把时间往前推，可以看到，2012~2018年，乐普医疗的产权比率逐年增大，债务比例不断上升，同时意味着财务风险逐渐增加。但这一切在2019年戛然而止，呈现出大幅下降的趋势，也就是风险得到了控制。

接下来看利息保障倍数，它可以展现出公司偿付借款利息的能力。仅就2016~2020年，乐普医疗在大力并购重组期间向银行等金融机构借入了大量资金，导致承担利息支付的压力陡增，利息保障倍数逐渐降低，反映出公司无法偿付利息的风险在加大。

我们对乐普医疗进行横向比较分析如表9-19所示。

表 9-19　各公司 2020 年长期偿债能力指标比较

| 项目 | 乐普医疗 | 迈瑞医疗 | 安图生物 | 信立泰 |
|---|---|---|---|---|
| 资产负债率 | 0.42 | 0.30 | 0.19 | 0.19 |
| 产权比率 | 0.77 | 0.43 | 0.24 | 0.24 |
| 利息保障倍数 | 8.97 | 74.38 | 29.73 | 3.52 |

资料来源：根据各公司2020年财报中相关数据编制。

由表9-19可以看出，无论是资产负债率、产权比率，还是利息保障倍数，乐普医疗都相对处于弱势状态，与其他三家同业公司的差距较大。仔细分析一下，迈瑞医疗的负债以预收款项（合同负债）、应付账款和其他应付款为主，几乎都是经营性负债，不存在偿还债务风险问题；安图生物和信立泰的负债也主要是应付账款和其他应付款，加上少量的短期借款，且它们的利息费用都比较少。

这也从另一个侧面说明，乐普医疗在行业中的长期偿债能力相对较差，公司应在采用多渠道融资、充分利用杠杆降低融资成本之时，有效降低偿还本金、利息的风险。

通过一步步地深入考察分析，可以发现乐普医疗的负债构成大部分是短期借款和一年内到期的非流动性负债构成的流动负债，以及长期负债中的主要项目长期借款和应付债券。仅从2020年财报看，流动负债占负债总额比例为63.16%，短期借款金额在逐年持续增加，长期借款金额在逐年下降。

## （二）营运能力

一家具有持续竞争能力的优秀公司，往往会在整个产业链条中处于优势地位，具有非常强的话语权，也就是"两头吃"的能力较强。尤其是作为行业中的龙头公司，它对市场的持续垄断主要体现在如下两个方面：一是对上下游有足够的话语权和溢价能力，这一点可以从应收账款和应付账款，以及预收账款（合同负债）的相关指标上得到体现；二是对原材料、半成品等有足够的掌控能力，包括生产、销售等效率较高，这一点可以从存货相关指标中看出。

乐普医疗在营运能力方面的各项指标如表9-20所示。

表 9-20　乐普医疗 2016~2020 年营运能力指标情况

单位：次

| 项目 | 2016 年 | 2017 年 | 2018 年 | 2019 年 | 2020 年 |
|---|---|---|---|---|---|
| 应收账款周转率 | 2.89 | 3.18 | 3.53 | 3.61 | 3.73 |
| 存货周转率 | 2.48 | 2.33 | 2.33 | 2.42 | 2.19 |
| 固定资产周转率 | 3.43 | 4.00 | 5.21 | 5.65 | 4.52 |
| 总资产周转率 | 0.41 | 0.41 | 0.46 | 0.50 | 0.47 |

资料来源：根据乐普医疗2016~2020年财报中相关数据编制。

乐普医疗应收账款的周转天数情况如图9-14所示。

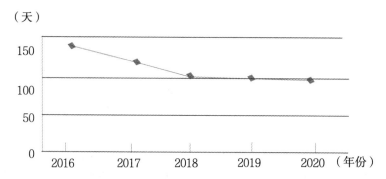

**图9-14　乐普医疗2016~2020年应收账款周转天数变化情况**
资料来源：根据乐普医疗2016~2020年财报中相关数据绘制。

正如前文所说，行业里的龙头公司的竞争优势体现在可以将营运资本开支压力转嫁给产业链条的上下游公司。那么，乐普医疗的状况如何呢？根据其2020年财务报表数据，它的话语权似乎并没有多大的变化。

乐普医疗应收账款随着营业收入规模的扩大，从2014年的8.17亿元增加至2020年的21亿元，占2020年公司营业收入的26.12%，占总资产的11.56%，两项占比均不低。进一步分析应收账款周转率和应收账款周转天数发现，其应收账款周转率在缓慢提升，应收账款周转天数却持续下降。它传递出的信息是，乐普医疗的收账速度在加快、平均收账期短、坏账损失少，资产流动性快和偿债能力得到提升等。此外，乐普医疗与供应商博弈的竞争优势逐步增强，谈判权提升了。这两种可能性的推测，预示着公司对上下游的把控能力正在加强。

那么，对原材料的掌控能力又是如何体现在财务报表中的呢？乐普医疗的存货变化情况如图9-15所示。

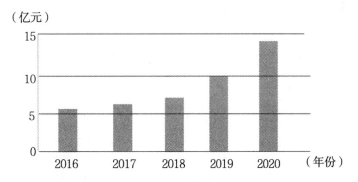

**图9-15　乐普医疗2016~2020年存货变化情况**
资料来源：根据乐普医疗2016~2020年财报中相关数据绘制。

乐普医疗的存货周转天数变化情况如图9-16所示。

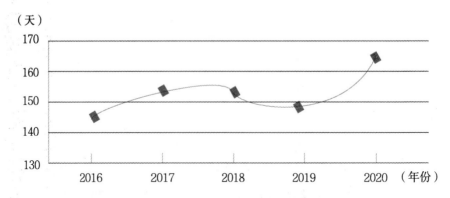

**图9-16 乐普医疗2016~2020年存货周转天数变化情况**

资料来源：根据乐普医疗2016~2020年财报中相关数据绘制。

如图9-15、图9-16所示，乐普医疗的存货随着营业收入规模的扩大，一直在持续增加，但并没有直接导致其存货的周转天数显著上升，而保持了相对稳定的状态，上升幅度并不大。

在乐普医疗的财报中披露，其2020年公司存货中包括原材料、在产品和库存商品三大类。从存货结构看，乐普医疗的存货主要由原材料及库存商品两类构成，占存货总额约78.9%。具体数据如表9-21所示。

**表9-21 乐普医疗2020年存货情况**

单位：千万元

| 项目 | 2020年 | | | 2019年 | | |
|---|---|---|---|---|---|---|
| | 账面余额 | 跌价准备 | 账面价值 | 账面余额 | 跌价准备 | 账面价值 |
| 原材料 | 56.23 | 0.48 | 55.75 | 36.77 | 0.24 | 36.53 |
| 在产品 | 30.51 | 0.00 | 30.51 | 21.88 | | 21.88 |
| 库存商品 | 57.38 | 1.27 | 56.11 | 43.19 | 1.11 | 42.07 |
| 合计 | 144.13 | 1.75 | 142.37 | 101.84 | 1.36 | 100.48 |

资料来源：根据乐普医疗2020年财报中相关数据编制。

由表9-21可见，乐普医疗2020年的存货总额比2019年增长了41.45%，其中原材料、在产品和库存商品分别增长了52.61%、39.44%、33.34%。显然，原材料增长幅度最大，几乎可以认为乐普医疗在新冠肺炎疫情期间提前布局，在大宗商品即将大涨前囤积原材料。最近三年，乐普医疗的原材料库存一直在增加，充分说明它在囤积原材料。值得注意的是，乐普医疗的库存商品多数为更新换代比较快的医疗器械产品，其所占存货比例一直较高，必然会导致计提跌价准备等风险。

对乐普医疗营运能力进行横向比较分析如表9-22所示。

**表9-22 各公司2020年营运能力指标比较**

单位：次

| 项目 | 乐普医疗 | 迈瑞医疗 | 安图生物 | 信立泰 |
|---|---|---|---|---|
| 存货周转率 | 2.19 | 2.54 | 2.93 | 1.89 |
| 应收账款周转率 | 3.73 | 13.00 | 3.74 | 3.24 |
| 固定资产周转率 | 4.52 | 7.15 | 2.10 | 2.31 |
| 总资产周转率 | 0.47 | 0.71 | 0.48 | 0.37 |

资料来源：根据各公司2020年财报中相关数据编制。

由表9-22可以看出，医疗器械龙头公司迈瑞医疗的应收账款周转率、固定资产周转率和总资产周转率都遥遥领先于其他同业公司，充分说明其赊销回款最为及时，资产利用效率高、变现快，应收账款坏账风险最低，在整个产业链条中具有非常强的话语权和市场竞争地位。

其他三家公司在总体情况上难分伯仲，相对来说，乐普医疗的整体态势要好一些，比如在固定资产周转率、应收账款周转率上，可以看出其在最近几年紧缩了信用政策，而且在固定资产和总资产的利用效率上也获得了相应的提升。这似乎也在印证，乐普医疗放缓或者停止了大规模的外延式并购扩张后，其整体财务状况正在得到改善，资产运营能力也正在逐渐提升。

## （三）盈利能力

我们再来考察一下乐普医疗的盈利能力，它的各项盈利能力指标汇总如表9-23所示。

**表9-23 乐普医疗2016~2020年盈利能力指标**

单位：%，元

| 项目 | 2016年 | 2017年 | 2018年 | 2019年 | 2020年 |
|---|---|---|---|---|---|
| 主营业务利润率 | 59.55 | 65.72 | 71.24 | 71.00 | 65.85 |
| 销售净利率 | 21.53 | 21.90 | 19.76 | 22.11 | 23.35 |
| 总资产净利率 | 8.67 | 8.91 | 9.00 | 11.11 | 11.01 |
| 净资产收益率 | 12.27 | 13.99 | 19.14 | 25.03 | 21.12 |
| 每股收益 | 0.39 | 0.52 | 0.68 | 0.97 | 1.01 |

资料来源：根据乐普医疗2016~2020年财报中相关数据编制。

在资产与资本盈利能力方面，乐普医疗的主营业务利润率、销售净利率、总资产净利率、净资产收益率和每股收益这些盈利能力指标的变化趋势大体相同，整体呈现出持续向好的态势。比如净资产收益率在2019年大幅增加到了25.03%，但在2020年又下降至21.12%。为什么会发生这样的变化？我们发现，相较于2019年，因为受到新冠肺炎疫情的影响，存货周转率和总资产周转率都呈现下降趋势，同时因为偿还了部分债务导致资产负债率从约50%下降至41.9%，从而使净资产收益率陡然下降。

结合前文图表的数据可知，乐普医疗公司近些年的营业收入、净利润一直呈现逐年上涨的态势，但2016年以前，我国医药及医用耗材生产企业很多，相关产品的售价因为公司之间的竞争而降低，外延式并购的多家公司营收不高，总体收入上涨幅度较小且营业成本持续上涨，磨合与融入期较长。

2016年以后，乐普医疗开始了全产业链布局，各产品板块增加，各类产品市场销量扩大，直接推升了公司营业收入的大幅增加。以医疗器械板块为例，从2016年的19.96亿元增加至2020年的34亿元，4年间涨幅达到70%；而药品板块的增幅更加惊人，从2016年的11.55亿元增加至2020年的34.12亿元，增幅达到195.41%。

在这个快速发展的过程中，即使2018年以前，乐普医疗公司仍在不断地并购，其子公司的经营成本大幅攀升，导致公司的整体利润并未大幅提高，且利润率降幅较大。但这一切自2019年初以来，随着公司多次并购后的不断整合，协同发展，以及对此前外延式并购活动的放缓，乐普医疗的公司资产与资本盈利能力逐渐获得提升。

一个可喜的现象是，每股收益指标同样可以反映公司的盈利能力，而最近几年以来，乐普医疗的每股收益维持着比较大的上升，尽管2020年受到新冠肺炎疫情的影响，但总体上公司的盈利能力比较稳定，未来持续上升的趋势没有发生大的改变。

除了利润水平，还可以考察公司利润的含金量，也就是净利润中的经营现金流比例。对于一家具有持续竞争力的优秀公司来说，经营性现金流应该大于净利润，衡量的底线最小应该等于1。乐普医疗经营现金流净额与净利润的比率情况，如9-17所示。

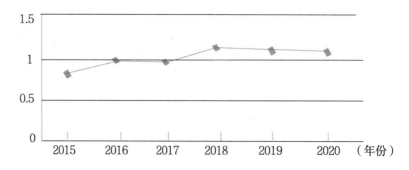

**图9-17　经营现金流净额与净利润的比率**

资料来源：根据乐普医疗2015~2020年财报中相关数据绘制。

乐普医疗的经营性现金流量净额与净利润的比率总体上呈现缓慢上升趋势，主要是乐普医疗的应收账款和存货所占营业收入的比例不断下降，但有一个不好的现象是，最近几年以来，存货的占比在缓慢增加，一定程度上拉低了经营现金流净额与净利润的比值。

对乐普医疗的盈利能力做横向比对分析，结果如表9-24所示。

**表 9-24　各公司 2020 年盈利能力指标比较**

单位：%，元

| 项目 | 乐普医疗 | 迈瑞医疗 | 安图生物 | 信立泰 |
|---|---|---|---|---|
| 主营业务利润率 | 65.85 | 68.94 | 58.90 | 77.02 |
| 销售净利率 | 23.35 | 31.67 | 25.42 | 15.25 |
| 总资产净利率 | 11.01 | 22.60 | 12.22 | 9.31 |
| 净资产收益率 | 21.12 | 32.29 | 22.13 | 11.07 |
| 每股收益 | 1.01 | 5.48 | 1.74 | 0.68 |

资料来源：根据各家公司2020年财报中相关数据整理编制。信立泰数据来源其2019年财报。

可见，医疗器械龙头老大迈瑞医疗的销售净利率、总资产净利率、净资产收益率和每股收益均为最高，而且与其他三家同业公司差距较大，充分表明迈瑞医疗的盈利能力相对最强，在行业里拥有不可撼动的地位。这也是市场给予其高达上百倍估值的充分理由。

需要解释的是，信立泰2020年财报因为巨额商誉减值，导致大部分考察指标都失效，所以采用其2019年财报中的数据相对来说更合理一些。但实际上，因为带量集采等因素，导致信立泰在2020年的业绩非常差，营收下滑，利润即便没有商誉减值也会大幅下滑。

2020年，乐普医疗的盈利能力虽然高于行业平均值，但与迈瑞医疗这样的"黑马"相比差距仍然非常大。通过比对发现，乐普医疗在主营业务利润率、销售净利率和净资产收益率等指标方面，并不比行业内其他众多公司低，相反，还可能高得多。

这从一个侧面说明，乐普医疗作为国内高端医疗器械领域的少数公司之一，其竞争能力较强，医疗器械与药品利润相对较高，尤其是最近两年多以来，公司放缓或者停止了大规模的外延式并购重组后，直接推动了公司整体盈利能力攀升。这是一个值得持续关注的信号。

（四）成长性

巴菲特认为，公司的内在价值是股票价格的基础，如果一家公司具有良好的前景和较高的成长性，那么随着公司内在价值的提高，其股票价格最终能反映它的价值。在价值的基础上，挑选具有高成长性的股票，是巴菲特后期投资生涯的重点关切。

乐普医疗这家公司未来的成长性如何，如表9-25所示。

表 9-25　乐普医疗 2016~2020 年成长性指标变化

单位：%

| 项目 | 2016 年 | 2017 年 | 2018 年 | 2019 年 | 2020 年 |
|---|---|---|---|---|---|
| 主营业务收入增长率 | 24.25 | 30.83 | 40.09 | 22.66 | 3.12 |
| 净利润增长率 | 25.29 | 33.08 | 26.30 | 37.37 | 8.87 |
| 净资产增长率 | 12.65 | 16.90 | −6.25 | 17.62 | 31.94 |
| 总资产增长率 | 22.89 | 34.61 | 18.19 | 5.43 | 14.00 |

资料来源：根据乐普医疗2016~2020年财报中相关数据整理编制。

由表9-25可以看出，暂且抛开2020年的特殊情况导致的相关数据失真，2016~2019年乐普医疗的主营业务收入和净利润增长等始终为上涨的态势，净资产增长率的增长幅度除2018年负增长外，包括2020年在内的其余时间增幅都呈现稳步上升的趋势，且增长率正在逐步加大。

实际上，在这些数据的背后，对应的公司在净利润、营业收入、净资产、总资产等方面，最近六七年以来都保持着上涨的态势，反映出公司的成长性较强，发展情况比较好。

2015年之后，乐普医疗在主营业务收入、净利润及总资产等方面增长势头强劲，这是因为乐普医疗开始展开全产业链条布局，通过外延式并购及投资等手段，迅速扩大公司产品板块和类型。

仅2019年，乐普医疗的净利润为17.24亿元，相比2018年上升了37.37%。在医疗器械板块取得了36.23亿元的收入，相比2018年上升了24%；药品板块取得了38.49亿元，相比2018年上升了21.34%。随着前期并购从磨合期进入融合期，子公司开始创造和释放成长性的盈利，而与此同时放缓了并购投资的步伐，相应缩减了包括利息支出、磨合成本、沉没成本等各种费用，从而直接助推公司进入快速"超车道"。

把乐普医疗的各项成长性指标放到行业里进行比对，情况会怎么样呢？考虑到2020年初以来，受突发的新冠肺炎疫情影响，导致各个公司的各项指标有可能失真，这里以2019年财报中的数据为参考样本。如表9-26所示。

表 9-26　各公司 2019 年成长性指标比较

单位：%

| 项目 | 乐普医疗 | 迈瑞医疗 | 安图生物 | 信立泰 |
|---|---|---|---|---|
| 主营业务收入增长率 | 22.66 | 20.44 | 38.81 | —— |
| 净利润增长率 | 37.37 | 25.74 | 36.85 | —— |
| 净资产增长率 | 17.62 | 22.63 | 32.56 | —— |
| 总资产增长率 | 5.43 | 18.49 | 60.22 | —— |

资料来源：根据各公司2019年财报中相关数据整理编制。

由表9-26可见，2019年乐普医疗主营业务收入和净利润增长都较为强劲，营业收入高，但净资产和总资产增长却比较低。信立泰在这一年里，各项指标均为负数，失去了参考和比较的价值。

2019年，安图生物突然发力，在主营业务收入、净利润、净资产、总资产等方面的增长指标都表现得非常强劲，遥遥领先于其他三家同业竞争对手公司，最令人感到惊讶的是，其总资产增长率突然高达60.22%。

乐普医疗公司主营业务收入增长在同业中一直都是领先的，显示出其成长能力略强于行业内其他公司。而且，乐普医疗围绕心血管领域各个协作板块的多元化布局，尽管早期付出了很多磨合、沉没等成本，但一方面为未来成长带来了契机，另一方面也能够更好地防止单一业务或产品可能遭受的市场冲击。

## 五、前景分析

哈佛分析框架的最后一个步骤是前景分析，也就是在战略分析、会计分析和财务分析的基础上，把各种观点经过综合解读后，来判断一家公司未来的发展潜力。对乐普医疗来说，未来能否可持续增长取决于两个核心问题：一是集采政策的持续影响；二是产品的创新能力。其实归根结底，都落在未来产品的创新主导能力之上。

在乐普医疗的公司战略定位上有一句话：全心全意为心血管患者服务。20多年来，其控股股东及实际控制人蒲忠杰，在医疗器械、医药、医疗服务和新型医疗等业务开拓方面，都主要是围绕心血管领域展开的，并没有跨界太大的盲目多元化。

基于目前乐普医疗的收入结构中，主要是医疗器械和药品两大板块，接下来分别针对这两项主要业务的业绩成长动力进行讨论分析。

### （一）医疗器械

先来看它的医疗器械业务——心脏支架，迄今经历了3次重要的技术变革：

第一代技术：1998年出现的裸金属支架（BMS），这种支架虽然降低了复发率，但复发率仍然偏高；第二代技术：2002年出现的药物洗脱支架技术（DES），也是目前普遍应用的支架系统，复发率下降至10%范围内；第三代技术：2006年开始研发的完全生物可降解支架（BVS），它在人体内一段时间后可以完全被降解，解决了第二代技术的障碍。

这里需要科普一下：第二代DES支架后来又细分出两种，一是最早采用BMS+永久性聚合物涂层，二是BMS+可降解聚合物涂层或无涂层。但它们仍然没有解决永久性存在的支架限制血管正常伸缩活动，以及术后患者无法进行影像学检查的两大棘手问题。

目前，尽管乐普医疗研发生产的第三代技术为全降解聚合物基体药物（雷帕霉素）洗脱支架系统（NeoVas），已经获批上市且增速较快，但其支架产品仍以第二代技术DES为主，主要包括三款：血管内药物（雷帕霉素）洗脱支架（Parnter）、可降解血管内药物（雷帕霉素）洗脱支架（Nano）、钴基合金雷帕霉素洗脱支架（GuReater）。

虽然乐普医疗是国内第一个第三代支架上市的公司，快于微创医疗、华安生物等，但与国外的巨头雅培相比，后者曾于2010年和2016年相继在欧洲和美国上市第三代支架（Absorb支架），但销售不及预期，加上支架生产成本较高，临床数据存在问题等因素，据说雅培已经下架了这款产品。

乐普医疗提供的临床数据显示，NeoVas的数据优于雅培的Absorb。NeoVas是国内第一个上市的第三代心脏支架，其突破了第二代支架技术（DES）的障碍：在体内可降解，不影响患者的血管正常伸缩活动；术后可以进行影像诊断等。从长期来说，其未来有望替代第二代的主导地位。

2020年财报受年初以来暴发的新冠肺炎疫情影响，有可能导致很多数据失真，所以本书以2019年乐普医疗的财报作为参考。在该报告期内，医疗器械板块实现营收36.23亿元，同比增长24.06%。拳头产品支架系统实现营收17.91亿元，同比增长26.71%。

值得重点分析的是，在支架系统营收中，冠脉支架产品实现营收15.31亿元，同比增长23.34%；配套辅助耗材（球囊导管、导丝等）实现营业收入2.61亿元，同比增长50.95%。在当期报告内，第二代可降解血管内药物（雷帕霉素）洗脱支架（Nano）的营收保持稳定增长，在金属支架销售结构中的占比为46.05%。第三代全降解聚合物基体药物（雷帕霉素）洗脱支架系统（NeoVas）销售良好，相继在国内29个省份等数百家医院完成病例植入，在冠脉支架销售结构中的占比为10.24%。

西南证券的分析报告数据显示，乐普医疗在国内的市场占有率约为24%，与上市时的市场占有率基本持平，但市场竞争的烈度却高得多。如图9-18所示。

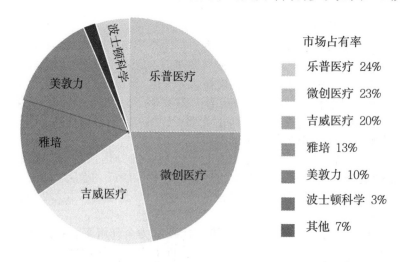

**图9-18 心脏支架市场占有率对比**

资料来源：西南证券。

　　继2019年可降解支架（NeoVas）上市后，2020年乐普医疗旗下的药物球囊、切割球囊、左心耳封堵器等新产品持续推出上市，开启了心血管器械的创新时代。根据其2021年第一季报数据，可降解支架、药物球囊和切割球囊等新产品收入突破1.3亿元，同比大增14倍，环比大增3.2倍，在支架系统收入中占比达到60%，意味着新产品已经成为新的增长极。

　　最让投资者期待的可降解支架，短期内不会进行带量集采，国内能够生产的企业仅乐普医疗、微创医疗和迈瑞医疗三家，产品刚刚进入市场，还处于导量阶段。对乐普医疗来讲，除了可降解支架，全自动起搏器、三代主动脉瓣膜、二尖瓣腱索修复系统、冷冻球囊设备及导管、超声肾动脉射频消融设备及导管、声波球囊等创新产品大多数已经处于临床阶段，未来可期。

　　另外，PCI手术在近些年的增速相对稳定与持续，始终保持在10%~15%，更为重要的是，目前尚无能够完全替代PCI手术的治疗方法。所以，预计未来PCI手术的增速将在相当长一段时间内保持在10%~15%。

　　总体上讲，根据乐普医疗在医疗器械板块的规划布局、市场占有率，药物球囊等创新产品放量以及PCI手术增速等综合因素，预计未来几年内乐普医疗的整体医疗器械增速，有望至少保持在15%~20%。

### （二）药品业务

　　乐普医疗的药品主要集中在与器械业务相关的赛道，比如心血管、降糖药等领域。并且，其从心脏支架起家后，不断拓展自己的疆域，通过一系列眼花缭乱的并购和投资活动，从器械公司跨进了制药领域，获得了氯吡格雷、阿托伐他汀等重磅药物。

　　截至2021年，乐普医疗在国内已拥有多种类、多品种的抗血栓、降血脂、降血压、降血糖和抗心衰等心血管药品生产平台和原料药供应平台，借助"OTC药店+医疗机构+第三终端"的渠道优势，实现了药品板块的稳定增长。2019年财报数据显示，其药品板块实现营业收入38.49亿元，同比增长21.34%。其中，原料药实现营收6.61亿元，同比增长26.29%；制剂实现营收31.88亿元，同比增长20.36%。

　　目前，乐普医疗的主要产品仍然是氯吡格雷（抗血小板聚集）和阿托伐他汀（降血脂），收入占比为医药类收入的60%，并在2017年分别以53.9%、117%的增速上涨，是其药品业务中最核心的收入来源。

　　2019年9月，在国家联采办组织的25个地区药品集中采购中，乐普医疗两款药品硫酸氢氯吡格雷片和阿托伐他汀钙片中选，意味着在未来数年内，这两款药品的市场占有率将明显提升，但价格的下降幅度也将非常大，有可能叫好不叫座。此外，降血压药品苯磺酸氨氯地平、缬沙坦也分别获得一致性评价通过。

　　乐普医疗在心血管药品领域的最直接竞争对手信立泰的情况如图9-19所示。

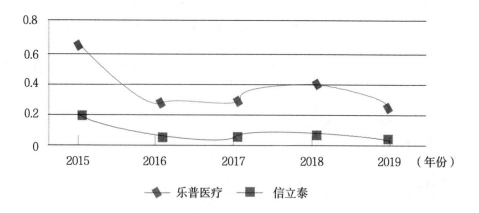

**图 9-19　乐普医疗与信立泰 2015~2019 年营收增速对比**

资料来源：根据乐普医疗和信立泰2015~2019年财报中相关数据整理绘制。

可见，信立泰的营业收入增速从2015年开始下降，最直接的原因是乐普医疗的竞争力逐渐加强，逐渐挤占和蚕食市场份额，导致信立泰的增速明显下滑。几乎可以这样说，在心血管药品领域，乐普医疗正在形成"围城"态势。

与信立泰相比较，乐普医疗布局双赛道——"医疗器械+心血管药品"两大板块，且赛道之间并非不搭界，而是协同发展，始终围绕"心血管"这个领域展开，业绩增长具有更坚实的基础，导致估值自然也较高。比如从2015年开始，信立泰的增速直线下滑，于是估值开始回调，PE-TTM区间降至16倍，而乐普医疗的PE-TTM是前者的两倍，为30~33倍。

这样梳理下来，相对于信立泰而言，乐普医疗的增速逻辑就非常清楚了，那就是受到"心脏支架老产品稳定增长+氯吡格雷等药品放量+心脏支架新产品突破"三重因素的影响。而在乐普医疗的业务架构中，始终以医疗器械为龙头根基，在此基础上不断地拓展相关器械、药品，以及新型医疗业务如慢病等相关领域的服务，给下游医院和患者提供更多的服务。在心血管这个领域，它的护城河似乎更为坚固。

但以笔者的理解，相对于乐普医疗的研发能力，其销售能力更胜一筹。比如对于药品销售，乐普医疗从一开始就组建OTC连锁药店药品销售团队，有数据显示，公司的药品在零售市场中比重已经超过医疗机构。公司对于产品消费品化或者说非集采化，从某种程度上对冲了集采对公司业绩的冲击。所以，两大重磅仿制药硫酸氢氯吡格雷和阿托伐他汀钙在集采后销售并没有明显下滑。

基于乐普医疗过往的销售能力推测，公司还没有放量的重磅仿制药，但销售业绩应该不会太差，比如甘精胰岛素、阿卡波糖等。但是，在集采形势下，投资者不能对乐普医疗的仿制药板块抱有太高期望值。

带量采购是悬在所有药企头顶的达摩克利斯之剑，心血管器械未来的出路只有创新，谁能够领先同行2~3年，甚至3~5年，谁就能活下去，并且越做越强形成"马太效应"。所以，乐普医疗的未来最终还取决于产品创新的能力。

# 第四节 如何给乐普医疗估值

曾经在网上有过一个投票调查，叫作"你在投资中最大的困惑是什么"，引起众多投资者的热烈响应，结果获得票数最多的是"不知道如何给一家公司估值"。换句话说就是，不知道这家公司究竟值多少钱？我们可以在什么价格买入并持有？

实际上，这个问题是世界级难题。正如：一千个人眼中就有一千个哈姆雷特。每个人的知识、阅历、能力、认知等差异极大，所以每个人眼中的世界是五彩缤纷、丰富多彩的，放在对一家公司的估值上说，也存在不同的认知和思维方式，导致最后给予同一家公司的估值千差万别。

大多数投资者都将估值视为一件令人头疼的事情，认为其复杂程度远远超出了他们所掌握的技能。因此，他们更愿意将这个工作交给所谓的专业人士，比如证券分析师、基金经理等，或者选择完全忽略，醉心于抓波段涨跌的技术。笔者认为，就本质而言，估值实际上是很简单的，任何愿意花费更多时间收集和分析信息的人都可以做到。

## 一、估值不是一个数字

估值既可以说得很复杂，也可以说得很简单。在复杂派看来，估值的演化推算应该是学过高等数学的人，才有可能解开那些比斯芬克斯之谜难度更大的问题，也许需要精确计算到小数点后面十位数字。而在简单派看来，它不需要高深的数学知识和金融背景，只要搞清楚基本的逻辑关系和生活常识就可以了。

如果非要说复杂的话，它的复杂反映在投资者要对一个生意有基本的商业逻辑理解才能做出判断，以及对"什么东西才值得溢价、溢价的程度与投资回报之间的关系"进行评估的过程。巴菲特的搭档查理·芒格曾说："40岁以前没有真正的价值投资者。"这句话的潜台词是，投资需要面对太多人性的考验，没有丰富的阅历和股票涨跌的历练是不可能做到坚定不移的。越是了解一家公司的生意特性与商业模式、市场定价的基本规则与常识，估值就越简单。反之越复杂。

很多人对估值感到困惑或者犯怵，有一个根深蒂固的意识，认为估值是一个非常准确的数字。巴菲特曾经说："宁要模糊的正确，也不要精确的错误。"投资的重点不是拍脑袋去计算出精确到小数点后面十位数字，而是要懂得这家公司的生意。

通常情况下，我们通过定性和定量的分析，找到那些生命周期长、有成长空间、有竞争壁垒、利润丰厚、自由现金流充裕、有优秀管理层和公司文化的优质企业，这种公司才具有巨大的内在价值，以及持续的竞争优势。

这至少涉及两个问题：一是在计算一家公司内在价值的时候，之所以是"模糊的正确"，是因为我们试图买入一家公司股票的标准是公司当前的市值（价格）比较显著地低于其"现在"的内在价值，也就是说，我们对公司内在价值的判断具有时间性，而且带有浓厚的个性色彩；二是每个人都有自己的认知，对任何一家公司内在价值的判断必然带有主观性，对未来的假设不同，以及思考方法的不同，会对内在价值的判断有所不同，甚至差别比较大。

所以，估值并不是一个数字，真正的"买点"也不是一个点，而是时间和价格上的一个模糊的区域。站在这个区域内，我们能够看到这家公司过去所取得的优秀的经营业绩和实实在在的现金流，以及据此推演和预测其未来保持持续竞争优势的成长逻辑。

总体上说，对于一家公司的估值，并不是为了精准而是为了清楚投资的基本逻辑是否在自己把握的能力圈范围以内。这种估算并不需要精准到与最终事实分毫不差的地步，用各种复杂的计算公式并且力求精确估算公司经营每一个变量的行为，只能是带来某种心理上的安全感，其实"然并卵"。

想一想巴菲特那句话："最好的投资，来自简单的估算也能看到的显而易见的大机会。"真正好的投资机会，应该是大致算一算就能够呈现出巨大诱惑力的，也即体现出明显的"大概率和高赔率"的特征。

## 二、乐普医疗估值测算

估值根本不存在什么包打天下的"黄金指标"。

一家优秀公司值得投资的一个重要特征是，越用多种角度的估值方法来审视，它似乎越能体现出性价比所在。但那些不靠谱的"坑爹"公司正好相反，在某一个估值指标上可能极其诱人，但越是多角度衡量就越能发现潜在风险的聚集。

乐普医疗所处的是医疗医药大行业的赛道，在人吃五谷杂粮难免患病的前提下，细分行业又是无法完全治愈的慢性病领域，加上中国逐渐进入老龄化社会等，这些驱动因素会助推该赛道赚得盆满钵满。所以，这个赛道在未来很长的一段时间内都看不到"天花板"，成长空间巨大。

背靠大树好乘凉。具体到乐普医疗公司，从这些年的经营业绩来综合判断，基于它的经营能力比较强、现金流量稳定，我们可以采用PE估值法和DCF现金流折现法进行估值。

### （一）PE估值法

2020年，乐普医疗在医疗器械、药品和心血管医疗服务及健康管理三大业务板块中，分别实现了营业收入34亿元、34.12亿元和12.27亿元，占营业总收入的比重分别为42.3%、42.44%和15.26%。

由于三大板块营收的金额都比较大，且各自的增速有差异，因此，我们将其分开进行解读与分析。

注意：乐普医疗在2020年财报附注中解释，为了顺应公司"心血管医疗器械+心血管药品+心血管医疗服务及健康管理一体化"的发展战略，以及业务渠道管理方式的调整，在行业分类中将原"医疗服务"板块和"新型医疗业态"板块合并为"医疗服务及健康管理"板块，并将原来归属于医疗器械板块的健康管理类产品，主要包括家用智能医疗器械产品和人工智能医疗相关产品等，调整入该板块。

但因为其在此前的财报中没有按此清晰划分，所以在接下来的数据统计中，我们只能将"心血管医疗服务"和"新型医疗业态"两个板块的营收进行简单加总。此外，因为受2020年初以来暴发的新冠肺炎疫情影响，很多数据会存在失真的可能，所以我们选择截止时间为2019年12月31日。

**第一步，测算收入规模**

（1）医疗器械——这是乐普医疗的根基，过去3年以来这个板块的复合增长率为19.82%，如表9-27所示。未来的业绩增长将主要受益于基本盘医疗器械部分的创新增长，特别是被公司寄予厚望的三个介入无植入产品（可降解支架、药物球囊、切割球囊）。综合集采对心血管支架和球囊带来的影响，选取20%作为未来的增速。基于此，测算出医疗器械3年营业收入为：43.48亿元、52.17亿元、62.61亿元。

表 9-27　乐普医疗 2016~2019 年医疗器械营收及增速情况

单位：亿元，%

| 项目 | 2016 年 | 2017 年 | 2018 年 | 2019 年 |
|---|---|---|---|---|
| 营业收入 | 21.07 | 25.22 | 29.07 | 36.23 |
| 增长幅度 | 17.32 | 19.70 | 15.27 | 24.63 |

资料来源：根据乐普医疗2016~2019年财报中相关数据整理编制。

药品——这是乐普医疗通过并购，从最初的医疗器械行业跨入制药领域，获得了氯吡格雷、阿托伐他汀等重磅药物，过去3年这个板块的复合增长率高达49.33%，如表9-28所示。乐普医疗2017年初至2018年第二季度的营收增速不断上升，主要就靠药品贡献。2018年半年报显示，其药品业务的增速为70.73%。其中，氯吡格雷增速为70.5%，阿托伐他汀增速为146.89%。

但凡好事，总不会长久，即使49.33%的复合增速也不太可能持续。综合集采对药品的后续影响，以及乐普医疗团队较强的销售能力和早就布局OTC连锁药店零售等渠道优势，选择15%作为未来的增速。基于此，测算出药品3年的营业收入为：44.26亿元、50.90亿元、58.54亿元。

表 9-28    乐普医疗 2016~2019 年药品营收及增速情况

单位: 亿元, %

| 项目 | 2016 年 | 2017 年 | 2018 年 | 2019 年 |
|------|---------|---------|---------|---------|
| 营业收入 | 11.55 | 17.42 | 31.72 | 38.49 |
| 增长幅度 | 31.55 | 50.82 | 82.09 | 21.34 |

资料来源: 根据乐普医疗2016~2019年财报中相关数据整理编制。

（2）医疗服务及健康管理——主要在乐普医疗公司和区域性心血管慢病咨询健康管理中心及基层诊所（即药店诊所）等三级远程医疗体系布局，仍然围绕心血管领域。合并进入的"新型医疗业态"，主要包括智慧医疗及人工智能、类金融业务及战略股权投资3个部分。过去3年，这个板块的复合增长率达到16.23%，如表9-29所示。

表 9-29    乐普医疗 2016~2019 年医疗服务及健康管理营收及增速情况

单位: 亿元, %

| 项目 | 2016 年 | 2017 年 | 2018 年 | 2019 年 |
|------|---------|---------|---------|---------|
| 营业收入 | 2.06 | 2.74 | 2.77 | 3.24 |
| 增长幅度 | 116.84 | 33 | 1.1 | 16.97 |

资料来源: 根据乐普医疗2016~2019年财报中相关数据整理编制。

人工智能是公司重点发展的一个新方向。2019年，这个板块的收入是2亿元，2020年增长到约7亿元，增长幅度非常大，据估计，2021年还能有约50%的增长。综合来看，这个板块的增长幅度较大，选择25%作为未来的增速。基于2020年这个板块的重新划分并入后收入已达到12.27亿元，测算出医疗服务及健康管理3年营业收入为: 15.34亿元、19.17亿元、23.96亿元。

综上所述，乐普医疗2021~2023年的营业收入预测为103.08亿元、122.24亿元、145.11亿元。根据公司多年以来的净利润率表现，加上考虑带量集采对医疗器材和药品净利润的大幅挤压，选择均值为18%，那么净利润分别为: 18.55亿元、22亿元、26.12亿元。如表9-30所示。

表 9-30    乐普医疗 2021~2023 年各板块及净利润业绩预测

单位: 亿元

| 项目 | 2021 年 | 2022 年 | 2023 年 |
|------|---------|---------|---------|
| 医疗器械营业收入 | 43.38 | 52.17 | 62.61 |
| 药品营业收入 | 44.26 | 50.90 | 58.54 |
| 医疗服务及健康管理营业收入 | 15.34 | 19.17 | 23.96 |
| 总营业收入 | 103.08 | 122.24 | 145.11 |
| 净利润 | 18.55 | 22.00 | 26.12 |

资料来源: 根据乐普医疗2019~2020年财报中相关数据预测整理编制。

### 第二步，查看历史PE

先看乐普医疗的历史PE变化情况，如图9-20所示。2011年至2021年6月3日，PE的两次高点分别出现在2015年和2018年，其对应的净资产收益率分别为15.62%、19.13%。

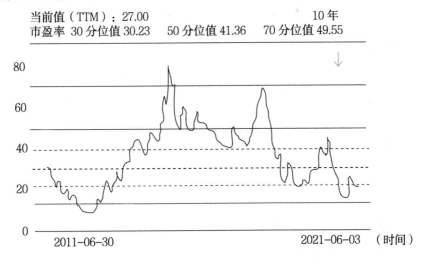

当前值（TTM）：27.00　　　　　　　　　　　　　10年

市盈率 30分位值30.23　　50分位值41.36　　70分位值49.55

2011-06-30　　　　　　　　　　　　　　2021-06-03　（时间）

**图 9-20　乐普医疗 2011~2021 年历史 PE 变化情况**

而其PE的三次低点，则发生在2012年、2019年、2021年，2021年还未公布数据，2012年和2019年对应的净资产收益率分别为16.42%、25.03%。如表9-31所示。

**表 9-31　乐普医疗 2011~2021 年历史估值高低点**

单位：%

|  | 年份 | ROE | 营收增速 | 净利润增速 | PE |
|---|---|---|---|---|---|
| 估值高点 | 2015 | 15.62 | 65.91 | 31.86 | 81倍 |
|  | 2018 | 19.13 | 40.06 | 26.26 | 73倍 |
| 估值低点 | 2012 | 16.42 | 10.43 | −0.7 | 15倍 |
|  | 2019 | 25.03 | 22.66 | 37.37 | 27倍 |
|  | 2021 |  |  |  | 23倍 |

资料来源：根据乐普医疗2011~2021年财报相关数据整理编制。

由表9-31可见，乐普医疗的PE高值发生在营业收入和净利润增速比较高的时候。而PE低值则出现在营业收入和净利润增速低点时（带量集采失标、PCI手术量下滑等）。

### 第三步，PE 值可比区间

我们来看一看同行业竞争对手公司的历史PE情况：

迈瑞医疗——历史PE值为36~95倍；

安图生物——历史PE值为38~100倍；

健帆生物——历史PE值为46~95倍；

美敦力——历史PE值为12~35倍；

信立泰——历史PE值波动太大，不具有参考性。

通常情况下，A股的估值普遍偏高，尤其是医药类估值最高，而港股、美股的估值略低。结合乐普医疗公司的整体状况，包括ROA、ROIC等指标看，它自身历史的估值区间在25~60倍。如果按照笔者选股指标（非标准体系）针对本案，在充分考虑买入股价的"安全边际"前提下，可选PE合理区间为20~35倍，对应股权市值为371亿~650亿元。

上述估值方法属于可比公司法和历史分位估值法，但毕竟两种方法的逻辑完善度有限，比如以上数据都是比较粗略的预估，并且只是单一的估值逻辑，数据的准确程度有限。给我们换一种绝对估值的逻辑，再通过被称为评估公司内在价值最有效率的DCF现金流折现法进行交叉验证。

### （二）DCF 现金流折现法

2009年至今，乐普医疗上市时间已有12年，尽管因为市场竞争烈度加强、带量集采政策等影响，其未来的日子并不好过，但乐普医疗最大的优势是稳定的经营状态和盈利能力，业绩持续增长，2018年药品集采、2020年冠脉支架集采等，都没使公司业绩下滑，净利润率却反而略有增加。

同时，最为重要的是其经营活动现金流整体较为稳定，适用于DCF现金流折现法来进行估值。接下来，我们分步进行测算，取名叫作"七步估值法"。

**第一步，选取业绩增速**

我们从历史增速、行业增速、机构预测增速、内生增速几个维度展开分析。从乐普医疗的数据看，其历史增速约为30%、外部增速约为31%、心血管医疗器械的行业增速约为20%、内生增速约为11%。

据此，考虑到行业所处的黄金赛道，按照相对乐观、保守的算法，分别取增长率为30%、20%。由于乐普医疗持续多年的增速远超过10%，考虑其心脏支架产品的龙头地位，所以选取行业增速为保守增速。另外，医疗医药的带量集采是政策方向，势必对乐普医疗两大主要业务板块带来长期影响，甚至会压制其估值。而且，必须考虑到集采失标的情况，所以收入增速呈现出逐年线性递减。

永续增长方面，仍然考虑到医疗医药行业属于黄金赛道，具有抗周期属性，加上老龄化社会提前到来，心血管疾病属于无法治愈的慢性病，以及乐普医疗公司成长的确定性比较高，按照乐观、保守分别取值为6%（GDP增速）、3%（CPI增速、无风险利率）。

**第二步，确定营业利润率**

总体上讲，乐普医疗的各个板块经营业务稳定，近5年以来的毛利率稳定在60%以上，营业利润率保持在25%~30%。因此，根据历史数据预测，我们选取历史平均值27%作为基期数据。

**第三步，确定资本支出**

资本开支，包括维持基本业务的必要投入，以及并购、重组等扩张性资本支出，也就是公司为了扩张购置资产的支出。一个让人欣喜的消息是，乐普医疗在2019年财报中就提出，其外延并购基本告一段落，意味着大笔的资本支出将减少。

2017~2020年，资本开支为7.16亿元、10.72亿元、5.63亿元、6亿元。自2019年开始，资本支出主要是为了维持业务的基本投入。考虑到未来逐步下降的趋势，我们选取其平均值3.35亿元为基期数据。值得一提的是，由于乐普医疗固定资产占比仅约为10%，占比不高，因此预计未来永续期的资本支出占折旧的比率需要保持在100%左右（资本支出/折旧=1）。

**第四步，折旧/摊销的增加额**

由于乐普医疗的经营情况和资本开支比较稳定，未来的折旧增加额取决于未来的公司营收增速的情况，这里假设乐普医疗的折旧增速与预期增长率一致。因此，选取增速20%~30%作为折旧/摊销的基期数据。

**第五步，营运资本变动**

营运资本代表着一家公司投入到公司运营中的成本，如果这个比率小，说明公司在行业里的话语权强，具备上下游"两头吃"的优势。比如，大量占用上游供应商的资金，或者延期付款，而对下游客户却采取加大预收款项等行为，都会降低营运资金的比率。

根据历史数据，乐普医疗的营运资本占营业收入的比重不高，尽管没办法占用下游具有强势话语权的医院的资金，但可以占用一下上游供货商的款项。因此，我们选取历史平均值2%。

**第六步，选取贴现率**

一般情况下，我们采用加权平均资本成本（WACC）作为贴现率。在乐普医疗的资金来源构成中，主要是股权资本、公司债券和中长期借款。根据历史数据和综合计算，我们选取10%作为贴现率。

**第七步，估值**

综合以上假设，经过现金流贴现数据计算得到，公司价值在280亿~725亿元，扣除净债务16.7亿元，因此，股权估值在263亿元（保守数据）至708亿元（乐观数据）区间，对应的PE（TTM）为20~54倍。

在上述"七步估值法"的过程中，有两种情况需要特别注意。

一是预测各期自由现金流的取值，如表9-32所示。

表 9-32　乐普医疗乐观自由现金流预测

单位：亿元，%

| 项目 | 基期 | 预测现金流 | | | | | | | | | |
|---|---|---|---|---|---|---|---|---|---|---|---|
| | | 1 | 2 | 3 | 4 | 5 | 6 | 7 | 8 | 9 | 10 |
| 收入增速 | | 30.00 | 27.33 | 24.67 | 22.00 | 19.33 | 16.67 | 14.00 | 11.33 | 8.67 | 6.00 |
| 折旧增速 | | 30.00 | 27.33 | 24.67 | 22.00 | 19.33 | 16.67 | 14.00 | 11.33 | 8.67 | 6.00 |

续表

| 项目 | 预测现金流 | | | | | | | | | | |
|---|---|---|---|---|---|---|---|---|---|---|---|
| | 基期 | 1 | 2 | 3 | 4 | 5 | 6 | 7 | 8 | 9 | 10 |
| 收入金额 | 45.38 | 58.99 | 76.69 | 99.70 | 129.61 | 154.67 | 180.45 | 205.71 | 229.02 | 248.87 | 263.80 |
| 1- 息税前利润率 | 78.12 | 77.09 | 76.07 | 75.05 | 74.02 | 73.00 | 73.00 | 73.00 | 73.00 | 73.00 | 73.00 |
| 营业成本费用 | 35.45 | 45.48 | 58.34 | 74.82 | 95.94 | 112.91 | 131.73 | 150.17 | 167.19 | 181.68 | 192.58 |
| EBIT | 9.93 | 13.51 | 18.35 | 24.88 | 33.67 | 41.76 | 48.72 | 55.54 | 61.84 | 67.19 | 71.23 |
| 税率 | 15.00 | 15.00 | 15.00 | 15.00 | 15.00 | 15.00 | 15.00 | 15.00 | 15.00 | 15.00 | 15.00 |
| EBIT（1-t） | 8.44 | 11.49 | 15.60 | 21.15 | 28.62 | 35.50 | 41.41 | 47.21 | 52.56 | 57.12 | 60.54 |
| 折旧摊销 | 1.68 | 2.18 | 2.78 | 3.47 | 4.23 | 5.05 | 5.89 | 6.71 | 7.47 | 8.12 | 8.61 |
| 资本开支 | 3.35 | 4.36 | 5.66 | 7.36 | 9.57 | 12.44 | 11.67 | 10.91 | 10.14 | 9.37 | 8.61 |
| 营运资本变动 | 1.19 | 1.18 | 1.53 | 1.99 | 2.59 | 3.09 | 3.61 | 4.11 | 4.58 | 4.98 | 5.28 |
| 自由现金流 | 5.58 | 8.14 | 11.18 | 15.26 | 20.69 | 25.01 | 32.02 | 38.90 | 45.31 | 50.89 | 55.27 |

资料来源：并购优塾。

二是关于现金流折现估值法的计算过程相对复杂一些，网络上都可以搜索到相关的计算公式和方法等，大家有空可以去学习。当然，也可以关注"微信公众号：老喻说财"，随时更新更多实用有效的投资策略和方法等。为了便于大家掌握基本的流程，这里把简单的10年估值模型做一个介绍，以供大家参考。如图9-21所示。

简单的 10 年估值模型
第一步：预测下一个10年的自由现金流（FCF）
第二步：把这些未来自由现金流（FCF）折现成现值
　　▲折现 FCF= 该年的 FCF/（1+R）$^n$
　　　　（这里的 R= 折现率，n= 被折现的年份数）
第三步：计算永续年金价值并把它折现成现值
　　▲永续年金价值 =FCF$_1$ ×（1+g）÷（R-g）
　　▲折现永续年金价值 = 永续年金价值 ÷（1+R）$'$
第四步：10年折现现金流之和加上永续年金折现现金价值来计算全部所有者权益价值
　　▲所有者权益价值合计 = 永续年金折现价值 +10 年折现现金流
第五步：以所有者权益价值合计数除以股份数计算每股价值
　　▲每股价值 = 所有者权益价值合计 ÷ 股份数

图 9-21　计算所有者权益价值的逐级折现现金流模型
资料来源：晨星公司。

目前，2021年第一季度报的数据显示，乐普医疗的动态PE值为20倍，市值为578亿元。也就是说，原本13000多元的心脏支架在带量集采降价为700多元的"白菜价"，以及心血管药品集采失标后，其经营增速受到了大家的质疑，目前估值处于低点附近。

综合以上两种方法，得出的乐普医疗股权估值大致数据区间为：

PE估值法——在371亿~650亿元，市盈率为20~35倍；

DCF折现法——在263亿~708亿元，市盈率为20~54倍。

## 三、买入的安全边际

作为一个投资者，现在我们已经知道如何分析一家公司，并对它进行了简单的估值，接下来需要知道什么时候买入公司股票。投资大师多尔西说："如果你真的想成为一个成功的投资者，就应该力求在你估计公司内在价值的折扣价上买入。"

这句话真正想表达的意思其实是，任何一种分析和估值方法都不会是精确的，也都可能发生错误，我们可以选择相对于我们所做的估值有重大折扣的价位买入，即使因为看走了眼，所犯错误的影响也会最小化，因此遭受的投资损失也不会太大。

这个折扣叫作"安全边际"，一个首先由华尔街教父本杰明·格雷厄姆普及的术语。

很多时候，大多数"股民"的关注点都是回报——他们能够赚多少钱，而几乎很少关心风险——他们会亏损多少钱。但对于一个成功的投资者来说，他的第一目标是保证资金安全，保证本金不损失或者少损失。

自然地，为了避免未来较大的损失，成功的投资者会寻找安全边际，以便为不准确、坏运气或是逻辑上的错误留下缓冲地带。毕竟，估值是一项非精确的艺术，未来也是不可测的，投资者也是人，难免会犯错误，所以安全边际是必不可少的。

但是，更多时候的情况却是这样的：当股价上涨时，贪婪趋势投资者参与投机，做出大数额、高风险的赌博，其依据的仅仅是乐观的预期，以及忽略了风险的回报；一种极端情绪是，当股价下跌时，对损失的恐惧让投资者只注意到股价继续下跌的可能性，而根本不考虑买入公司的基本面和估值。

在学习投资的初级阶段，甚至在中级阶段，许多投资者会犯下另一个原则上的错误，那就是完全不顾市场环境，比如所处的宏观经济周期，一根筋地依靠一个公式追求成功，但最后的现实往往是残酷无情的，数学等式或者计算机程序无法带来成功的投资。

那么，究竟应该以什么价格买入合适呢？2002年，巴菲特在致股东的信中曾经给出过一个"合理价格"：

"芒格和我目前对于股票有所抵触的态度，并非天生如此。我们喜欢投资股票，但前提是能够以一个较具吸引力的价格买入。在我61年的投资生涯中，大约有50个年头都能找到这样的机会，我想以后也会同样如此。不过，除非我们发现有很高的概率可以让我们获得至少税前10%（也可视为公司税后6.5%~7%）的回报，否则我们宁可坐在一旁观望。"

一些投资者因此将预期收益10%作为合理价格，其实是教条主义的理解。根据巴菲特和芒格在2003年股东大会上的解释，10%的最低回报要求，是根据当时的机会成本定下来的，只不过这个机会成本是"预期未来的机会成本"。

在笔者看来，为一只股票付出的价格应该与这家公司的品质和竞争优势紧密相关，好公司股票值得以相对高一点的价格和较小的折现率购买。因为，一个高品质的具有持续竞争优势公司的价值更有可能随着时间而增长。为一个好公司付出高一些的价格，比为一个平庸公司付出好的价格更有意义。

安全边际应该多大呢？以实践经验来说，安全边际对于具有较强竞争优势的公司约为20%，对于没有竞争优势的高风险公司为50%以上，或者心里没底的话可以选择直接放弃。总体上讲，对不同类型和风险系数的公司，可以选择在20%~50%这样一个范围内变化。对于大多数公司来说，我们需要一个30%~40%的安全边际。

结合本章案例乐普医疗前述的估值测算，可以给出这样的建议：当PE数据在20倍左右时，安全边际相对高一些，亏损的概率较小而赚钱的概率较大；在50倍以上时，则安全边际相对较低，亏损的概率较大而赚钱的概率较小。乐普医疗2021年第一季报的动态市盈率PE值为19.93，触及近5年以来的估值低点。

最后总结一下基本面的整体情况，乐普医疗的收益因素包括：①护城河方面，在于心血管领域综合布局很难被人赶超；②未来增长方面，短期看新一代心脏支架，长期看持续上市的创新产品；③人工智能新业态板块增速较快，未来可期。

风险因素提示包括：①带量采购流标对药品市场占有率的影响；②心血管用药和冠脉支架集采产品价格下杀，影响收入和利润；③数额巨大的商誉摊销政策的不确定性；④ROE和ROIC较低，与其他同业竞争公司相比，价值还有待提升。

最后，需要特别提醒的是，任何人在任何时候，对任何公司都不可能做出百分之百准确的预估，否则全世界的钱都是你的。本案例仅仅是对选股与估值的研究方法讨论，具体数据不具有任何参考价值，并且也坚决不做任何推荐。

所有书籍里的投资理念和方法，都是"授人以鱼不如授人以渔"。读者朋友了解了选股与估值的投资方法之后，再加上自己研究的行业知识等，就能够通过财报挑选出真正具有竞争优势的公司，在其内在价值被低估或市场情绪崩溃时买入并持有。

笔者能做的已经都做了，剩下的部分需要你自己思考，无人可代替。

# 参 考 文 献

[1] 博多·舍费尔.财务自由之路 [M].刘欢,译.北京:现代出版社,2017.

[2] 本杰明·格雷厄姆.聪明的投资者 [M].王中华,董一义,译.北京:人民邮电出版社,2011.

[3] 本杰明·格雷厄姆,戴维·多德.证券分析 [M].巴曙松,陈剑,译.北京:中国人民大学出版社,2013.

[4] 沃伦·巴菲特,查理·芒格,劳伦斯·坎宁安.巴菲特致股东的信 [M].路本福,译.北京:北京联合出版公司,2017.

[5] 严行方.巴菲特教你读年报 [M].海口:南方出版社,2020.

[6] 续芹.财务报表解读 [M].北京:机械工业出版社,2018.

[7] 罗伯特·J.希勒.非理性繁荣 [M].李心丹,俞红海,陈莹,等译.北京:中国人民大学出版社,2016.

[8] 喻修建.简单赚钱 [M].成都:西南财经大学出版社,2020.

[9] 张新民.从报表看企业 [M].北京:中国人民大学出版社,2017.

[10] 郭永清.财务报表分析与股票估值 [M].北京:机械工业出版社,2017.

[11] 唐朝.手把手教你读财报 [M].北京:中国经济出版社,2015.

[12] 中能兴业.公司基本面分析实务 [M].北京:地震出版社,2014.

[13] 玛丽·巴菲特,戴维·克拉克.巴菲特教你读财报 [M].北京:中信出版社,2015.

[14] 雷纳·齐特尔曼.富人的逻辑 [M].李凤芹,译.北京:社会科学文献出版社,2016.

[15] 喻修建.指数基金投资精解——打败 90% 投资者的极简利器 [M].北京:地震出版社,2021.

[16] 刘顺仁.财报就像一本故事书 [M].西安:陕西人民出版社,2007.

[17] 张新民,钱爱民.财务报表分析（立体化数字教材版）[M].北京:中国人民大学出版社,2019.

[18] 肖星.一本书读懂财报 [M].杭州:浙江大学出版社,2014.

[19] 杰弗里·C. 胡克 . 华尔街证券分析——股票分析与公司价值 [M]. 林东，刘潇然，译 . 北京：机械工业出版社，2016.

[20] 伯顿·G. 马尔基尔 . 漫步华尔街（原书第 10 版）[M]. 张伟，译 . 北京：机械工业出版社，2016.

[21] 卡萝尔·卢米斯.跳着踢踏舞去上班[M].张敏，译.北京：北京联合出版公司，2017.

[22] 喻修建 . 用有钱人的思维赚钱 [M]. 台湾：崧烨文化事业有限公司，2020.